Beck'sche Elementarbücher

ERNST HINRICHS

Einführung in die Geschichte der Frühen Neuzeit

VERLAG C.H.BECK MÜNCHEN

Mit 6 Abbildungen im Text

Für Dietrich Gerhard

CIP-Kurztitelaufnahme der Deutschen Bibliothek

Hinrichs, Ernst:
Einführung in die Geschichte der Frühen Neu-
zeit / Ernst Hinrichs. – München: Beck, 1980.
(Beck'sche Elementarbücher)
ISBN 3 406 07607 6

ISBN 3 406 07607 6

Umschlagentwurf: Walter Kraus, München
(Umschlagbild: Die große Ständeversammlung in England,
Parlaments der Lords und Gemeinen, 1641. Kupferstich von Wenzel Hollar)
© C. H. Beck'sche Verlagsbuchhandlung (Oscar Beck), München 1980
Gesamtherstellung: C. H. Beck'sche Buchdruckerei, Nördlingen
Printed in Germany

Inhalt

I. Einleitung 7

II. Die Statik Europas in vorindustrieller Zeit 14

  1. Bevölkerung 14
  2. Familie 29
  3. Wirtschaft 46
    Die Begrenztheit von Nachfrage und Angebot 46 – Arbeit, Kapital und natürliche Ressourcen 53 – Zur Produktivität in vorindustriellen Gesellschaften 64

  4. Gesellschaft 66

III. Wandel in Europa vom 16. bis 18. Jahrhundert 81

  1. Wandel im Glauben, Denken und Wissen: drei Beispiele 81
    a) Religiöse Spaltung und Konfessionalisierung im 16. Jahrhundert 81
    b) Die wissenschaftliche Revolution im 17. Jahrhundert 92
    c) Alphabetisierung im 17. und 18. Jahrhundert 100

  2. Wandel in Wirtschaft und Gesellschaft 106
    a) Das Ausgreifen Europas auf die Welt 106
    Der Prozeß und die Methoden der Kolonialisierung 108 – Die Auswirkungen auf Europa 113

    b) Ökonomischer Strukturwandel vom 16. bis zum 18. Jahrhundert 123
    Das „lange 16. Jahrhundert" 126 – Die Krise des 17. Jahrhunderts 135 – Der Aufschwung des 18. Jahrhunderts 144

    c) Prozesse der sozialen Differenzierung und soziale Konflikte 150
    Die europäische Landbevölkerung vom 16. bis zum Ende des 18. Jahrhunderts 152 – Bauernaufstände und Bauernkriege in Europa vom 16. bis zum Ende des 18. Jahrhunderts 157 – Der Adel vom 16. bis zum 18. Jahrhundert 165

  3. Die Entfaltung politisch-administrativer Systeme 178
    a) Die Geburt des früh-modernen Staates 178

b) Die absolute Monarchie 183

c) Alternativen zum Absolutismus 197

IV. Anmerkungen 209

V. Hinweise zur Literatur 231

I. Einleitung

Diese ‚Einführung in die Geschichte der Frühen Neuzeit', die sich an den Studenten der Geschichte und der Sozialwissenschaften, an den Lehrer, den Kollegen und den allgemein interessierten Leser wendet, entspricht durchaus nicht dem, was gemeinhin von geschichtswissenschaftlichen Einführungsbänden erwartet wird. Blickt man auf die in den letzten Jahren sprunghaft angewachsenen Verlagsproduktionen mit ihren zum Teil hervorragenden Hand- und Arbeitsbüchern zu dieser Epoche, so wird allenthalben der Vorsatz spürbar, die Zeit des 16. bis 18. Jahrhunderts – sei es für die deutschen Territorien allein, sei es für Europa insgesamt – in ihrer großen Vielfalt und sektoralen Mannigfaltigkeit darzustellen. Die herkömmlichen Bereiche der politischen Ereignisgeschichte, der Geistesgeschichte, der Kirchen-, Rechts- und Wissenschaftsgeschichte werden dabei ebenso erfaßt wie die in den letzten Jahren in den Vordergrund getretene Sozial- und Wirtschaftsgeschichte. Selbst die schwierige Frage, in welchem Verhältnis diese Sektoren zueinander stehen und wie eine Epochendarstellung „struktur"- und „ereignisgeschichtliche" Betrachtungsweisen zu einer sinnvollen und verständlichen Koexistenz zu bringen vermag, wird in diesen Werken ausführlich erwogen. Die ‚Einführung' von Ilja Mieck[1] etwa leistet in dieser Hinsicht Hervorragendes und mag als Muster dafür gelten, wie man in einer umfassenden Epochendarstellung eine Fülle von Informationen unterbringen und dennoch eine sinnvolle, die unterschiedlichen Wirkungsbereiche des historischen Prozesses zueinander in Beziehung setzende Darstellungsweise finden kann.

Der vorliegende Band will mit den zahlreichen deutschen und internationalen Überblicksdarstellungen dieser Art nicht in Konkurrenz treten. Er geht von der Vorstellung aus, daß man sich einer historischen Epoche nicht nur von der Totalität ihrer geschichtlichen Erscheinungen, Ereignisse und Strukturen her nähern kann, sondern von Fragestellungen und Problemen aus, die sich – als Fragestellungen und Probleme des Faches insgesamt – für die betreffende Epoche stellen. In Fakten, Ereignisse, in chronologische Abläufe, vermutete kausale ereignis- oder strukturgeschichtliche Zusammenhänge kann man nicht eigentlich „einführen", man kann sie darstellen, plausibel machen. Den Begriff „Einführung" in diesem Sinn wörtlich nehmend, wählt der Band einige Schwerpunkte aus, die nach dem Bild der gegenwärtigen internationalen Forschung einer besonderen vermittelnden Erläuterung bedürfen. Das Ergebnis ist weder eine umfassende Rekonstruktion der Epoche, wie sie bei aller vorsichtigen Abwehr der Verfasser von Epochenhandbüchern doch immer wieder versucht wird, noch eine detaillierte Beschreibung beson-

derer sektoraler Entwicklungsstränge. Erstrebt werden vielmehr forschungs-
und problemorientierte Analysen, die dem Leser auf möglichst offene, diskursive Weise einige zentrale Einblicke in den aktuellen Kenntnis- und Diskussionsstand der Geschichte der Frühen Neuzeit vermitteln – ihn, wie gesagt, „einführen" und zu weiterer, eigenständiger Reflexion „verführen"
sollen.

Mag die getroffene Auswahl auch unvollständig und unbefriedigend erscheinen, so war sie doch nicht zufällig. Die Geschichtswissenschaft hat in
den letzten Jahren unter dem Einfluß ihrer sozialwissenschaftlichen Nach-
bardisziplinen erhebliche Wandlungen durchlebt, die in der Konzeption einer
„historischen Sozialwissenschaft" zum Ausdruck kommen und sich in Forschung und Lehre niedergeschlagen haben. Auch wenn dieser Terminus bislang nicht mehr ist als ein noch unfertiges Plakat, um dessen Gestaltung heftig
und von recht unterschiedlichen Positionen aus gerungen wird, so besteht
doch ein relativ breiter Konsens darüber, daß die Gesellschaft – die sozialen
Systeme in ihrer komplexen Differenziertheit – im Zentrum der geschichtswissenschaftlichen Bemühungen stehen soll. Zur Begründung dieses beachtlichen forschungsgeschichtlichen Paradigmawechsels ist inzwischen viel geschrieben worden, worauf hier nur hingewiesen werden kann.[2]

Mit dieser, durch die erfolgreiche Nutzbarmachung quantifizierender Methoden für die Geschichtswissenschaft noch geförderten Hinwendung zur
Sozialgeschichte als „Geschichte der Gesellschaft" (Hobsbawm[3]) ging eine
intensive Reflexion über sozialwissenschaftliche Theorien einher. Von der
facettenreichen, keinesfalls auf eine „reine Lehre" festgelegten Diskussion im
internationalen Marxismus bis zu den Debatten über die „Modernisierung"
und über den „sozialen Wandel", von der Systemtheorie in ihren unterschiedlichen Ausprägungen über den Strukturalismus bis hin zu den jüngsten
Theoremen neo-evolutionistischer Provenienz reicht das Spektrum soziolo-
gischer Theorien, die alle auch eine spezifische Auffassung von historischer
Zeit, historischen Prozessen, historischer Kontinuität enthalten. Dort wo
Geschichtswissenschaft in erster Linie Geschichtsforschung ist, hat sie sich
von den Theorien der Sozialwissenschaften in erheblichem Maße beeinflussen
lassen – bei der Formulierung von Fragestellungen, bei der Wahl von Arbeits-
hypothesen, bei der Evaluation von Forschungsstrategien, bei der argumentativen Begründung von Wertungen. In die Geschichtsschreibung dagegen,
insbesondere in die Darstellung von umfassenden Epochenzusammenhängen,
sind sozialwissenschaftliche Theorien bisher kaum eingedrungen. Es mag
sein, daß die jüngst von Jürgen Habermas gegen eine Vermischung von Geschichtsschreibung und Evolutionstheorie vorgebrachten Bedenken, die sich
auf den Gegensatz von narrativer Struktur als dem Prinzip der Geschichtsschreibung und der nicht-narrativ darstellbaren „Entwicklungslogik" der
Evolutionstheorie gründen,[4] letztlich für die Anwendung jedweder sozialwissenschaftlichen Theorie in der Geschichtsschreibung Geltung haben.

Dann wird sich freilich in absehbarer Zeit die Frage stellen, wie sich eine sozialwissenschaftlich ausgerichtete, von sozialwissenschaftlichen Prämissen und Theoremen ausgehende Geschichtsforschung mit Geschichtsschreibung überhaupt noch vereinigen läßt. Werden hochdifferenzierte, theoretisch gehaltvolle Forschungsvorhaben, nachdem sie zu entsprechenden Ergebnissen geführt haben, von der Geschichtsschreibung negiert werden müssen, weil die Struktur der Narration ihre Berücksichtigung nicht erlaubt? Oder wird, andersherum gedacht, die Geschichtsforschung bei der Darstellung ihrer Ergebnisse, die ja bereits ein Stück Geschichtsschreibung ist, die narrative Struktur verletzen oder gar außer Kraft setzen und damit eine „Mischform" annehmen, die nach Habermas problematisch ist?

Überblickt man die Forschungslage zur europäischen Geschichte der Frühen Neuzeit, so stellen sich diese Fragen mit einer gewissen Dringlichkeit – vor allem demjenigen, der den Versuch unternimmt, in diese Epoche „einzuführen". Eine erste, erhebliche Schwierigkeit ergibt sich schon bei der Frage der Epochengrenzen.

Was ist die Frühe Neuzeit, wann beginnt sie und wann endet sie? Ähnlich wie die universitäre Lehrpraxis, in die der Begriff „Frühe Neuzeit" trotz zahlreicher Bedenken inzwischen im In- und Ausland Eingang gefunden hat, beantworten die Epochendarstellungen diese Fragen zumeist auf höchst pragmatische Weise. Lehrstuhlbenennungen und – ihnen folgend – Verlagsprogramme haben zur Eingrenzung auf die Zeit zwischen der Reformation und der Französischen Revolution geführt. Aber ist das zwingend? Und von welchem Standpunkt aus ist das zwingend? Als Erich Hassinger[5] 1966 das ‚Werden des neuzeitlichen Europa' beschrieb und dabei mit dem 14. Jahrhundert begann, brachte er zahllose Argumente dafür bei, daß „Neuzeitliches" tief im hohen und späten Mittelalter anzusiedeln sei. Und wie sieht es mit dem Ende der Epoche aus? Hält die Französische Revolution ihre Stellung als Epochenscheide, wenn man z. B. an Cobbans[6] Bemühungen denkt, die sozialen Folgen der Revolution als weit weniger bedeutsam und tiefgreifend hinzustellen, als es die zweifellos revolutionären politischen Ereignisse suggerieren? Muß man sich nicht angesichts der intensiven wirtschaftsgeschichtlichen Forschungen der letzten Jahrzehnte weit mehr an Periodisierungsvorschlägen orientieren, wie sie von der Wirtschaftsgeschichte, etwa der Industrialisierungsforschung, gemacht werden?

Andere Probleme tun sich auf. Während die Epochendarstellungen und Handbücher weiter und mit guten Gründen an der konventionellen Periodisierung festhalten, wird in der Geschichtsforschung überall ein nachlassendes Interesse an dieser Orientierung spürbar. Vor allem in der historischen Demographie und in der Sozial- und Wirtschaftsgeschichte liegen die zeitlich ausgedehnten, mit den Methoden der Quantifizierung arbeitenden Untersuchungen der letzten Jahre oft völlig quer zu herkömmlichen Epochenvorstellungen. Strukturen von langer und sehr langer Dauer werden entdeckt, Zyklen nachgezeichnet, säkulare Trends ans Licht gehoben, Systeme und ihre Differenzierungen beobachtet – und dies alles, ohne daß sich diese Erscheinungen in das konventionelle Gerüst einer klar umrissenen, narrativ darstellbaren Epoche einpassen ließen. Leisten diese Forschungen nichts für die Geschichtsschreibung, weil sie mit deren Konventionen brechen, oder verlangen sie eine neue Art, Geschichte zu schreiben, in der sowohl herkömmliche Epochengrenzen als auch das „strukturelle" Prinzip der Narration[7] zurücktreten?

Schließlich noch ein drittes, das wohl schwierigste Problem. Wenn Historiker mit Hilfe neuer Forschungstechniken, neuer Materialien und auch eines gewandelten Verständnisses ihrer eigenen sozialen Umwelt Geschichte erforschen und dabei neue Erscheinungen im eben beschriebenen Sinne entdecken, so läßt sich das noch als immanente Konsequenz eines Forschungsprozesses begreifen, der niemals stillsteht und derartige Paradigmawechsel nicht ausschließt. Was geschieht jedoch, wenn andere Historiker einen sehr viel folgenschwereren Schritt tun und die vermeintlich klar umrissene Methodik und Systematik ihres Faches verlassen, ohne dabei den Anspruch aufzugeben, Geschichte zu erforschen oder zu schreiben? In der oben beschriebenen Öffnung der aktuellen Geschichtswissenschaft gegenüber sozialwissenschaftlichen Theorien ist ein solcher Fall schon angesprochen. Er müßte mit dem Blick auf die zunehmend intensive Berücksichtigung von Theorien, empirischen Befunden und heuristischen Kategorien aus der Ökonomie, der Sozialpsychologie, der Sozialanthropologie, der Ethnologie und der Volkskunde ergänzt werden. Was hier unter dem Stichwort der Interdisziplinarität an neuen Ansätzen in die Geschichtswissenschaft Eingang findet, stellt herkömmliche Periodisierungen und Strukturen der Geschichtsschreibung weit grundsätzlicher infrage als die zuvor erwähnten Tatbestände.

Als Beispiel kann dienen das wachsende Interesse europäischer Historiker an der Arbeit von Ethnologen und Anthropologen über die Lebens-, Produktions- und Reproduktionsformen außereuropäischer Völker in Vergangenheit und Gegenwart. Gewiß sind sichere Methoden des Vergleichs noch nicht gefunden, und doch bedeuten schon die Tatsache dieser Hinwendung zu ganz anderen, fremdartigen Traditionen und die Möglichkeit einer Herausarbeitung ähnlicher Strukturen zwischen räumlich und zeitlich ganz unterschiedlichen Zivilisationen eine derartige Verschiebung herkömmlicher europazentrierter Betrachtungsweisen, daß dies auch die Beschreibung einer Epoche der europäischen Geschichte beeinflussen müßte. Nicht anders sieht es mit vergleichenden Betrachtungen in makroökonomischer Perspektive aus. Der Vergleich europäischer Ökonomien der Frühen Neuzeit mit denen bestimmter Entwicklungsländer in der Gegenwart kann sicher leicht in die Irre führen, doch läßt sich sein heuristischer Wert insbesondere für die europäischen Verhältnisse nicht bezweifeln. Erwähnt werden sollte auch die in jüngster Zeit immer stärker werdende Neigung, die Tatsache ernst zu nehmen, daß es sich bei den europäischen Staaten des Mittelalters und der Frühen Neuzeit um „Agrarstaaten" gehandelt hat, d. h. um Territorien, in denen bis oder über 90% der Bevölkerungen direkt oder indirekt von der landwirtschaftlichen Produktion abhingen. In der Rede von der „vorbürgerlichen", „vorindustriellen", „agrarischen" Gesellschaftsordnung kommt diese Neigung deutlich zum Ausdruck. Diese Begriffsbildung zeigt an, daß hier ein Vergleich oder besser: eine Einordnung in einen übergeordneten Zusammenhang angestrebt ist, der nicht mehr durch spezifische Erscheinungsformen der europäischen Tradition („ständische Gesellschaftsordnung", „Adelsgesellschaft", „früh-bürgerliche Gesellschaft", „Feudalgesellschaft") konstituiert wird, sondern durch die nach Raum und Zeit gewiß höchst unterschiedlichen, in der Sache aber doch vergleichbaren Bedingungen der agrarischen Urproduktion.[8]

Auch wenn die Historiker die Diskussion über Fragen der Evolutionstheorie bedauerlicherweise den Soziologen überlassen, so wird aus dem Gesagten doch deutlich, daß evolutionstheoretische Perspektiven in ihren Forschungsarbeiten weit mehr Gewicht besitzen, als sie selbst vielleicht zugeben. Insbesondere die Problematik des „Übergangs", der Abfolge spezifischer, von den Produktionsbedingungen her unterschiedlicher Gesellschaftsformationen, wird auch außerhalb der marxistischen Diskussion erkannt. Von der Systemtheorie aufgrund der offensichtlichen Unmöglichkeit, das Problem des Systemtodes sozialwissenschaftlich zu erfassen, zwar ständig gestellt, aber nicht beantwortet, von der Evolutionstheorie als für ihre Anliegen belanglos deklariert,[9] scheint diese Frage ein genuines Feld historisch-sozialwissenschaftlicher Empirie zu bleiben. Die Epoche der europäischen Frühen Neuzeit kann in diesem Sinne als exemplarischer Fall der Übergangsproblematik gelten. Gerieten doch alle nationalen Gesellschaftssysteme des Kontinents im Verlauf dieser Epoche in jenen transitorischen Zustand, in dem sich ihre agrarstaatlichen Strukturen aufzulösen begannen bzw. die landwirtschaftliche Produktion unter den Einfluß von neuen ökonomischen Bedingungen geriet – Exportkonjunktur, Ausbildung nationaler und internationaler Märkte, Wandlungen der Herrschaftsformen, Auflösung der mittelalterlichen Arbeitsteilung durch Proto-Industrialisierung u. ä. –, die ihr bis dahin unbekannt geblieben waren. Blickt man auf die Literatur der letzten Jahre, so scheint dieser Gesichtspunkt in einer Weise in den Vordergrund getreten zu sein, daß sich eine Konzentration auf ihn als ein die „Einheit" der frühneuzeitlichen Epoche konstituierendes Thema anbietet – wobei die Art dieses Themas von selbst dazu führt, „Epoche" hier nicht mehr als einen durch zwei präzise Daten begrenzten Zeitabschnitt zu verstehen.

Der diskursive Rahmen der vorliegenden „Einführung" erlaubt es, dieser Forschungslage Rechnung zu tragen, ohne daß damit den herkömmlichen Epochendarstellungen ihre Berechtigung bestritten wird. Die überwiegend historisch-sozialwissenschaftliche Orientierung der Forschung wird aufgenommen, indem die Evolution gemeineuropäischer sozialer Strukturen unter den Bedingungen der sich entfaltenden „europäischen Weltwirtschaft"[10] beobachtet wird. Daß es sich dabei um „Strukturen von langer Dauer" handelt, soll zunächst im ersten Kapitel deutlich gemacht werden – zweifellos ein etwas problematisches Verfahren, da gerade sie Gegenstand exogener und endogener Wandlungsprozesse sind und der Anschein ihrer Resistenz und fortdauernden Wirksamkeit durchaus darüber hinwegtäuschen kann, daß sie schon in „unserer" Epoche die Keime ihrer Veränderung in sich tragen bzw. mit ihnen in Berührung kommen.

Aus diesem Grunde wurde mit der Unterteilung in „Statik" und „Wandel" ein Verfahren gewählt, das gewissermaßen ein zweimaliges Durchschreiten der Geschichte der Frühen Neuzeit ermöglicht. Zunächst sollen einige Faktoren des historischen Lebens beschrieben werden, die das frühneuzeitliche Europa in besonderer Weise als „vorindustrielles", d.h. von der Industrialisierung noch nicht berührtes oder erfaßtes Gebiet ausweisen. Gewiß birgt dieser Begriff Gefahren – vor allem die der Teleologie, der Ausrichtung der gesamten Darstellung auf ein Zukünftiges, in diesem Fall die Industrialisierung. Nur der Text selbst kann zeigen, ob sein Verfasser dieser Gefahr erlegen ist. Jedenfalls folgt die Darstellung hier einem vor allem in der angelsächsischen Forschung inzwischen fest eingeführten Brauch, und es scheint, als werde der Begriff dort in erster Linie mangels eines besseren benutzt. Daß in diesem Teil neben „Bevölkerung", „Familie", „Wirtschaft" und „Gesellschaft" ein ursprünglich geplantes und konzipiertes Kapitel über „Mentalitäten" einen guten Platz gehabt hätte, ist dem Verfasser bei der Redaktion schmerzlich bewußt gewesen. Mehrfach begonnen, fiel es der Streichung anheim. Es war ein Opfer an die Forschungslage, die so stark von Frankreich und seiner „Histoire des mentalités" bestimmt ist, daß dieses Kapitel zu einer Studie über Frankreich geraten wäre und die vergleichende Perspektive des Buches aufgegeben hätte.

Im zweiten Teil kommen dann Faktoren des Wandels in den Blick – nicht des durch die Industrialisierung hervorgerufenen Wandels, sondern des Wandels „im Übergang", eines aus der eigenen sozialen, wirtschaftlichen, kulturellen und politischen Dynamik des alten Europa erwachsenen, seinen Eintritt in die „bürgerliche Gesellschaft" vorbereitenden Wandels.

Was den Raum dieses frühneuzeitlichen Europa angeht, so muß der Verfasser seinen Pragmatismus eingestehen. Grundsätzlich bestrebt, über die Nationengrenzen hinauszusehen, besaß er doch keine Kompetenz, zu Osteuropa mehr mitzuteilen, als andere Überblicksdarstellungen es auf kompetentere Weise tun. Selbst der verbleibende Teil, unzureichend als Mittel- und Westeuropa umrissen, konnte an keiner Stelle dem Gewicht seiner nationalen Einheiten entsprechend berücksichtigt werden. Daß die Forschung in den letzten Jahrzehnten zahlreiche Sektoren des geschichtlichen Lebens beschrieben hat, die Mittel-, West- und in mancher Hinsicht auch Nordeuropa als einen zwar immer noch in sich sehr differenzierten, aber gegenüber Ost-, Südost- und teilweise auch Südeuropa abgehobenen Entwicklungsraum ausweisen, vermag der gewählten Eingrenzung immerhin eine gewisse sachliche Legitimation zu geben.

Einige Teile dieses Buches sind Gegenstand der Vorlesungen und Seminare des Verfassers an der Universität Oldenburg gewesen. Seinen Studenten gebührt Dank für ihre Anregungen und ihre Kritik – Dank, verbunden mit der dringenden Bitte an alle studentischen Leser, das Studium der Geschichte Europas mit dem seiner Sprachen zu verbinden! Einige Kapitel wurden dankenswerterweise von den Kollegen Rainer Wohlfeil/Hamburg und Heide Wunder/Kassel gelesen. Herrn Dr. W. Günther/Oldenburg schulde ich Dank für das Mitlesen des Manuskripts, den Freunden und ehemaligen Mitarbeitern im Max-Planck-Institut für Geschichte für vielfältige Hilfe und Ermutigung. Gewidmet sei das Buch einem unermüdlichen Anreger, Kritiker und Förderer in Sachen „Alt-Europa".

Oldenburg, im September 1979   *Ernst Hinrichs*

II. Die Statik Europas in vorindustrieller Zeit

1. Bevölkerung

Zu den wichtigsten Errungenschaften der in den letzten Jahren in viele Richtungen ausgreifenden internationalen Geschichtswissenschaft gehören ohne Frage die zahlreichen neuen Kenntnisse und Einsichten zur Bevölkerungsgeschichte im vorstatistischen Zeitalter. Mochte das bekannte Wort des französischen Historikers Henri Sée: „Nous n'en savons rien et nous n'en pouvons rien savoir" bis in die 1960er Jahre hinein eine berechtigte Skepsis gegenüber den Möglichkeiten einer historischen Demographie für jene Zeiträume zum Ausdruck bringen, in denen die notwendigen statistischen Angaben zum Bevölkerungsgeschehen gar nicht oder zumindest nicht „von Amts wegen" erhoben und gesammelt wurden, so machen die seitdem zutage geförderten Daten, Datenreihen, ja, Gesetzmäßigkeiten und Systemzusammenhänge historischer Bevölkerungen eine Revision dieses Urteils möglich und nötig. Die historische Demographie,[1] in Frankreich und den angelsächsischen Ländern zu einer eigenen Fachdisziplin entwickelt und mit eigenen Instituten ausgestattet, hat dabei neue Quellenbestände erschlossen, die – eine unabdingbare Voraussetzung für die Bevölkerungswissenschaft und -geschichte – zumindest für bestimmte Zeiten und Räume einigermaßen gesicherte Aussagen auf der Basis quantifizierter, über eine längere Periode lückenlos vorhandener Daten möglich machen.

Nicht zufällig hat die „Frühe Neuzeit" in besonderer Weise von dieser Entwicklung profitiert. Teilt unsere Epoche auch mit anderen, noch weiter zurückliegenden den „Nachteil", zum „vorstatistischen" Bereich der Menschheitsgeschichte zu gehören, so ist ihr in den entwickelten Ländern Europas, wo Datenreihen in Bruchstücken schon für das hohe Mittelalter vorliegen, das Erheben und Sammeln von Daten durchaus nicht fremd gewesen. Ja, die allmähliche Ausbreitung statistischen Denkens und statistischer Methoden ist recht eigentlich ein typisch früh-neuzeitlicher Vorgang, der mit Wandlungen im Bereich der Wirtschaft, des Militärwesens, der staatlichen Verwaltung, aber auch der Kirchen-, Gemeinde- und Polizeiaufsicht einhergeht und Teil jenes umfassenden neuzeitlichen Prozesses ist, den man seit Max Weber als „Rationalisierung" bezeichnet.

Was die Bevölkerung angeht, so haben sich diese „protostatistischen" Bemühungen auf die Feuerstellen- und, erheblich später, die Volkszählungen konzentriert. Naheliegenden staatlichen Bedürfnissen, vor allem im Steuer- und Heerwesen, verdanken wir umfangreiche Zählungen, die nicht selten ganze Territorien umfaßten. Wie auf so vielen anderen Gebieten ging Italien auch hier voran. Venedig, Sizilien, später Florenz und Mailand haben schon für das hohe Mittelalter, das 14. und erst recht das 16. Jahrhundert eine reiche bevölkerungsgeschichtliche Dokumentation. Die späteren „großen Mächte" Europas folgten nach. Frankreichs „Etat de paroisses et des feux" von 1328, die englische „Subsidy Rool" von 1377 sind unersetzbare Zeugnisse des 14. Jahrhunderts. Im 16. Jahrhundert ragt die Reihe der kastilischen Zählungen heraus, die zum Teil veritable Volksbefragungen waren. „Moderne" Züge gewann dieses Instrument dann im Zeichen der absolutistischen Verwaltungspraxis – in Frankreich seit Colbert mit seiner ersten großen Initiative von 1664, in Brandenburg-Preußen seit dem 18. Jahrhundert, in Schweden und Dänemark gleichfalls seit der Einrichtung administrativer Monarchien in diesen Territorien.

Historischen Volkszählungen, deren Quellen sich leider nicht in jedem Fall erhalten haben, weiteren literarischen Informationen, den Methoden und Ergebnissen der Siedlungsgeschichte – insbesondere der Wüstungsforschung – und schließlich auch den von der allgemeinen Demographie entwickelten Schätzungsverfahren ist es zu danken, daß heute ungefähre Angaben über die Größe der Gesamtpopulationen in den verschiedenen Ländern Europas zu verschiedenen Zeitpunkten möglich sind. Die Tatsache, daß solche Angaben äußerst lückenhaft sind und gemäß den unterschiedlichen Schätzungsmethoden nicht unerheblich schwanken, kann ihren prinzipiellen Wert nicht infrage stellen: Sie geben ein hinreichend genaues Bild vom Wachstum bzw. Rückgang zahlreicher europäischer Populationen über einen langen Zeitraum. Sie führen den Historiker-Demographen damit zu jenem Phänomen, das ihn weit mehr interessiert als nackte absolute Zahlen – die Gesetzmäßigkeiten der Bevölkerungsbewegung in Raum und Zeit und das „kollektive Schicksal" der Menschen, das sich hinter den Zahlentabellen und Kurvenbildern verbirgt.

Die in Abb. 1 abgebildeten Kurven zeigen uns das Bild langfristiger Fluktuationen („trends") einiger wichtiger europäischer Bevölkerungen zwischen 1100 und 1800. Selbstverständlich handelt es sich um ein äußerst grobes Darstellungsverfahren, das durch seine großen Zeitabstände kurzfristige Schwankungen praktisch eliminiert. Dennoch, oder gerade deswegen, kann man ihm zahlreiche wichtige Informationen entnehmen. Die beiden auffälligsten, die sich in jeder einzelnen Kurve wiederholen, gehören nicht eigentlich mehr zu unserer Epoche: Der abrupte Abfall der Kurven in der Mitte des 14. Jahrhunderts – der gemeineuropäische Bevölkerungsrückgang seit dem „schwarzen Tod" ab 1348; und der gleichfalls überall in Europa, wenn auch in recht unterschiedlicher Stärke, meßbare Bevölkerungsaufschwung seit dem Beginn und der Mitte des 18. Jahrhunderts, der sich ins 19. Jahrhundert hinein fortsetzt.

Von diesen beiden „Ereignissen" ist die Bevölkerungsentwicklung der europäischen Frühen Neuzeit eingefaßt. Wie stellt sie sich dar, was unterschei-

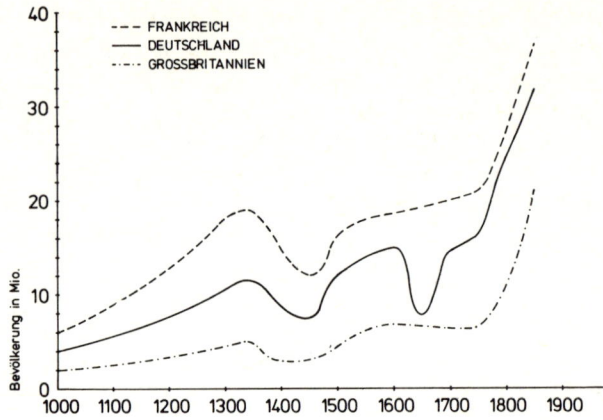

Abbildung 1. Bevölkerungsentwicklung einiger europäischer Länder zwischen
1000 und 1800.

det sie von der der beiden anderen Epochen? Der wesentliche Unterschied
liegt darin, daß sie, von der bemerkenswerten Ausnahme Deutschlands nach
1650 abgesehen, „ruhig" verläuft, daß ihr starke Aufschwungsbewegungen
wie im 18. und 19. Jahrhundert, aber auch heftige Einbrüche im Stile des
14. Jahrhunderts fehlen. Dagegen werden Plateaus sichtbar, Phasen, in denen
der Kurvenverlauf keine Tendenz nach oben oder unten zeigt, Stagnationspe-
rioden der Bevölkerungsgeschichte – z. B. in den ersten beiden Dritteln des
15. und, besonders deutlich, im 17. und zu Beginn des 18. Jahrhunderts.
Bedeutsam ist freilich auch die Tatsache, daß etwa von 1470/80 – 1620 eine
sehr lang anhaltende, stetige und am Ende des 16. Jahrhunderts recht kräftige
Aufschwungphase auszumachen ist, in der die Verluste des 14. Jahrhunderts
in den meisten Ländern wieder ausgeglichen werden und die auch – wieder
mit der Ausnahme des Hauptschauplatzes des 30jährigen Krieges, Deutschland – von der nachfolgenden Stagnationsperiode nicht mehr infrage gestellt
wird.

   Seitdem dieses Bild der europäischen Bevölkerungsentwicklung, das auf
gefundenen, errechneten und erschlossenen Angaben zur jeweiligen Gesamtpopulation beruht, als gesichert gilt, haben die Historiker-Demographen
nicht aufgehört, sich darüber Gedanken zu machen. Wie kommt es, daß die
Bevölkerungen Europas nach den verheerenden Folgen des Pesttodes im
14. Jahrhundert so langsam wieder anwuchsen, obwohl die äußeren Bedingungen nach dem Abflauen dieser Pestepidemie für die nun erheblich ge-
schrumpften Bevölkerungen günstig waren, insbesondere was den Pro-Kopf-
Anteil am verfügbaren Land anging? Woran lag es, daß der stetige Aufschwung des „langen 16. Jahrhunderts" (1470/80–1620/30) von einer so lang
anhaltenden Stagnationsphase abgelöst wurde? Andererseits: Welche Fakto-

ren bewirkten es, daß dieser Phase dann im 18. Jahrhundert ein Aufschwung folgte, wie man ihn bis dahin nicht gekannt hatte?

All diese Fragen lassen sich allein mit dem Blick auf die Zahlen zur Gesamtpopulation nicht beantworten. Man hat lange Zeit versucht, eine Vielzahl äußerer Faktoren zur Erklärung heranzuziehen und hat die Bevölkerungsentwicklung in eine fast vollständige Abhängigkeit von diesen Faktoren gerückt, ganz so, als sei sie völlig naturwüchsig, ohne innere Kontroll- und Steuerungsmechanismen verlaufen. Naturgemäß hat man dabei die Bedeutung der großen Seuchenepidemien, die mit dem „schwarzen Tod" begannen und erst im 17. Jahrhundert endeten, ebenso erkannt wie die der großen Kriege und hat ihre Rolle für den Verlauf der Sterblichkeit richtig eingeschätzt.

Erst die Erfolge der neuen historischen Demographie haben jedoch einen entscheidenden Schritt weitergeführt. Sie entdeckte und arbeitete eine Quelle auf, die sich, ursprünglich nicht für solche Zwecke geschaffen, inzwischen zur wichtigsten bevölkerungsgeschichtlichen Quelle im vorstatistischen Zeitalter überhaupt entwickelt hat und, zumindest für kleine Räume, Untersuchungen möglich macht, wie sie für gegenwartsbezogene demographische Studien selbstverständlich sind: die Tauf-, Heirats- und Sterberegister der ländlichen und städtischen Kirchengemeinden („Kirchenbücher" in Deutschland; „registres paroissaux" in Frankreich; „parish registers" in England). Von den Pastoren der einzelnen Glaubensgemeinschaften aus unterschiedlichen Motiven und zu ganz verschiedenen Zeitpunkten begonnen und fortgeführt, durch äußere Einflüsse zum Teil gar nicht, zum Teil lückenhaft oder in beklagenswertem Zustand auf uns gekommen, wurden diese Vorläufer der standesamtlichen Eintragungen zunächst vor allem von Genealogen benutzt, bevor die historische Demographie mit ihrer Hilfe so manchem Rätsel auf die Spur kam, das bis dahin als unlösbar galt.[2]

Im Zentrum dieser Arbeit, die mit unendlich mühevollen, langwierigen und kostenreichen Methoden unternommen werden mußte, stand die schwierige Frage, die weiter oben schon angedeutet wurde: Welchen Faktoren ist es zuzuschreiben, daß die Entwicklung der vorindustriellen europäischen Bevölkerungen, wie wir sie im Kurvenbild der langfristigen Trends fassen können, in dieser Weise, und nicht anders verlief? Waren es vornehmlich oder gar ausschließlich Faktoren der sozialen, wirtschaftlichen, politischen, biologischen und ökologischen Umwelt, welche diese Trends bestimmten? Waren diese Bevölkerungen, was die Möglichkeiten ihrer Reproduktion anging, dem Klima, dem Krieg, dem Hunger, den Seuchen, aber auch den biologischen Bedingungen ihrer Ernährung und den ökonomischen, sozialen und politischen Bedingungen ihres täglichen Lebens und Schaffens völlig ausgeliefert?

Schon der berühmte englische Ökonom und Bevölkerungstheoretiker Thomas Malthus (1766–1834), am Ende „unserer" Epoche geboren und bereits ein Zeitgenosse der Industrialisierung in seinem Land, hat Antworten auf diese Fragen gefunden. Als Anhänger des Naturrechts auf die Erkenntnis und Formulierung von ewig gültigen Naturgesetzen erpicht, suchte und fand Malthus ein solches auch für die Bevölkerungsentwicklung: Jede Bevölkerung hat aufgrund des natürlichen Fortpflanzungstriebes die Tendenz, in geometrischer Progression anzuwachsen; der ihr zur Verfügung stehende Nahrungsspielraum dagegen tut dies nur in arithmetischer Progression. Aus diesem Grunde muß eine gegebene Population im Laufe der Zeit zwangsläufig an die Grenze ihrer Ernährungsmöglichkeiten stoßen, äußere Katastrophen – von Malthus „repressive" oder „positive *checks*" genannt – vernichten einen Teil der Bevölkerung und stellen das Gleichgewicht zum Nahrungsspielraum wieder her, sofern nicht – und das ist sehr wichtig – schon vorher bestimmte Regulative des Wachstums („präventive *checks*") eingesetzt haben, die den Ausbruch der Katastrophe verhindern.

Malthus, der von Anfang an umstritten war und es bis heute geblieben ist, hat eines ohne Frage richtig erkannt: Es gab und gibt in der Bevölkerungsgeschichte „Gesetzmäßigkeiten", und eine davon ist, daß Bevölkerungen (trotz des von Malthus wohl zu Unrecht so betonten „ungezügelten Vermehrungstriebes") in der Lage sind, ihr eigenes Wachstum den Umweltbedingungen anzupassen.

Die heutigen Bevölkerungshistoriker, von denen viele dem Herzen nach „Malthusianer" sind, auch wenn sie seiner Argumentation in vielem nicht mehr folgen können, haben sich in die Tauf-, Heirats- und Sterberegister zahlreicher europäischer Landgemeinden vertieft und sind dabei gerade für die Territorien des „klassischen" Europa unter Einschluß Englands und Skandinaviens zu äußerst differenzierten Ergebnissen gekommen, obwohl sich nach wie vor riesige weiße Flecken auf der Karte der historischen Demographie zeigen. Ihre Analysen zum generativen Verhalten, zur Altersstruktur, zur Fruchtbarkeit der alteuropäischen Agrargesellschaften sind trotz dieser geographischen Einengung soweit gediehen, daß sogar schon eine zusammenfassende, das „klassische" und nordwestliche Europa betreffende These gewagt wurde: Im Verlauf der gesamten Frühen Neuzeit – wahrscheinlich schon mit dem 14. Jahrhundert beginnend und sicher bis zum Ende des 18. Jahrhunderts dauernd – ist das Bevölkerungsgeschehen in den alteuropäischen Gesellschaften in seinem Verhältnis zu den Umweltbedingungen, d. h. insbesondere den Ernährungsmöglichkeiten und dem Entwicklungsstand der materiellen Zivilisation, im Sinne eines Systems reguliert worden. Dieses System machte es den Gesellschaften möglich, den Auswirkungen der „repressiven" *checks* zu begegnen und sogar über lange Zeiten in einigermaßen sicherer Distanz zu dem von Malthus beschriebenen Abgrund zu leben. Dieser von dem deutschen Bevölkerungstheoretiker Mackenroth schon vor dem Boom der historischen Demographie als „vorindustrielle Bevölkerungsweise" beschriebene, von den Franzosen bis vor kurzem metaphorisch das

„ancien régime démographique" genannte Funktionszusammenhang wird in der aktuellen Diskussion nicht ohne Absicht als „System" bezeichnet.[3]

Es gab, so ist die Vorstellung, in den alteuropäischen Gesellschaften, und zwar in allen sozialen Schichten, verhaltenswirksame und verhaltensgesteuerte Anpassungsverfahren, die, unter dem Druck des zeitweise prekären Verhältnisses von Bevölkerungsgröße und Nahrungsspielraum, die möglichen institutionellen, ökonomischen, sozialen Hemmnisse bzw. Freiheiten für die Bevölkerungsentwicklung „systemisch" zueinander in Beziehung setzten, und zwar so, daß „repressive" *checks* zumindest in der Form des Hungertodes – so grausam diese sich für den einzelnen und ganze Bevölkerungsgruppen auch immer auswirkten – für die Gesamtpopulation keine negativen, ja sogar positive Folgen hatten. Dieses „sich selbst regelnde System", das E. A. Wrigley auch „System der negativen Rückkoppelung" genannt und in seiner Funktionsweise mit dem physiologischen Prinzip der „homöostatischen" Anpassung organischer Systeme verglichen hat, beruhte, grob zusammengefaßt, auf folgenden Elementen.

In den bäuerlichen Bevölkerungen der Frühen Neuzeit, aber auch im städtischen Handwerk gab es eine „eherne" Bedingung für die Gründung eines Haushalts und einer Familie und damit für die legitime Fortpflanzung: den Eintritt in die Ehe beim Vorhandensein einer zum Unterhalt der künftigen Familie ausreichenden Erwerbsstelle, d. h. eines Hofes oder eines Handwerksbetriebes. Nach allem, was wir heute wissen, scheint es sicher, daß diese Regel, der sich nur die adeligen und bürgerlichen Oberschichten und jene wohlhabenden Bauern und Handwerker entziehen konnten, die ihren nichterbenden Söhnen eine Beamtenstelle oder ähnliches zu kaufen vermochten, von außerordentlicher Wirksamkeit war. Wer in keine Vollerwerbsstelle durch Erbgang oder Kauf eintreten konnte, dem fehlte die materielle Voraussetzung zur legitimen (d. h. ehelichen) Fortpflanzung. Wo das einen einzigen Erben begünstigende Anerbenrecht herrschte, mußte der Tod oder Rückzug des Vaters oder der verwitweten Mutter abgewartet werden. Und zu diesem Zeitpunkt erhielt auch nur der jeweils älteste oder jüngste Sohn eine Möglichkeit zur Familiengründung, während die anderen Söhne sich um Versorgung außerhalb des väterlichen Betriebes bemühen mußten. In Gebieten mit freier Teilbarkeit der bäuerlichen Wirtschaften („Realteilung") gab es beim Eintritt des Erbfalls mehr Spielraum, doch nur bis zu jener im allgemeinen schnell erreichten Grenze, wo die neue Hofgröße die Subsistenzmöglichkeiten einer Bauernfamilie unterschritt.

Natürlich gab es, was die Fortpflanzung und den Geschlechtsverkehr, nicht aber die Familiengründung anging, Ausweichmöglichkeiten. Illegitime Kinder sind für das vorindustrielle Europa ebenso nachgewiesen wie Kindestötung und Kindesaussetzung und verschiedene Praktiken des „folgenlosen" Beischlafs. (Vor allem der „coitus interruptus", aber auch der „Analcoitus" und rudimentäre Formen der mechanischen Empfängnisverhütung sind bezeugt.) Neuere Forschungen zeigen jedoch, daß diese vorehelichen „Auswege" weit weniger häufig beschritten wurden – und im französisch-rheinländischen Kern des „klassischen" Europa wiederum seltener als in seinen südlichen, östlichen, nördlichen und nordwestlichen „Randzonen" – als man bisher geglaubt hat und als es eine auf die „Naturwüchsigkeit" des vorindustriellen Bevölkerungssystems gerichtete Betrachtungsweise vermuten läßt.

Demnach haben wir damit zu rechnen, daß die jungen Männer und Mädchen des vorindustriellen Europa über lange Zeit nach Beginn ihrer Zeugungs- bzw. Gebärfähigkeit unverheiratet, geschlechtlich „asketisch" bzw. allein auf die verschiedenen Praktiken der Onanie angewiesen blieben, die einer quantifizierenden Untersuchung des Historikers nicht zugänglich sind. Die „verzögerte Heirat" war das einzig wirkungsvolle Verfahren, das im vorindustriellen Bevölkerungssystem das Gleichgewicht zwischen den heiratsfähigen Teilen der Bevölkerung und den verfügbaren Erwerbsstellen herstellte. Hier zeigt sich, daß allgemeine Thesen über das Verhältnis von Bevölkerung und Nahrungsspielraum leicht in die Irre führen können. Nicht die abstrakte Größe des „Nahrungsspielraums" war das entscheidende Regulativ, sondern die in jeder Region vorhandenen „Nahrungen", deren Größe und Zahl durch rechtliche (Erbrecht), technische (die Möglichkeiten der Gründung neuer Stellen in unkultivierten Gebieten) und politisch-herrschaftliche (die Expansion adliger Domänen auf dem Lande, die „zünftige" Beschränkung von Handwerksbetrieben in der Stadt) Bedingungen bestimmt und eingegrenzt wurden. Der abstrakte Nahrungsspielraum mochte größer sein und war es in der Tat als die tatsächlichen Möglichkeiten der ländlichen und städtischen Bevölkerungen, ihn zu nutzen.

Der intensiven, in ihren Methoden hier im einzelnen nicht darzustellenden Arbeit an den Kirchenbüchern verdanken wir für viele Regionen äußerst genaue Angaben über das Heiratsalter von Frauen und Männern. Die folgende Graphik zeigt das Beispiel eines kleinen normannischen Dorfes für einen großen Zeitraum des 18. Jahrhunderts (1711–1790). Wie man sieht, liegt das Heiratsalter des überwiegenden Teiles der Männer und Frauen dieses Dorfes zwischen 25 und 30 Jahren.

Was bedeutet die im Verhältnis zum Eintritt der Zeugungs- und Gebärfähigkeit „verzögerte" Heirat? Niedrige und konstant niedrig bleibende Illegitimitätsziffern vorausgesetzt, hatte sie eine erhebliche Einschränkung der ehelichen Fruchtbarkeit zur Folge. Auch hierüber liegen inzwischen genaue Daten vor. Wie der französische Historiker Pierre Chaunu in Zusammenfassung zahlreicher französischer Regionalmonographien jüngst dargestellt hat, nutzten die französischen Frauen, die erst mit 25 oder 26 Jahren heirateten, ihr „Reproduktionspotential" nur zu 40% aus. Oder, wie es sein französischer Kollege Jacques Dupâquier, präzise formuliert: „Ein Heiratsalter von 25 Jahren und einen Junggesellenindex von 13% vorausgesetzt, die Müttersterblichkeit, die Fehlgeburten, die vorzeitige Sterilität und die Risiken der

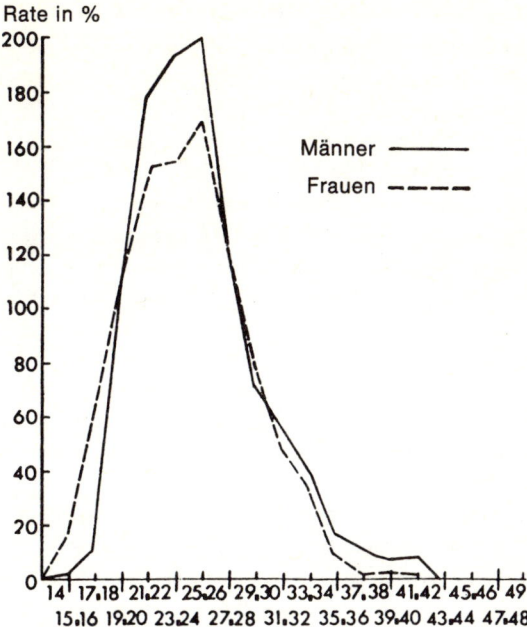

Abbildung 2. Heiratsalter eines normannischen Dorfes im 18. Jahrhundert. *Aus:* P. Chaunu: Histoire – science sociale. La durée, l'espace et l'homme à l'époque moderne. 1974, S. 335.

Witwenschaft eingerechnet, reduzierte sich die mittlere Abkunft einer Frau auf 5 Kinder." Stellt man zudem die in der gesamten Frühen Neuzeit hohen Raten der Säuglings- und Kindersterblichkeit in Rechnung, so wird verständlich, warum die Auszählung zahlreicher französischer Bauerndörfer ergeben hat, daß nur 3 bis 4 Kinder in den ländlichen Regionen das Alter von 25 Jahren erreichten.

Hinter der kruden Demographensprache verbirgt sich somit ein bedeutsamer sozialgeschichtlicher Tatbestand. Die ländlichen und städtischen Bevölkerungen Europas betrieben mit Hilfe der „verzögerten" Heirat in breitem Maße Familienplanung. Zwar bekam eine Frau, war sie erst einmal verheiratet, im allgemeinen alle zwei Jahre ein Kind, doch begann sie damit erst, als die ersten sieben bis zehn Jahre ihrer besonders hohen Fruchtbarkeit vorüber waren. Pierre Chaunu hat diesen Tatbestand in die schon klassisch gewordene Formel gegossen: Die in den breiten, nicht exzeptionell begüterten Familien vorherrschende Praxis der „verzögerten" Heirat „war im Europa des Ancien Régime die eigentliche Waffe der Geburtenkontrolle".

Mit gutem Grund hat Dupâquier diese Formel freilich modifiziert. Nicht „verzögerte Heirat" sei der angemessene Begriff, sondern „notwendiges zeitweises Junggesellentum". Denn in der Tat war die späte Heirat kein Akt des freien Willens der betroffenen sozialen Schichten, sondern eine durch äußere Bedingungen erzwungene Notwendigkeit, die für die Menschen, auch wenn sie den sexuellen Asketismus, wie Chaunu glaubt, mit Hilfe von familiärer und kirchlicher Sozialisation akzeptiert hatten, das Dasein in sehr entscheidenden Lebensjahren zum Fluch werden ließ. Und dies nicht so sehr wegen des auch unter gegenwärtigen Perspektiven nicht abnorm erscheinenden späten Heiratstermins, sondern wegen der ihm vorangehenden sexuellen Enthaltsamkeit, der rigiden familialen und sozialen Kontrolle, der diese unterlag, der zeitweise entwürdigenden Umstände des langen Wartens auf den Eintritt des Erbfalls und schließlich auch der mühsamen Suche nach Verdienst und „Nahrung" außerhalb des väterlichen Erbes.

Freilich ist die späte Heirat, wie sie aus den Daten hervortritt, ein statistischer Mittelwert – errechnet aus zahlreichen Angaben für lange und sehr lange Zeiträume. Die Chronologie verrät, daß das Heiratsalter nicht überall und zu allen Zeiten konstant blieb. Die europäische Bevölkerungsgeschichte der Frühen Neuzeit war gekennzeichnet durch eine zyklisch auftretende Krisenmortalität – hervorgerufen durch den Tod in dreierlei Gestalt: den Hunger, die Seuche und den Krieg. Mortalitätskrisen, vor allem die einer Erntekatastrophe folgende Agrar- und Hungerkrise, wirkten sich in der Zeit von 1600–1750 entscheidend auf die europäischen Bevölkerungen aus und setzten im Zusammenhang mit dem Heiratsalter einen Prozeß in Gang, der den Systemcharakter der frühneuzeitlichen Bevölkerungsgeschichte erst eigentlich ans Licht hebt.[4]

Dem Altmeister der französischen historischen Demographie, Pierre Goubert, verdanken wir klassisch gewordene Analysen der Mortalitätskrise, die er, gerade weil sie in erster Linie von klimatisch-wirtschaftlichen Faktoren in Verbindung mit epidemischen Seuchen verursacht wurde, „demographische Krise des alten Typs" nennt und damit in eine enge Beziehung zur „Agrarkrise des alten Typs" setzt.

Ihr Mechanismus war denkbar einfach und brutal. In regelmäßigen Abständen von 10, 15 oder 20 Jahren schnellten in vielen europäischen Land- und Stadtgemeinden aufgrund katastrophaler Ernteergebnisse – nach zu früh einsetzendem oder zu lang anhaltendem Frost, nach exzessiven Regenfällen im Herbst oder im Frühsommer, nach Hagelschlag u.a. – die Preise für die landwirtschaftlichen Grundnahrungsmittel in die Höhe. Wirklich brauchbarer Ersatz wie die Kartoffel stand bis ins späte 18. Jahrhundert nicht zur Verfügung, das Getreide bestimmte diktatorisch die Ernährungslage der breiten Bevölkerungsschichten. In besonders kritischen Jahren – Goubert weist für sein Untersuchungsgebiet, das nordfranzösische Beauvaisis, immer wieder auf das Erntejahr 1693/94 hin – stiegen die Getreidepreise kurzfristig auf das Drei-, Vier- und Fünffache ihrer normalen Höhe, die sie übrigens nach guten Folgejahren erstaunlich schnell wieder erreichten. Im Krisenjahr jedoch griff der Hungertod, potenziert durch die den Mangel begleitenden, die schlechte Ernährungslage nutzenden Krankheitserreger, massiv zu. Und dies nicht nur in den Städten und größeren Landgemeinden, deren Menschen auf Kauf oder Zukauf von Getreide angewiesen waren und die just in diesem Jahr der teuren Nahrungspreise ihre handwerklichen Produkte schlecht oder gar nicht absetzen konnten bzw. Lohneinbußen hinnehmen mußten, sondern auch in den Bauerndörfern selbst, wo der Ernteertrag schmal, von schlechter Qualität, ja, gesundheitsschädlich oder gleich Null war.

Einige demographische Folgen der Erntekrise traten sogleich zutage. Mit den Preisen schnellte die Todesrate empor, zur gleichen Zeit näherte sich die Heiratsziffer nicht selten dem Nullpunkt, ging die Zahl der Taufen und vor allem der Zeugungen (Konzeptionen) zurück.

Das Erscheinungsbild des generativen Verhaltens einer Bauerngemeinde spiegelte somit in frappanter Weise die Not ihrer Ernährungs-, Versorgungs- und Gesundheitslage während einer Hungerkrise. Große Bevölkerungsteile starben ab, geplante Hochzeiten scheiterten, wurden abgesagt oder verschoben, zahlreiche Kinder starben mit ihren Müttern, im Mutterleib, während oder bald nach der Geburt, neue Zeugungen wurden bewußt verschoben (?) oder fielen der „Hungeramenorrhöe", einer zeitweisen Sterilität der unzureichend, schlecht oder falsch ernährten Frauen zum Opfer.

Man kann davon ausgehen, daß die demographische Krise, nicht anders als die Agrarkrise des „alten Typs", eine gemeineuropäische Erscheinung war – wenn sie auch nicht überall mit jener Heftigkeit und Brutalität auftrat, die Goubert für das Beauvaisis nachgewiesen hat. Viele Faktoren der ökonomischen, sozialen und ökologischen Umwelt bestimmten naturgemäß ihren Verlauf, selbst im Beauvaisis bewirkten Unterschiede in der Boden-, Produktions- und Erwerbsstruktur einzelner Gebiete durchaus einen differenzierten Krisenverlauf. Wo aufmerksame und verantwortungsbewußte Magistrate, Kirchengemeinden, Grundherren, Territorialfürsten die „öffentliche Wohltätigkeit" zu organisieren verstanden, mochten vor allem die Städte vor dem Schlimmsten bewahrt bleiben. Insgesamt aber war der Tod, vor allem der Krisentod, im Europa der Frühen Neuzeit „allgegenwärtig", „strukturell" (Pierre Chaunu).

Doch welches waren die mittel- und langfristigen Folgen der demographischen Krise des „alten Typs"? Wie wirkte sie sich auf die „vorindustrielle Bevölkerungsweise" aus? Wie wurde sie von dem „sich selbst regelnden System" verarbeitet? Es ist erwiesen, daß vor allem zwei Altersgruppen der vorindustriellen Gesellschaften von den demographischen Krisen des „alten Typs" betroffen wurden: die Säuglinge, Kinder und Adoleszenten auf der einen, die alten, nicht mehr im demographischen Reproduktionsprozeß stehenden Menschen auf der anderen Seite. Hohe Mortalitätsraten innerhalb der alten Bevölkerung hatten, so „zynisch" das klingen mag, „segensreiche" Folgen für die Gesamtheit eines Dorfes. Hofstellen und Handwerksbetriebe

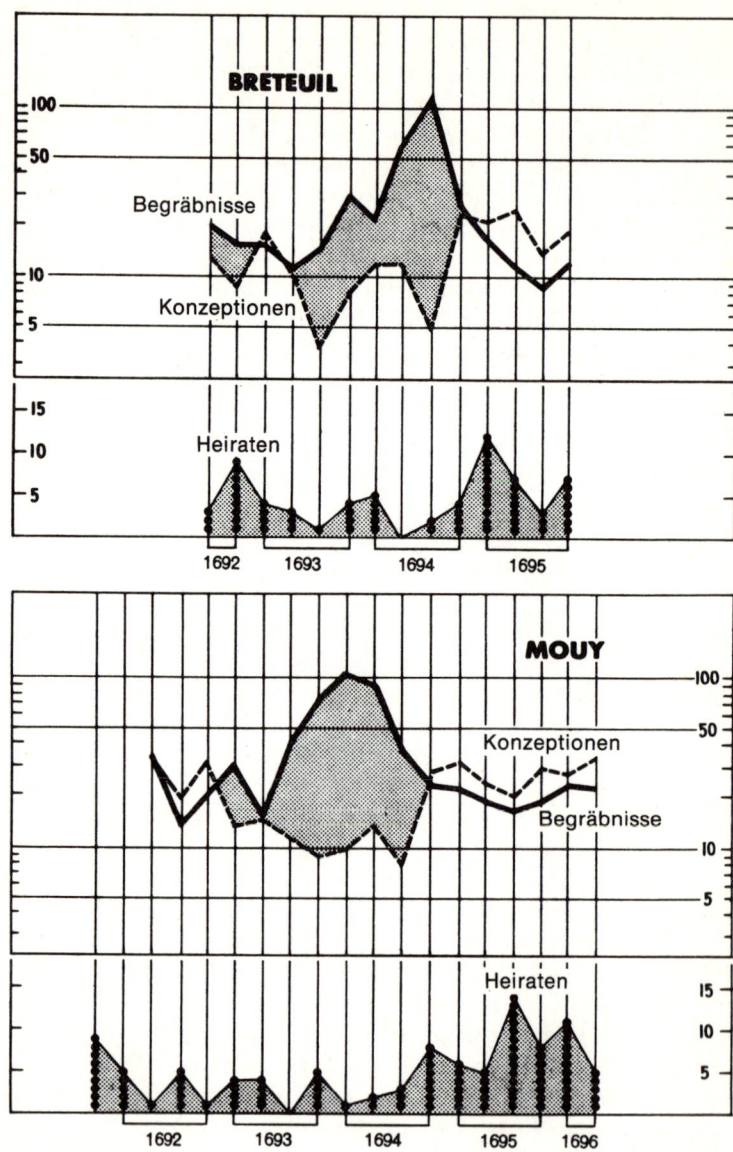

Abbildung 3. Die demographische Krise von 1693/94 im Beauvaisis. *Aus:* P. Goubert: Cent mille provinciaux au XVIIᵉ siècle. Beauvais et le Beauvaisis de 1600 à 1730. 1968, S. 430f.

wurden früher, als erwartet, frei, es gab Raum, bei schweren Krisen sogar beträchtlichen Raum für die Neugründung von Familien. In der Tat haben insbesondere französische Historiker übereinstimmend eine Reihe von besonderen Rhythmuswechseln in dörflichen Populationen nach heftigen demographischen Krisen festgestellt: zunächst, als Zeichen dafür, daß auch die im Arbeits- und Produktionsprozeß stehende Generation auf ihre Weise von der Krise „profitierte", ein Ansteigen der ehelichen Fruchtbarkeit in dieser Altersgruppe; sodann einen Abbau der im allgemeinen, d. h. zu „normalen" Zeiten recht hoch liegenden Ziffern des „definitiven" Junggesellentums; schließlich, als wohl wichtigste Erscheinung, ein starkes Ansteigen der Heiratsaktivität nach dem Ende der Krise mit einem förmlichen „Baby-Boom" 9 Monate danach. Wenn im klassischen Europa bis zur Mitte des 18. Jahrhunderts das Heiratsalter einmal spürbar absank, so im Gefolge dieser Krisen.

Seiner Intention und Wirkung nach war das vorindustrielle Bevölkerungssystem mit seinen äußeren, ökonomisch-sozial bedingten und zu Verhaltensgewohnheiten verinnerlichten Anpassungsmechanismen eine Waffe gegen ein ungezügeltes Bevölkerungswachstum, gegen, wie die Franzosen sagen, die „volle Welt". Nach einhelliger Meinung der Forschung eine spezifische Errungenschaft der „klassischen" mittel-, west- und nordeuropäischen Zivilisationen und weder den vorangehenden Zivilisationen noch den zeitgenössischen Gesellschaften im ost- und südosteuropäischen Raum bekannt, hat es den verhaltenen Gang der europäischen Bevölkerungsentwicklung vom 16. bis zum 18. Jahrhundert gesteuert. Wie lange ist es wirksam geblieben? Vor allem: war es noch wirksam, als in der Mitte des 18. Jahrhunderts in allen Teilen Europas der Prozeß des rapiden Bevölkerungsanstiegs einsetzte? Wenn ja – welche Faktoren machten dieses Wachstum möglich, das unter dem Zeichen der vorindustriellen Bevölkerungsweise doch über mehr als 2 Jahrhunderte verhindert worden war? Wenn nein – welche Faktoren setzten das „auto-regulative" System außer Kraft?

Es mag überraschend klingen, aber in der hochdifferenzierten Forschung zur historischen Demographie gibt es auf diese Frage noch keine bündigen Antworten.

Über lange Zeit hat man dieses Wachstum als Ergebnis praktischer Verbesserungen der Ernährung, der hygienischen und medizinischen Versorgung der europäischen Bevölkerungen zu erklären versucht.[5] Durch Reformen in der Agrarwirtschaft, durch eine Ausweitung der Produktion und eine begrenzte Steigerung der Produktivität sei es möglich geworden, mehr Menschen als vorher zu ernähren. Neue hygienisch-medizinische Einrichtungen (bessere Brunnen, besseres Wasser, Impfungen u. ä.) hätten vor allem in den Städten die Säuglings- und Kindersterblichkeit gemildert. Beide Thesen enthalten sicher etwas Wahres, doch stellt sich sogleich die Frage, ob sie zur Erklärung ausreichen bzw. ob sie das Verhältnis von Ursache und Wirkung richtig einschätzen.

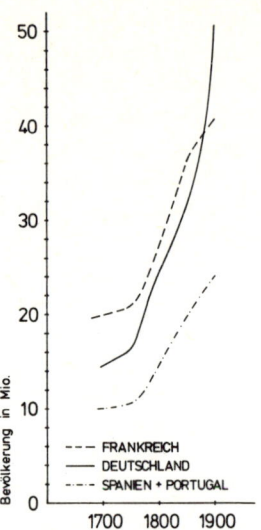

Abbildung 4. Bevölkerungswachstum einiger europäischer Länder zwischen
1700 und 1900

Was die hygienisch-medizinische Versorgung angeht, so ist sich die Forschung darin einig, daß ihre bescheidenen Fortschritte vor 1800 keinesfalls
den schon vor und um 1750 einsetzenden Bevölkerungsanstieg wesentlich
stimuliert haben können. Fortschritte in der Landwirtschaft im 18. Jahrhundert sind unübersehbar, auch wenn sie – mit Ausnahme Englands – in keinem
Land jenes Ausmaß angenommen haben, das die Historiker früher von einer
„Agrarrevolution" sprechen ließ. Doch der empirische Befund zeigt, daß sie
weit mehr Folge, d.h. durch Nachfrage und Preissteigerung provoziertes
Ergebnis des Bevölkerungsanstiegs waren als deren Ursache. Grundherren,
grundbesitzende Bauern und Pächter bewirtschafteten ihre Güter sicher nicht
in der vagen Erwartung einer möglichen Ausweitung der Nachfrage, sondern
wagten sich erst an technische Neuerungen und unkultiviertes Land heran,
wenn der Markt reichen Ertrag dafür versprach. Man denke nur an das berühmte Beispiel des französischen Staatsphilosophen und Wein produzierenden Grundherrn Montesquieu, der noch um 1735 als Lobbyist der Weinproduzenten und -händler von Bordeaux bei der Regierung für die Ausweitung
des Weinbaus auf Kosten des Getreides plädierte, weil allein der Anbau
(sprich: Export!) von Wein in dieser Zeit Gewinne versprach, nicht aber die
Produktion von Getreide, die einer scharfen Preiskontrolle des polizei- und
wohlfahrtsstaatlichen Absolutismus unterlag.

Es erscheint sinnvoll, bei der weiteren Suche nach Erklärungen auf das
„auto-regulative System" der vorindustriellen Bevölkerungsweise selbst zu

blicken. Denn wenn diese Modellvorstellung für die vorangehenden Jahrhunderte in so überzeugendem Maße „trägt", wie es zahlreiche Historiker glauben, so muß sie dies auch – zumindest ex negativo – für jenen Zeitpunkt tun, an dem Wandlungen einsetzen. In der Tat bieten sich einige empirische Beobachtungen an. Zentrales Steuerungsinstrument des vorindustriellen Bevölkerungssystems war, wie gesagt, die begrenzte Anzahl der verfügbaren „Nahrungen". Agrar- und Hungerkrisen und, in ihrem Gefolge, die Krisenmortalität sorgten dafür, daß hier von Zeit zu Zeit Spielraum geschaffen wurde, ohne daß eine Bevölkerungsexplosion die Folge war. Vieles spricht nun dafür, daß mit der großen Hungerkrise von 1740/41 in vielen Teilen Europas das krisenwirksame Zusammenspiel von Hunger und Tod zu Ende ging. Die Agrarkrise des „alten Typs" blieb zwar bis weit ins 19. Jahrhundert hinein erhalten, und sowohl um 1771/72 als auch um 1847 haben wir noch einmal zwei am Preisindex ablesbare, markante Beispiele, doch beiden folgte nicht mehr jene generelle, für die vorangehenden Jahrzehnte so bezeichnende Krisenmortalität.

Wie kam es zu diesem bedeutsamen Wandel im Bereich der Sterblichkeit? Auch hier fehlt den Aussagen der Historiker die letzte Sicherheit. Es mag durchaus sein, daß die erwähnten hygienisch-medizinischen Verbesserungen hier ebenso ihre begrenzte Rolle gespielt haben wie die allmählich wirksam werdenden agrarischen Reformen, die, selbst wenn sie zunächst durch Bevölkerungswachstum angeregt wurden, irgendwann einmal ihrerseits zu dessen Stabilisierung beitrugen. Ein generell freundlicheres, d.h. um wenige Grade wärmeres Klima, das die Epoche der Aufklärung von der „kleinen Eiszeit" Ludwigs XIV. abhebt, ist von einigen Historikern gleichfalls ins Kalkül gezogen worden. Noch bedeutsamer erscheint schließlich auch der „Zufall", daß sich schon im ausgehenden 17. Jahrhundert – Territorien wie Ostpreußen (1709/11) und das Gebiet um Marseille (1720) bilden hier eine Ausnahme – die Pest aus der Geschichte verabschiedete.

Konstant bleibende Feuerstellen bzw. „Nahrungen" als Versorgungsgrundlage einer Familie vorausgesetzt, hätte das vorindustrielle Bevölkerungssystem auf die Veränderungen im Mortalitätsgeschehen mit einer weiteren Restriktion der allgemeinen Fruchtbarkeit – d.h. mit einer erneuten Heraufsetzung des Heiratsalters, einer Ausweitung des „definitiven" Junggesellentums oder einer Einschränkung der innerehelichen Fruchtbarkeit – reagieren müssen, um eine Bevölkerungsexplosion zu verhindern. Der Bevölkerungsanstieg seit der Mitte des 18. Jahrhunderts zeigt jedoch an, daß dies nicht bzw. nicht generell geschehen ist. Demnach müßte konsequenterweise erwogen werden, ob nicht in dieser Epoche die enge Bindung von Familiengründung und ausreichender „Nahrung" zumindest in bestimmten sozialen Schichten nachgelassen hat bzw. die Zahl der vorhandenen Feuerstellen erheblich ausgeweitet wurde.

In der Tat stützen einige empirische Beobachtungen solche Vermutungen.

Nur eine sekundäre Rolle werden die einzelnen Versuche staatlich-absoluti-
stischer „Peuplierungspolitik" gespielt haben, die fraglos eine Existenzmög-
lichkeit für neue Familien schufen, wenn auch in regional sehr eng umgrenz-
ten Bereichen. Weitaus relevanter erscheint der neuerdings wieder ins Blick-
feld gerückte Expansionsprozeß der ländlichen Gewerbetreibenden mit ihrer
die bäuerlichen Produktionsverhältnisse und -bedingungen transzendieren-
den Hausindustrie.[6] Das „proto-industrielle" Heimgewerbe mit seiner arbeitsintensiven, geldorientierten, verlagsabhängigen Familienwirtschaft, das
schon im 17. Jahrhundert bestand, aber im 18. Jahrhundert einen besonderen
Aufschwung nahm, machte eine im Vergleich zur bäuerlichen Tradition frühe
Heirat und Aufzucht von Kindern möglich und aus Gründen der familien-
wirtschaftlichen Arbeitsorganisation nötig. Es scheint außer Zweifel zu stehen, daß die vorindustrielle Bevölkerungsweise in Regionen mit spürbarer
Verdichtung der ländlichen Heimindustrie gerade in jenen Schichten an
Wirksamkeit verlor, die in den voraufgehenden Jahrhunderten in besonderem Maße von dem Funktionszusammenhang von Familiengründung und
ausreichender agrarischer oder zünftig-handwerklicher Erwerbsmöglichkeit
betroffen gewesen waren: die klein- und unterbäuerlichen Schichten, das
Gesinde, die unselbständigen und unverheirateten Knechte und Mägde.

Doch auch solche Regionen, die keine proto-industrielle Verdichtung
kannten, scheinen ihren Beitrag zur Aufhebung des alten Bevölkerungssystems geleistet zu haben. Während sich im Verlauf des 18. Jahrhunderts gerade in bürgerlichen und adligen Schichten das alte generative „pattern" verfestigte, begann in den ländlichen und städtischen Unterschichten ein Prozeß
rasch zunehmender Heirats- und Reproduktionsaktivität, der – von der zyklischen Krisenmortalität befreit – auch von dem Regulativ der ausreichenden
„Nahrung" nicht mehr im Zaum gehalten wurde. Von den Heuerlingen in
Nordwestdeutschland, den Gärtnern und Häuslern in Sachsen und Schlesien,
den Tagelöhnern, Inwohnern, Einliegern, „manouvriers", „cottagers" in anderen deutschen und europäischen Territorien wissen wir, daß sie, wenn
überhaupt, auf kümmerlichen Halb-, Viertel- oder Achtel„nahrungen" saßen
und gleichwohl Familien gründeten und Kinder zeugten. Wo sich ihnen der
proto-industrielle Ausweg nicht bot, wo auch der entlohnte Dienst in der
Landwirtschaft allein nicht ausreichte, suchten sie in der Saison- und Wan-
derarbeit oder in der Seefahrt ein zusätzliches Auskommen. Die zweite
Hälfte des 18. Jahrhunderts ist in ganz Europa eine Zeit des überproportiona-
len Anwachsens dieser ländlichen und städtischen Unterschichten. Indem sie
von unten her das alte Bevölkerungssystem außer Kraft setzten, bedrohten sie
nicht nur das prekäre demographische Gleichgewicht Europas, das über Jahrhunderte bestanden hatte, sondern zugleich, und in vielfältiger Wechselbezie-
hung damit stehend, das alteuropäische ständische Sozialgefüge insgesamt.
An anderer Stelle dieses Bandes wird Gelegenheit sein, auf diesen Aspekt
ausführlicher einzugehen.

2. Familie

Die Vorstellung einer „vorindustriellen Bevölkerungsweise", eines „sich selbst regulierenden Systems", das den Gang der frühneuzeitlichen Bevölkerungsgeschichte gesteuert hat, vermag erst dann zu überzeugen, wenn man seine Funktionsweise und -mechanismen veranschaulichen kann. Es wurde schon betont, daß die Kategorie „Nahrungsspielraum" diesen Zweck nicht angemessen erfüllt. Gewiß gab es im 16., 17. und 18. Jahrhundert für alle europäischen Bevölkerungen eine begrenzte Nahrungsdecke, doch offensichtlich wurde diese nur in den kurzen und heftigen Krisenperioden über Gebühr strapaziert. Nichts deutet darauf hin, daß in den übrigen, „normalen" Zeiten nicht eine weitaus größere Zahl an Menschen hätte ernährt werden können, als dies tatsächlich der Fall war. Die europäischen Bevölkerungen des 16. bis 18. Jahrhunderts hielten sich nicht deshalb in den für diese Jahrhunderte errechneten Größen, weil der Nahrungsspielraum ein weiteres Wachstum nicht zuließ; sie nahmen ab 1750 nicht deshalb sprunghaft zu, weil sich ihre Ernährungs- und Versorgungslage jetzt plötzlich entscheidend verbesserte. Auf dem Lande, aber auch in Handel und Gewerbe steuerte vielmehr das Angebot an Erwerbsstellen den Reproduktionsprozeß der Menschen. Denn erst der Nachweis einer solchen Erwerbsstelle führte in der Regel zur Familiengründung, allein in der Familie fielen die zentralen Entscheidungen über den zukünftigen Gang der Bevölkerungsentwicklung.

Man kann sich die intensive Abhängigkeit der Familiengründung und damit der gesamten Reproduktionsmöglichkeit der Gattung Mensch von der Zahl der Erwerbsstellen gut veranschaulichen, wenn man dieses Verhältnis mit wirtschaftspolitischen Kategorien beschreibt. In der Landwirtschaft wie im städtischen Gewerbe waren Erwerbsstellen im vorindustriellen Zeitalter grundsätzlich „knappe Güter". Ihre Anzahl ließ sich nicht beliebig und vor allem nicht so schnell vermehren, daß eine wachsende Nachfrage jederzeit angemessen befriedigt werden konnte. Auf dem Lande begrenzte der Großgrundbesitz von Staat, Klerus, Adel, Bürgertum und wohlhabenden Bauern die Zahl der verfügbaren landwirtschaftlichen Erwerbsstellen; die politisch-rechtlich-herrschaftlichen Rahmenbedingungen wirkten sich ebenso aus wie die Tatsache, daß eine bestimmte Mindestgröße an Landbesitz zur Unterhaltung einer bäuerlichen Familie nötig war. Im städtischen Gewerbe sorgte die begrenzte Nachfrage nach Gewerbegütern ebenso für eine Einschränkung wie der rigide Einfluß der Zünfte auf die Betriebsgründungen, den man wohl für die gesamte Epoche der Frühen Neuzeit als restriktiv bezeichnen kann.

Andererseits war auch der landwirtschaftliche und handwerkliche Erwerb von dem Akt der Familiengründung abhängig. Die Familie war in vorindustrieller Zeit nicht nur – was sie bis heute geblieben ist – die wesentliche Institution der biologischen Reproduktion. Sie war zugleich auch – was sie

heute nicht mehr ist – die zentrale Stätte der Produktion und Arbeitsorganisation. Insofern war die Erwerbsstelle nicht nur Voraussetzung der Familiengründung, sondern diese auch Voraussetzung des Erwerbs. In vorindustrieller Zeit arbeitete und produzierte die Mehrzahl der Menschen dort, wo sie
wohnte und lebte. Berufe, die den Menschen von seinem Haushalt und seiner
Familie trennten – sei es in der Manufaktur, wo er für seine Arbeit regelmäßig
entlohnt wurde, sei es im „tertiären Sektor", wo er als Beamter eines Staates,
der Kirche, eines Grundherrn Dienstleistungen erbrachte – waren durchaus
die Ausnahme. Selbst für den Tagelöhner, den Landarbeiter, den Hand-
werksgesellen, dem die engen, wenig elastischen Verhältnisse der vorindustriellen Sozial- und Wirtschaftsordnung keine Aussicht auf den Besitz einer
Vollerwerbsstelle boten, hatte der Bezug zur Familie als Produktionsstätte
eine eminente Bedeutung – sei es, daß er als Inwohner zur Familie und zum
Haus eines Herren gehörte und nur mit dessen Einverständnis und innerhalb
seines Hauses zur Familiengründung schreiten konnte, sei es, daß er seine
unzureichende Subsistenzgrundlage durch ein kleines, zumeist gepachtetes
Stück Land erweiterte, das seine eigene, kleine Familie bestellte.

Begriffe wie „Familie" und „Familiengründung" fließen leicht in die Fe-
der, weil sich mit ihnen von der Gegenwart her klare rechtliche und soziale
Vorstellungen verbinden. Was aber war die Familie in der vorindustriellen
Vergangenheit Europas und wie unterschied sie sich von der Familie der
Gegenwart?[7]

Der bedeutsamste Unterschied ist in Andeutungen schon beschrieben worden. Als zentrale Stätte der Reproduktion, der Produktion und der Arbeitsorganisation war die Familie in der gesamten Epoche der Frühen Neuzeit
durch eine Funktionsvielfalt gekennzeichnet, die sie zu einem zentralen
Strukturelement der vorindustriellen Gesellschaftsordnung machte und der
gegenüber die Sozialgeschichte der Familie vom späten 18. Jahrhundert bis
zur Gegenwart mit Recht als ein Prozeß des „Funktionsverlustes" oder besser der „Funktionsentlastung" begriffen wird. Aus diesem Tatbestand ergeben sich für die sozialgeschichtliche Analyse der Familie bedeutsame Folge-
rungen. Wir sind es gewohnt, eine Familie als ein System von Verwandtschaftsbeziehungen zu begreifen. In vorindustrieller Zeit jedoch entschied
über die Zugehörigkeit zur Familie eines Herren nicht das Verwandtschafts-
verhältnis, sondern die Funktion, die ein Haushaltsmitglied im Rahmen der
Arbeitsorganisation erfüllte. Ein Knecht, eine Magd, ein Dienstbote, ein Inwohner gehörte in diesem Sinne zur Familie des Herrn, nicht aber sein Bru-
der, der nicht geerbt und sich woanders angekauft hatte oder in eine Stadt
abgewandert war. Österreichische Seelenbücher des 17. Jahrhunderts lassen
z. B. nicht immer eindeutig erkennen, ob die in ihnen aufgeführten Kinder
eines „Familienvaters" wirklich seine leiblichen Kinder waren; ohne Frage
aber zählten sie zu seiner Hausgemeinschaft, zur „Familie".

Gewiß besagt das nicht, daß Verwandtschaftsbeziehungen innerhalb und außerhalb des Hauses nicht empfunden und gewichtet wurden. Man braucht nur auf die großen Fürsten- und Adelsfamilien, auf ihre Heiratspolitik und das System ihrer über ganze Regionen, ja Kontinente verbreiteten Familienbeziehungen zu verweisen, um die Relevanz eines auf die Verwandtschaft bezogenen Familienbegriffs auch für diese Epoche zu unterstreichen. Auch die vielfältigen Formen des ländlichen Erbrechts sorgten dafür, daß innerhalb einer Hausgemeinschaft besondere Beziehungen – d.h. häufig freilich auch besondere Konfliktzonen – zwischen Blutsverwandten bestanden, die das Gefüge des an der Arbeitsorganisation des „ganzen Hauses" beteiligten Personenkreises durchbrachen. So war naturgemäß der zukünftige Erbe des Hausvaters – in der Regel sein ältester oder jüngster Sohn – gegenüber allen anderen Mitgliedern der Hausgemeinschaft, darunter freilich auch seinen leiblichen Brüdern und Schwestern, deutlich herausgehoben. In manchen europäischen Regionen, in denen sich die Realteilung der bäuerlichen Besitze durchgesetzt hatte, trat das Kriterium der Versorgung der Abkömmlinge des Hausvaters sogar gegenüber der Sorge für die Wahrung eines Besitzes und seiner angemessenen Betriebsgröße eindeutig in den Vordergrund. In der Normandie etwa erhielt jedes Kind beim Tod des Vaters den ihm zustehenden Besitzanteil, „selbst wenn es seine Familie seit Jahren verlassen und selbst, wenn man von ihm einen formellen Verzicht auf seinen Erbteil erhalten hatte" (Flandrin).

Die Nachteile eines solchen Erbverfahrens wurden freilich gerade in Realteilungsgebieten lebhaft empfunden, und man versuchte, wie das angeführte Beispiel aus der Normandie belegt, ihnen durch entgegengesetzte Vereinbarungen im Interesse einer funktionsfähigen Betriebseinheit zu begegnen. In weiten Regionen Europas hatte sich darum nicht zufällig das Anerbenrecht durchgesetzt, und hier war die Sozialform Familie deutlich auf das „ganze Haus" als Produktionsstätte bezogen.

Es leuchtet ein, daß die Historiker Bedenken haben, diese strukturbildende Sozialform in vorindustrieller Zeit überhaupt als Familie zu bezeichnen. Zu fremd ist in unserer heutigen Auffassung ein solcher Familienbegriff, zu stark sind wir von dem Modell der modernen bürgerlichen „Kleinfamilie" geprägt, das erst allgemein wirksam wurde, als seit dem späten 18. Jahrhundert der enge Zusammenhang von Familie und Arbeitsorganisation aufbrach. Unser moderner Familienbegriff, der die Verwandtschaft zum dominierenden Kriterium erhebt, hat sich seit dieser Zeit entwickelt. Vorher wurde freilich „die Gesamtheit der in einem Haus lebenden Personen" durchaus schon als Familie bezeichnet, das lateinische Wort „familia", dessen Grundbedeutung „Haus" ist, brachte ebenso wie „pater" und „mater" „nicht einen genealogischen Zusammenhang, sondern herrschaftliche Abhängigkeit zum Ausdruck" (Mitterauer). So könnte man durchaus auch für die Frühe Neuzeit von „Familie" sprechen, wenn deutlich gemacht wird, daß damit der vom „pater familias" geleitete Personenverband gemeint ist, der zur Erfüllung einer landwirtschaftlichen oder handwerklichen Produktionsaufgabe in einem Haus zusammen lebte und dessen einzelne Rollen primär von diesem Zweck und nicht von den verwandtschaftlichen Beziehungen her bestimmt wurden.

Wer das Dilemma einer Wahl zwischen sehr verschiedenen Familienbegriffen vermeiden möchte, greift zur Kennzeichnung der vorindustriellen Verhältnisse gern zum Begriff des „Hauses" oder des „Haushalts", der in der Tat vieles von dem veranschaulicht, was die vorindustrielle Familie als Produktionsstätte kennzeichnete. Wer als Bauer oder als Handwerker produzieren wollte, benötigte in der Tat in der Regel ein Haus. Nur das Haus bot ihm die Möglichkeit zu heiraten, Kinder zu zeugen, Gesinde aufzunehmen; nur wer über ein Haus verfügte, war daher im Sinne der Zeit recht eigentlich familienfähig; ja, allein das Haus gab ihm – zumindest auf dem Lande – über lange Zeit einen Namen. Daß dieses Haus mehr umfaßte als unser wiederum verengter moderner Begriff des „Haushalts" kenntlich macht, haben W. H. Riehl und, ihm folgend, Otto Brunner klar gesehen, und sie haben daher den Begriff des „ganzen Hauses" geprägt – auch das ein sehr anschauliches Verfahren, solange man nicht den Fehler begeht, dieses „ganze" Haus in jedem Fall als ein „großes" anzusehen.[8]

Deutlich tritt die Funktionsvielfalt einer landwirtschaftlichen oder gewerblichen Haushalts-Familie in vorindustrieller Zeit hervor, wenn man sich die in ihr vorhandene Rollenvielfalt vergegenwärtigt.

Da ist zunächst der Haushaltsvorstand, der „pater familias". Gewiß ist ein Teil seiner Rollen durch Familienbande und Verwandtschaft bestimmt – er ist Ehemann, er ist leiblicher Vater. Doch wo es sich um Produktion und Arbeitsorganisation handelt, ist er vor allem Herr, Leiter der Wirtschaftsführung, und diese Rolle wird um so wichtiger, je größer Besitz bzw. Betrieb und Haushalt sind. Als Herr seines Hauses vertritt er dieses auch nach außen, in der Stadt in den zünftigen Organisationen, auf dem Lande in der bäuerlichen Gemeinde, in den Gesprächen, Verhandlungen, Querelen mit dem Grundherrn. Die Bedeutung seiner Position wird schon darin sichtbar, daß sie nicht lange vakant bleiben darf. Stirbt er oder zwingen ihn Krankheit oder Altersschwäche zum Rückzug, so rückt sein Erbe sogleich auf. Ja, die vielfältigen Formen des bäuerlichen Ausgedinges (des Altenteils, der Abnahme) haben sich vor allem deshalb entwickelt, weil dem bäuerlichen Haushalt jederzeit die Tatkraft eines aktiven, zur Wirtschaftsführung fähigen, d. h. nicht zu alten Haushaltsvorstandes sicher sein mußte.

Anders, doch nicht weniger wichtig – die Rolle der Hausfrau! Gewiß wird diese partiell durch die Sorge für das Leben und die Aufzucht der leiblichen Kinder geprägt. Ihr als der Leiterin der gesamten Haushaltsführung obliegt aber das Wohl und Gedeihen aller am Produktionsprozeß beteiligten Familienmitglieder. Auch ihre Funktion duldet keine Vakanz. Stirbt sie frühzeitig, so wird sie in der Regel sehr schnell durch eine Nachfolgerin ersetzt. Seelen-

bücher aus den verschiedensten europäischen Regionen belegen die hohe
Zahl von Haushalten mit Zweit- oder Drittehen der Hausväter. Natürlich
gehen die Kinder, welche die zweite oder dritte Frau aus einer vorangehenden
Ehe mitbringt oder die sie im neuen Haus zur Welt bringt, in die Familie des
Hausvaters ein.[9]

Es folgen die Kinder selbst. Wie schon gesagt, ist nicht immer klar erwie-
sen, ob alle Personen, die wir als Kinder in der vorindustriellen Haushalts-
Familie antreffen, auch tatsächlich leibliche Abkommen des Hausvaters sind.
Zwei Funktionen zeichnen die Gruppe der Kinder in besonderer Weise aus.
Einmal rekrutiert sich aus ihrem Kreis der spätere Haushaltsvorstand, der
Erbe, der „possessor". In den Anerbengebieten ist es der jüngste oder älteste
Sohn, eine Position, die formal zwar nur ein einziges Kind betrifft, in Wirklichkeit aber wegen der hohen Säuglings- und Kindersterblichkeit im Laufe
eines Familienzyklus durchaus für jeden Sohn Bedeutung haben kann. Wo
männliche Nachkommen fehlen, wird die Heirat einer Tochter zu einem
bedeutsamen Vorgang, bietet sich dadurch doch die Chance, einen wohlhabenden auswärtigen Haushaltsvorstand ins Haus zu ziehen. Ansonsten sehen
wir die Kinder vor allem in der Funktion von Arbeitskräften. Ein bäuerlicher
Haushalt, aber auch ein größerer Handwerksbetrieb bedarf derer viele, und
Kinder und Adoleszenten werden in dieser Funktion vor allem dann eine
Rolle spielen, wenn die Mittel zu einer „standesgemäßen" Ausstattung des
Betriebes mit Gesinde nicht ausreichen. Andererseits kann es auch geschehen,
daß zu viele Kinder im Hause sind, daß nicht alle ernährt werden können.
Dann verlassen einige das Haus, verdingen sich bei Verwandten oder Nach-
barn und treten damit als Knechte, Mägde in andere Familien bzw. andere
Häuser ein.

Daß die Knechte und Mägde – das Gesinde – weitgehend in das „Haus"
ihres Herrn integriert sind, wurde schon betont. Ebenso, daß wir in ihnen
häufig Verwandte – Nichten, Neffen, nicht selten wohl auch Stiefkinder – des
Hausvaters und seiner Frau zu sehen haben. Grundsätzlich ist es auch ihr
Lebensziel, eine eigene Stelle mit einem eigenen Haus zu finden. In Zeiten
eines starken Lohngefälles zwischen Stadt und Land bietet sich ihnen die
Landflucht als Beginn eines Aufstiegs auf der sozialen Stufenleiter an. Wo
ihnen dieser Schritt nicht möglich ist oder nicht gelingt, bleiben sie nicht
selten zeit ihres Lebens unverheiratet im Hause des Herrn, oder sie gründen
mit seiner Erlaubnis eine eigene Familie.

Sie reihen sich dann ein in die schwer faßbare Gruppe der „Inwohner", die
in den Seelenbüchern der ländlichen Regionen Alteuropas immer wieder erscheinen. Auch ihre Funktion wird man in dieser Epoche vorwiegend im
Zusammenhang mit dem Haus und dem Betrieb des Herrn definieren. Daß
sehr häufig Verwandte des Hausherrn in dieser Rolle auftreten, läßt jedoch
auch auf das schwierige rechtlich-soziale Problem der Versorgung seiner
nicht-erbenden Geschwister schließen. Vom Gesinde grenzen sie sich formal

dadurch ab, daß ihnen eine Familiengründung zugestanden wird. Es ist erwiesen, daß solchen Inwohnern in städtischen Haushalten schon vor der Industrialisierung eine gewisse Verselbständigung gelingt, die sie praktisch zu Mietern außerhalb des hausherrlichen Familienverbandes macht. Die Tatsache, daß man spätestens im 18. Jahrhundert auch den ländlichen Inwohnern den Familienstatus zu geben bereit ist, scheint auch für diesen Sektor soziale und ökonomische Wandlungen zu indizieren, deren genaues Erscheinungsbild noch ein wichtiges Desiderat der Forschung bleibt.

Eine Gruppe eigener Art bilden schließlich die Altenteiler. Aus zahllosen literarischen Beschreibungen wissen wir, wie schwer die Versorgung seiner Eltern oder Schwiegereltern bzw. einzelner Elternteile auf dem Betrieb eines jungen bäuerlichen „possessor" lasten konnte. Genaue vertragliche Abmachungen über Geld- und Naturalleistungen, über den Wohnraum, der den Altenteilern zugestanden wird, und über Dienste, die ihnen zu leisten sind, begründen das Ausgedinge. Wo es reichlich ausgestattet wird, mag es geschehen, daß die Altenteiler weitgehend aus der Familie des Erben zurücktreten, in der Regel wird aber auch der Altenteiler, nicht zuletzt als Arbeitskraft für leichte Dienste in Haus und Hof, in das „ganze Haus" integriert bleiben. Nur auf wohlhabenden Stellen darf man sich das Ausgedinge als einen relativ harmonischen Prozeß der Generationenablösung vorstellen, in mittel- und kleinbäuerlichen Haushalten dagegen wird das Ausgedinge vor allem dann zu erheblichen Spannungen geführt haben, wenn – was nicht selten der Fall war – auch unversorgte Schwestern des Erben in den Vertrag hineingenommen wurden. Wohl aus diesem Grunde finden wir in Seelenbüchern besonders häufig Witwen im Ausgedinge, die, anstatt durch Wiederheirat einen neuen Besitzer ins Haus zu ziehen und damit die innerfamiliäre Situation noch zu komplizieren, an einen Sohn übergeben haben, während verwitwete Hausväter auch in höherem Alter häufig den Weg der Wiederverehelichung beschreiten.

Nimmt man die Einheit von Familie und Haushalt in vorindustrieller Zeit als gegeben an und sieht ihre strukturbildende Kraft in der Tatsache beschlossen, daß sie für die überwiegende Mehrheit der Menschen Lebens- und Arbeits-, Produktions- und Konsumtionsstätte zugleich war, so leuchtet ein, daß alle bisherigen Theorien und Spekulationen über „typische" Größen und Strukturen der vorindustriellen Haushaltsfamilie an der historischen Realität vorbeigehen mußten. Insbesondere die im 19. Jahrhundert von G. Le Play und W. H. Riehl entwickelte Theorie von der vorindustriellen „Großfamilie" ist durch die statistische Auswertung von Seelenbüchern des 16., 17. und 18. Jahrhunderts gründlich widerlegt worden.[10] Zahllose rechtliche, wirtschaftliche, herrschaftlich-politische und auch siedlungsgeschichtliche Voraussetzungen entschieden über die Größe eines Familienhaushalts in numerischer wie in Hinsicht auf die Zahl der zusammenlebenden Generationen. Es überrascht nicht, daß wir im Adel, an Königshöfen, aber auch in großbürgerlichen Haushalten Personenzahlen antreffen, die zwischen zwanzig und vierzig lagen, einhundert gelegentlich übertrafen oder gar zweihundert erreichten. Für eine Geschichte der oberen Stände oder der einzelnen Königs- und Fürstenhäuser, die mit Hilfe der Familien- und Klientelbildung ihre Macht sicherten und erweiterten, ist das ein bedeutsamer Tatbestand, der unlösbar zur Struktur der alteuropäischen Gesellschaft gehörte. Ihr extremes Gegenbild waren die Ein-Personen-Haushalte und die reinen Gattenfamilien, die im Vergleich zur industriellen Gegenwart jedoch eine quantité négligeable bildeten.

Die große Mehrheit der bäuerlichen und gewerblichen Hausgemeinschaften zeigt dagegen eine außerordentliche Größen- und Typenvielfalt, in die man statistisch nur dadurch ein wenig Ordnung und Übersicht bringt, daß man sowohl auf Zahlendurchschnitte als auch auf die Häufigkeitsverteilung schaut. Was die numerische Haushaltsgröße betrifft, so ist inzwischen erwiesen, daß praktisch in keiner Region, in keinem Land jene Großfamilien-Haushalte dominierten, von denen Le Play ausgegangen war. Für numerisch große Familien von zehn und mehr Personen fehlten im vorindustriellen Europa sowohl die demographischen als auch die rechtlich-ökonomisch-sozialen Voraussetzungen. Ein mittlerer Bauer etwa hat kaum Gelegenheit gehabt, eine Großfamilie im Sinne der alten Theorien zu bilden. Wahrscheinlich hat er seinen Hof von fünfzehn bis zwanzig Hektar erst durch den Tod seines Vaters übernommen. Er war sechsundzwanzig, achtundzwanzig, wenn nicht schon dreißig Jahre alt, heiratete erst jetzt eine um etwa zwei Jahre jüngere Frau, die, wenn sie gesund und am Leben blieb, bis zu ihrem vierzigsten, vielleicht auch fünfundvierzigsten Lebensjahr zwischen sechs und zehn Kinder zur Welt brachte. Lebte dieser Bauer mit seiner Familie am Ende des 17. Jahrhunderts, so dürfen wir vermuten, daß er zwei bis vier Kinder durch die Säuglings- und Kindersterblichkeit verlor; wurde sein Land von zyklischen Erntekrisen heimgesucht, so mögen es noch mehr gewesen sein. Vielleicht dürfen wir auf diesem Hof einen Knecht oder eine Magd, einen Inwohner erwarten, möglicherweise auch die verwitwete Mutter des Bauern, die im Ausgedinge lebte.

Dieses hypothetische Beispiel mag verdeutlichen, was die quantitative Auswertung der Seelenbücher in den letzten Jahren zur Gewißheit werden ließ. Die durchschnittliche Haushaltsgröße der mittel- und westeuropäischen Agrarlandschaften belief sich in vorindustrieller Zeit auf vier bis sechs Personen, in städtischen Haushalten lag sie sogar noch tiefer. Das sind Werte, die sich nicht wesentlich von der Zeit nach der Industrialisierung unterscheiden. Vor allem englische Zählungen haben gezeigt, daß eine eindeutige Korrelation zwischen dem sozialen Status des Hausvaters und der Familiengröße bestand: je höher der Status, um so größer der Haushalt. Die folgende Tabelle belegt diesen Tatbestand auf anschauliche Weise.

Goodnestone-next-Wingham, Kent, April, 1676

Status of households	No.	Mean size of household	Range of sizes	Numbers of persons	Numbers of children	Numbers of servants	Numbers of kin
Gentry	3	9.0	22,3,2	27	7	15	1
Yeomen	26	5.8	12-2	151	64	34	3
Tradesmen	9	3.9	8-1	35	16	2	0
Labourers	12	3.2	6-2	38	15	0	0
Poor Men	12	2.1	6-1	25	11	0	1
Totals	62	4.45	22-1	276	113	51	5

Aus: P. Laslett: The World We Have Lost. [2]1971, S. 66.

Der Haushalt eines englischen Landadligen übertraf den eines Farmers in diesem Fall um etwa vierzig Prozent, den eines Handwerkers bereits um mehr als sechzig Prozent. Bezeichnend ist auch, daß die unterschiedliche Größe im Vergleich zwischen den beiden oberen Kategorien nicht etwa auf der Ebene der Kinderzahl, sondern auf der des Gesindes zustande kam.

Auch in anderer Hinsicht war die vorindustrielle Haushaltsfamilie nicht „groß". Es war – wiederum von den großen Herrscherhäusern abgesehen – insgesamt eine Ausnahme, daß mehr als zwei Generationen in einem Haushalt zusammen lebten. Die vielleicht um Gesinde und Inwohner erweiterte „Kernfamilie" dominierte im vorindustriellen Europa, ihr gegenüber traten Mehrgenerationen-Familien und komplexe Familienformen, die mehrere Kernfamilien in sich vereinigten, zurück. Auch das war kein Zufall. Einmal erschwerten auch hier die demographischen Rahmenbedingungen das Zusammenleben von drei Generationen, das aus Gründen der Produktion und Arbeitsorganisation möglicherweise sinnvoll gewesen wäre. Das hohe Heiratsalter wirkte sich ebenso aus wie die hohe Kinder- und Säuglingssterblichkeit, die in vielen Fällen dafür sorgte, daß ein Vater schon recht alt war, bis ein Erbe heranwuchs. In den zahlreichen Regionen, in denen das Anerbenrecht den jüngsten Sohn begünstigte, ging vom Erbrecht eine ähnliche Wirkung aus. Schließlich haben besitz- und siedlungsgeschichtliche Voraussetzungen in ganz erheblichem Maße auf die Größe der vorindustriellen Hausgemeinschaften eingewirkt. In weit auseinanderliegenden Einzelhofsiedlungen, wie wir sie etwa in den norddeutschen Küstenmarschen antreffen, sind die Haushalte wohl generell größer gewesen als in den kleinen, im Dorfverband angesiedelten Höfen des Binnenlandes. Vor allem die Zahl des Gesindes hat im Vergleich zwischen diesen beiden Regionen zur unterschiedlichen Haushaltsgröße beigetragen.

Wenn die reine oder erweiterte Kernfamilie damit generell als vorherrschende Haushaltsform unserer Epoche bezeichnet werden kann, so besagt das nicht, daß bemerkenswerte Ausnahmen fehlten. Großbürgerliche und adelige Haushalte gingen, wie erwähnt, zumeist nur in numerischer Hinsicht über den dominierenden Vier- bis Sechs-Personen-Haushalt hinaus. Mehrgenerationen-Familien und komplexe Familienformen waren auch hier die Ausnahme. Im ländlichen Bereich nimmt dagegen die Ausgedingefamilie eine besondere Stellung ein, vereinigte sie doch, wenn auch zumeist für kurze Zeit, drei Generationen unter einem Dach. Der Sache nach handelt es sich freilich um eine spezifische Erweiterung einer Kernfamilie, nicht aber um Vorformen der großen Stammfamilienkonstellation, wie sie für osteuropäische und asiatische Regionen nachgewiesen sind. Anders als in diesen Räumen traten die Großeltern als Altenteiler ihre Rolle als Haushaltungsvorstand vollkommen an den Erben ab; der Vater der neuen Kernfamilie übernahm diese mit allen rechtlichen und wirtschaftlichen Kompetenzen; mit dem Tod der Altenteiler reduzierte sich die Familie sogleich auf den vorherrschenden Typ der reinen oder erweiterten Kernfamilie.

Auf andere bemerkenswerte Abweichungen von dem vorherrschenden Modell kann hier im einzelnen nicht eingegangen werden. Vor allem französische Historiker haben auf sie hingewiesen. Bei einem Vergleich zwischen dem Norden und dem Süden ihres Landes haben zwar auch sie den reinen oder erweiterten Kernfamilien-Haushalt generell als vorherrschende Konstellation angetroffen, doch rücken für den Süden des Landes komplexe Familienformen so erheblich ins Bild, daß man hier nicht mehr von einer Dominanz der Kernfamilie sprechen kann. Vor allem horizontale Erweiterungen der Kernfamilie sind vielfach nachgewiesen – am deutlichsten etwa in dem „frérèche", einem Haushalt, der aus zwei oder mehreren Brüdern mit ihren Familien bestand, die offensichtlich aus steuerlichen Gründen auf Dauer unter einem einzigen Dach zusammenblieben und ein einziges, ungeteiltes Gut bewirtschafteten.

Die zahlreichen jüngeren Versuche der Historiker zur quantitativen Erfassung von Haushaltsgrößen und Familientypen machen heute einigermaßen gesicherte Aussagen zu diesem komplexen Thema möglich. Die wenigen Bemerkungen, die im Rahmen dieser Einführung Berücksichtigung finden konnten, sollten freilich nicht darüber hinwegtäuschen, daß die historische Wirklichkeit in einem so großen geographischen Raum unendlich viel facettenreicher und komplizierter war. Der französische Familienhistoriker J.-L. Flandrin[11] hat in einem bemerkenswerten Buch den Versuch unternommen, die französischen und englischen Forschungsergebnisse der letzten Jahre zusammenzufassen und miteinander zu vergleichen. Er ist dabei zu höchst differenzierten Ergebnissen und Betrachtungen gekommen, die ein so unendlich verwickeltes Geflecht von unterschiedlichen kulturellen, rechtlichen, sozialen und politischen Traditionen in diesen beiden Ländern erkennen lassen, daß sein Buch geradezu als Plädoyer gegen eine verallgemeinernde Zusammenfassung verstanden werden kann. Und dies, obwohl im Forschungsfeld der Haushalts- und Familiengröße die quantitative Betrachtungsweise zu einer erheblichen Vereinheitlichung der Forschungsansätze geführt hat.

Weitaus komplizierter liegen die Dinge noch, wenn man den Versuch unternimmt, über die Zahlen hinaus oder durch die Zahlen hindurch auf das Alltagsleben der vorindustriellen Haushaltsfamilie zu blicken. Dieses Thema ist von den Historikern bisher arg vernachlässigt worden, und wo Untersuchungen vorliegen, spielt die regionale und lokale Vielfalt eine so große Rolle, daß der Hinweis auf sie die einzig wirklich brauchbare generelle Aussage zu bilden scheint.[12]

Einer strukturgeschichtlichen Betrachtungsweise bieten sich nur insofern einige sinnvolle Ansätze, als sie den Kontrast zur Gegenwart nutzen, d. h. das uns Ungewohnte, Fremde, Andersartige der vorindustriellen Vergangenheit betonen kann, um auf diese Weise trotz aller regionalen Vielfalt Allgemeines, Typisches einzufangen. Nur in diesem Sinne sollen hier einige Anmerkungen gewagt werden.

Der Alltag einer vorindustriellen Bauern- oder Handwerkerfamilie – das ist naturgemäß die Zeit- und Lebenseinheit, in der die Funktionsvielfalt des „ganzen Hauses" am deutlichsten zutage tritt. Aus der Perspektive der Gegenwart, der „funktionsentlasteten" Familie, der bürgerlichen Intimität und sozialstaatlichen Sekurität hebt sich der im „ganzen Haus" versammelte Personenverband ab, der die schwierige und mühselige Aufgabe der Produktion und Reproduktion unter ganz und gar anderen, schwierigeren, heimtückischeren Bedingungen – klimatischen wie medizinischen, rechtlichen wie politischen, ökonomischen wie sozialen – bewerkstelligen mußte.

Nehmen wir erneut einen bäuerlichen Haushalt als Modellfall, so gilt es als sicher, daß all jenes, was das Leben einer bürgerlichen Kleinfamilie im 19. und 20. Jahrhundert prägt – die Sphäre des Intimen, der häuslich-familiäre Kontakt vor Beginn und nach dem Ende der fest umrissenen Arbeitszeit, die sonn- und feiertägliche Freizeit, die affektiven Beziehungen zwischen den Gatten und zwischen den Eltern und Kindern – in ihr keine oder eine sehr untergeordnete Rolle spielte. Die Anforderungen der Arbeitsorganisation bestimmten den bäuerlichen Lebensrhythmus bis in die zwischenmenschlichen Beziehungen hinein. Wichtige Familienereignisse wie Heirat, Zeugung und Geburt richteten sich streng nach dem Ablauf des Arbeitsgeschehens, die Monate November und Februar sind für den ganzen europäischen Raum als bevorzugte bäuerliche Heiratsmonate nachgewiesen.

Die affektiven Beziehungen zwischen einzelnen Familienmitgliedern werden von der Arbeitsorganisation her bestimmt. Nicht nur Kinder und Domestiken, auch die Bäuerin tritt vornehmlich als Arbeitskraft in Erscheinung. Zum Hausherrn steht sie nur bedingt in einem Verhältnis der Arbeitsteilung, wird sie doch, wie zahlreiche historische Beschreibungen zu berichten wissen, über ihre Rolle im Haus hinaus als zusätzliche Kraft in Hof und Feld genutzt. Im Rahmen der Rollenverteilung des „ganzen Hauses" scheint sie generell das schwierigste Los gezogen zu haben. Sie stand früher auf als ihr Mann, im allgemeinen wohl schon vor fünf Uhr, und ging abends nach 23.00 Uhr als letzte ins Bett. Sie bereitete für alle Familienmitglieder die Speisen, servierte sie, ohne selbst an der Mahlzeit teilzunehmen. Wie eine Dienerin stand sie hinter dem Stuhl des Herrn, wartete auf seine Anordnungen und konnte erst am Ende des Mahles an sich selbst denken.

Freilich war die Bäuerin gerade wegen der Vielfalt ihrer Rollen unersetzlich, und es scheint, als habe sich in vorindustriellen Bauernhaushalten daraus nicht selten eine gewisse Verselbständigung ihrer Position gegenüber dem Manne ergeben, die dem Autoritätsverhältnis nicht entsprach. „Die Frau, welche die Herrschaft im Hause übernommen hat," „die Frau, die ihren Mann schlägt" – dies waren so beliebte Themen nachbarlicher und dorföffentlicher Rügeaktionen in der vorindustriellen Gesellschaft, daß ein Schluß auf häufige innerfamiliäre Rollenkonflikte dieser Art nicht abwegig erscheint.[13]

Ohne Frage gilt dies nicht für das Verhältnis des Hausvaters zu seinen Kindern und zu den Domestiken. Die Kinder wurden schon in jungen Jahren in ihre Rolle als Arbeitskraft eingeführt. Mit sieben oder acht Jahren machten sie sich schon nützlich, sie verstanden ihr Handwerk im allgemeinen schon recht gut, wenn sie etwa mit elf oder zwölf Jahren für einige Zeit das Haus verließen.

Welche Rolle affektive Beziehungen – Liebe, Mitleid, Fürsorge, Mütterlichkeit, väterlicher Stolz – gespielt haben, ist unter Historikern ein heißumstrittenes Thema. Flandrin hat nachgewiesen, daß sich die kirchlichen Unterweisungsbücher der Frühen Neuzeit auch über das christliche Liebesgebot hinaus mit diesen Fragen befaßten. Selbst für das Verhältnis von Herr und Gesinde gaben sie Empfehlungen aus. Andererseits muß man, wie jüngere Forschungen belegen, weit ins späte 18. Jahrhundert hineingehen, um wirklich deutliche Zeichen für eine Sensibilisierung der innerfamiliären Beziehungen zu fassen, die auf eine grundsätzliche Veränderung der vorindustriellen Mentalitätsstrukturen hindeuten.

Insgesamt wurden die zwischenmenschlichen Beziehungen innerhalb der kleinbürgerlichen und vor allem bäuerlichen Familie unserer Epoche von der dominierenden Position des Hausherrn bestimmt. Er war der Herrscher in seinem Haus, er verteilte die Arbeitsaufgaben, er hielt die Hausfrau, die Kinder, das Gesinde, die Inwohner unter seiner Befehlsgewalt, er war der Eigentümer des stehenden und fahrenden Gutes, er wählte nach dem Tode seiner Frau seinen Kindern schnell und ohne Rücksicht auf ihre Wünsche eine Stiefmutter aus, er bestimmte trotz ihres grundsätzlichen Konsensrechtes über die Heiraten seiner Söhne und Töchter, er setzte die Bedingungen für das Ausgedinge und verhandelte darüber mit den Schwiegereltern seines Soh-

nes oder seiner Tochter. Er war in seinem „ganzen Haus" letztlich ein Herrscher von Gottes Gnaden, und es war gewiß kein Zufall, daß die Theoretiker
des Fürstenstaates seit dem 16. Jahrhundert immer wieder auf die gottge-
wollte Macht des häuslichen Patriarchen verwiesen, wenn sie die „potentia
absoluta" des souveränen Fürsten beschrieben. Umgekehrt hat gerade das
„monarchische Modell" nicht unerheblich zur Wahrung und Stärkung der
hausväterlichen Gewalt in der alteuropäischen Gesellschaft beigetragen.

In welcher Weise die vorindustrielle Hausgemeinschaft ihrer einen zentralen Aufgabe, der landwirtschaftlichen und gewerblichen Produktion, im einzelnen nachkam, darüber soll im nächsten Abschnitt einiges Wichtige mitgeteilt werden. Was sie hier tat und leistete, war nur in sehr begrenztem Maße
ihrer eigenen Entscheidung anheimgestellt. Die Regeln einer noch weitgehend unter Flurzwang, Dreifelder- und Allmendewirtschaft stehenden Landwirtschaft machten gemeindliche Vereinbarungen ebenso nötig wie die verbreiteten grund- und kirchenherrlichen Abhängigkeiten; die vielfältigen Auf-
sichtsbefugnisse der Zünfte im Gewerbe ließen auch in der Stadt der individuellen Entscheidung des Produzenten nur wenig Spielraum.

Anders dagegen die biologische Reproduktion, über die, wenn sie auch in
vielfältiger Weise von äußeren Gegebenheiten abhing, doch alle wichtigen
Entscheidungen innerhalb der einzelnen Hausgemeinschaften fielen. Zu den
demographischen und ökonomischen Voraussetzungen, die zur Familiengründung führten, wurde schon manches mitgeteilt, nichts jedoch zu der Art
und Weise, wie die Familien nach ihrer Gründung im einzelnen das schwere
und mühselige Werk ihrer eigenen Reproduktion vollbrachten. Gerade auf
diesem Gebiet haben wir durch zahlreiche regionale Einzelstudien in den
letzten Jahren einige bemerkenswerte Einsichten gewonnen. E. Shorter z. B.
hat in einem anregenden und umstrittenen Buch einige dieser Studien ausge-
wertet und uns dabei ein äußerst düsteres Bild vom biologischen Reproduk-
tionsgeschehen in der Frühen Neuzeit gezeichnet.[14] Gewiß hat er recht, wenn
er immer wieder darauf hinweist, in welch beengten, gedrückten, unfreien,
weil zahlreichen Blicken zugänglichen Verhältnissen eine kleinbürgerliche
oder bäuerliche Familie des 17. oder 18. Jahrhunderts zusammenlebte und
auch ihre intimen Beziehungen regeln mußte. Shorter geht zu Recht von den
Wohnverhältnissen aus, die intimem Zusammensein und individueller Freiheit gewiß um so weniger Spielraum boten, je weiter man die soziale Stufenleiter hinabsteigt. Im „ganzen Haus" der bäuerlichen Welt lebten Mensch
und Vieh unter einem Dach, und vergegenwärtigt man sich den materiellen
Wert einer gesunden und gut milchenden Kuh für das Wohl und die Zukunft
eines kleinbäuerlichen Haushalts, so wird verständlich, daß der Mensch hier
keine unangemessene Platzforderungen für individuelle Bedürfnisse stellen
durfte.

Gewiß ist auch, daß der Durchschnittsmensch der alteuropäischen Gesellschaften sein Leben und Überleben in bedenklichen hygienischen und medi-

zinischen Verhältnissen bewerkstelligen mußte. Vor allem die engen, in der Regel nur langsam über ihre mittelalterliche Größe hinauswachsenden Städte kannten gravierende „Umweltprobleme", fanden jedoch nur langsam und mühsam Mittel und Wege der Bewältigung.

Nicht zuletzt müssen auch die Ernährungsprobleme gewürdigt werden. Daß sich Hunger nur in Krisen- und Kriegszeiten zu einer existenzbedrohenden Kraft auswuchs, wurde schon erwähnt, doch besagt dies nicht, daß in „normalen" Jahren für alle Menschen alles zum besten stand. Eine genaue Geschichte der Ernährung darf sich zwar nicht mit allgemeinen Aussagen begnügen, sondern muß in enger Anlehnung an den Verlauf der Krisen und Konjunkturen im Agrarbereich geschrieben werden. Doch generell ist zu vermuten, daß sich die allgemeine Ernährungslage gerade im Verlauf der Frühen Neuzeit verschlechtert und vor allem vereinseitigt hat. Wir kennen die vielen Berichte über die guten, ja reichlichen Verdienstmöglichkeiten handwerklicher Lohnempfänger im 15. Jahrhundert, die ihnen eine vergleichsweise abwechslungsreiche Speisekarte bescherten. Das Fleisch hat auf ihr sicher mehrmals in der Woche Platz gefunden. Doch mit dem 16. Jahrhundert begann der Reallohnverfall und ersetzte allmählich den Fleischstandard des späten Mittelalters durch den Getreidestandard der Frühen Neuzeit. Selbst wenn das Getreide zum täglichen Brot reichte, war das auf die Dauer eine einseitige Nahrung, die trotz der Gewöhnung zu Mangelerscheinungen führte.

Das alles sind Rahmenbedingungen des familiären Lebens und der Reproduktion, die sehr wohl zu einem düsteren Bild im Stile Shorters taugen. In der Tat ist der kontrastierende Blick aus der Moderne ja auch eines unserer wesentlichsten Hilfsmittel, um die Vergangenheit zu verstehen. Nur dürfen wir dabei gerechterweise keine Wertungen einfließen lassen, die diesem Verständnis nicht dienen. Shorters familiengeschichtliche Blickrichtung zielt auf die moderne bürgerliche Kleinfamilie oder freiere Modelle des Zusammenlebens und der Reproduktion in der Gegenwart. Er übersieht, daß die vorindustriellen Hausgemeinschaften, wenn sie überleben und sich reproduzieren wollten, ein solches Modell nicht zur Verfügung hatten und auch nicht gebrauchen konnten. Individuelle Zuneigung und Liebe waren bestimmt kein Hinderungsgrund für eine Ehe, doch stifteten sie diese nicht. Hier spielte der nüchterne Kalkül der Eltern von Braut und Bräutigam seine Rolle, dem wir in den „Ehestiftungen" des 17. und 18. Jahrhunderts selbst für die kleinen Leute noch gut auf die Spur kommen können.

Vor der Eheschließung stand für alle Adoleszenten die gravierende Frage, ob sie diese unbelastet von vorehelichen Abkömmlingen feiern konnten. Nach allem, was wir heute wissen, gehörten illegitime Kinder nicht zum Alltag der vorindustriellen Hausgemeinschaften, ebensowenig die Abtreibung, die Kindesaussetzung und Kindestötung. Freilich sind diese Praktiken durchaus nachgewiesen, und gerade das quantifizierende Verfahren hat die

Historiker daran gewöhnt, sehr sorgfältig auf an- oder absteigende Kurven-
verläufe zu achten, die über mögliche, vielleicht konjunkturelle, vielleicht
grundsätzliche Mentalitäts- und Verhaltenswandlungen Auskunft geben. Das
spätere 18. Jahrhundert, die Endphase unserer Epoche, hat sich hier als Zeitraum erwiesen, in dem sich zahlreiche Strukturen der vorangehenden Jahrhunderte zu verändern beginnen.

Illegitime Kinder starteten mit schlechten Aussichten in das Leben – mit
weit schlechteren noch als in der Gegenwart. Es war ein Glück für sie, wenn
sie bei ihrer Mutter blieben, die vielleicht Magd oder Hausangestellte war; oft
aber landeten sie als Findlinge in den Findel- und Armenhäusern, die ein
englischer Historiker „höchst wirksame Institutionen zur Kindstötung" genannt hat. Zahlenmäßig weit mehr ins Gewicht fielen freilich die vorehelich
gezeugten Kinder, die „Antizipierten", deren Eltern von Kirche und Nachbarschaft mit mehr oder minder sanfter Gewalt zur Heirat und damit zur
Legitimierung des Kindes gezwungen wurden. Sie gehörten durchaus zum
Alltag des bäuerlichen und städtischen Lebens in vorindustrieller Zeit, und
einiges statistische Material spricht dafür, daß auch ihnen in der Regel eine
sorgenvolle Zukunft gewiß war. Denn die Antizipation war in der vorindustriellen Bevölkerungsweise nicht als Anlaß der Ehestiftung vorgesehen;
fehlte eine Vollerwerbsstelle oder war die vorhandene ungenügend, so bedeutete das wirtschaftliche Not für die Antizipierten und ihre nachfolgenden
Geschwister.

Wie Illegitimität und Antizipation insbesondere von seiten der Kirche verhindert wurden, darüber gibt es noch nicht viele regionale Untersuchungen.
Immerhin wird deutlich, daß die Bemühungen der beiden großen christlichen
Konfessionen um Beschränkung der Sexualität auf das Eheleben seit dem
mittleren 16. Jahrhundert immer erfolgreicher wurden. Nicht zufällig fällt
der Beginn der systematischen Erfassung sämtlicher Familienereignisse in
Kirchenbüchern in diese Zeit.

Gering ist unser Wissen auch über das Sexualleben der männlichen und
weiblichen Adoleszenten, die schon mit etwa fünfzehn Jahren zeugungsfähig
waren, aber erst zehn bis fünfzehn Jahre später heirateten. Allein kirchliche
Reskripte, Traktate, Unterweisungsbücher und Visitationsprotokolle geben
darüber Auskunft, und nur für das frühneuzeitliche Frankreich liegen, wenn
ich recht sehe, dank Flandrin einige gesicherte Informationen vor. Auch hier
scheinen die Kirchen seit der Mitte des 16. Jahrhunderts zunehmend den
Hebel der Repression anzusetzen. Schon vor dem Konzil von Trient
(1545–1563) beginnt in Frankreich der Kampf gegen Bordellwesen und Pro-
stitution – mit Erfolg, wie es scheint, wenn auch zu vermuten ist, daß vieles,
was bis dahin weitgehende Duldung genoß, jetzt in die Heimlichkeit gedrängt wurde. Wie Flandrin zeigt, bleiben die kirchlichen Äußerungen des
17. und 18. Jahrhunderts trotz ihrer verstärkten Bemühungen zu ermahnen,
zu überwachen, einzuschränken, letztlich ambivalent, wenn es um sexuelle

Ersatzpraktiken geht. Trotz offizieller, auf die Bibel gestützter Verdammung von Coitus Interruptus, Sodomie, Masturbation u. a. sind diese Praktiken offenbar zu verbreitet gewesen, um die Kirche zu einem aussichtslosen Kampf zu veranlassen. So reagiert sie durch Ermahnung, Lobpreisung der Institution der Ehe, Warnung vor der Gewöhnung.

Bessere Einsichten haben wir zur Zeit in die innerehelichen Verhältnisse. Es wurde schon gesagt, daß in vorindustrieller Zeit einem Ehepaar im allgemeinen kein langes gemeinsames Eheleben beschieden war. Das hohe Heiratsalter und die relativ geringe Lebenserwartung übten hier vereint einen restriktiven Einfluß aus. Der Wunsch nach Kindern als Erben und Arbeitskräfte läßt vermuten, daß die Mehrzahl der Eltern, wenn sie gesund blieben und durch den Tod nicht getrennt wurden, nach der langen Phase der Enthaltsamkeit in ihrer Adoleszenz jetzt ihre Fruchtbarkeit voll nutzte. Daß sichere Methoden der Empfängnisverhütung nicht bekannt waren und sexuelle Ersatzpraktiken kirchlicherseits seit dem 16. Jahrhundert massiv diskriminiert wurden, lädt zu Vermutungen in ähnlicher Richtung ein. In der Tat treffen wir in den Statistiken zur innerehelichen Fruchtbarkeit für unsere Epochen über weite Zeiten und Räume jene hohen Fruchtbarkeitsziffern an, die man als eine der Säulen der vorindustriellen Bevölkerungsweise zu betrachten hat. Gleichwohl widerlegen dieselben Statistiken mit aller wünschenswerten Deutlichkeit die Vorstellung einer extrem hohen, die biologischen Möglichkeiten voll nutzenden Fruchtbarkeit. Die (nahezu) jährliche Geburt, in einigen wenigen aristokratischen Milieus nachgewiesen, hat es in den breiten Bevölkerungsschichten nicht gegeben; die Ziffern indizieren vielmehr – nach der ersten Geburt etwa ein Jahr nach der Hochzeit – jeweils eine weitere Geburt alle zwei Jahre. Nun sind das reine Durchschnittswerte, die nichts über den Reproduktionsprozeß eines individuellen Paares verraten. Dieser war vor allem abhängig von dem Heiratsalter der Frau; lag dieses sehr hoch, etwa über dreißig, so folgte der Hochzeit, wie A. E. Imhof nachgewiesen hat, nicht selten eine Phase mit besonders hoher Fruchtbarkeit, die vielleicht das „jährliche Kind" erreichte. Eine solche Frau scheint „sich mit der Gebärtätigkeit beeilt zu haben" (Imhof). Lag das Heiratsalter, was durchaus nicht die Regel war, extrem niedrig, etwa bei fünfzehn oder sechzehn Jahren, so folgte zunächst eine Phase reduzierter Fruchtbarkeit, die sich erst in den frühen zwanziger Jahren erheblich steigerte.

Wovon hingen Schwankungen der innerehelichen Fruchtbarkeit ab? Inwiefern wirkten sich hier Faktoren des biologischen, ökonomischen und sozialen Umfelds aus? Und vor allem – waren diese Schwankungen, zumindest teilweise, gewollt, plante der Mensch sie?

Über unwillkürliche, vom Menschen nicht oder nur teilweise steuerbare Einflüsse auf die Geburtenabstände lassen sich hypothetische, aber hinreichend plausible Angaben machen. Die Historiker-Demographen gehen im allgemeinen davon aus, daß für die vorindustrielle Zeit Geburtenintervalle zwischen 16,5 und 31,5 bis 32,5 Monaten als biologisch normal anzusehen sind.[15] Diese breite Marge kommt zustande, indem man zu den neun Monaten der Schwangerschaft eine ganze Reihe von statistischen Minimal- und Maximalwerten hinzuaddiert, die zur Entstehung eines Intervalls beigetragen haben können: 4 bis 16 Monate für die medizinisch immer noch umstrittene, statistisch aber nachgewiesene Unfruchtbarkeit der Frau während der Stillzeit (Laktationsamenorrhöe), die in Zeiten unzureichender und schlechter Ernährung unter Umständen durch die Hungeramenorrhöe erweitert wurde; 2 bis 4 (bis 5) Monate, die sich aus komplizierten Berechnungen über das Verhältnis von biologischer Empfängnisbereitschaft der Frau und Häufigkeit des Geschlechtsverkehrs ergeben; schließlich 1,5 bis 2,5 Monate als statistischer Wert, der die verlorene Zeit nach Fehlgeburten erfaßt.

Überblickt man die zahlreichen Familienrekonstitutionen, die in den letzten Jahrzehnten erstellt worden sind, so wird deutlich, daß ein hoher Prozentsatz der Geburtenintervalle in vorindustrieller Zeit innerhalb dieser breiten Marge lag. Da nicht zu vermuten ist, daß die biologischen Voraussetzungen, die für die „kurze Hypothese" (Chaunu) von 16,5 Monaten gegeben sein mußten, besonders häufig zusammenfielen, müssen wir bei solchen oder niedrigeren Intervallen Abweichungen von der Norm vermuten. In aristokratischen und großbürgerlichen Milieus war es zumindest im 18. Jahrhundert ein verbreiteter Brauch, die Kinder nicht von der Mutter, sondern von einer Amme auf dem Lande stillen zu lassen, so daß die Laktationsamenorrhöe hier frühzeitig aussetzte. Dies war die leuchtende Seite des vorindustriellen Geburtengeschehens. Ihr düsteres Gegenstück tritt in einem Beispiel zutage, das wir in einem Familienregister eines norddeutschen Kirchspiels fanden (s. S. 45).

Neun von zwölf Kindern dieses kleinen Bauern starben bei oder kurz nach der Geburt. Sehr kurze Geburtenabstände nach jedem Tod eines Säuglings – auch sie möglich, weil die Stillzeit nicht zum Tragen kam – zeugen entweder von dem ungebrochenen Wunsch dieses Paares nach weiteren Kindern oder von seiner gänzlichen Unfähigkeit, Einfluß auf das Geburtengeschehen zu nehmen.

Anders liegen die Dinge dort, wo die „lange Hypothese" von 31,5 bis 32,5 Monaten deutlich überschritten wurde. Alle Historiker sind sich darin einig, daß solche Geburtenintervalle nur als Beleg für bewußte Familienplanung bewertet werden können.[16] Auch über die zum Teil unsicheren Methoden der Empfängnisverhütung in vorindustrieller Zeit besteht weitgehend Einigkeit. Vor allem die sexuellen Ersatzpraktiken, in die sich viele Ehepaare vielleicht schon im Verlauf ihrer langen Junggesellenzeit eingewöhnt hatten (s. o. S. 41 ff.), müssen hier erwähnt werden. Vorformen der modernen mechanischen Verhütungsmittel waren im 18. Jahrhundert möglicherweise bekannt, innereheliche Enthaltsamkeit sollte man ebenso in Rechnung stellen wie die verschiedenen Methoden der Abtreibung.

Uneinigkeit besteht nur über das Ausmaß der Familienplanung im Europa

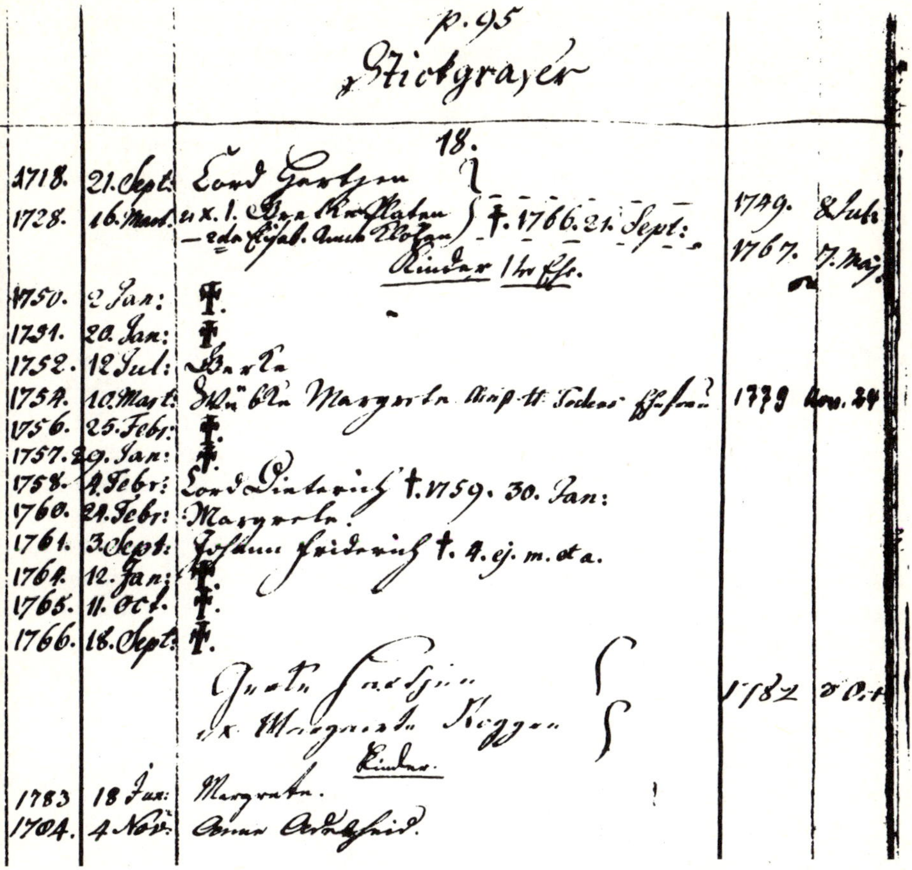

Abbildung 5. Faksimile aus dem Familienregister eines norddeutschen Kirchspiels.

der vorindustriellen Zeit. Chaunu, der – wie oben erwähnt – allein das hohe Heiratsalter als „kontrazeptive Waffe" der alteuropäischen Bevölkerung gelten lassen will, sieht bei einem Überblick über das bislang vorliegende französische Material nur zwei bis drei Prozent besonders langer Geburtenintervalle, die auf Familienplanung hindeuten. Für ihn ist die moderne Familienplanung eine Entwicklung des 19. Jahrhunderts, er sieht in der „traditionellen christlichen Zivilisation" des 17. und 18. Jahrhunderts kein Motiv für die „Zurückweisung des Lebens". Zahlreiche seiner französischen Kollegen, der englische Demograph Wrigley und der deutsche Historiker A. E. Imhof kommen, freilich von regionalen und lokalen Beispielen her, zu anderen Schlüssen. Die Franzosen sehen ein Wachstum der Familienplanung in Frankreich im Zeichen des allgemeinen Bevölkerungsanstiegs des 18. Jahrhunderts als gegeben an, Wrigley hat für die südwestenglische Gemeinde Colyton im späten 17. Jahrhundert einen deutlichen Rückgang der Geburten errechnet, der sowohl durch Heraufsetzung des Heiratsalters als auch durch Vergrößerung der Geburtenabstände der dreißig- bis fünfzigjährigen Frauen zustande kam; Imhof schließlich hat für die Gemeinde Heuchelheim bei Gießen für die Zeit von 1691 bis 1900 einen ungewöhnlich hohen Prozentsatz an besonders langen intergenetischen Intervallen festgestellt.

3. Wirtschaft

Wie eng Bevölkerungs- und Familiensystem miteinander verkoppelt sind, haben die beiden vorangehenden Abschnitte gezeigt. Daß sie beide ihrerseits in enger Abhängigkeit vom Wirtschaftssystem stehen und dessen Entwicklung in vieler Hinsicht beeinflussen, ist gleichfalls an vielen Stellen sichtbar geworden. Auf diesen Aspekt soll nun im folgenden näher eingegangen werden. Dabei wird auch hier der gefahrvolle Weg beschritten, die regionale und nationale Vielfalt außer acht zu lassen zugunsten einer Betrachtungsweise, die den Akzent legt auf einige wesentliche und über die Epoche der Frühen Neuzeit im wesentlichen konstant bleibende „Charakteristika" der vorindustriellen Wirtschaftsordnung.

Die Begrenztheit von Nachfrage und Angebot

Gewiß – Nachfrage und Angebot sind Kategorien der ökonomischen Theorie und der Sprache der historischen Quellen fern! Weder im Mittelalter noch im 17. Jahrhundert gab es Menschen oder Institutionen, welche das Wirtschaftsleben einer Stadt, einer Region, eines Territoriums, eines großen Flächenstaates mit ihrer Hilfe beobachteten und analysierten, Statistiken zusammenstellten, die wirtschaftspolitische Entscheidungen zur Stimulierung der Nachfrage oder zur Vergrößerung des Angebots in bestimmten Bereichen ermöglichen sollten. Andererseits: Die Bedeutung der Mechanismen im Zusammenhang von Nachfrage, Preisen und Angebot kannte man sehr gut, das tägliche Wirtschaftsleben gab jedem, der zu beobachten verstand, anschauliche Belege. Wenn in Zeiten von Agrar- und Hungerkrisen die Textilproduzenten in Stadt und Land plötzlich in schwere wirtschaftliche Not gerieten, weil die breiten Bevölkerungsschichten ihre gesamte geringe Kaufkraft auf die verteuerten Grundnahrungsmittel richten mußten, so waren hier Marktmechanismen wirksam, die nicht verborgen blieben. Wenn städtische Magistrate, kirchliche Institutionen und Fürstenhöfe im Zeichen solcher Krisen in fernen Regionen Getreide einkauften, um die Notlage der Bevölkerung zu lindern oder die Versorgung eines Stehenden Heeres zu sichern, wenn sie in „normalen" Zeiten schließlich lernten, Magazine anzulegen, die im Notfall schnelle und „unbürokratische" Hilfe bringen sollten, so demonstrierten sie damit Einsichten in das konjunkturelle Geschehen, das sie freilich mit diesen Mitteln nur unzureichend beeinflussen konnten.

Und auch außerhalb des Krisengeschehens gibt es zahllose Beispiele für wachsende Einsichten in das Verhältnis von Nachfrage und Angebot. Die vorindustriellen Produktionslandschaften im landwirtschaftlichen und gewerblichen Bereich haben sich nicht nur deshalb herausgebildet, weil dies durch spezifische klimatische, geographische, herrschaftliche und politische Voraussetzungen ermöglicht wurde. Gewiß haben diese Faktoren z. B. bei der Entstehung der großen getreideproduzierenden Güter im deutschen und europäischen Osten eine wesentliche Rolle gespielt, doch die gewaltigen Ausmaße dieses Wachstumsprozesses werden nur verständlich, wenn man die wachsende Marktorientierung der östlichen Rittergutsbesitzer in Rechnung stellt.

Die zahlreichen Gebirgsregionen Mittel- und Westeuropas mit Hausindustrie verdanken ihr Entstehen nicht nur der Tatsache, daß ihre Böden minderwertig waren und nicht mit denen der großen Getreidezonen konkurrieren konnten. Hinzu kam die „Nachfrage" nach der Arbeitskraft ihrer Menschen, die von städtischen Verlegern ausging, die ihrerseits mit dem Schritt auf das Land den schwierigen, weil von den Zünften kontrollierten Arbeitsmarkt innerhalb der Stadt umgingen.

Der Weinbau schließlich als letztes Beispiel! Ohne Frage war diese Spezialkultur in vorindustrieller Zeit und danach wie keine andere von geomorphologischen und klimatischen Bedingungen abhängig. Doch Bordeaux wäre nicht Bordeaux geworden ohne den Hafen, ohne den Export nach England, ohne die beharrliche Ausrichtung ganzer Generationen von großgrundbesitzenden Weinproduzenten auf die Gegebenheiten des Marktes.

Dies alles sind banale Belege für die Wirksamkeit von Marktmechanismen in vorindustrieller Zeit, die uns von der Gegenwart her vertraut sind. Carlo M. Cipolla beläßt es nicht bei der Analyse solcher konjunktureller und regionaler Differenzierungen. Indem er die von der Wirtschaftsgeschichte erhobenen Daten zur Bevölkerungsentwicklung, zum Einkommensniveau, zu den Produktionsfaktoren (Arbeit, Kapital, natürliche Ressourcen) und zur Produktivität zusammenstellt und auf ihre Bedeutung für mögliche Nachfrage und mögliches Angebot untersucht, zeichnet er ein Bild des strukturellen Umfangs bzw. der strukturellen Grenzen von Nachfrage und Angebot in vorindustrieller Zeit. Seine These ist, daß sich diese Grenzen – verglichen mit der Zeit nach der Industrialisierung – vom hohen Mittelalter bis zum Beginn, ja der Mitte des 18. Jahrhunderts nicht oder nicht wesentlich erweitert haben. Wie im Bereich des Bevölkerungs- und des Familiensystems und gewissermaßen parallel zu diesen wird damit auch im Wirtschaftssystem eine „Struktur von langer Dauer" sichtbar, die erst im Zeitalter der Industrialisierung und im Zusammenhang mit ihr außer Kraft gesetzt wurde.[17]

Richten wir den Blick zunächst auf die Nachfrage! Ihr Umfang und ihre Grenzen wurden generell durch die Größe der Populationen bestimmt. Trotz beachtlicher Wachstumsphasen im hohen Mittelalter, im 16. Jahrhundert und seit der Mitte des 18. Jahrhunderts blieb diese in allen vorindustriellen Gesellschaften unseres Raumes verhältnismäßig gering. Konjunkturelle Steigerungen der Nachfrage aufgrund von Bevölkerungswachstum waren vorhanden und führten, etwa gegen Ende des 16. und zu Beginn des 17. Jahrhunderts, im Bereich der Grundnahrungsmittel zu erheblichen Spannungen im Gefüge von Nachfrage und Angebot – Spannungen, die im steigenden Preisniveau ihren Ausdruck fanden. Inflationäre Preisentwicklungen spiegeln die Tatsache wider, daß eine steigende Nachfrage nicht mehr durch eine steigende Produktivität aufgefangen werden kann. Sie besagen nicht, daß das Angebot grundsätzlich mit der Nachfrage nicht mehr Schritt hält. Wer über große Vermögen oder gute Einkommen verfügte, brauchte in vorindustrieller Zeit keine Not zu leiden.

Doch Vermögen und Einkommen waren außerordentlich ungleich verteilt. Wenn, wie errechnet wurde, im Lyon des mittleren 16. Jahrhunderts etwa 10% der Bevölkerung über 53% des Vermögens verfügte, 30% über 26% und die verbleibende Masse der 60% schließlich nur über 21%, so ist das ein deutliches Beispiel, das in anderen Städten und Regionen noch erheblich übertroffen wurde. Die breite Masse der Bevölkerung verfügte im allgemeinen über kein Vermögen, ihr Einkommen bestand aus Löhnen, die nicht nur in Krisenzeiten im Verhältnis zu den Preisen niedrig waren.

Neben der absoluten Begrenzung der Nachfrage durch die Bevölkerungszahl tritt somit eine weitere Einschränkung hervor: die (private) Massennachfrage in vorindustrieller Zeit richtete sich nicht, wie wir es gewohnt sind, auf eine Vielzahl von Gütern, sondern auf die drei Grundbedürfnisse des täglichen Lebens: Nahrung, Kleidung und Wohnung. Für die städtischen Massen in Lyon in der Mitte des 16. Jahrhunderts hat man eine Ausgabenverteilung von 80% für Nahrung (davon nahezu 2/3 für Brot), 5% für fertige Kleidung und Textilien und 15% für Mieten, Heizung und Licht errechnet; für Antwerpen am Ende des 16. Jahrhunderts ein Verhältnis von 79: 10 : 11%, für nichtlandwirtschaftliche Arbeiterhaushalte in England am Ende des 18. Jahrhunderts eine Relation von 74 : 5 : 11%.

Wenn diese Rechnungen korrekt sind, so zeigen sie, daß in den ersten beiden Beispielen praktisch alle verfügbaren Mittel für Nahrung, Kleidung und Wohnung verbraucht wurden; nur im letzten, dem (späten) englischen Beispiel verblieben 10% des Familienbudgets für verschiedene andere Bedürfnisse.

Naturgemäß verschieben sich diese Relationen erheblich, wenn man auf der sozialen Stufenleiter emporsteigt. Allein in der Größe des Nahrungsbudgets treten gewaltige Unterschiede ein. Aufgrund vorsichtiger Schätzungen vermutet Cipolla, daß im 16. und 17. Jahrhundert „die Reichen" nur 15–35%

ihrer Gesamtaufwendungen für Nahrungsmittel tätigen mußten, die Schichten mittleren und gehobenen Wohlstandes („the well to do") 35–50%, die Unterschichten jedoch 70–80%.

Die Wirtschaftshistoriker sind sich freilich darin einig, daß durch die gewaltige Konzentration von Vermögen und Einkommen in den Händen des Adels und der bürgerlichen Oberschichten keine große Bewegung in die Nachfragestruktur der vorindustriellen Gesellschaften kam. Auch ihr Budget wies hohe Anteile für die drei Grundbedürfnisse auf, insbesondere die Ausgaben für Wohnung und Kleidung waren erheblich: Für die oberen sozialen Schichten des 16. und 17. Jahrhunderts hat Cipolla Ausgaben von 10 bis 30% allein für Kleidung und Juwelen errechnet. Darüber hinaus gingen stattliche Ausgaben dieser Gruppen in den Dienstleistungsbereich. In Mittel- und Westeuropa, wo Gesinde im allgemeinen nicht herrschaftlich rekrutiert wurde, tätigten sie zwischen zwei und zehn Prozent ihrer Ausgaben für die direkte Entlohnung von Knechten, Mägden, Dienern und anderen Angestellten, deren wirkliche Kosten noch erheblich höher lagen. Die Dienste von Ärzten und Richtern waren teuer, die von Lehrern, Musikern, Handwerkern dagegen relativ preiswert.

Ohne Frage waren mit diesen Ausgaben die Budgets der wohlhabenden und reichen Schichten nicht ausgeschöpft. Reiche Bürger und Adelige, selbst wohlhabende Bauern waren generell in der Lage, erhebliche Mittel für weitere Bedürfnisse zu investieren, und dort, wo der wirtschaftliche Anreiz und die Motivation gegeben waren, taten sie dies auch. Aus der Geschichte der frühneuzeitlichen Handelsstädte kennen wir zahlreiche Beispiele für den Investitionswillen wohlhabender Kaufleute, die Schiffe ausrüsteten, in Handelsgesellschaften einzahlten, staatliche Anleihen zeichneten; dort, wo landwirtschaftliche Modernisierung betrieben wurde, im England der „enclosures", auf den Rittergütern Schleswig-Holsteins und Mecklenburgs, in den großen Weinbaugebieten Südwestfrankreichs, darf man gleichfalls eine erhebliche Investitionsbereitschaft der Oberschichten voraussetzen.

In makroökonomischer Sicht waren dies jedoch Ausnahmen. Ein breites Band von Investitionsmöglichkeiten fehlte in allen vorindustriellen Gesellschaften, es fehlte zudem an Institutionen, welche in der Lage waren, Investitionen zu steuern und das Risiko gering zu halten. Die französischen Historiker gehen davon aus, daß das Scheitern des berühmten Unternehmens von John Law („Der Bankrott Laws" 17. Juli 1720) für die wohlhabenden Schichten Frankreichs ein traumatisches Erlebnis war, das ihre Investitionsbereitschaft generationenlang lähmte.

So überrascht es nicht, daß dem Sparen und Horten in vorindustrieller Zeit eine überragende Bedeutung zukam. Cipolla glaubt, für das 16. und 17. Jahrhundert nationale Sparraten von zwei bis fünfzehn Prozent des gesamten Einkommens nachweisen zu können. Das sind Werte, die nicht weit unter denen gegenwärtiger Gesellschaften liegen – mit dem bedeutsamen Unterschied freilich, daß diese Raten in der Gegenwart bei erheblich gesteigertem allgemeinen Lebensstandard zustande kommen. Das Sparen lief in vorindustrieller Zeit nur zu einem geringen Teil über Institutionen wie Banken, die daraus Investitionen hätten machen können. Es war in der Regel gleichbedeutend mit Horten – ein Verfahren, das durch die Tatsache, daß die Edelmetalle Hauptzahlungsmittel waren, erheblich erleichtert wurde. Cipolla bringt das eindrucksvolle Beispiel eines italienischen Kaufmanns aus Pavia, der 1445 starb und folgenden Besitz hinterließ:

	Wert in Golddukaten	Anteil am Vermögen in %
Barmittel	92 500	77,6
Juwelen	2 225	1,9
Provisionen	150	0,1
Kleidung	1 495	1,3
Haushaltsgüter	483	0,4
Gebäude	5 000	4,2
Land	12 300	10,3
Renten (kapitalisierter Wert)	5 000	4,2
	119 153	100,00

Aus: C. M. Cipolla: Before the Industrial Revolution. 1000–1700. 1976, S. 42.

Wie die Industriestaaten der Gegenwart kannten auch die vorindustriellen Gesellschaften Verfahren und Mechanismen, um die eklatanten Ungleichheiten der Vermögens- und Einkommensverteilung ein wenig zu mindern. Freilich: die Effektivität dieser Verfahren war im allgemeinen gering, und sie zielten nicht in erster Linie – und intentional wohl überhaupt nicht – auf Diversifikation der Nachfrage und Steigerung des Lebensstandards, sondern auf Sicherung von Subsistenzmitteln für die breiten Bevölkerungsschichten und damit auf Verhinderung von Hungerkatastrophen, Unruhe und Aufruhr.

Im Vergleich zur Gegenwart kam dabei den freiwilligen Vermögens- und Einkommenstransfers in Form von Stiftungen und caritativen Spenden eine wichtige Rolle zu.[18] Mit ihrer Hilfe wurde in allen vorindustriellen Gesellschaften die Armut bekämpft, von der, wenn wir die wenigen vorliegenden Schätzungen einmal sehr grob zusammenfassen, in „normalen" Zeiten sicher 6 bis 8 bis 10 Prozent, in den nicht seltenen Jahren der Ernte- und Hungerkrisen 15 bis 20% aller Menschen betroffen waren. Daß Almosen und Spenden von wohlhabenden Einzelpersonen, von kirchlichen und staatlichen Institutionen die Folgen der strukturellen Armut im vorindustriellen Europa ein wenig gemildert haben, läßt sich wohl nicht bezweifeln. Arme, Bettler, Vagabunden wurden nicht als Außenseiter der Gesellschaft betrachtet, sie gehörten in gewisser Weise zum ständischen Gesellschaftsgefüge und konnten sich daher auf das Funktionieren der Caritas verlassen. Für die Almosengeber war die caritative Spende nicht nur religiöse Pflicht, sondern auch soziale Demonstration; der Andrang von Bettlern auf ihre Person und ihr Haus galt nicht als Last, sondern als Bestätigung ihres ständischen Prestiges. So überrascht es nicht, daß man am Beispiel von einzelnen englischen Haushalten des 16. und 17. Jahrhunderts immerhin ein Aufkommen caritativer Spenden von eins bis fünf Prozent ihres gesamten Einkommens festgestellt hat. Man vermutet, daß die Klöster Englands im Spätmittelalter zwischen ein und drei Prozent ihres Einkommens für solche Zwecke aufwendeten.

Das alles muß freilich vor dem Hintergrund der Tatsache gesehen werden, daß Steuermittel für caritative Zwecke nur in sehr geringem Umfang aufgewandt wurden und daß fromme Stiftungen, die kirchlichen Institutionen gemacht wurden, nur zu einem Bruchteil dem Armenwesen zuflossen. Wenn die Caritas auch im strengen ökonomischen Sinne Umverteilung von Einkommen und Vermögen von den reichen auf die ärmeren Bevölkerungsschichten bedeutete, so war sie doch nur ein bescheidenes Palliativ, von dem ein Abbau der Ungleichheiten in Vermögen und Einkommen nicht zu erwarten war und auch nicht erwartet wurde.

Inwieweit die Steuern als Mittel der Umverteilung angesehen und genutzt wurden, ist eine schwierige Frage. Viele politische Theoretiker der ständischen Ordnung sahen in der Besteuerung der Bevölkerung durch den absoluten Fürstenstaat nichts anderes als Diebstahl. Gleichwohl hat sich dieses Mittel gerade in dieser Epoche zu einem regulären Instrument entwickelt, dessen Last von Jahr zu Jahr größer wurde. Daß Proteste gegen die Steuern auf seiten der Besitzenden wie der Besitzlosen immer wieder zu vernehmen sind, muß nicht als Zeugnis für die Unsinnigkeit ihrer Verwendung bewertet werden. Bestimmte Anteile des Steueraufkommens wurden in den vorindustriellen Gesellschaften Europas auf dem Wege über staatliche Armenversorgung, Krankenhaus-, Schul- und Straßenbau in einer Weise verwandt, welche im Sinne der ökonomischen Theorie als Umverteilung anzusehen ist. Die über die gesamte Epoche aufrechterhaltene steuerliche Privilegierung der ersten beiden Stände, die freilich nicht als vollkommene Steuerbefreiung begriffen werden darf, belegt allerdings zugleich den engen Spielraum solcher Maßnahmen.[19]

Mit dem Problem der Steuer richtet sich der Blick fort von der privaten Nachfrage der verschiedenen Bevölkerungsschichten hin zu der „öffentlichen" des Staates. Es ist nicht nötig, den „Charakter" des vorindustriellen Staates an dieser Stelle in den Einzelheiten zu beschreiben. Der Verweis auf die grundsätzliche Verschiedenheit dieses politischen Systems von den Systemen der Gegenwart ist ebenso berechtigt wie der Hinweis auf die Tatsache, daß im späten Mittelalter und der Frühen Neuzeit wesentliche Entwicklungen des „modernen Staates" eingeleitet wurden. Unter ihnen zählen die Ausweitung des Steuerwesens und, damit verbunden, erste Ansätze zu einer Trennung von „öffentlicher" und „privater" Finanzgebarung zu den wichtigsten. Im Stadtstaat des späten Mittelalters und im absoluten Fürstenstaat der Frühen Neuzeit wurden die institutionellen Voraussetzungen dafür geschaffen, daß – wie vorsichtige Schätzungen ergeben haben – zwischen fünf und acht Prozent des nationalen Einkommens auf dem Weg über die Besteuerung in die Hand des Staates flossen. Das ist wenig im Vergleich zur Gegenwart, sehr viel jedoch, wenn man bedenkt, daß Steuern in der politischen Theorie der vorindustriellen Gesellschaften im allgemeinen als Notmaßnahmen betrachtet wurden, nicht aber als regelmäßige Finanzierungsgrundlage staatlicher Unternehmungen.

Wohin diese Mittel flossen, wie und welche Nachfrage sie schufen – darüber lassen sich nur ungefähre Angaben machen. Italienische Historiker haben das „Budget" des Königreichs Neapel für die Jahre 1591/92 zusammengestellt. Mit 55% nehmen Ausgaben für die Armee und die Flotte eine einsame Führungsstellung ein, in weitem Abstand folgen der Schuldendienst für Anleihen mit 25% und Ausgaben für Botschaften und Geheimdienste mit 9%. Caritative Aufwendungen – nur wenig höher als die Ausgaben für die Universität von Neapel – haben ein so bescheidenes Ausmaß, daß die Prozentrechnung zwei Nullen hinter dem Komma vorsehen muß: 0,0013%.

Dies mag ein extremes Beispiel sein. Fest steht jedoch, daß der frühneuzeitliche Staat, der ein militärischer Macht- und ein Verwaltungsstaat war, seine finanziellen Mittel vor allem in den Krieg, die Verteidigung, die Verwaltung und die Schuldentilgung fließen ließ; an zweiter Stelle wird man das Hofleben und die Feste, erst an dritter Stelle öffentliche Ausgaben für Schulen, Gesundheitswesen, Armenfürsorge und ähnliches nennen.

Auch die „öffentliche" Nachfrage sorgte somit nicht grundsätzlich für eine Erweiterung der Nachfragestruktur im frühneuzeitlichen Europa – abgesehen von den erheblichen Mitteln, die für die Ausrüstung der Heere mit Waffen, Munition, Schiffen und Gefährt aufgewendet wurden. Diese kamen den „industriellen" Zentren im vorindustriellen Europa zugute – den Waffenschmieden, der eisenproduzierenden und -verarbeitenden Industrie.

Nur der Vollständigkeit halber sei erwähnt, daß mit der „privaten" und staatlichen Nachfrage nicht alle Bereiche vorindustrieller Nachfrage erfaßt sind. Die Kirche muß erwähnt werden, die vor den Enteignungen des 16. Jahrhunderts über gewaltige Vermögen und Einkünfte verfügte und auch danach noch eine erhebliche volkswirtschaftliche Bedeutung hatte. Freilich waren die kirchlichen Institutionen in ihrer Bedürfnisstruktur ihrer weltlichen sozialen Umgebung so verwandt, daß von ihnen keine besonderen, vom übrigen Spektrum abweichende Nachfrageimpulse ausgingen.

Dies traf übrigens auch für den internationalen Handel und damit die „fremde", d.h. ausländische Nachfrage zu. Auch hier standen die Massengüter des Nahrungs- und Textilbereichs im Vordergrund. Das Volumen von

Import- und Exportbewegungen war über die gesamte Epoche beträchtlich, und es wies, wie am Beispiel Englands belegt worden ist, beachtliche Steigerungsraten auf. Für andere Länder sind generelle Angaben freilich kaum zu machen, da sie nicht in einer England vergleichbaren Weise ökonomisch geschlossene Bereiche darstellten.

Arbeit, Kapital und natürliche Ressourcen

Die Abhängigkeit der alteuropäischen Wirtschaften von den besonderen Gegebenheiten der Nachfrage und der Vermögens- und Einkommensverteilung wird deutlich, wenn man die Produktionsfaktoren im einzelnen beschreibt. Richten wir den Blick zunächst auf den Faktor „Arbeit".

Ein unvergleichlich hoher Prozentsatz von Menschen war in der Landwirtschaft tätig, weil sich die Hauptnachfrage zu allen Zeiten auf die Güter des täglichen Nahrungsbedarfes richtete und weil bis weit ins 18. Jahrhundert hinein die Produktivität der Landwirtschaft gering war. Sieben bis acht Bauern waren nötig, um zwei bis drei weitere Menschen zu ernähren. So wird verständlich, daß Rechnungen für den gesamten mittel- und westeuropäischen Raum landwirtschaftlich tätige Bevölkerungsanteile zwischen 65 und 90% ergeben haben. Wie die breite Marge zwischen beiden Angaben zeigt, gab es erhebliche regionale Unterschiede. Regionen und Städte, die günstig zum Meer lagen und über Häfen und Flotten verfügten, konnten ihren Bedarf partiell durch Importe decken und größere Teile ihrer Bevölkerung in anderen Erwerbszweigen einsetzen. Venedig, das Getreide aus der Lombardei, aus Süditalien und den Schwarzmeer-Regionen importierte, ist ein berühmtes Beispiel, nicht minder die niederländischen Provinzen, deren Bewohner im 17. Jahrhundert wahrscheinlich nur noch zu 50% in der Landwirtschaft arbeiteten, während von den übrigen nicht wenige zu Kaufleuten wurden, die das nötige Getreide aus dem baltischen Raum importierten, es im Lande verkauften oder sogar durch Re-Export beachtliche Gewinne machten. Freilich, in makroökonomischer Perspektive ergab sich durch solche Formen der „interregionalen Arbeitsteilung" kein Abbau der hohen landwirtschaftlichen Beschäftigungsanteile: „For every ten who ate bread, seven or eight had to produce wheat, and if these seven or eight were not all in one geographic area, they had to be in another."[20]

Auf welche Berufe und Beschäftigungen sich die verbleibenden Bevölkerungsmengen verteilten, läßt sich nicht mehr durch generelle Angaben belegen. Der englische Wirtschaftshistoriker Tawney hat ein anschauliches Exempel, bezogen auf die männliche, zwanzig- bis sechzigjährige Bevölkerung der englischen Grafschaft Gloucestershire im Jahre 1608 zusammengestellt, das vor allem deshalb interessant und wohl auch repräsentativ ist, weil es nicht, wie sonst sehr häufig bei historischen Quellen mit berufsstatistischen Angaben, nur Städte berücksichtigt, sondern Stadt und Land zugleich erfaßt.

Berufsstatistik für 20- bis 60jährige Männer in der Grafschaft Gloucestershire 1608 (in%)

	Städte	Land	Stadt + Land
A. Landwirtschaft	4	50	46
B. Nahrung und Getränke	7	2	2
C. Textilien u. Kleidung	26	23	23
D. Bauhandwerk	2	2	2
Teiltotale A + B + C + D	(39)	(77)	(73)
E. Eisengewerbe	6	3	3
F. Holzverarbeitung	6	4	4
G. Leder	5	1	1
H. Transport	3	2	2
I. Freie Berufe und Gentry	6	3	3
J. Dienstpersonal	3	7	7
K. Verschiedene	32	3	7
	100	100	100

Aus: C. M. Cipolla: Before the Industrial Revolution. 1000–1700. 1976, S. 77.

Deutlich tritt erneut die Nachfragestruktur der vorindustriellen Gesellschaften hervor: 73% sind insgesamt in der Erzeugung bzw. Verteilung der Grundgüter des täglichen Lebens tätig. Auffällig ist der hohe ländliche Anteil an der Produktion von Textilien und Kleidung – ein Zeichen dafür, daß wir es hier mit einer Region mit verdichtetem ländlichen Heimgewerbe zu tun haben, über das später noch ausführlich zu sprechen ist.

Natürlich müßten hier zahlreiche ähnliche Beispiele abgedruckt werden, wenn wir die Vielfalt der vorindustriellen Beschäftigungsformen erfassen wollten. Je nach Lage der analysierten Stadt oder Region würden sich dabei insbesondere in den Kategorien E bis K ganz erhebliche Abweichungen ergeben. In größeren Städten würden auch die Kategorien A bis D ein wesentlich anderes Aussehen haben. Andererseits hebt die Tawneysche Kategorisierung nicht einmal deutlich genug hervor, in welch starkem Maße die Nachfrage nach Nahrung, Kleidung und Wohnung die vorindustrielle Beschäftigungsstruktur bestimmte. In der Kategorie F (Holzverarbeitung) werden wir viele Menschen zu suchen haben, die zum Hausbau beitrugen; wer Leder herstellte (Kat. G), lieferte einen wichtigen Grundstoff für die Bekleidungsindustrie; unter der Kategorie K sind all jene Einzelhändler subsumiert, die für den Verkauf von Nahrungs- und Bekleidungsgütern zuständig waren.

Die prozentuale Auflistung von regionalen Beschäftigungsstrukturen läßt nicht deutlich genug hervortreten, welch eine wichtige qualitative Bedeutung den „freien Berufen" in vorindustrieller Zeit zukam. Vor allem Rechtsgelehrte, Notare und Ärzte sind hier zu nennen, die seit dem hohen Mittelalter im mittleren und westlichen Europa einen mit keiner anderen Weltzivilisa-

tion vergleichbaren Professionalierungsstand erreichen und durch die
Ablösung ihrer Tätigkeit von der Kirche ein eigenes, berufsorientiertes Sozialprestige entwickeln. Daß ihre Dienste vor allem von den vermögensstarken Oberschichten nachgefragt wurden, brachte diese Berufe in eine enge
Verbindung mit dem Adel und dem Handelsbürgertum; daß der territoriale
Fürstenstaat zunehmend auf Rechtsgelehrte angewiesen war, wurde in manchen Ländern Ausgangspunkt für eine besondere „ständische" Ausformung
dieser Berufsgruppe.

Tawneys Beispiel läßt gleichfalls nicht hinreichend die Bedeutung des
Hauspersonals und all jener Menschen erkennen, die im Dienst der Klöster
und der Kirchen standen. Sieben Prozent Dienstpersonal – das wird man als
die Untergrenze einer allgemeinen Schätzung annehmen, die zumindest für
die Städte auf einen Durchschnittswert von zehn Prozent der gesamten Bevölkerung kommen dürfte. Wie sich die schichtenspezifische Nachfrage nach
Dienstpersonal aller Art in der Beschäftigungsstruktur dieser Bevölkerungsgruppe niederschlug, hat W. Schaub bei einem Vergleich zwischen den Kaufleuten und Handwerkern Oldenburgs im Jahre 1743 sehr schön beleuchtet.
Die Tabellen beschreiben die Verhältnisse in einer kleinen Residenzstadt, die
gewiß nicht durch übermäßige soziale Differenzierung herausragt. Und doch
treten die schichtenspezifischen Unterschiede deutlich hervor: Nur 15% der
Kaufmannshaushalte haben kein Dienstpersonal, im Gegensatz zu 38% der

Dienstbotenzahl (je Haushalt) 1743

Dienstboten je Haushalt	Kaufleute		Handwerker		Summen	
	Haushalte	Dienstboten	Haushalte	Dienstboten	Haushalte	Dienstboten
0	12	–	63	–	75	–
1	17	17	43	43	60	60
2	21	42	41	82	62	124
3	13	39	15	45	28	84
4	7	28	1	4	8	32
5	8	40	2	10	10	50
6	2	12	2	12	4	24
7	–	–	1	7	1	7
8	1	8	–	–	1	8
Summe	81	186	168	203	249	389
durchschnittlich	2,3		1,2		1,6	

Dienstbotenzahl (nach Art) 1743

Art	Kaufleute			Handwerker			Summen		
	Zahl	Durch- schnitt	%	Zahl	Durch- schnitt	%	Zahl	Durch- schnitt	%
Gesellen	11	0,1	5,9	80	0,5	39,4	91	0,4	23,4
Lehrjungen	30	0,4	16,1	59	0,3	29,1	89	0,4	22,9
Knechte	16	0,2	8,6	4	0,0	2,0	20	0,1	5,1
Mägde	129	1,6	69,4	60	0,4	29,5	189	0,8	48,6
Summe	186	2,3	100,0	203	1,2	100,0	389	1,6	100,0
Geschäft/Werkstatt	41	0,5	22	139	0,8	68,5	180	0,7	46,3
Haushalt	145	1,8	78	64	0,4	31,5	209	0,8	53,7

Aus: W. Schaub: Städtische Familienformen in sozialgenealogischer Sicht (Oldenburg 1743/1870). In: W. Conze (Hg.): Sozialgeschichte der Familie in der Neuzeit Europas. 1976, S. 328.

Handwerkerhaushalte. Bei den Handwerkern erscheinen dort hohe Werte, wo es sich um berufsgebundenes Personal handelt, die Kaufmannshaushalte dagegen dominieren bei den haushaltsgebundenen Dienstboten, insbesondere den Mägden.

Daß kirchliche Dienste in vorindustriellen Gesellschaften in weitem Umfang nachgefragt wurden, wird auch der nicht leugnen, der die Kritik an der Überfüllung der Klöster, an dem nutzlosen Leben und Treiben ihrer Insassen im Reformationszeitalter ernst nimmt. Im Gottesdienst, in der Beichte und Seelsorge, im Schulunterricht und im Gesundheitswesen leisteten Priester, Nonnen und Mönche vielfältige Arbeit, und es überrascht nicht, daß der Anteil kirchlichen Personals zumindest bis zur Mitte des 16. Jahrhunderts in allen alteuropäischen Gesellschaften relativ hoch war. Genaue Schätzungen sind freilich schwierig und im allgemeinen nur für die größeren Städte vorhanden. Naturgemäß sind es vor allem die Klöster, Stifte und Kongregationen, die hier zu Anteilen der kirchlichen Population an der Gesamtbevölkerung im Werte von 5,3% (Bologna 1570), 5,5% (Besancon um 1600 und Rom 1603), 5,7% (Bologna 1624) geführt haben. In Siena waren im Jahre 1670 10,9% aller Einwohner Mönche oder Nonnen, in Florenz im Jahr 1622 7,5%. Regionale Schätzungen nehmen sich naturgemäß bescheidener aus. Für das Großherzogtum Toskana im Jahre 1745 schließt man auf etwa 3%, für ganz Italien in der Mitte des 18. Jahrhunderts hat K. J. Beloch einen Wert von 2% errechnet, für Polen um 1500 setzt man 0,5% an.

Die vorangehenden Angaben, die wir der intensiven Forschungsarbeit der Wirtschafts- und Bevölkerungshistoriker verdanken, können den Eindruck des Zufälligen nicht verbergen. Eine komplette Aufschlüsselung der alteuropäischen Bevölkerungen gemäß ihrem Beitrag zum Produktionsfaktor „Arbeit" läßt sich den spärlich überlieferten Akten nicht entnehmen. Zudem verraten die Zahlen nichts über die Qualität der geleisteten Arbeit, über das technische Wissen, das sie voraussetzte, und damit über die Bildung, Bildungsmöglichkeiten und Bildungsinstitutionen, die sie möglich machten. Wir wissen sehr viel über die Universitäten und jene Schulen und Institutionen in vorindustrieller Zeit, in denen die Kinder des Adels und des reichen Bürgertums ihre Ausbildung erhielten. Gering sind unsere Kenntnisse jedoch über die Bildungsmöglichkeiten und das Bildungsniveau der breiten Bevölkerungsschichten. In mühsamer Detailarbeit versucht die internationale Alphabetisierungsforschung hier einen Schritt weiterzukommen. Ihre ersten Ergebnisse haben einen so fundamentalen Faktor des kulturellen Wandels in der alteuropäischen Gesellschaft ans Licht gehoben, daß darüber im zweiten Teil dieses Buches ausführlich zu berichten ist.[21] Sie zeichnet dabei zugleich das Bild einer bis weit ins 18. Jahrhundert hinein noch überwiegend „oralen" Kultur in Europa, die sich zwar einer Demokratisierung des „Lesens" nicht verschloß, wohl aber der des „Schreibens", das sie – im Gegensatz zum „Lesen" – als radikale Bedrohung ihrer auf Erzählung und kollektiver Erinnerung gegründeten Herrschaft begriff. Der Kampf dieser oralen Kultur richtete sich gegen jene drei Agenten der Alphabetisierung, die aus unterschiedlichen Motiven und von unterschiedlichen Zeitpunkten an die Lese-, Schreibund Rechenfähigkeiten der europäischen Bevölkerungen förderten: die Kirchen, die Wirtschaft und den Staat.

Und noch ein weiterer Gesichtspunkt mußte bei den vorangehenden Zahlenbeispielen unberücksichtigt bleiben. In jeder denkbaren Population steht immer nur ein Teil der Menschen im Arbeitsprozeß. Die Ökonomen der Gegenwart rechnen in der Regel die Fünfzehn- bis Fünfundsechzigjährigen zur „aktiven" Population, und sie kommen aufgrund detaillierter Alters- und Geschlechtspyramiden gegebener Populationen zu wertvollen, das Verhältnis zwischen der Bevölkerungsstruktur und dem Produktionsfaktor „Arbeit" betreffenden Einsichten. In Ausnahmefällen sind solche Berechnungen auch für die vorindustrielle Epoche möglich. Ihr Vergleich mit Beispielen der Gegenwart hat ergeben, daß die Abhängigkeitsrate zwischen aktiver und nicht-aktiver Bevölkerung in vorindustrieller Zeit der der Gegenwart in etwa entsprach. Nur hat sich der Anteil der „Alten" (das heißt über 65 Jahre alten Männer und Frauen) an der nicht-aktiven Bevölkerung zur Gegenwart hin merklich erhöht, die in vorindustrieller Zeit zu 90% (und darüber) aus Kindern unter fünfzehn Jahren bestand. Bei der im Vergleich zur Gegenwart geringen Produktivität der alteuropäischen Wirtschaft bedeutete dies, daß die Altersgrenze von fünfzehn Jahren für die Definition der „aktiven" Bevölke-

rung noch nicht ihre heutige Wirksamkeit hatte: Kinderarbeit, oft als Auswirkung der industriellen Revolution beschrieben, war zumindest im landwirtschaftlichen Sektor in vorindustrieller Zeit eine alltägliche Erscheinung,
nicht anders als die Frauenarbeit in solchen körperlich strapazierenden Berufen, die heute als „männliche" qualifiziert werden.

Auch Struktur und Bedeutung des zweiten Produktionsfaktors, des „Kapitals", im vorindustriellen Europa lassen sich gut von der besonderen Nach-
fragesituation her erfassen. Wirtschaftshistoriker mit einem Hang zur forma-
listischen Typologisierung setzen industrielles und vorindustrielles Wirtschaftssystem gern voneinander ab, indem sie auf den hohen Anteil des zirkulierenden Kapitals am gesamten Kapitalbestand im letzteren verweisen. In der
Tat bietet das frühneuzeitliche Europa dafür anschauliche Belege. Vom späten 16. bis zum mittleren 18. Jahrhundert setzt man die „Blütezeit des Handelskapitals" an, das sich – im Gegensatz zum Industriekapital – dadurch
auszeichnete, daß es in der Hierarchie der Kapitalsphären der Zirkulation
Priorität gegenüber der Produktion einräumte.

Dieser Tatbestand wird historisch verständlich, wenn wir die starke und
starre Nachfrage nach den Grundgütern des täglichen Bedarfs in Rechnung
stellen. Kaum eine Region, insbesondere nicht jene mit erheblicher städtischer Verdichtung, war in der Lage, sich dauernd und ausreichend selbst zu
versorgen. Im Nahrungsbereich wurden große Mengen an Getreide und Vieh
über weite Strecken transportiert, sowohl bei den Händlern als auch bei den
einzelnen Konsumenten wurden beträchtliche Bestände an Nahrungsmitteln
zur Vorratshaltung gelagert. Interregionale Arbeitsteilungen zwischen ge-
treide- und viehproduzierenden Regionen und solchen, die gewerbliche Er-
zeugnisse lieferten, bildeten sich heraus, eine breite Schicht von Kaufleuten
und Zwischenhändlern wuchs heran, die das schwierige und risikoreiche,
aber auch gewinnträchtige Geschäft des Handels zu ihrem Beruf machte.
Zwar benötigten sie für ihre Unternehmungen bestimmte Investitionen an
fixem Kapital; sie mußten Schiffe und Wagen bauen lassen, Zugvieh kaufen,
Lagerhäuser errichten und Büros ausstatten. Doch alles diente nur einem
Ziel: dem Ankauf, der zeitweisen Lagerung und dem Verkauf des Produkts.

Die über die großen Ostseehäfen vermittelte Getreidezufuhr aus den osteuropäischen Anbaugebieten ist ein berühmtes Beispiel, das im Nahrungs-
mittelsektor für viele stehen mag. Sie war über lange Zeit Voraussetzung
dafür, daß die großen Städteregionen des Nordwestens versorgt werden
konnten. Ihr konjunktureller Höhepunkt lag am Ende des 16. und zu Beginn
des 17. Jahrhunderts, doch hatte sie auch im 18. und 19. Jahrhundert ihre
Bedeutung noch nicht verloren. Vor allem Holländer waren hier in der Frühen Neuzeit als Zwischenhändler tätig, und sie begründeten mit ihrer Aktivität und ihren Gewinnen die Stellung der Niederlande als führender Welthan-
delsmacht dieser Zeit. Man hat geschätzt, daß noch im Jahre 1666, als der

Ostseehandel schon von den Auswirkungen der „Krise des 17. Jahrhunderts" betroffen war, 75% des an der Amsterdamer Börse tätigen Kapitals in diesem Bereich engagiert war.[22]

Doch auch der Sektor der Tuch- und Bekleidungsherstellung, sofern er auf Massenversorgung gerichtet war, lag in der Frühen Neuzeit weitgehend in der Hand des zirkulierenden Kapitals. In den großen, proto-industriellen Gewerbelandschaften dominierten nicht solche Formen der Produktion, die einen hohen Anteil an fixem Kapital erfordert hätten. Nicht Manufakturen oder fabrikähnliche Organisationsformen bestimmten die Produktion, sondern die ins Verlagssystem integrierte ländliche Heimindustrie. Die mittel- und unterbäuerlichen Produzenten, die ihre Ware, oft im Nebenerwerb, mit einem Minimum an Kapitalausstattung und einem Maximum an Arbeit herstellten, standen nicht selten in totaler Abhängigkeit von ihrem Verleger und seinen Mittelsmännern. Er lieferte die Rohstoffe, er schrieb die Art, die Qualität und den Fertigungszeitpunkt des Produktes vor, er kaufte ihnen das Halbfertig- oder Fertigprodukt ab und bestimmte seinen Preis.

Zahllose Voraussetzungen mußten gegeben sein, damit sich das System der in das Verlagswesen eingebundenen Proto-Industrie[23] in Europa durchsetzen konnte. Die Imponderabilien der Versorgungslage im Agrarbereich zählten auch hier zu den wichtigsten. Wie schon erwähnt, bestand im Zeichen der periodischen Agrar- und Hungerkrisen stets die Gefahr, daß die Massenkaufkraft sich allein auf die Nahrungsmittelversorgung konzentrierte. Grund genug für alle Produzenten und Händler im Textilbereich, mit langfristigen Investitionen an fixem Kapital vorsichtig und zurückhaltend zu sein. In den Städten verfolgten die Zünfte schon seit langem eine anti-expansive, auf ausreichende „Nahrung" und Versorgung ihrer Mitglieder gerichtete Politik. Sie blockierten damit die Möglichkeit einer Produktion von preiswerten Gütern der Bekleidung, die die Massennachfrage hätte befriedigen können. Der Weg des Verlegers auf das Land war damit vorgezeichnet – hin zu dem zunftfreien Nebenerwerbler, der, wenn er ein Stück Land besaß und bestellte, zumindest saisonal freie Arbeitskapazität anbot, oder, wenn er zur unterbäuerlichen Schicht gehörte, seine Frau und seine Kinder zur Heimarbeit anhielt. So war das ländliche Gewerbe für den Verleger kostengünstig und risikoarm. Fand er dort, was in Mittel- und Westeuropa häufig der Fall war, zugleich auch die Anbaugebiete für die benötigten Industriegewächse und wohlhabende Bauern, die bereit waren, in das Verlagssystem einzusteigen und als seine Mittelsmänner zu den Produzenten zu fungieren, so waren gute Voraussetzungen für eine langfristige Expansion der Proto-Industrie gegeben.

So sehen wir in zwei der zentralen Nachfragebereiche – der Nahrung und der Kleidung – in vorindustrieller Zeit die Bedingungen für eine langfristige strukturelle Dominanz des beweglichen Kapitals gegeben. Es wäre freilich unangemessen, seine Aktivitäten und Initiativen allein auf diese Sektoren begrenzt zu sehen. „Blütezeit des Handelskapitals" heißt ja nicht, daß es ihm

lediglich gelungen sei, zwei wichtige Versorgungsbereiche der vorindustriellen Gesellschaften abzusichern. Es entfaltete darüber hinaus eine eigenständige Dynamik, die sich auf zahlreiche andere Produkte und auf die Ausweitung seiner Handelsräume im Weltmaßstab richtete. Ja, in fortgeschrittenen
Volkswirtschaften wie der englischen des 18. Jahrhunderts drang das Handelskapital partiell bereits in die Produktionssphäre ein. Doch die „Ausnahme" des englischen Beispiels bestätigt nur die vorherrschende Tendenz im
übrigen Europa. Die geringe Produktivität der Landwirtschaft, die Inelastizi-
tät der Nachfrage nach den Grundnahrungsmitteln, die hohen Kosten (und
Risiken) des Transports und der Lagerhaltung im Nahrungsbereich blieben
dominante Züge der europäischen Wirtschaft bis an das Ende des 18. Jahrhunderts. Sie hielten hohe Kapitalanteile in der Zirkulationssphäre fest und
blockierten diese für Investitionen im Gewerbebereich. Dort war allein der
„Protégé" des Handelskapitals – die Proto-Industrie, die keine Investitionen
verlangte und gleichwohl hohe Gewinne versprach – in der Lage, für einen
Massenbedarf zu produzieren.

Dominanz der Zirkulations- gegenüber der Produktionssphäre bedeutet
natürlich nicht, daß es an fixem Kapital und Investitionen gänzlich fehlte. Es
war schon die Rede von den notwendigen Aufwendungen für Schiffe, Über-
landgefährte, Kräne, Mühlen, Speicher, Lagerhäuser, Büros und ähnliches,
die freilich alle, nicht anders als die Webstühle und Spinnräder, im Dienst des
zirkulierenden Kapitals standen und keine andere Aufgabe hatten, als die
Produktion und den Vertrieb der Massenkonsumgüter sicherzustellen. Eine
andere Dimension nahm das fixe Kapital in jenen Industriezweigen an, die
anderen, spezielleren Bedürfnissen dienten und daher schon differenziertere
Formen der Produktion und Organisation kannten: die „extrahierende" Industrie (Bergwerke für Kohle und Edelmetalle), die mit ihrem Bedarf an
Wasserpumpen, Aufzügen und ähnlichem erhebliche Investitionen erfor-
derte, die Waffenproduktion, die Werften, die Seidenherstellung, die Porzel-
lanmanufakturen und anderes.

In der Landwirtschaft, wo nach Meinung der Agrarreformer des 18. Jahrhunderts fixes Kapital in besonderem Maße benötigt wurde, waren seiner
Ausdehnung engste Grenzen gesetzt. Saatgut, im Zeichen der geringen Produktivität ein äußerst wertvolles und knappes Gut, wurde in Jahren der Krise
und des Hungers allzu oft aufgezehrt und damit seiner eigentlichen Bestim-
mung entzogen. Pferde, Rindvieh und Schafe, die nicht nur als Fleischliefe-
ranten, sondern auch als Zugvieh, Dung- und Wollproduzenten von großer
Bedeutung waren, stellten für die mittleren und kleineren Wirtschaften hohe,
oft unerreichbare Werte dar, die innerhalb der europäischen Agrarbevölke-
rung der Frühen Neuzeit extrem unterschiedlich verteilt waren. Italienische
Historiker haben errechnet, daß in Italien im 17. Jahrhundert der Lohn von
einhundert zehn- bis zwölfstündigen Arbeitstagen zum Kauf einer einzigen
Kuh und zu Beginn des 18. Jahrhunderts der Verkaufserlös von mehr als

fünfzig Litern Wein zum Erwerb eines mageren Schweines aufgebracht werden mußten. Zudem wurden die Tiere wie die Menschen von periodisch auftretenden Seuchen bedroht, für deren verheerende Wirkung noch das späte 18. Jahrhundert eindrucksvolle Belege bietet.

Es ist kein Wunder, daß die Mehrzahl der Agrarreformer des 18. Jahrhunderts ihren besorgten Blick auf die Kapitalausstattung der Landwirtschaft richtete. Steigerung der Produktivität durch Ausdehnung der Investitionen fixen Kapitals – das war, auf eine Formel gebracht, ihr Lösungsvorschlag für das gravierende Versorgungsproblem der europäischen Bevölkerungen, die seit etwa 1730/40 begannen, sich in einem bis dahin unbekannten Ausmaß zu vergrößern. Daß solche Vorschläge an die Grundfesten der vorindustriellen Wirtschafts- wie auch Gesellschafts- und Herrschaftsordnung rührten, die Kapital bisher nur als Instrument der Expansion im Handel, in der Zirkulation zu begreifen gelernt hatte oder aber als Mittel einer opulenten Lebensführung und eines demonstrativen Luxuskonsums, sahen die Agronomen und frühbürgerlichen Wirtschaftstheoretiker sehr wohl. Gerade darum gehören sie mit ihren landwirtschaftlichen Reformplänen, mit ihren Aktivitäten bei Regierungen und in Landwirtschaftsgesellschaften zu den wesentlichen Agenten der Veränderung, die von der „Agrarkapitalisierung" des 18. und frühen 19. Jahrhunderts eingeleitet und von der industriellen Revolution vollendet wurde.[24]

In Perioden des beschleunigten Wachstums der europäischen Bevölkerungen – in der ersten Hälfte des 14., am Ende des 16. und seit der Mitte des 18. Jahrhunderts – wurde regelmäßig eine weitere strukturelle Begrenzung der alteuropäischen Wirtschaften spürbar: die der natürlichen Ressourcen oder, wie es die Ökonomen formulieren, des nicht-reproduzierbaren Kapitals. Wichtigster Produktionsfaktor dieser Art war das Land. Seine Nutzung stand in besonderer Weise unter dem Einfluß der Auf- und Abschwünge der Bevölkerungswellen und der ungleichgewichtigen Vermögens- und Einkommensverteilung. In Phasen starker Bevölkerungseinbrüche – im 14. und 15. Jahrhundert nach den großen Pestumzügen, im 17. Jahrhundert nach dem Dreißigjährigen Krieg – blieben große, bisher landwirtschaftlich genutzte Flächen brach liegen, sie wurden „wüst",[25] weil nicht genug Menschen vorhanden waren, um sie zu bebauen bzw. weil die Nachfrage nach Agrarprodukten zu gering war, um eine lohnende Produktion auf allen bisher genutzten Anbauflächen aufrechtzuerhalten.

Eine Gegenbewegung gegen die Wüstung von Land setzte regelmäßig ein, wenn die Bevölkerungen wieder anwuchsen. Wüste Ländereien und Dörfer wurden wieder aufgenommen, darüber hinaus wurden ganz neue, bisher nicht als Pflugland genutzte Böden erschlossen: Wälder wurden gerodet, Sümpfe trockengelegt, Moor- und Ödländereien kultiviert.

Und dabei traten nun schwerwiegende wirtschaftliche und soziale Probleme auf. In einer von starken säkularen Preisbewegungen abhängigen Landwirtschaft sind jene Böden und Anbaugebiete die interessanten und begehrten, die günstig zu den großen städtischen Märkten liegen, von altersher bebaut werden und so in Zeiten guter Nachfrage und hoher Preise eine schnelle, gewinnreiche Nutzung der günstigen Marktlage ermöglichen. Auch in Zeiten des Abschwungs bleiben sie in der Regel in Kultur, verfallen nicht der Wüstung. Auf die Böden dieser Kategorie hatte sich im alteuropäischen Siedlungsraum seit langem das Interesse der vermögensstarken Bevölkerungsschichten gerichtet, mit ihrer Hilfe bildeten sich große Vermögen überhaupt erst aus. In Europa finden wir in den alten, schon im frühen und hohen Mittelalter erschlossenen Siedlungsgebieten eine besondere Verdichtung dieser Böden, und sie waren seit langem in der Hand des Klerus, der Fürsten, des Adels und der wohlhabenden Bauern. Mit anderen Worten: Gerade diese günstigen Anbauflächen waren extrem ungleich verteilt und dauernder Gegenstand des Streits um die Besitzrechte, die Pachtverhältnisse und Abgabenhöhen zwischen Adel, Bürgertum und Bauern. Wer in Zeiten guter Agrarkonjunktur seinen Betrieb ausdehnen wollte, mußte erhebliche Mittel aufbringen, um Besitzer oder Pächter dieser Böden zu werden, oder er mußte auf die minderwertigen, nicht ständig kultivierten oder noch unerschlossenen Ländereien ausweichen. Dies waren die „Grenzböden", die erhebliche Investitionen an Arbeit und Kapital erforderten und gleichwohl in ihrer Produktivität den guten Böden nachstanden. Nur in Zeiten hoher Nachfrage und guter Preise wurden sie in die Produktion einbezogen; schwächte sich die Konjunktur ab, so wurden sie als erste wieder verlassen. Wie später noch zu zeigen ist, war die europäische Frühe Neuzeit auf dem Lande von einem Prozeß ständig wachsender Ausdifferenzierung und Abschichtung klein- und unterbäuerlicher Schichten gekennzeichnet, die, obwohl Anbauflächen an sich vorhanden waren, nicht mit ausreichenden Ländereien versorgt werden konnten. Sowohl für den Ankauf bzw. die Pacht guter Böden als auch für die Erschließung der Grenzböden fehlten ihnen die Mittel; nur wenn staatliche Peuplierungspolitik helfend eingriff, waren – wie Beispiele aus dem 18. Jahrhundert belegen – gewisse, insgesamt freilich bescheidene Erfolge möglich.

So begegnen uns bei der Analyse des Produktionsfaktors Land in den alteuropäischen Gesellschaften dieselben „systemischen" Mechanismen, die auch im Verhältnis zwischen Bevölkerungsgröße und Nahrungsspielraum bzw. „Nahrungen" wirksam waren. Abstrakt gesehen, stand für die agrarwirtschaftlich tätigen Menschen nicht zuwenig Land zur Verfügung; eine numerisch egalitäre Umrechnung des gesamten vorhandenen Landes auf ausreichende Pro-Kopf-Anteile könnte eine solche unhistorische Spekulation belegen. Konkret setzten jedoch die geringe Produktivität der Landwirtschaft, die historisch gewachsenen Besitz- und Herrschaftsverhältnisse, die Auf- und Abschwünge der Agrarkonjunkturen, die hohen Kosten der Nutzung der Grenzböden und der Erschließung neuen Landes und die über

Jahrhunderte entstandene Differenzierung zwischen „guten" und „schlechten" Böden einer möglichen vollständigen Nutzung des Produktionsfaktors „Land" enge Grenzen.

Auch für diesen Tatbestand bieten die Protagonisten der Agrarreformen seit der Mitte des 18. Jahrhunderts anschauliche Belege. Gewiß setzten sie einen großen Teil ihrer Hoffnungen auf die Ausweitung des kultivierbaren Landes, als zu dieser Zeit der Druck der Bevölkerung auf die Landressourcen größer wurde. Die Maßnahmen der Peuplierungspolitik fanden ihre Zustimmung, sie selbst schrieben Bücher über die Technik der Trockenlegung und Urbarmachung, die Wiederaufnahme verwüsteter Ländereien. In Deutschland hatten solche Bemühungen schon im 17. Jahrhundert, nach den Bevölkerungsverlusten und Wüstungen im Dreißigjährigen Krieg, eingesetzt und Früchte getragen. Zugleich sahen diese Autoren jedoch, daß mit einer Extensivierung der Landwirtschaft allein nichts gewonnen war. Reformen durften sich nicht nur auf unkultiviertes Land beziehen, sondern mußten auch zur Intensivierung, zur besseren Nutzung der bebauten Böden, zur Steigerung der landwirtschaftlichen Produktivität führen. Auch in dieser Hinsicht wiesen ihre Ideen damit aus „unserer" Epoche hinaus.

Andere natürliche Ressourcen standen den alteuropäischen Gesellschaften nur in sehr begrenztem Umfang zur Verfügung. Die Wälder, bei systematischer Nutzung und Pflege im Grunde Teil des fixen, reproduzierbaren Kapitals, wurden in der Regel raubbauartig genutzt – sie lieferten Holz für den Hausbau, für die Heizung und für die Verhüttung von Eisenerzen. Wo man den Raubbau übertrieb und diese Quelle schließlich versiegte, wurde die Suche nach anderen Energievorkommen zum Zwang. Vor allem in England ist dabei die Kohle schon im 17. und 18. Jahrhundert zu einem wichtigen Ersatz geworden.

Auf dem Energiesektor dominierten im übrigen überkommene, „typisch vorindustrielle" Nutzungsformen. Von dem hohen Wert und dem begrenzten Aufkommen an Zugvieh und Pferden war schon die Rede, wie die energiespendenden Nutzpflanzen waren sie von der Ressource Land abhängig und ihren begrenzten Entfaltungsmöglichkeiten unterworfen. So überrascht es nicht, daß wir auf Schiffen, in Kränen, ja vor kleinen Zugkarren nicht selten menschliche Energie „verschwendet" sehen. Das Treibrad des „Großen Krans" von Brügge wurde von Menschen betrieben, die Korkschneider in der Umgebung Delmenhorsts holten ihren Rohstoff mit Schiebkarren im Bremer Hafen ab und transportierten ihn über 5, 10, 15 km weit in ihre Häuser.

Phantasievoll und auch für die Gegenwart vorbildhaft scheinen unsere Vorfahren dagegen in der Nutzung von Wind und Wasser als Energiespender gewesen zu sein. Die gewaltigen Leistungen der Segelschiffahrt – die Voraussetzung für die „Blüte des Handelskapitals" – sind dafür nur ein Beleg. Weniger bekannt, aber nicht minder bemerkenswert sind die Verbreitung

und das technische Raffinement der Wind- und Wassermühlen, die keinesfalls nur in der Getreideverarbeitung zum Einsatz kamen. Illustrationen des
16. und 17. Jahrhunderts zeigen uns, wie viele solche Geräte in manchen
Regionen auf kleinstem Raum aufgestellt waren. Ihrem großem Nachteil –
der Standortgebundenheit – stand die Kostengünstigkeit ihrer Energiequellen
gegenüber.

Zur Produktivität in vorindustriellen Gesellschaften

Es ist an der Zeit, jenen Faktor der vorindustriellen Wirtschaftsordnung ins
Auge zu fassen, von dem in den vorangehenden Mitteilungen immer schon
implizit die Rede war: die – im Vergleich zur Gegenwart – geringe Produktivität der Landwirtschaft und des Gewerbes.[26] Überblickt man die von den
Agrarhistorikern erarbeiteten Zahlenreihen zur landwirtschaftlichen Ertrags-
lage im Mittelalter und in der Frühen Neuzeit, so könnte man geneigt sein,
die engen Grenzen der Produktivität auf naturgegebene, vom Menschen nur
schwer oder erst nach ganz bestimmten technologischen Fortschritten verän-
derbare Bedingungen zurückzuführen. In der Tat zeigt vor allem die Landwirtschaftsgeschichte den Menschen hier in einer extremen Abhängigkeit von
der Natur, der er sich nur langsam und unter gewaltigen Kosten zu entziehen
wußte.

Dennoch bildete die Produktivität in vorindustrieller Zeit keine eherne
Konstante, von der alle anderen Vorgänge des Wirtschaftslebens als Variable
abhingen. Erhebliche regionale Differenzierungen in den landwirtschaftlichen Erträgen belegen vielmehr, daß auch in diesen Bereich die besonderen
Bedingungen der vorindustriellen Konsum- und Produktionsverhältnisse
hineinwirkten. Auch ohne die organisatorischen und technischen Fortschritte
der Landwirtschaft seit der Mitte des 18. Jahrhunderts hatten manche Regionen gegenüber anderen einen beträchtlichen Produktivitätsvorsprung errungen. Gewiß spielten hierbei geographische und klimatische Voraussetzungen
eine erhebliche Rolle. Doch ein geeigneter Boden für den Anbau von Weizen
oder Roggen wurde vor allem deshalb zu einem „guten" Boden, weil ihm auf
Dauer mehr Aufmerksamkeit und Pflege zuteil wurde als anderen, weil er
von der geringen verfügbaren Menge an tierischem Dünger immer wieder den
Löwenanteil erhielt. Und dies geschah vor allem in jenen Regionen, in denen
günstige Lagen der Anbaugebiete zu den Märkten die geographischen und
klimatischen Vorteile ergänzten und so im Laufe der Zeit zur Ausbildung
einer intensiven und damit produktiven Landwirtschaft führten.

Durch die Forschungen B. H. Slicher van Baths und W. Abels und seiner
Mitarbeiter verfügen wir heute über stattliche Zahlenreihen zu den Getrei-
deerträgen im Mittelalter und in der Frühen Neuzeit. Sie zeigen, daß zumindest vom 16. bis zur Mitte des 19. Jahrhunderts große, ja, extreme regionale
Unterschiede die Regel waren. Durchschnittsrechnungen für ganze Staatsge-

biete müssen daher mit großer Vorsicht behandelt werden, solche für den gesamten europäischen Raum – für das Mittelalter vielleicht noch möglich und sinnvoll („ein ausgesätes Korn erbrachte drei geerntete Körner") – sagen nichts aus oder führen sogar in die Irre. Legen wir Slicher van Baths Tabellen zugrunde, so lassen sich zwei generelle Aussagen machen. Einmal hat es in sehr vielen Regionen in den Jahrhunderten der Frühen Neuzeit keinen spürbaren Fortschritt gegenüber dem Spätmittelalter gegeben. Schweden im 16. und Frankreich im 18. Jahrhundert liegen noch unter dem spätmittelalterlichen Standard; dasselbe gilt zumindest für die dänische Roggenproduktion in dieser Zeit. Für zahlreiche deutsche Gebiete haben die hoch- und spätmittelalterlichen Ziffern wahrscheinlich sogar bis ins 19. Jahrhundert Gültigkeit behalten. Zum anderen zeichnet sich in der Frühen Neuzeit eine deutliche Überlegenheit der englischen, niederländischen und flämischen Ertragsziffern gegenüber den deutschen, französischen und skandinavischen ab. Italienische Forschungen zeigen nicht nur, daß Italien in dieser Hinsicht dem mittel- und nordeuropäischen Raum zugeordnet werden muß, sie belegen darüber hinaus für den Distrikt um das Bergdorf Montaldeo, welch erstaunlich geringe Werte in manchen agrarwirtschaftlich unterentwickelten Regionen über lange Zeiträume erreicht wurden:

Weizenerträge in dem Distrikt von Montaldeo (Italien) zwischen 1560 und 1700
(Durchschnittswerte für 1 Einheit Weizensaat)

1560:	1	1677:	1,3	1692:	1,9
1649:	1	1678:	3,5	1693:	2,5
1650:	1	1681:	1,8	1694:	2,6
1664:	3	1683:	4	1695:	1
1672:	2,3	1686:	2,5	1697:	1
1673:	1,3	1687:	3	1699:	2
1674:	2,9	1688:	3,3	1700:	1,5

Aus: C. M. Cipolla: Before the Industrial Revolution. 1000–1700. 1976, S. 121.

Damit verglichen wirken niederländische Ziffern, als entstammten sie einer anderen Welt. Für die Ortschaft Hitsum in den Jahren 1570–73 sind Weizenerträge von 1 : 13,6 nachgewiesen, für Friesland – im Jahre 1765 – von 1 : 15 bis 20. Friesland freilich ist das krasseste Gegenbeispiel zu Montaldeo, welches die europäische Frühe Neuzeit zu bieten hat. Nicht nur beim Weizen, sondern generell heben sich seine Ertragsziffern von allen übrigen europäischen Regionen ab: 1 : 20 bis 30 bei der Gerste, 1 : 20 bis 24 beim Roggen, 1 : 30 beim Hafer (jeweils für das Jahr 1765). Als günstigstes (bekanntes) Beispiel aus Deutschland ließe sich das Gebiet um Dortmund heranziehen, über das J. N. Schwerz berichtet hat: 1 : 13,7 beim Weizen, 1 : 11,6 bei der Gerste, 1 : 12,3 beim Roggen, 1 : 13,5 beim Hafer. Andere deutsche Beispiele zeigen ein sehr viel niedrigeres Niveau an und belegen damit den höchst unterschiedlichen Entwicklungsstand der Landwirtschaft in diesem Teil Europas. W. Abel hat „einige Tausend Angaben von ostpreußischen Domänen und hinreichend gesicherte Reihen aus dem niedersächsischen Raum" zusammengerechnet und ist für diese als überdurchschnittlich anzusehenden Böden für das 16. und 17. Jahrhundert zu Roggenertragsziffern zwischen 1 : 3,6 und 1 : 6,2 gekommen. Nach Abel müßten für den deutschen Normalboden dieser Zeit mindestens noch etwa 20% abgezogen werden.

4. Gesellschaft

„Stand . . . ist eigentlich nichts anders, als die Beschaffenheit eines Menschen, wodurch er von andern unterschieden wird, und also auch, in Ansehung dieses Unterschiedes, nicht alle und jede durchgängig einerley Rechte, sondern einer vielmehr immer andere, als ein anderer, zu genuessen haben." (Grosses vollständiges Universal-Lexikon. Bd. 29. 1744).

Solange die Historiker über den sozialen Aufbau mittelalterlicher und frühneuzeitlicher Gesellschaften nachdenken, bereitet ihnen die Wahl angemessener Begriffe und Kategorien Schwierigkeiten. Dies liegt vor allem daran, daß die Sprache der historischen Quellen, die zunächst den Weg zu einem Verständnis der „Welt, die wir verloren haben", ebnet, sehr weit von jener entfernt ist, mit deren Hilfe gegenwärtige Gesellschaften analysiert werden. Auf diese, die Sprache der Soziologie, auf ihre Denkweisen und analytischen Instrumente, kann der Historiker jedoch nicht verzichten, will er nicht in bloßer Beschreibung verharren oder die Begriffe seiner Quellen lediglich wiederholen.

Am deutlichsten ist diese Schwierigkeit bei dem Versuch zutage getreten, den soziologischen Klassenbegriff für die Analyse vorindustrieller Gesellschaftsordnungen nutzbar zu machen. War die Gesellschaft des absolutistischen Frankreichs eine Klassengesellschaft? War der brandenburgische Adel des 17. Jahrhunderts eine Klasse? Handelte es sich bei den Konflikten zwischen Klöstern und Bauern im südwestdeutschen Bauernkrieg um Klassenkämpfe? Intensiven Forschungen und Diskussionen der letzten Jahrzehnte verdanken wir inzwischen einige Klarheit und manch wertvolle Erkenntnis. Benutzt man den Klassenbegriff als analytisches Konstrukt, das Unterschiede der sozialen Schichtung allein auf Unterschiede des Besitzes und Vermögens gründet, so steht außer Frage, daß man von Klassen sprechen kann, sobald solche Unterschiede greifbar werden – also ganz sicher schon für die Welt des späten Mittelalters und der Frühen Neuzeit, in der ganz erhebliche Besitzdifferenzierungen mit Hilfe von Steuerakten, Vermögenslisten, Katastern u. a. auszumachen sind. Daß es sich dabei freilich noch nicht um „Klassen für sich" im Marx'schen Sinne handelt, um „konkrete sozio-ökonomische Einheiten mit hoher Identität der Interessen, Homogenität der Lebenserfahrungen und -chancen, Gemeinsamkeiten der Aktionsziele usw."[27], ist von den Historikern zunehmend erkannt worden. Klassen und Klassenlagen in diesem Sinne waren in der europäischen Frühen Neuzeit noch nicht die Regel, sie bildeten sich in dieser langen Phase des Übergangs erst allmählich aus, sind vielleicht für die fortgeschrittenen Gesellschaften des Westens (Niederlande und England) in Ansätzen um 1750 nachweisbar.

In den Schriften der politischen Philosophen, Staatstheoretiker und Ökonomen der Frühen Neuzeit taucht der Begriff der sozialen Klasse, wie wir ihn verstehen, nicht auf. Bis weit ins 18. Jahrhundert hinein sehen sie die soziale Wirklichkeit von den „Ständen" geprägt, von politischen und sozialen Gemeinschaften also, deren Mitglieder nicht lediglich auf der Basis von Besitz und Vermögen zusammenfanden und zusammenstanden, sondern aufgrund „der Wertschätzung, der Achtung, der Würde, die (ihnen) die Gesellschaft oder Teile derselben"[28] beimaßen.

Die Historiker der Gegenwart folgen überwiegend diesem Sprachgebrauch.[29] Sie nennen die Gesellschaftsordnung, die sich in Europa bis zum Ende des 18. Jahrhunderts, ja, bis ins 19. Jahrhundert hinein erhalten hat, gern die „Ständegesellschaft", die „société d'ordres", die „corporate society" und stellen ihr die Klassengesellschaft des 19. und 20. Jahrhunderts modellhaft gegenüber. In Deutschland, wo das Phänomen der „Standschaft" stärker und länger als in anderen Ländern mit dem des institutionalisierten Ständetums verbunden war, wird mit dem Begriff „ständische Verfassung" gearbeitet, gelegentlich auch vom „ständischen Wesen" gesprochen, als Zeichen dafür, daß nicht nur die Ebene der politischen Repräsentation, sondern alle Lebensbereiche vom ständischen Gemeinschaftsprinzip durchdrungen gewesen sind.

Dieser deutsche Sprachgebrauch entspricht mehr oder minder dem, was englische und französische Historiker mit dem Begriff des „vorindustriellen Statussystems" zu erfassen suchen. Im Gegensatz zu den vollentwickelten Klassengesellschaften des 19. und 20. Jahrhunderts waren die europäischen Gesellschaften der Frühen Neuzeit durch „ein scharf ausgeprägtes Statussystem gekennzeichnet, das feste Unterscheidungslinien zwischen den Personen zog und manchen einen hohen, den meisten einen niederen Rang zuwies".[30] Dieses Statussystem schloß prinzipiell alle Menschen eines gegebenen Territoriums ein, die wenigen, die sich an der Spitze der Statushierarchie zu etablieren vermochten, ebenso wie die breiten Bevölkerungsmassen, die ihr stabiles Fundament bildeten; ja, auch die große Zahl der Armen, Bettler und Vagabunden wurde erfaßt. Nur einige Randgruppen waren nicht integriert – die Schauspieler etwa oder die Zigeuner, die nicht seßhaft waren, von

Ort zu Ort zogen und keinen Anspruch auf eine spezifische Wertschätzung, auf soziale „Ehre" hatten.

Wir besitzen zahlreiche zeitgenössische Zeugnisse, die uns den Statusaufbau der alteuropäischen Gesellschaften vor Augen führen und damit den anspruchsvollen Terminus „vorindustrielles Statussystem" sinnvoll erscheinen lassen. Zwei Beispiele seien näher betrachtet. Das erste ist der großartige ‚Traité des ordres et simples dignités' des französischen Juristen Charles Loyseau aus dem Jahre 1613. In der Sprache seiner Zeit, des beginnenden 17. Jahrhunderts, und seines Standes, des Juristen und Legisten, beschreibt Loyseau den differenzierten sozialen Aufbau der französischen Gesellschaft im Absolutismus. Gröbstes Unterscheidungskriterium ist das traditionelle nach den drei Ständen: Klerus, Adel und dritter Stand, „der das ganze übrige Volk umfaßt". Doch Loyseau macht deutlich, daß diese Einteilung zu seiner Zeit schon ein rechtliches Konstrukt ist, das im politischen Raum, auf der Ebene der Ständeversammlungen in Paris und in den Provinzen seine Bedeutung haben mag; ein hinreichend präzises soziologisches Instrument ist sie nicht mehr, denn jeder Stand enthält noch einmal eine vielsprossige soziale Stufenleiter, die den Drang der alteuropäischen Gesellschaften nach Statusabgrenzung und -differenzierung so recht erst zum Ausdruck bringt.

So macht es einen gewaltigen Unterschied aus, ob man dem ersten Stand als Kardinal, als Bischof, als Mitglied eines höheren oder niederen Ordens oder als niederer Geistlicher angehört. Im Stand des Adels hängt alles davon ab, ob man mit dem Herrscher direkt oder entfernt verwandt ist, ob man von den „alten Rassen" abstammt oder erst auf dem Weg über staatliche oder herrschaftliche Ämter zu Adel gelangt ist, ob man Herzog, Marquis, Graf, Baron, Kastellan oder durch sein Wappen nur dem Kreis des niederen Adels zugewiesen ist. Am vielgestaltigsten nimmt sich in Loyseaus Tableau der dritte Stand aus. Hier grenzt er zunächst eine breite Gruppe von nicht durch Handarbeit ausgezeichneten Berufen aus, deren Träger darum den Anspruch haben, „Ehrenmänner", „ehrenwerte Herren" genannt zu werden und Anrecht auf die Stadtbürgerschaft besitzen. Die studierten Leute aus Theologie, Jurisprudenz, Medizin, den freien Künsten finden sich hier, die Advokaten, Finanziers und niederen Justizbeamten, schließlich auch die Handelsherren und Kaufleute und jene Handwerksmeister (wie Goldschmiede und Juweliere), die mehr mit dem Verkauf als mit der Herstellung ihres Produktes befaßt sind. Zwischen dieser Gruppe und den Handwerkern und Bauern liegt die entscheidende Trennungslinie, die eine kleine Minderheit von den 90% der übrigen Bevölkerung abgrenzt, die – nach Loyseau – „ihren Lebensunterhalt mehr durch körperliche Arbeit als durch den Handel mit Waren oder durch geistige Bildung erwerben".

Loyseau spart nicht mit dem Wort „niedrig", wenn er diese unterste Statusgruppe insgesamt beschreibt. Alle, die Handarbeit betreiben, gehören zu den „Niedersten". Wer als Handwerker „die mechanischen Künste" ausübt,

ist – im Unterschied zu den Mitgliedern der „freien Künste" – „gemein und
niedrig". „Die einfachen Handlanger ... sind die niedrigsten des gemeinen
Volkes." Und doch ist Statusdifferenzierung auch auf dieser Ebene überall
auszumachen. Der Bauer steht über dem Handwerker, der selbständige
Landeigentümer, der über ein oder mehrere Gespanne verfügt, über dem
Erb- und Zinspächter, der Handwerker natürlich über dem Handlanger und
Lohnarbeiter und diese, so „niedrig" sie auch erscheinen, über dem Bettler,
dem Landstreicher, dem Vagabunden. Wie differenziert das Statussystem
selbst noch auf dieser untersten Ebene war, welche Schwierigkeiten sich der
klassifizierenden Begriffssprache des Historikers hier auftun, zeigt eine Äu-
ßerung von Edith Ennen über die Verhältnisse in der europäischen Stadt des
Spätmittelalters: „Dienstboten und Handwerksknechte ... bildeten wohl allgemein die obere Unterschicht, während von den Lohnempfängern die Kauf-
mannsgesellen eher der unteren Mittelschicht zuzuzählen sind. Unter den
Gesellen und Mägden standen Tagelöhner, Arbeiter, alleinstehende Frauen,
darunter die Bettler".[31]

Das zweite Beispiel ist eine Rang- und Statustabelle, die Peter Laslett aus
zeitgenössischen Quellen für das England der Stuarts erarbeitet hat (s. S. 70).
Formal sieht das anders aus als in der Beschreibung von Loyseau. Während
der Franzose noch streng der herkömmlichen Drei-Stände-Einteilung folgte
und daher konsequenterweise die Trennungslinie zwischen Handarbeit und
Kopf- bzw. Nichtarbeit den dritten Stand durchschneiden ließ, trägt Lasletts
Tabelle der sowohl in der sozialen Realität als auch in ihrer begrifflichen
Verarbeitung fortgeschritteneren Situation Englands im 17. Jahrhundert
Rechnung. Wer in diesem Land keine direkte Handarbeit zu leisten brauchte
oder sich im Laufe seines Lebens von ihr zu befreien vermochte, wurde auch
formal zur großen Statusgruppe des Adels gerechnet, er war Mitglied der
„gentry" – jener breiten, von der hohen Aristokratie unterschiedenen
Schicht, die, ursprünglich vor allem aus mittlerem und niederem Landadel
bestehend, im späten 16. und 17. Jahrhundert durch Symbiose von Landadel
und städtisch-bürgerlichen Oberschichten zu einer neuen und äußerst wirkungsvollen sozialen Kraft heranwuchs.

Der Sache nach sind Loyseaus Beobachtungen mit der Tabelle Lasletts
jedoch in vieler Hinsicht vergleichbar. Auch die städtischen Oberschichten
Frankreichs, das heißt all jene Berufsgruppen, die nach Loyseau nicht als
„niedrig" einzuschätzen waren, standen statusmäßig zu den handarbeitenden
städtischen und ländlichen Bevölkerungsteilen in einer größeren Distanz als
zum Adel. Auch sie hatten, wie gesagt, Anspruch auf die Anrede „noble
homme", auch sie waren, von „unten" her gesehen, auf einem Statusniveau,
das praktisch mit dem des niederen und mittleren Adels vergleichbar war.
Daß sie diese Position formal nicht erreichten und so auf die beachtlichen
materiellen Privilegien des Adels verzichten mußten, daß darum in Frankreich keine der englischen „gentry" vergleichbare neue Adelsschicht ent-

Chart of Rank and Status   Stuart England

	Grade	Title	Form of Address	Status Name	Occupational Name
GENTRY — NOBILITAS MAJOR (Greater Nobility) LORDS AND LADIES	1. Duke, Archbishop 2. Marquess 3. Earl 4. Viscount 5. Baron, Bishop	Lord, Lady	Honourable Right Honourable The Lord My Lord My Lady Your Grace (for Grade 1) Your Lordship Your Ladyship, etc.	Noble-men	None
NOBILITAS MINOR (Lesser Nobility) GENTLEMEN	6. Baronet 7. Knight 8. Esquire 9. Gentleman	Sir Dame*† Mr ‡Mrs	The Worshipful, Your Worship, etc.	Gentle-men	[*Professions*] Army Officer, Medical Doctor, Merchant, etc.
	Clergyman	[†Sir]	[Your Reverence]		

10. Yeoman 11. Husbandman	†Goodman †Goodwife (Goody)	†Worthy Yeoman	Husband-man
12. {Craftsman / Tradesman / Artificer		Name and Sur-name Only	Name of Craft (Carpenter, etc.)
13. Labourer	None		Labourer
14. {Cottager / Pauper		None	None

* Often called *Lady* by courtesy.
† Occasional, obsolescent usage.
‡ For unmarried as well as married women.

Abbildung 6. Ränge und Status im England der Stuarts. *Aus:* The World We Have Lost. ²1971, S. 38.

stand, war für die soziale Evolution beider Länder von entscheidender Bedeutung, hatte seine Ursachen jedoch nicht in entgegengesetzten Prinzipien und Kriterien der Statusdifferenzierung, sondern lag an dem unterschiedlichen Verlauf der sozialen und politischen Geschichte beider Länder, auf den an anderer Stelle noch einzugehen ist.

Was, neben der erstaunlichen Vielfalt der einzelnen Statusebenen, aus beiden Beispielen am klarsten hervortritt, ist die Bedeutung jener diskriminierenden Trennungslinie, welche die Handarbeit von der Kopfarbeit und der geistigen Bildung abhob und ihr die Dimension des Niederen, des Gemeinen zuwies. Die Wirksamkeit dieser sozialen Schranke war universell, denn hier lag ein Kriterium vor, das von allen, die sich um die Einordnung und Einstufung eines Menschen Gedanken machten, leicht zu kontrollieren war. Wer, ob als Arbeiter, Handwerker, Landwirt oder Kleinhändler, auf seiner Hände Arbeit angewiesen war, blieb seinem Status verhaftet, hatte keine Möglichkeit, auf der sozialen Stufenleiter emporzuklettern. Soziale Mobilität war im Rahmen der „niederen", „gemeinen" Stände möglich, nicht aber über diese eherne Trennungslinie hinaus, es sei denn, man legte dieses dominierende Zeichen der unteren Statusgruppe ab und bereitete damit einen allmählichen Aufstieg seiner Familie in die höheren Ränge vor.

Freilich – mobilitätsfreundlich war das alteuropäische Statussystem auch auf den anderen Ebenen nicht. Zwar gab es in allen Gesellschaften Alteuropas soziale Mobilität, und es gehört zu den interessantesten Aufgaben des Historikers zu untersuchen, wie trotz fester Statusgrenzen immer wieder und überall sozialer Aufstieg geplant und organisiert wurde. Dem Grundsatz nach war das alteuropäische System jedoch auf Beharrung, Stabilität, Unveränderlichkeit ausgelegt.

Schon das Wort, daß ja in den historischen Quellen ständig auftaucht, belegt dies aufs beste. Status, State, Estat, Stato, Stand – der „statische" Charakter der vorindustriellen Gesellschaftsordnung findet hier seinen unmittelbaren begrifflichen Ausdruck. Die Position des einzelnen in der sozialen Hierarchie war etwas Vorgegebenes, Zugewiesenes, sein „Stand" war grundsätzlich schon bestimmt, bevor er zur Welt kam, er wurde in ihn hineingeboren. Zu Recht spricht man daher von der „Statuszuweisung" als dem entscheidenden Ordnungsprinzip der vorindustriellen Gesellschaften. Der Stand der Familie war das entscheidende Kriterium, das die gesellschaftliche Einstufung eines Individuums vorher bestimmte. Wer als Sproß einer altadeligen Familie zur Welt kam, blieb diesem Stand Zeit seines Lebens verhaftet – es sei denn, er selbst richtete sein Leben auf eine Weise ein, die mit der spezifischen „Ehre" seines Standes unvereinbar war und ihn zum Verlassen zwang. Dem Sohn eines städtischen Dienstboten war im Prinzip der Lebensgang seines Vaters vorgegeben – es sei denn, er vermochte durch eigene Anstrengung oder mit Hilfe seiner Familie, Ersparnisse anzusammeln, einen kleinen Laden zu kaufen, einen städtischen Handwerksbetrieb zu eröffnen und damit die professionellen und ständischen Zeichen seines vorherigen Standes abzulegen.

Für die Zeitgenossen des 16., 17., ja auch noch des 18. Jahrhunderts war diese allumfassende Rang- und Statusordnung etwas Dauerndes, ewig Gültiges. Der Rang eines Menschen war Ausdruck einer vorgeformten Ordnungshierarchie, deren statischer Charakter Sinnbild dauerhafter, unveränderlicher Prinzipien der Weltordnung war. Gewiß bemerkten sie, daß sozialer Aufstieg und vor allem sozialer Abstieg dauernd stattfand. Doch dieser vollzog sich in den von der ewigen Statusordnung genau vorgezeichneten Bahnen, folgte also Regeln, die sie selbst bestimmt hatte und durch die sie nicht verletzt oder gar außer Kraft gesetzt wurde.

Von der Gegenwart her, das heißt nach den Erfahrungen des späten 18. und des 19. Jahrhunderts, in denen dieses System erschüttert wurde, stellt sich seine Beurteilung grundsätzlich anders dar. Der englische Historiker Lawrence Stone hat das vorindustrielle Statussystem einmal das einer „einfachen ländlichen Gesellschaftsordnung" genannt und damit zu Recht deutlich gemacht, daß die alteuropäische Statusordnung, die unveränderlich und ewig erschien, einem bestimmten Entwicklungsniveau dieser Gesellschaften entsprach und, wie alle anderen historischen Erscheinungen, dem Wandel und der Veränderung unterlag. Wichtig erscheint vor allem der Begriff „ländlich", denn in der Tat gaben die ländlichen, agrargesellschaftlichen Berufs- und Sozialstände, wozu in diesem Zusammenhang durchaus die traditionellen städtischen Handwerke und Gewerbe zu zählen sind, dem Statussystem das Gepräge. Um seine innere Logik zu verstehen, braucht nur an Tatbestände erinnert zu werden, die in den vorangegangenen Kapiteln angesprochen wurden. In einer Welt, in der dem Sparen und Horten eine größere Bedeutung zukam als der Investition, die Bevölkerungs- und Familiengröße den vorhandenen „Nahrungen" angepaßt wurde, die Nachfrage nach den Grundnahrungsmitteln das Marktgeschehen beherrschte und eingeschränkt hielt, der Gedanke des Konsums den der Produktion dominierte, Dynamik und Mobilität neue, ungewohnte Kategorien des Lebens und Verhaltens waren – in einer solchen Welt war die Ausformung von fest umrissenen, in sich abgeschlossenen Ständen gleichsam das evolutionär angemessene Verfahren. Mit seinen kurzen Bemerkungen über „Klassen, Stände, Parteien" hat uns Max Weber[32] gelehrt, solche Ereignisse der „politischen Vergemeinschaftung" angemessen zu erfassen. Weber sieht Klassen- und Ständebildung nicht als alternative Entwicklungen an, sondern sich in jeder Gesellschaft überlagern. Die soziale Schichtung nach Klassen hat dort eine Tendenz zu dominieren, wo die Wirksamkeit des Marktes, das heißt des Gütererwerbs und der Güterverteilung, so groß ist, daß von ihr her eine soziale Identitätsbildung zwischen einzelnen Individuen der Gesellschaft möglich wird. „Ständische Entwicklung" (Weber) findet dann statt, wenn diese Voraussetzung nicht oder nicht ausreichend gegeben ist, und sie hat, mit ihrer Tendenz zur Statusabschließung, zur Monopolisierung von materiellen und ideellen Gütern, stets die Wirkung, mögliche Ansätze zur Klassenbildung zu hemmen. Der „Stand" oder „Status" ist demnach nicht etwas Scheinbares, das die tatsächlichen Klassenverhältnisse nur verdeckt, sie mit dem Hinweis auf die göttliche und natürliche Weltordnung nur ideologisch überhöht. Er ist vielmehr eine reale

Einheit sozialer Identitätsbildung in einer von Hierarchie, Ehre und Prestige bestimmten Gemeinschaft von Menschen.

Dies besagt gewiß nicht, daß der ökonomische Aspekt bei der Statusbildung und -bewahrung keine Rolle spielt. Nicht nur pflegt, wie Weber sagt, „die Möglichkeit ständischer Lebensführung ökonomisch mitbedingt zu sein". Auch das Zustandekommen und das Sichbefestigen einer ständischen Ordnung wird man sich nicht ohne den wirksamen Einfluß vorstellen können, der von den Besitz- und Einkommensverhältnissen ausgeht. Die Entstehung der für die deutschen Verhältnisse so charakteristischen landständischen Verfassung z. B. ist ein Vorgang, den man historisch auf die seit dem 13. Jahrhundert nachzuweisende Privilegierung jener „meliores et maiores terrae" zurückzuführen hat, denen 1231 per Reichsspruch Heinrichs VII. ein „ständisches" Zustimmungsrecht zu neuen Rechtssatzungen und Gesetzen zugestanden wurde. Die allgemein-europäische Statusüberlegenheit des Adels hat sich nur ausbilden können, weil und insofern dieser Stand im Verlauf seiner ständischen Ausdifferenzierung zugleich auch den Löwenanteil an verfügbarem Grundbesitz in seine Hand bekam.

In der Frühen Neuzeit ist dieser Prozeß freilich schon so weit fortgeschritten und in gewisser Weise abgeschlossen, daß solche ursprünglichen Formen ständischer Differenzierung nicht mehr stattfanden. Wenn einzelne Individuen, Berufsgruppen oder soziale Schichten aufgrund günstiger Wirtschaftskonjunkturen oder politischer Ereignisse ihre Besitz- und Einkommenssituation erheblich verbesserten, so war damit nicht automatisch auch eine Statusanhebung verbunden. Die Statushierarchie der „einfachen ländlichen Gesellschaftsordnung" lag fest, ihre Werte und Symbole waren fixiert und allgemein sanktioniert; wer Statusanhebung begehrte, mußte sie akzeptieren, sich ihnen anpassen und damit über die Verbesserung seiner materiellen Situation hinaus dokumentieren, daß er eines neuen Ranges in der Gesellschaft würdig war.

Somit wiesen sich die alteuropäischen Gesellschaften gerade dadurch als „ständische" aus, daß der Prozeß der Monopolisierung nicht auf die „puren", „nackten" Besitz- und Vermögensverhältnisse beschränkt blieb, sondern weit darüber hinausgriff und eine ganze Reihe von „ideellen und materiellen Gütern und Chancen" (Weber) erfaßte, in denen die ständische Exklusivität und Rangordnung recht eigentlich erst zum Ausdruck kam. Wie in jeder denkbaren Ständeordnung waren es die oberen Stände, insbesondere der Adel, die hier am deutlichsten herausragten. Die Steuerfreiheit des Adels und seine Freistellung von physischer Arbeit, die beide mit seiner ursprünglichen Funktion als Kriegerstand zusammenhingen; die Sperrung adeliger Güter für den freien Marktverkehr; die Reservierung militärischer, kirchlicher und zahlreicher ziviler Amtsstellen und Pfründen für geburts- bzw. amtsadelige Standesmitglieder; die Beschränkung der Standschaft in zahlreichen territorialen Ständeversammlungen auf den Adel als den einzigen ländlichen

Standschaftsberechtigten; das adelige Konnubium, das die Heiratsmöglichkeiten adeliger Söhne und Töchter auf den eigenen Stand eingrenzte – dies alles waren Erscheinungsformen materieller Monopolisierung, die zugunsten der ständischen Exklusivität des Adels entweder qua Konvention oder sogar qua Rechtssatzung durchgesetzt und aufrechterhalten wurden.

Doch auch die tieferen Statusgruppen waren durch Monopolbildungen dieser Art gekennzeichnet. Der Abschließung des Besitzrechtes an adeligen Gütern, wie sie insbesondere im Bereich der ostelbischen Rittergüter hervortrat, entsprach die Sperrung städtischer Handwerke und Gewerbe für Mitglieder anderer Stände; die Qualität eines „Bürgers" wiederum definierte sich nicht durch den einfachen Tatbestand, daß man Bewohner einer Stadt war, sondern setzte den Erwerb ganz bestimmter Statusmerkmale und die formale Aufnahme in den Bürgerverband voraus. Auch der bäuerliche Bereich war grundsätzlich gegenüber den anderen abgegrenzt: Bauernland unterschied sich streng von Adelsland, die ständische Qualität war nicht nur eine personale, sondern auch eine dingliche, am Boden klebende.

Nicht weniger bedeutsam und real wirksam war der Prozeß der Monopolisierung dort, wo er die rein materielle Sphäre verließ und in den Bereich der Lebensführung, der Symbole, Zeichen und Gesten vordrang. Stände wurden und werden real durch die „Ehre", die sie vermitteln. Sie darzustellen, ist Sache der Lebensführung, der damit im Rahmen einer dominant ständischen Gesellschaftsordnung ein außergewöhnliches Gewicht zukommt. Wieder sind es die höchsten Stände, die dies am deutlichsten belegen. Die adelige Lebensführung, das „vivre noblement", war neben der materiell-rechtlichen Privilegierung in allen alteuropäischen Gesellschaften der sichtbarste Nachweis der Exklusivität dieses Standes. Das nicht an der ökonomischen Vernunft, sondern an der ständischen Ehre orientierte Konsumverhalten des Adels, seine Verschwendung, seine Prunksucht, seine Kleidung, seine Sprache, seine Manieren, die komplizierte Hierarchie der Titel und Anreden, die in adeligen Kreisen benutzt wurden, brachten zum Ausdruck, was in Begriffen der Soziologen eine ständische Gesellschaft so deutlich von einer Klassengesellschaft abhebt: „Stände sind weniger durch ein ‚Haben' als durch ein ‚Sein' gekennzeichnet, das aus ihrem ‚Haben' nicht direkt ableitbar ist. Weniger durch den puren einfachen Besitz geprägt als vielmehr durch eine bestimmte Art, diese Güter zu verwenden, nämlich das Streben nach Distinktion, verstehen es die Stände, eine ob ihrer Seltenheit und Gesuchtheit unnachahmliche Form des Konsums zu erfinden und somit schließlich noch dem gemeinsten Konsumartikel die Aura der Erlesenheit zu verleihen".[33]

Vor allem für den französischen Adel des 17. und 18. Jahrhunderts ist von Zeitgenossen, später von Historikern und Soziologen die Funktionsweise der ostentativen und demonstrativen Lebensführung bis ins kleinste Detail beschrieben worden – gewiß nicht zufällig, denn keines der klassischen europäischen Kernländer kannte seit dem hohen Mittelalter eine derart große Verdichtung adeliger Herrschafts- und Besitzrechte, in keinem Land auch wurde die adelige Lebensweise so entschieden vom absoluten Königtum in den Dienst genommen und zentral repräsentiert, einem Königtum, das selbst dem Adel entstammte und ihn, statusmäßig, noch um eine Stufe überragte. Der Königshof, aber auch die städtischen und ländlichen Wohnsitze, die „hôtels" und „palais" des Adels, waren Stätten der Kommunikation, der Repräsentation, bis ins kleinste architektonische Detail darauf ausgerichtet, die Wert- und Prestigevorstellungen des Standes zur Anschauung zu bringen. Diese Häuser bildeten den Raum, in dem im 18. Jahrhundert alle jene Verhaltensformen, all jenes Raffinement des gesellschaftlichen Umgangs, der Sprache, der Kleidung, des Geschmacks, der Konversation, des guten Tons ausgebildet und auf die Spitze getrieben wurden, die zum Wesen der „guten Gesellschaft" gehörten. Sie sind von den Brüdern Goncourt bei der Betrachtung des Salons der Marschallin von Luxembourg wie folgt beschrieben worden: „Die gute Gesellschaft war eine Art Vereinigung der beiden Geschlechter, deren Ziel es war, sich von der schlechten Gesellschaft, von den vulgären Vereinigungen, von der provinzialen Gesellschaft zu unterscheiden, und zwar mittels der Vollendung der gefälligen Formen, durch die Freiheit, die Liebenswürdigkeit, die Gefälligkeit der Manieren, durch die Kunst der Rücksichtnahme und der Lebensart ... Das Aussehen und das Verhalten, das Benehmen und die Etikette wurden von der ‚guten Gesellschaft' genau fixiert".[34]

Es war ein unmittelbares Ergebnis der statusbestimmten Lebensführung, die innerhalb des Standes noch einmal durch die Statuskonkurrenz der einzelnen Mitglieder gesteigert wurde, daß die Geschichte des europäischen Adels so angefüllt ist mit Berichten von Verschuldung, Verarmung und Ruin. Oberhalb jener Grenzlinie, welche die „freien" Berufe und den Adel von der großen Mehrheit der physisch arbeitenden Bevölkerung trennte, war standesgemäße Lebensführung nicht von Vorstellungen wie Wirtschaftlichkeit und Sparsamkeit her bestimmt. Wenn noch die aufklärerische französische ‚Encyclopédie' für den Hausbau der städtischen Mittel- und Unterschichten die Grundsätze „Symmetrie, Solidität, Bequemlichkeit und Sparsamkeit" vorschreibt, bei der Betrachtung und Analyse adeliger Wohnsitze aber gänzlich auf diese, in der späteren bürgerlichen Welt verallgemeinerten Kriterien verzichtet, so wird in diesem Detail die Selbstverständlichkeit deutlich, mit der noch im späten 18. Jahrhundert die Statusvorstellungen der ständischen Welt akzeptiert wurden. Gewiß hat die statusbestimmte Lebensführung des Adels zu keiner Zeit und in keinem Land zu einem Ruin des ganzen Standes geführt, wohl aber zur Verschuldung und Verarmung ganzer Geschlechter, wohl auch zu dem enormen Druck, der allenthalben von der Existenz des Adels ausging und den vor allem die von ihm abhängigen Bauern und Pächter zu spüren bekamen.

Nutznießer dieser Situation wurde im Verlauf der Frühen Neuzeit in erster Linie das europäische Bürgertum, sofern es nicht seinerseits seine im Handel und Gewerbe erwirtschafteten Vermögen dazu benutzte, auf der Statusleiter emporzuklettern. Zwar erfuhren auch reiche Bürger und Bauern den Zwang der statusgemäßen Repräsentation – ein Blick auf die Fassaden alter europäischer Städte und auf die Giebel reicher Bauernhöfe belegt das zur Genüge! Doch gerade das Bürgertum aktivierte und kultivierte in der gesamten Frühen Neuzeit auch jene auf Wirtschaftlichkeit, Sparsamkeit und Rechenhaftigkeit gerichtete Lebensweise, die der adeligen so vollkommen entgegenstand und seit dem Ausgang des 18. Jahrhunderts an Boden gewann. Keine bessere Illustration läßt sich denken als jene spöttische Betrachtung eines Zeitgenossen des späten 17. Jahrhunderts, der die erstaunlichen Erfolge der holländischen Handelsmacht im Vergleich zum französischen Konkurrenten darauf zurückführte, daß die holländischen Kaufleute und Schiffsbauer ihre Handelsschiffe bis zum letzten Quadratzentimeter für die Fracht ausnutzten, während auf den häufig von Adeligen befehligten Schiffen der Franzosen beträchtlicher Raum für die standesgemäße Unterbringung der Kommandanten reserviert wurde.

Wie schon mehrfach erwähnt, war der Bereich der symbolischen Stilisierung weitgehend ein Monopol des obersten Standes, des Adels. Das Exklusivitätsprinzip war stets eng an das Anciennitätsprinzip gebunden; schon neuadeligen, erst recht bürgerlichen Familien gelang es niemals, den Statusabstand zum alten Adel völlig zu überwinden, selbst wenn sie diesen an Reichtum und politischem Einfluß bei weitem übertrafen. Gleichwohl wäre es falsch, die Wirksamkeit der ständischen Differenzierung nur auf die Spitze der Statushierarchie beschränkt zu sehen oder sich bei der Analyse der ständischen Hierarchie allein von den äußeren Zeichen, Gesten und Handlungen der Lebensführung leiten zu lassen. Gewiß hatten die unteren Statusgruppen, all jene Schichten also, die wir bei Loyseau im „Dritten Stand" vereinigt sehen, keine dem Adel vergleichbaren symbolischen Unterscheidungen zu repräsentieren, gewiß waren ihre Möglichkeiten des sozialen Aufstiegs begrenzt. Sowohl bei Loyseau als auch in Lasletts Tableau wird deutlich, daß auf einem bestimmten Statusniveau – im Bereich des mittleren Bauerntums und des Handwerks – in den Quellen keine Titelbezeichnungen, keine Standesnamen und keine besonderen Anredeformen mehr verwandt wurden. Eine Analyse der Haus- und Wohnungsformen, wie N. Elias sie für Frankreich glänzend vorgenommen hat, zeigt exakt, wie ständische Repräsentationszwänge immer geringer wurden, je weiter man in der Statushierarchie hinabstieg. „Die untersten sozialen Schichten brauchen nicht zu repräsentieren, sie haben keine eigentlichen Standesverpflichtungen." (N. Elias) Und doch sollte das nicht zu der Vorstellung verführen, als habe eine ständisch weitgehend ungeschiedene Masse der physisch Tätigen der differenzierten „guten Gesellschaft" gegenübergestanden. Das äußerst vielfältige Spektrum der einzelnen Gewerbe hatte durchaus sein ständisches Gepräge; berufsständische Unterscheidungen gehörten ebenso zum Statussystem wie die sozialständischen Exklusivitäten des Adels und des hohen Bürgertums, und wenn die Welt des Handwerks und Gewerbes „von oben" auch ungegliedert, „gemein" und „niedrig", erschien, so bestand für die Mitglieder dieser Welt doch kein Zweifel, daß unter ihnen der Statusaufbau weiterging, daß sie nicht eins waren mit den Massen der städtischen und ländlichen Unterschichten.

Historisch gesehen, war die Frühe Neuzeit für die ständische Entwicklung Europas bereits eine Spätzeit. Zahlreiche Sonderrechte und Exklusivitäten, insbesondere all jene ideellen und materiellen Güter, die der europäische Adel monopolisiert hatte und deren Entstehung man sich als einen Akt der Appropriation und Usurpation vorzustellen hat, waren zu einem festen Bestandteil der Rechtsordnung der einzelnen Territorien geworden. Garanten dieser Rechtsordnung waren in den meisten Territorien die Landesherren geworden, die darum einen erheblichen Einfluß auf den Bestand, die Fortentwicklung und die Grenzen des ständischen Sozialgefüges gewonnen hatten. Die drei Jahrhunderte der Frühen Neuzeit bilden in jenen Territorien, in denen sich die Landesherrschaft zur absoluten Monarchie verdichtete, den Zeitraum, in dem die Stände, das heißt insbesondere der Adel, ihre politischen Rechte und Monopolansprüche zugunsten der Landesherren aufgeben mußten. Hierüber ist an anderer Stelle im einzelnen zu berichten.[35] Seine sozialständische Sonderstellung verlor der Adel dabei im allgemeinen nicht, doch ließ es sich kaum ein absoluter Herrscher des 17. und 18. Jahrhunderts nehmen, auch in dieser Hinsicht Einfluß zu gewinnen und das Prinzip der Statusabgrenzung und -differenzierung in den Dienst seiner Herrschaft und Machtansprüche zu nehmen.

Zwei besonders wirksame Instrumente standen ihm dabei zur Verfügung. Einmal die Tatsache, daß ein Landesherr, in seiner Funktion als Garant der bestehenden Rechts- und Sozialordnung, naturgemäß die Kompetenz und die politische Macht besaß, ihren traditionellen Aufbau zu überwachen, sie soweit wie möglich vor Funktionsstörungen zu bewahren, die sich in schweren Fällen stets auch gegen die Spitze der Statushierarchie, den Landesherrn, richten konnten. In zahlreichen Landes-, Eigentums- und Ständeordnungen der Frühen Neuzeit sind uns die Bestrebungen der Landesherrschaft überliefert, den ständischen Gesellschaftsaufbau, der sich über Jahrhunderte ausgebildet hatte und stets von Wandlungen bedroht war, zu konservieren. In detaillierten Kleiderordnungen fand dieser Anspruch seine bis in das Äußere, in den Bereich der Symbole und Gesten reichenden Ausdruck. Die französische Geschichte des späteren 17. Jahrhunderts ist von den rigiden Versuchen des absoluten Königtums gekennzeichnet, die Rechtmäßigkeit der Adelsprätentionen zahlreicher Familien zu überprüfen und sie, wenn möglich, aus dem privilegierten Adelsstatus zurückzudrängen.

Zum anderen nutzte die Landesherrschaft die Möglichkeit einer demonstrativen Statusanhebung für einzelne Untertanen und ihre Familien. Gemäß der seit dem hohen Mittelalter vollzogenen Verfassungsentwicklung stand dem Landesherrn das Recht der Auszeichnung und Belohnung auf diesem Wege zu. Wo immer er darauf angewiesen war, Dienste zu belohnen, treue Diener zu versorgen, herausragende Untertanen an sich zu binden, politische Gegner zu mediatisieren, bediente er sich dieses Mittels, nicht selten, in Zeiten der Bedrohung seiner Herrschaft, in großem Stil. Ohne Frage war dies bereits ein Zeichen der Schwäche des gewachsenen Statussystems, das von der Landesherrschaft in den Dienst genommen wurde. In der Art, wie dies geschah, wurde aber zugleich seine besondere Beweglichkeit und Wirksamkeit sichtbar, denn so frei und rücksichtslos die Landesherren hier auch in vielen Fällen agierten, so sehr waren sie doch auf die Wege angewiesen, die das Statussystem vorzeichnete. Keinem Landesherrn gelang es, für seine Bedürfnisse ein eigenes, neben der überkommenen Hierarchie herlaufendes Ordnungsgefüge zu schaffen. Wenn ein Fürst seine Diener belohnen wollte, so standen ihm allein die ständischen Sonderrechte zur Verfügung, die der Adelsstand anbot. Das Beamtentum der Frühen Neuzeit, in den großen Monarchien durchaus schon ein durch besondere Wertvorstellungen und beruflich-fachliche Qualitäten ausgezeichnete Gruppe und insofern ein „Stand an sich", wurde doch in keinem Land zu einem „Stand für sich", sondern ging als Amtsadel im Adelsstand auf, wo er sich trotz aller herrscherlichen Gunst, trotz aller politischen Macht und gesellschaftlichen Stärke mit dem Überlegenheitsanspruch der „alten Rassen" auseinanderzusetzen und zu arrangieren hatte.

Ein besonders anschauliches Beispiel bietet dafür Frankreich.[36] Auf der Basis von Ämterkäuflichkeit und Ämterhandel hatte sich hier im Zuge der absolutistischen Bürokratisierung im 16. und 17. Jahrhundert ein potenter Amtsadel, die „noblesse de robe", entwickelt, der vor allem in den hohen Gerichtshöfen seine institutionelle Basis besaß. Schon der Begriff „noblesse de robe", in den zeitgenössischen Quellen oft einfach „la robe", weist auf die spezifischen ständischen Qualitäten dieser Gruppe, deren Mitglieder ursprünglich dem Bürgertum entstammten und dem alten Schwertadel selbst dann an Ancienität weit nachstanden, wenn sie schon früh, etwa am Ende des 15. Jahrhunderts oder im 16. Jahrhundert, zu erblichem Adel gelangt waren. Bis weit in das 18. Jahrhundert hinein hatte diese Gruppe, juristisch mit allen Insignien des Adels ausgestattet, politisch weit mächtiger als der alte Schwertadel, gesellschaftlich eine Elite schlechthin, um die Anerkennung ihrer adelsständischen Ehre zu kämpfen; erst um die Jahrhundertmitte scheint die Verschmelzung mit dem Schwertadel endgültig vollzogen, wenn auch von diesem mental immer noch nicht vollständig verarbeitet. Vor diesem Hintergrund wird verständlich, daß in der aristokratischen Reaktion des 18. Jahrhunderts gerade Mitglieder des Robenadels mit besonderer Intensität die traditionellen Wertvorstellungen des alten Adels kultivierten, ja, die ideologische und praktisch-politische Führung im Abwehrkampf gegen den „ministeriellen Despotismus" übernahmen.

Das Beispiel der „noblesse de robe" Frankreichs wirft noch einmal die Frage nach den Möglichkeiten und Grenzen sozialer Mobilität in der europäischen Frühen Neuzeit auf. Der Erfolg ihrer Statusprätentionen, der spätestens in der Mitte des 18. Jahrhunderts überaus deutlich wird, war der Erfolg einer Gruppe, die ihre soziale Identität auf der Grundlage berufsständischer Besonderheiten gewonnen hatte. Daß sie, nach einem Jahrhunderte dauernden Aufstieg, im 18. Jahrhundert an der Spitze der Statushierarchie angelangt war, mag als Beleg für die Offenheit und Beweglichkeit des vorindustriellen Statussystems gewertet werden, das soziale Mobilität aufwärts und abwärts zu verkraften wußte. Daß dabei ihre berufsständischen Tätigkeiten und Besonderheiten immer mehr an Gewicht verloren zugunsten all jener materiellen und ideellen Güter, die sie dem Adel ähnlicher machten, daß die Werte der „noblesse" die der „robe" in diesem Stande immer mehr verdrängten, belegt andererseits die starke normative Kraft, die noch im 18. Jahrhundert von der traditionellen Statusordnung ausging.

Durch diese Kraft wurde in allen europäischen Ländern der Frühen Neuzeit, die wirtschaftlich-konjunkturell und politisch bedingte Veränderungen in den Besitz- und Einkommensverhältnissen kannten und immer wieder zu verkraften hatten, die Dynamik der sozialen Mobilität in Zaum gehalten. Dabei entstand, von Westen nach Osten wie von Norden nach Süden, ein Gefälle, das für die weitere Entwicklung Europas im Zeitalter der „demokratischen Revolution" (Palmer) erhebliche Bedeutung haben sollte. Im Rahmen dieses Bandes erscheint ein Vergleich der Verhältnisse im Süden, in der Mitte und im Westen Europas besonders aufschlußreich. Die Territorien Italiens, seit dem Ende des 16. Jahrhunderts aus dem Zentrum der wirtschaftlichen Aktivitäten Europas herausgerückt und daher weitgehend von den westeuropäischen Erscheinungen der Kapitalakkumulation und der sozialen Mobilität frei, konservierten am deutlichsten die Merkmale der Statushierarchie. „Die alte Ständegesellschaft wurde dort durch nichts ernsthaft bedroht." (Chaunu). Im kontinentalen Mittel- und Westeuropa, in vieler Hinsicht Nutznießer der Verlagerung des wirtschaftlichen Schwergewichts vom Mittelmeer in den atlantischen Raum, gab es wirtschaftliche Dynamik, Kapitalakkumulation und erhebliche soziale Mobilität. Doch es gab auch das politische System der absoluten Monarchie, das vieles tat und manches erreichte, um diese Erscheinungen zu kontrollieren. Vor allem deklarierte es die Statuswerte und -merkmale der ständischen Gesellschaft zur Grundlage seiner eigenen Herrschaftsordnung und trug so wesentlich dazu bei, daß diese sich so lange in der beschriebenen Weise behaupten konnten.

Bleibt schließlich der dem Meer zugewandte Westen, die Provinzen der Niederlande und, vor allem, England. England[37] ist das Land, das zwischen 1540 und 1640 ein Jahrhundert größter Mobilität durchlief, wie es sie nachher bis zum Beginn des 20. Jahrhunderts nicht wieder erlebte. Sehr viel Land wechselte in dieser Zeit seinen Besitzer, die einzelnen Stände und Berufsgrup-

pen veränderten ihre numerische Stärke, die Verflechtung von ländlichen und
städtischen Interessen in der Produktion und in dem Vertrieb von Wolle und
Tüchern führte zur Annäherung von sozialen Gruppen, die sich in anderen
Ländern, etwa in Frankreich oder in Brandenburg-Preußen, noch schroff
gegenüberstanden. Doch nicht der Vorgang der sozialen Mobilität allein, der
auch in Frankreich etwa in der Epoche der religiösen Bürgerkriege eine erhebliche Rolle spielte, machte die Besonderheit der englischen Entwicklung
aus. Diese wird sichtbar in den Konsequenzen der Mobilität für das Statussystem. Zwar blieb es auch in England in Kraft, doch wurde es auf so vielfältige
Weise umgeformt, daß es eine dem übrigen Europa fremde Gestalt und Beweglichkeit gewann. Der schon erwähnte Aufstieg der „gentry" mit ihrer die
Geld- und Landinteressen so glänzend verbindenden, integrativen Kraft ist
ein Ergebnis dieser Entwicklung, auf das an anderer Stelle noch einzugehen
ist. Im Jahre 1665, also am Ende der großen Mobilitätsepoche des Landes,
verfaßte ein englischer Autor einen ‚Gentleman's Monitor', der den bezeich-
nenden Untertitel trug: „A sober Inspection into the Virtue, Vices and ordi-
nary means of the rise and decay of men and families". Das ist ohne Frage ein
Thema, das außerhalb des Horizontes all jener kontinentalen Autoren lag, die
sich zur gleichen Zeit und noch lange danach um eine saubere Beschreibung
der Statusgrenzen zwischen den Menschen bemühten. Zudem war England
das einzige Land, in dem sich schon im späten 16. Jahrhundert und zu Beginn
des 17. Jahrhunderts eine deutliche Tendenz abzeichnete, neben der traditionellen, „einfachen", ländlichen Statushierarchie eine zweite, neue, modernere
aufzubauen. Nach Lawrence Stone war im England des 17. Jahrhunderts auf
seiten der landbesitzenden Stände ein wachsendes Bewußtsein dafür spürbar,
daß die einst als „anomal" empfundenen städtischen Berufsstände – die Kaufleute, die Rechtsgelehrten, die Beamten und die Kleriker – „halb-unabhän-
gige und parallele" Statushierarchien ausbildeten – eine Bewußtseinsände-
rung, die ganz sicher dadurch erleichtert wurde, daß viele Mitglieder dieser
Berufsstände zur „gentry" und damit zu jener Schicht gehörten, die die
Abstände zwischen der Spitze und dem breiten Fundament der Statushierarchie so deutlich verringerte.

III. Wandel in Europa vom 16. bis 18. Jahrhundert

Der soziale, politische, wirtschaftliche, kulturelle und religiöse Wandel Europas vom 16. bis zum 18. Jahrhundert ist ein so umfassender historischer Prozeß, er ist auf so vielfache, unterschiedliche Weise analysiert und gedeutet worden, daß jeder Versuch, ihn im Rahmen einer „Einführung" angemessen zu beschreiben, auf schwer zu überwindende Hindernisse stößt. „Säkularisation", „Rationalisierung", neuerdings auch „Modernisierung" und „Sozialer Wandel" sind einige Kategorien und Theorien, mit deren Hilfe die Forschung ihm zu Leibe gerückt ist. Im vorliegenden Band soll keine umfassende, alle Ebenen des historischen Lebens miteinander verbindende Gesamtdeutung versucht werden. Vielmehr werden erneut einige Beispiele ausgewählt, auf die sich die Forschung – unter anderem – seit längerem konzentriert hat. Im Zentrum stehen die Gesellschaften (die „sozialen Systeme") Mittel- und Westeuropas und ihr allmählicher Wandel unter dem Einfluß geistig-religiöser, wirtschaftlich-sozialer und staatlich-politischer Strukturveränderungen im Verlauf der drei frühneuzeitlichen Jahrhunderte. Daß sich in allen drei Bereichen das Schwergewicht Europas von seinem klassischen (antiken und mittelalterlichen) Zentrum – dem Mittelmeerraum – in seine nordwestlichen Zonen – die nördliche Hälfte Frankreichs, die Niederlande und das britische Inselreich – verlagerte, wird im folgenden immer wieder deutlich werden. Hierin könnte man – unterhalb jeglicher, den Wandlungsprozeß des frühneuzeitlichen Europa erklärenden Theorienbildung – die Einheit in der Vielfalt der Ereignisse, Konjunkturen und Strukturwandlungen sehen, die im Text angesprochen werden. Mehr, als es die Anmerkungen deutlich machen können, ist der Verfasser hier einer französisch-angelsächsischen Forschungstradition verpflichtet, die in den letzten Jahrzehnten die Sozialgeschichtsschreibung zum frühneuzeitlichen Europa fruchtbar angeregt und in den Arbeiten von F. Braudel, P. Chaunu, H. Trevor-Roper, D. Gerhard, E. J. Hobsbawm, J. H. Elliott u. a. ihren Ausdruck gefunden hat.

1. Wandel im Glauben, Denken und Wissen: drei Beispiele

a) Religiöse Spaltung und Konfessionalisierung im 16. Jahrhundert

Spätestens um die Mitte des 16. Jahrhunderts wurde deutlich, daß Europa – jener in vielem so einheitliche, von dauerhaften Strukturen geprägte Kontinent – in *einer* Hinsicht nicht mehr gleichförmig war: Die *eine*, universelle

christliche Kirche des Mittelalters bestand nicht mehr! Zwar verehrten die
Europäer noch denselben Gott, doch sie taten es nicht mehr in den einheitlichen Formen, die in den voraufgegangenen Jahrhunderten üblich gewesen
waren. Anstelle der einen Kirche gab es viele Kirchen, anstelle einer Theologie viele Theologien. Daß dies um die Mitte des 16. Jahrhunderts schon für
alle weitsichtigen Menschen eine Gewißheit war, zeigt, wie schnell sich in den
Gesellschaften Alteuropas Wandel vollziehen konnte. Schnell und unvorher-
sehbar, so muß man ergänzen, denn kaum jemand hatte den Wandel „von der
Kirche zu den Kirchen" so, wie er sich vollzog, gewollt oder gar geplant.
Insbesondere die großen Reformatoren nicht, die alle im Schoße der alten
Kirche begannen und diese reformieren wollten, zu deren eigenem Heil und
zum Heil ihrer Gläubigen.

Freilich waren viele Geistliche und Gläubige schon seit sehr langer Zeit
über den Zustand der alten christlichen Kirche in hohem Maße beunruhigt
gewesen. Das 15. Jahrhundert war bereits ein Jahrhundert lebhaftester Kirchenkritik gewesen, vor allem im Raum nördlich der Alpen hatten sich die
Studien der Humanisten nicht mehr nur auf die alten weltlichen Texte der
Antike gerichtet, sondern auch auf die biblischen Überlieferungen in ihren
vielfältigen Verästelungen. Und diese Humanisten waren zumeist Mitglieder
des Klerus – Priester, Kaplane, Vikare, Mönche –; sie machten sich Sorge um
die Zukunft ihrer seit anderthalb Jahrtausenden bestehenden Institution.
Denn die alten Schriften verrieten, daß sie sich über diesen langen Zeitraum in
einer Weise entwickelt hatte, die ihrem ursprünglichen Auftrag nicht annähernd mehr entsprach. Auf die Frage, worin die Krise der spätmittelalterlichen Kirche in ihrem Kern bestand, hat ein deutscher Reformationshistoriker
folgende zusammenfassende Antwort gegeben: „Erstens darin, daß die Kirche in zahllosen Ämtern und Einrichtungen derart zum Sozialinstitut geworden war, daß die mit diesen Ämtern verbundenen geistlichen Funktionen
darüber verblaßten; zweitens darin, daß durch den Lauf der Dinge die Ver-
rechtlichung und Institutionalisierung die Religion in einem solchen Maße
überwucherte, daß ihre Substanz darunter schier erstickte. Der Ablaß war ein
Symptom dafür, daß mit dem Heiligsten unheilig hantiert wurde. Die Diener
der Religion fielen der Versuchung anheim, über das Unverfügbare leichtfer-
tig zu verfügen, Gnaden zu verweigern und Gnaden zu verteilen um irdischer
Zwecke willen, die oft sehr handgreiflichen Charakters waren. Dies war eine
Versuchung, der die Kirche und die Christenheit des Spätmittelalters im
ganzen wohl nicht genügend standhielten. Daher die ungeheure Wirksamkeit
der Reformation."[1]

Am Ende des 15. und in der ersten Hälfte des 16. Jahrhunderts wurden
diese kritischen Erkenntnisse über den Zustand der alten Kirche durch die
Tätigkeit der Humanisten und jener kleinen Schar von Klerikern, die man
später als Reformatoren bezeichnete, allgemein verbreitet. Nicht nur die Gebildeten, die berufsmäßig Zeit und mannigfache Gelegenheit dazu hatten,

diskutierten darüber, sondern auch die Masse der Gläubigen. Es gehörte zum Programm der Reformatoren, diesen den Gehalt der alten biblischen Texte und ihre eigenen Reformvorschläge in der Muttersprache nahezubringen. Vor, während und nach der Tätigkeit der Reformatoren bestand somit in vielen europäischen Ländern eine Atmosphäre allgemeinster täglicher öffentlicher Beschäftigung mit den Fragen der Kirchenkritik und Kirchenreform. Gewiß veränderte sich dadurch die alte Volksfrömmigkeit nicht oder nur unwesentlich. Was spürbar und allenthalben empfunden wurde, war die Tatsache, daß zahllose Bräuche, Zeremonien, Praktiken der alten Kirche mit Frömmigkeit nichts zu tun hatten und daher abgeschafft oder eben „reformiert" werden mußten. Alle Reformatoren bauten auf diesem Bewußtsein auf, hier setzten sie an, bevor sie jemals auf die Idee kamen, eigene Theologien zu entwerfen oder gar eigene Kirchen zu gründen.

Gleichwohl – um 1560 prägte nicht eine erneuerte, reformierte, zu den Prinzipien alt- oder urchristlicher Frömmigkeit zurückgekehrte Einheitskirche das religiöse Gesicht Europas, sondern eben eine Vielzahl von Theologien und Konfessionen.[2] Im Heiligen Römischen Reich, im gesamten skandinavischen Norden einschließlich Finnland und Island, in den deutschen Siedlungsräumen in Böhmen und Siebenbürgen, in Preußen und Livland hatte sich seit 1520 der lutherische Protestantismus ausgebreitet und zum größten Teil fest etabliert. Alle diese Räume fühlten sich von den Lehren und Taten des Wittenberger Mönchs angesprochen, der als erster nicht mehr nur humanistischer Kirchenkritiker war, sondern kämpferischer Erneuerer von Lehre und Praxis, vehementer Kritiker der zentralistischen Papstkirche, Reformator in des Wortes nun entstehender neuer Bedeutung. Selbst Slowaken, Magyaren und Slawen fühlten sich in dieser Zeit um 1520, gleich nach der ungeheuer schnellen Verbreitung der Kenntnisse über das Geschehen in und um Wittenberg, zum Luthertum hingezogen.

Dies galt für eine gewisse Zeit auch für weite Teile Westeuropas, wo Luther sowohl im Rheinland als auch in den Niederlanden, sowohl in Frankreich als auch in England zahlreiche Anhänger unter den humanistisch gebildeten Klerikern und Laien fand. Um 1560 war freilich schon sichtbar, daß dem Luthertum in diesen Regionen keine definitiven Erfolge beschieden waren. Hier wirkte eine andere reformatorische Bewegung, die des zweiten großen Reformators Johannes Calvin (1509-1564), eines Franzosen aus Noyon, der in Genf seine Urgemeinde gefunden und gestaltet hatte und seit der Mitte des Jahrhunderts vor allem im Rheinland, in Frankreich und in den Niederlanden breitesten Anklang fand.[3] Wie Luther war Calvin Reformator, Protestant, wie viele Geistliche in deutschen Groß- und Mittelstädten war er zunächst durchaus Lutheraner. Doch die Übereinstimmung bezog sich nur auf wesentliche Bestandteile der Glaubenslehre, des Kerns der Anschauungen Luthers, nicht auf Fragen der Kirchenverfassung, der Kirchenzucht und des Kultes, auch nicht auf das Abendmahl. Hier ging Calvin durchaus eigene

Wege, wie es vor ihm schon der Schweizer Zwingli (1484–1531) getan hatte, der Reformator Zürichs, mit dem Luther schon in den 20er Jahren in heftigen, sich bald als unschlichtbar erweisenden Streit geraten war. Die Stärke Calvins und seine machtvolle, gemeindebildende Wirksamkeit lagen in seiner theologischen und kirchenpolitischen Radikalität begründet. In der Frage des Abendmahls, in der Gestaltung des kirchlichen Brauchtums, vor allem aber in der Organisation der Kirchengemeinde ging Calvin viel weiter als Luther auf dem reformatorischen Weg, entfernte sich viel weiter als dieser von den Traditionen der alten Papstkirche.

Vor allem Calvins Auffassungen von der Gemeinde stechen heraus. Sie war in der alten Kirche streng hierarchisch organisiert, die einzelnen Gläubigen hatten keinen Einfluß auf die Besetzung und die Entscheidungen der kirchlichen Hierarchie. Weil für Luther das Wesen der Reformation nicht im Äußeren, Organisatorischen lag, sondern in der Glaubenslehre, in der Rechtfertigung durch den Glauben, in der Suche nach dem gerechten Gott, erhielten verfassungsrechtliche Fragen bei ihm niemals ein besonderes Gewicht. Calvin jedoch ging in Genf wesentlich von der Gemeinde aus. „Sie war ihm die von Gott gestiftete und die Kirche tragende Institution. Sie selber legitimierte die Organe, durch die sie ihre kirchlichen Aufgaben vollzog, die Pastoren, Lehrer, Diakone, Ältesten." (Zeeden) Und von dieser revolutionären Idee ging die massive kirchen- und allgemeinpolitische Wirkung des Calvinismus in Westeuropa aus, die zwischen 1550 und 1570 vor allem in Frankreich und den Niederlanden spürbar wurde, zu einer Zeit also, als die Kraft des Luthertums in Europa bereits erlahmte.

Ganz eigene Wege suchte sich die Reformation in England. Nicht, daß die kontinentalen Unruhen und Anstöße nicht auch hier schon frühzeitig zu spüren gewesen wären. Lutheraner waren z. B. an englischen Universitäten um 1530 keine Seltenheit, die genuine Sympathie humanistischer Gebildeter für Luther und die Schweizer Reformatoren wirkte sich auch in diesem Land aus. Doch bevor es zu einer breiten reformatorischen Bewegung kommen konnte, ergriff das englische Königtum unter Heinrich VIII. (1509–1547) die Initiative und sagte sich aus durchaus weltlich-politischen Gründen von der zentralistischen Papstkirche los. Reformation geschah hier also von oben und von außerhalb der Kirche, was bedeutete, daß es überhaupt keine Reformation im Sinne Luthers und Calvins war. Zwar bauten König und Parlament die Rechte des Papstes in England ab, machte sich der König den englischen Klerus zum Untertan, zog das Kirchengut ein und bestellte sich selbst zum kirchlichen Oberhaupt. Doch die hierarchische Bischofsverfassung, die alte Glaubenslehre, Liturgie und Sakramentspraxis blieben erhalten. Es war die anglikanische Kirche, die hier allmählich Gestalt gewann[4] – unabhängig von Rom wie ihre lutherischen und calvinischen Pendants auf dem Kontinent, doch altgläubig-katholisch in ihrem Geist und in ihren Formen. Sie hatte in den folgenden einhundert Jahren noch zahlreiche Stürme zu bestehen, die von den vielen, nach England eindringenden protestantischen Gemeinden und Kirchen entfacht wurden.

Es lag im Wesen der breiten, vor allem in den Städten Fuß fassenden reformatorischen Bewegung, daß sie sich nicht nur in die Bahnen großer Kirchenbildungen lenken ließ. Schon die alte Kirche hatte in den vergangenen Jahrhunderten zahllose Ketzerbewegungen gekannt und mit kirchenpolitischen Zuchtmitteln bekämpft. Diese Traditionen lebten im Zeitalter der Reformation wieder auf, begründeten sich mit Hilfe des reformatorischen Geistes neu, wuchsen förmlich aus ihm heraus und setzten in den ersten Jahren, als die Reformation noch offen war, noch keine eigenen Päpste hervorgebracht hatte, auf seine Hilfe.[5] Doch diese wurde ihnen von den großen Reformatoren generell versagt, und dies auch dann, wenn ihre führenden Köpfe einmal Freunde und Kampfgefährten gewesen waren. Luthers Haltung gegenüber Karlstadt und Müntzer, Calvins unerbittlicher Haß auf Servet belegen, daß sich die großen Reformatoren sehr schnell mit der Tatsache der besitzstandsabgrenzenden Konfessionenbildung vertraut machten. In ihrer Argumentation setzten sie freilich dogmenpolitische Akzente. Ihre jeweilige Reformation war ihrer Ansicht nach Erneuerung der gesamten alten Kirche, ihre eigenen neuen Wahrheiten traten an die Stelle der alten, irrtümlich für solche gehaltenen. Somit war neben ihrer Lehre kein Platz für eine andere, weder für die alte, katholische, noch für eine häretische, noch für eine benachbarte protestantische. Toleranz fand im Protestantismus offiziell nicht statt, die Anerkennung der jeweils anderen großen Konfessionen war eine rein politische, der Macht der Fakten folgende.

So wurde es für die zahlreichen Sektenbewegungen auch im protestantischen Europa sehr schnell ungemütlich. Sie gingen, soweit sie sich als protestantische Sekte begriffen, im Bereich des Kultes und der Glaubenslehre zumeist noch weit über die großen protestantischen Konfessionen hinaus, beriefen sich noch konsequenter auf die biblischen Texte, betonten noch radikaler den Symbolcharakter äußerer Zeichen und Handlungen, sahen noch entschiedener auf Entdinglichung und Vergeistigung der Glaubenspraxis. Es lag in der Konsequenz dieser Haltung, daß sie, wie z.B. im Täufertum, auch soziale, sozialrevolutionäre Forderungen stellten und sich dort, wo sie Fuß faßten (z.B. in Münster 1535/36), um ihre Verwirklichung bemühten. Daß Lutheraner und Katholiken vereint an der Niederwerfung des Täuferreichs in Münster beteiligt waren, belegt anschaulich, wie schmal Gräben werden konnten, die man für sehr breit gehalten hatte, welch breite Gräben dagegen andere Menschen trennten, die ursprünglich wenn nicht eines Glaubens, so doch eines Geistes gewesen waren.

Nicht vergessen werden sollte schließlich, daß die alte Kirche, jetzt die „katholische" genannt, um 1560 noch am Leben und auf dem Wege war, ihrerseits zu einer wehrhaften christlichen Konfession zu werden.[6] Sie hatte nach 1520 nur im deutschen Reich schwache Widerstandsversuche unternommen, hatte dem Verlust weiter Räume im Norden, Osten und Westen Europas dagegen untätig zugesehen. Um 1560 lebte sie bereits in der Gewißheit, daß der Süden nicht verloren gehen würde – Spanien und Portugal waren praktisch unberührt geblieben, italienische Protestanten gab es hier und dort, sie stellten aber kein großes Problem dar. Auch in den neuen außereuropäischen Räumen war sie allein tätig, missionierte nach dem Beginn der Reformation ebenso fleißig und unerbittlich wie vorher.

Andererseits begriffen das Papsttum und mit ihm seine zahlreichen Helfer im Süden und Südwesten des Kontinents in den Sturmjahren der Reformation zwischen 1520 und 1540, daß nicht alles ein Skandal war, was man in päpstlichen Bullen und Kampfschriften als solchen bezeichnete. Der Reformgedanke, schon vor Luther von zahlreichen Klerikern und Mönchen gehegt, wirkte auch weiter, als die alte Kirche und Lehre wider ihren Willen von außen zur Konfession eingegrenzt wurde. In allen Teilen der kirchlichen Hierarchie setzte man sich mit den neuen Ideen und religiös-kirchlichen Lebensformen auseinander, prüfte sehr sorgfältig das reformatorische Gedankengut, vitalisierte die eigenen Institutionen und ihr Personal in Richtung auf Reformen der kirchlichen Verfassung, des Ordenslebens, der Frömmigkeit und der Sitte. „Die Dynamik des Protestantismus sprang auf die katholische Kirche über." (Zeeden) Zugleich entwickelte man ein kirchenpolitisches Instrumentarium, um die vom Protestantismus weitgehend unberührten Länder zu schützen, der Bewegung in den übrigen Ländern Einhalt zu gebieten und schließlich die Rückeroberung verlorenen Terrains in die Wege zu leiten. Vor allem unter dem Pontifikat des Reformpapstes Pauls III. (1534–1549) kam es zu einschneidenden Maßnahmen. Die Societas Jesu des baskischen Adeligen Loyola, 1534 gegründet, wurde 1540 von Paul approbiert und als „Orden besonderen Charakters" (W. Göbell) zum Kampf für die Papstkirche im Sinne eines christlichen Rittertums zugelassen. Seit 1545 tagte das Konzil von Trient und dekretierte bis 1563 wichtigste innerkirchliche Reform- und Disziplinarmaßnahmen: die Festsetzung eines Mindestalters für kirchliche Amtsträger, die Residenzpflicht von Bischöfen und Geistlichkeit, das Kumulationsverbot und die Einrichtung von Priesterseminaren in allen Diözesen. Sämtliche Beschlüsse waren ein deutliches Echo auf die vor und seit Luther an der Kirche geübte Kritik.

Andere Kampf- und Reformmaßnahmen bestanden schon oder kamen hinzu. Inquisition und Bücherzensur, vom Heiligen Officium in Rom aus zentral gelenkt, wurden zu wirkungsvollen Instrumenten der Überwachung von Klerikern und Gläubigen und bewährten sich vor allem in den altgläubig gebliebenen Ländern, aber auch im Prozeß der Rückeroberung verlorener Gebiete im 16. und 17. Jahrhundert, den man als „Gegenreformation" bezeichnet; die Katechisierung des Volkes, den protestantischen Konfessionen abgesehen und im Katechismus von 1566 in eine allgemeingültige Form gekleidet, wurde zusammen mit den Priesterseminaren zur Grundlage der „ka-

tholischen Reform", die parallel zur Gegenreformation in den katholisch
gebliebenen oder es wieder werdenden Regionen stattfand.

Dies war, in sehr groben Zügen, das Bild, welches Europa in religionsge-
schichtlicher Hinsicht um 1560 bot. Drei große Konfessionen und eine insu-
lare Staatskirche teilten sich das von der alten Kirche hinterlassene Erbe. Mit
Ausnahme des Anglikanismus waren sie alle, wie ihre Vorgängerin, auf universelle Geltung aus und bestritten sich somit gegenseitig die Existenzberechtigung. Und gerade die Tatsache, daß sie dies taten, daß der Gedanke der
Toleranz in ihren Dogmen und in ihrer Politik keinen Platz hatte, war dafür
verantwortlich, daß ihre ursprüngliche oder im Lauf der Zeit geborene Idee –
die Reform der alten Kirche an Haupt und Gliedern, ihre Wiederherstellung
im Sinne ursprünglicher, urchristlicher Vorstellungen – nicht Wirklichkeit
werden konnte. Der je eigene Universalanspruch jeder Glaubensgemeinschaft
begrub den Universalismus der alten christlichen Kirche unter sich, machte
aus dem Europa der Reform und Reformation ein Europa der Konfessionen.

Diese Tatsache stand 1560 unwiderruflich fest, nicht jedoch der genaue
Besitzstand, der jeder Konfession in Europa zukommen sollte. Hier war
noch vieles im Fluß und sollte es noch für gut einhundert Jahre bleiben. Hatte
der Prozeß der Konfessionenbildung auch schon seit langem begonnen, so
war er seiner Natur nach doch so kompliziert und dynamisch, daß mit einem
baldigen Abschluß nicht zu rechnen war. Im Reich gab es mit dem Augsburger Religionsfrieden von 1555 zwar eine erste große Absprache zwischen
zwei Konfessionen, den Katholiken und Lutheranern bzw. den Anhängern
der „Augsburger Konfession", doch ihre ständisch beratenen, vom Kaiser
erlassenen Bestimmungen erwiesen sich für beide Seiten als so prekär, daß sie
zwar den äußeren Frieden im Reich bis ans Jahrhundertende zu sichern, nicht
aber den inneren Kampf und das Gerangel um bessere Positionen zu verhindern vermochte. Eines allerdings machte der Religionsfrieden überaus deutlich: Das Ringen um Reform und Reformation, in den zwanziger Jahren eine
Angelegenheit breiter Volksschichten in den Städten und auf dem Lande, war
hier schon weitgehend zu einem staatsrechtlich-politischen Vorgang erstarrt.
In Augsburg wurde nur den beteiligten Reichsständen eine Entscheidung
darüber zugestanden, welcher der beiden Konfessionen sie in Zukunft ange-
hören wollten, nicht aber ihren jeweiligen Untertanen, die sich in dieser
Hinsicht ihrer weltlichen Obrigkeit anzupassen oder aber ihr Territorium
nach Verkauf von Hab und Gut zu verlassen hatten. Hier wurde deutlich, wie
sehr die weltlichen Mächte in den Prozeß der Konfessionalisierung hinein-
griffen, wie stark ihre Position war angesichts einer Kirche, die ihre mittelalterliche Einheit und Stärke verloren hatte und, unter dem Schutz der jeweiligen Landesherren, in einzelne Konfessionen und Landeskirchen zerfallen
war.

Überhaupt darf nicht übersehen werden, welch bedeutende Rolle der Staat
im Prozeß der Konfessionenbildung des 16. und 17. Jahrhunderts spielte,

welche gewaltige Stärkung er durch ihn erfuhr. Schon zu Beginn der Reformation wurde das deutlich, als einzelne deutsche Landesfürsten Luther stütz-
ten, die Papstkirche beim Kaiser Zuflucht fand, die anglikanische Staatskirche
gar vom englischen König selbstherrlich ins Leben gerufen wurde. Im weiteren Verlauf der Konfessionenbildung wurde diese Tendenz dann dominant.
Die Konfessionen bedurften der Hilfe der Staaten, ihr Kampf untereinander
verquickte sich mit den Konflikten der Mächte, Bastionen des Glaubens
wurden zugleich zu solchen weltlich-politischer Hegemonieansprüche. Im
europäischen Maßstab gesehen, fand der Katholizismus in der großen spanischen Monarchie, beim allerdings schwachen deutschen Kaisertum und, mit
fortschreitender Gegenreformation, in deutschen weltlichen und geistlichen
Territorien – allen voran dem Bayern Albrechts V. – eine Stütze. Für das
Luthertum traten die nordischen Monarchien und zahlreiche, zunächst oder
definitiv lutherisch bleibende deutsche Reichsstände in diese Funktion ein.

Am schwersten hatten es hier die Protestanten calvinischen Bekenntnisses,
lag ihrer Gemeindekonzeption doch ein Paktieren mit bestehenden politischen Mächten durchaus fern, war ihnen doch die Unterwerfung unter ein
landeshoheitliches Kirchenregiment, wie es in großen Teilen Deutschlands, in
England und Skandinavien zum Tragen kam, durchaus verhaßt. So kam es,
daß im 16. Jahrhundert kein Land in dem Sinne calvinistisch wurde, wie
deutsche Territorien etwa lutherisch waren. Selbst die nördlichen Niederlande, deren erfolgreiche Abspaltung von Spanien ohne die religiöse Komponente nicht möglich gewesen wäre, wurden in der Folge nicht zu einem
einheitlich calvinisch geprägten Staat. Groß war dagegen der innere Durch-
dringungsgrad, den der Calvinismus in verschiedenen europäischen Ländern
im 16. und erst recht im 17. Jahrhundert aufgrund seiner eminent politischen
Gemeindeauffassung erreichte. Nicht als Landeskirche, sondern als Gemeinde faßte er allenthalben Fuß und erreichte dabei eine Wirkung, die auf
lange Sicht die des Luthertums bei weitem übertraf. Nicht nur die regional
begrenzten, konfessionell aber bedeutsamen calvinistischen Stützpunkte ent-
lang der deutschen Westgrenze (Pfalz, Niederrhein, Ostfriesland, Bremen)
sind dafür ein Beispiel. Mehr Gewicht besitzen noch die längerfristigen Entwicklungen in den Niederlanden und in den puritanischen Bewegungen
Schottlands und Englands. Sie belegen, daß die politische Dynamik des Calvinismus noch zu einer Zeit wirksam war, als das Luthertum politisch schon
immobil und theologisch orthodox geworden war.

Diese Dynamik des Calvinismus wurde im 16. Jahrhundert nirgends so
exemplarisch sichtbar wie in Frankreich und provozierte in keinem Land so
prinzipielle Konflikte wie hier.[7] Frankreich war im Vergleich zum Reich
bereits ein Einheitsstaat und sah sich daher nach dem Eindringen des Calvinismus sogleich als solcher mit der Konfessionenfrage konfrontiert. Dies um
so mehr, als der Calvinismus nicht nur peripher eingedrungen war, sondern
ganze Landschaften erfaßt und sich sozial relativ breit etabliert hatte. Organi-

sationsmodell war überall Genf, doch die frühzeitig einsetzenden Verfolgungen, besonders heftig unter Heinrich II. (1547–1559), trieben den französischen Protestantismus daneben zum Aufbau eines eigenen Heerwesens, das freilich von seinen zumeist adeligen Anführern niemals als außerhalb des monarchischen Staates oder gar gegen ihn stehend begriffen wurde.

Damit war die Voraussetzung für den ersten massiven und erbitterten religiösen Bürgerkrieg in Europa gelegt. Er begann schon nach 1560 und nahm an Schärfe und Gewalttätigkeit zu, nachdem sich auch die rom-orientierten katholischen Gegenkräfte unter der Führung prominenter Mitglieder des Hochadels zur politischen Partei organisiert und dabei, in ständigem Widerstreit mit der Monarchie stehend, die Unterstützung Spaniens gesucht hatten.

Aus dieser komplizierten Situation ergaben sich die Handlungsmaximen für den französischen Staat, die nur unter Franz I. und Heinrich II. vom König selbst maßgeblich beeinflußt, in der anschließenden dynastischen Krise der Valois im wesentlichen von im Widerstreit miteinander liegenden Hofparteien formuliert wurden. Bemerkenswert war die französische Situation vor allem, weil das Konfessionenproblem in Frankreich mehr als in anderen Staaten in die Politik hineinwirkte und daher nicht allein unter rein kirchlich-religiösen Gesichtspunkten angegangen und gelöst werden konnte. Gerade aus diesem Grunde haben die Lösungen, die man schließlich mit unterschiedlichem Erfolg erprobte, für die ganze europäische Geschichte einen so exemplarischen Charakter gehabt.

Die französische Monarchie war katholisch, doch bedeutete dies für sie nicht Unterwerfung unter römische Obedienz. In langen, schon vor der Reformation beendeten Auseinandersetzungen mit dem Papsttum hatte sie u. a. das Recht zur Besetzung der wichtigsten kirchlichen Ämter errungen und damit die Grundlage für die Entwicklung einer Art von landeskirchlichem Katholizismus – des Gallikanismus – gelegt. Der Gallikanismus war gleichsam das kirchenpolitische Pendant zur antispanischen Politik der Krone und Voraussetzung dafür, daß die Protestantenfrage zwischen 1560 und 1600 nicht nur auf dem Wege der Verfolgung und des Massakers, sondern auch unter dem Zeichen von Duldung, Kompromiß, ja, Gewissensfreiheit angegangen wurde. Für die Krone ergab sich dabei eine schwierige Entscheidungssituation. Hätte man das Konfessionenproblem religionspolitisch konsequent lösen wollen, so hätten sich daraus allgemeinpolitisch untragbare Folgen ergeben: entweder, bei weitgehender Anerkennung der protestantischen Forderungen, eine Bedrohung der nationalen Einheit durch den calvinischen „Republikanismus" und die Gefahr eines zum Dauerzustand werdenden religiösen Bürgerkriegs; oder, bei massiver fortgesetzter Unterdrückung der Protestanten, eine Stärkung der „ultramontanen", nicht-gallikanischen, pro-spanischen Partei im Inneren mit weitgehender Unterwerfung unter die Zielsetzungen Spaniens und Roms. Um beiden Gefahren zu entgehen, wurde schließlich ein dritter, spezifisch „politischer", in der Zeit schon als solcher bezeichneter Weg beschritten und im Edikt von Nantes (1598) zu einem vorläufigen Abschluß gebracht. Der gallikanischen Richtung des Katholizismus wurde ihre Stellung als offizielle Staatsreligion bestätigt, den Protestanten jedoch ein genau umgrenztes Recht zur Ausübung ihres Kultes in Frankreich zugestanden. Wichtiger, weil zukunftsweisend, war jedoch etwas anderes: Der Staat, die französische Monarchie, erließ und garantierte diesen Frieden und machte damit deutlich, daß die Belange der Politik, die ihn herbeigeführt hatten, über denen der Religion und der Konfessionen standen. „Il ne faut pas faire de distinction de catholiques et d'huguenots; il faut que tous soient bons francais ...", so brachte Heinrich IV. (1589–1610), der Schöpfer des Edikts, die Sache im Jahre 1599 anschaulich auf den Begriff.

Vorrang der politischen Souveränität vor den Fragen der Religion – dies war ohne Frage das wichtigste Ergebnis der konfessionellen Kämpfe Europas im 16. Jahrhundert. Damit geriet die Religionsfrage nicht schlagartig von der Tagesordnung, im Gegenteil, sie wurde um so aktueller, je mehr die europäischen Staaten jetzt in der Religion, oder besser: in den Besitzständen der einzelnen Konfessionen, einen dauernden Anlaß zum Handeln sahen. Das 17. Jahrhundert wurde insbesondere im Reich noch einmal zu einer Epoche heftiger konfessionspolitischer Auseinandersetzungen, die im Dreißigjährigen Krieg einen schauerlichen Höhepunkt fanden. Doch war dies ein Krieg, der von den Bedürfnissen der europäischen Staaten in ihrer Stellung im europäischen Mächtesystem bestimmt wurde. Als es 1648 zum langersehnten Frieden kam, wurde in der Konfessionenfrage im Grunde nicht anders entschieden als im Augsburger Religionsfrieden einhundert Jahre zuvor: Der Grundsatz „cuius regio, eius religio" wurde erneut zur Norm erhoben. In ihrer jeweiligen „regio" übte die weltliche Obrigkeit konsequent ihre Kirchenhoheit aus und sorgte dafür, daß „kirchliche Dinge immer mehr unter politischem statt unter religiösem Gesichtspunkt behandelt" (Zeeden) wurden. Für die äußere Ruhe der Konfessionen wie für die Wahrung ihres Besitzstandes war das sicher von Vorteil, nicht aber für ihre innere Dynamik, für ihren Zustand als geistige und religiöse Bewegung. Hier wurden, insbesondere im Luthertum, Erlahmung und Stagnation, verbunden mit landesherrlicher Bevormundung, zur vorherrschenden Tendenz des 17. Jahrhunderts.

Dieser Konsequenz entgingen die Konfessionen nur dort, wo ihnen nicht so beachtliche äußere Erfolge wie im skandinavischen und deutschen Luthertum gelungen waren, wohl aber eine innere religiöse, geistige und politische Durchdringung wie im Calvinismus der nördlichen Niederlande, Schottlands, Englands und, von dort aus, schließlich auch auf dem nordamerikanischen Kontinent. Einzelheiten dieser Entwicklung können hier nicht beschrieben werden, doch sollte zumindest Erwähnung finden, daß sie Anlaß zu einer der interessantesten Kontroversen in der europäischen Geschichtswissenschaft gewesen ist. Ausgehend von religionssoziologischen Behauptungen Max Webers, der eine intensive Beziehung zwischen der „Protestantischen Ethik und dem Geist des Kapitalismus"[8] sah, hat man die wirtschaftliche Modernität der seefahrenden, handeltreibenden und, im Falle Englands, sich frühzeitig industrialisierenden Staaten im Westen Europas und in Nordamerika auf besondere theologische wie politische Einflüsse des Protestantismus in seiner calvinischen Form zurückgeführt. Was die Wirtschaftsgeschichte im engeren Sinne angeht, so ist diese These inzwischen zu den Akten gelegt worden. Ihr lag die zutreffende Beobachtung zugrunde, daß sich das wirtschaftliche Schwergewicht Europas im 17. und 18. Jahrhundert vom Süden – dem Mittelmeere, Oberdeutschland und den südlichen Niederlanden – deutlich nach Nordwesten verlagerte, in Regionen also, die in der Tat besonders stark vom Calvinismus erfaßt wurden. Abgesehen davon, ob man eine solche umfassende regionale Verlagerung primär auf religionsgeschichtliche Einflüsse und auf Entwicklungen der Wirtschaftsgesinnung zurückführen kann, wurde jedoch übersehen, daß es in den Regionen des Südens zuvor schon sehr differenzierte Formen der kapitalistischen Wirtschaft gegeben hatte, die man zu recht als Frühkapitalismus kennzeichnet. Es handelte sich im Nordwesten also nicht um einen Neuanfang, sondern eben um eine Verlagerung. Wenn religions- oder konfessionsgeschichtliche Momente eine Rolle spielten, wird man folglich mehr nach den hemmenden und blockierenden Einflüssen der Gegenreformation als nach den besonderen Wirkungen der protestantischen Ethik fragen müssen.

In einem weiteren, nicht spezifisch wirtschaftsgeschichtlichen Sinne wird die These Webers freilich auch von jenen anerkannt, die eine vordergründige Suche nach kapitalismusträchtigen Maximen im Lehrgebäude Calvins (Prädestinationslehre, Sanktion des Zinses u. ä.), wie sie von Weber-Epigonen mit Eifer betrieben wurde, nicht mitmachen wollen. Anders als dem Katholizismus, vor allem in seiner gegenreformatorischen Härte und Verengung, anders auch als dem Luthertum in seiner landeskirchlichen Verinnerlichung, war dem Calvinismus ein eminent politisches Menschenbild eigen, das von Freiheit, Aktivität, Selbstverantwortung geprägt war und in den calvinistisch durchtränkten Ländern des Nordwestens weit über die eigentlichen Glaubensanhänger hinaus wirkte. „Hier auf jeden Fall, in der Befreiung des Menschen aus geistiger Untertänigkeit und Menschenfurcht, liegt die wahre und tiefe Beziehung zwischen Calvinismus und moderner Wirtschaftsgesellschaft, die gleiche wie zwischen calvinisch-rationaler Religiosität und positiver Wissenschaft, die gleiche wie zwischen calvinischer Gemeinde und moderner Demokratie."[9]

b) Die wissenschaftliche Revolution im 17. Jahrhundert

Die „Beziehung zwischen calvinisch-rationaler Religiosität und positiver
Wissenschaft" – war sie verantwortlich für das große wissenschaftliche Ereignis der Frühen Neuzeit, für die wissenschaftliche Revolution des 17. Jahrhunderts, die Zertrümmerung des aristotelischen Kosmos? Manche Indizien
sprechen dafür. Im 19. Jahrhundert liebte man es, die internationale Gelehrtenwelt gemäß ihrer Konfessionszugehörigkeit zu quantifizieren und die Ergebnisse zu den Bevölkerungsanteilen der großen Konfessionen in Beziehung
zu setzen. Die Untersuchungen fielen so aus, daß von einem Übergewicht des
protestantischen gegenüber dem katholischen Element in den Naturwissenschaften seit dem 17. Jahrhundert gesprochen werden konnte. Auch die Geschichte der Erfindungen und wissenschaftlichen Entdeckungen wies in diese
Richtung, stellte sich doch heraus, daß auch hier der Nordwesten Europas
seit dem 17. Jahrhundert zu dominieren begann. Die großen Namen Hollands – Christiaan Huygens (1629–1695) für die Mathematik und Astronomie, Antony van Leeuwenhoek (1632–1723) für die Mikroskopie und Physiologie, Hermannus Boerhaave (1668–1738) für die Medizin und Botanik –
belegen das ebenso wie eine Auswahl aus der Reihe bedeutender englischer
Wissenschaftler: der Physiologe William Harvey (1578–1657), der Mikrobio-
loge Robert Hooke (1635–1703), „der der größte Engländer dieser Zeit gewesen wäre, wenn es keinen Newton gegeben hätte" (Chaunu), und eben Isaac
Newton (1643–1727), der Mathematiker und Physiker.

Doch Vorsicht scheint bei solchen vergleichenden Rechnungen angebracht. Zunächst lassen sich den Holländern und Engländern auch im
17. Jahrhundert noch viele Namen aus anderen Staaten zugesellen. Italien, im
15. und 16. Jahrhundert in der Gelehrtenrepublik eine Großmacht, ragt mit
Bruno (1548–1600), Galilei (1564–1642), Torricelli (1608–1647), dem Mathematiker und Physiker, der so viel für die Entwicklung des Fernrohrs, des
Mikroskops und des Barometers getan hat, und mit der Mathematiker- und
Astronomenfamilie Cassini noch weit ins 17. Jahrhundert hinein. Frankreich
wird in dieser Zeit neben England zum Zentrum der Gelehrtenrepublik, und
es sind naturgemäß nicht die Hugenotten, die in den wissenschaftlichen Salons und Akademien von Paris und Toulouse dominieren. René Descartes
(1596–1650), Sohn eines Robenadeligen aus der Touraine, der philosophische
Begründer der wissenschaftlichen Revolution des 17. Jahrhunderts, der die
Gesetze der Natur in der Mathematik und Geometrie formuliert sah, war
Zeit seines Lebens gläubiger Katholik. Nicht nur, weil er theologisch Ruhe
brauchte, um in der Philosophie um so radikaler voranschreiten zu können,
sondern auch, weil für ihn die mathematische Begreifbarkeit der Welt einherging mit der prinzipiellen Unbegreifbarkeit Gottes, eine Ansicht, die jenen
Tendenzen im französischen Reformkatholizismus (wie übrigens auch im

Jansenismus) entsprach, die entschieden gegen jede humanistische Anthropo-
theologie gerichtet waren. Was Deutschland und die skandinavischen Länder
angeht, so überwog hier in der Tat deutlich das protestantisch-lutherische
Element: Johannes Kepler (1571–1630), Johannes Hevelius (1611–1687), der
Bierbrauer und Amateur-Astronom aus Danzig, auch Otto von Guericke
(1602–1686) und Leibniz (1646–1714) waren Protestanten. Doch so bedeu-
tend die Stellung Leibnizens im wissenschaftlichen Leben des 17. Jahrhunderts war, so großartig die Leistung Keplers in der Nachfolge Tycho Brahes
und Galileis – insgesamt war der Beitrag des lutherischen Deutschland zur
wissenschaftlichen Revolution des 17. Jahrhunderts eher bescheiden. Und
vor allem scheint er nicht spezifischen Impulsen der lutherischen Religiosität
entsprungen zu sein.

Noch andere Argumente mahnen zur Vorsicht. Daß Holland und England
seit dem 17. Jahrhundert vor allem im Bereich der Erfindung und Entwicklung wissenschaftlicher Apparate und Instrumente herausragen, hängt ohne
Frage mit ihren praktischen Bedürfnissen als seefahrende Nationen zusammen. Sowohl Huygens als auch Newton haben Zeit ihres Lebens den Blick
durchaus auf die technisch-praktische Verwertbarkeit ihrer Erkenntnisse gerichtet. In dieser Hinsicht war die wissenschaftliche Revolution des 17. Jahrhunderts ein Parallelereignis zur Verlagerung des wirtschaftlichen Schwergewichts vom Mittelmeer zur Nordseeküste. Und in der Tat standen die holländischen und englischen Physiker, Optiker, Linsenschleifer ja in einer Tradition, die im 15. und 16. Jahrhundert in Italien begonnen hatte.

Auf der anderen Seite kann man der Gegenreformation – und mit ihr der
aristotelischen Orthodoxie an den alten Universitäten (Padua, Paris) – auch in
diesem Bereich eine hemmende Wirkung nicht absprechen. Spanien, seit der
Mitte des 16. Jahrhunderts in den Fängen der mächtigen und effektiven Inquisition, bekam das zu spüren; die Stimme seiner Gelehrten war im ganzen
17. Jahrhundert im übrigen Europa nur noch schwach zu hören. In Italien
funktionierte die Kontrolle weniger gut, doch die Lebensläufe Giordano Brunos, Campanellas und Galileis sprechen eine deutliche Sprache. Auch Frankreich wurde im 17. Jahrhundert zu einem Land strenger Zensur; die hohe
soziale Abkunft seiner Gelehrten und Zirkelgründer war jedoch zumindest
bis zur Jahrhundertmitte eine Garantie dafür, daß die „république des savants" am Leben blieb. Im Reich, im Osten und in den nordischen Monarchien herrschten insgesamt erträgliche Zensurbedingungen, zumal zahlreiche Landesfürsten selbst als Förderer der Wissenschaften auftraten. Doch
gemessen am übrigen Europa, war die Atmosphäre nirgendwo so liberal wie
in den Niederlanden und England. Zwar war der radikale holländische Calvinismus alles andere als wissenschaftsfreundlich, zwar gab es im hohen anglikanischen Klerus noch bis ins späte 17. Jahrhundert hinein erhebliche Vorbe-
halte gegenüber der Emanzipation der Naturwissenschaften von der Theologie, doch eine konsequente staatlich-kirchliche Repression erwuchs daraus

nicht. Im Gegenteil: Für viele gelehrte Flüchtlinge aus Italien, Spanien und den südlichen Niederlanden wurden diese Länder zur vorübergehenden oder dauernden Heimat, nicht anders als für die Händler, Handwerker und Fabrikanten, die aus religiösen Gründen verfolgt wurden und den wirtschaftlichen Aufschwung des Nordwestens mit ihrem „know-how" so wesentlich beförderten.

Worin bestand die „wissenschaftliche Revolution" des 17. Jahrhunderts?[10] Die Antwort, die hier nur in aller Kürze skizziert werden kann, hat einen qualitativen und einen quantitativen Aspekt. Zwischen 1623 und 1687, d. h. vom ‚Saggiatori' Galileis über den ‚Discours de la méthode' Descartes' (1637) bis hin zu den ‚Philosophiae Naturalis Principia Mathematica' Newtons vollzog sich im wissenschaftlichen Europa die „Mathematisierung der Welt, die Explosion der in sich geschlossenen kleinen Welt des antiken und mittelalterlichen Denkens, eine radikale Vereinheitlichung eines endlosen, geometrischen Universums durch die Beseitigung des alten Gegensatzes zwischen sublunarer und stellarer Welt, das Ende der qualitativen Physik und die Gleichsetzung von Materie mit räumlicher Ausdehnung."[11] Was im Relativismus des Nikolaus von Cues (1401–1464) schon angelegt, nicht aber vollzogen worden war, was die Heliozentrik des Nikolaus Kopernikus (1473–1543) für den von den Fixsternen begrenzten Raum, der vielfach größer als der aristotelische, aber eben doch noch begrenzt und insofern aristotelisch war, schon behauptet hatte, was Kepler, „in seiner Konzeption des Seins, der Bewegung, allerdings nicht der Wissenschaft, letzten Endes ein Aristoteliker" (A. Koyré), nicht hatte wahrhaben können, wurde nun zur Gewißheit: Die Welt war nicht begrenzt, sondern unendlich bzw. grenzenlos, und sie war mit Materie angefüllt. Dies war im Grunde keine ketzerische Lehre, denn welcher Mensch hatte das Recht zu behaupten, Gott habe in seiner Vollkommenheit etwas Endliches, Unvollkommenes geschaffen? Es war freilich eine anti-aristotelische Lehre, und so waren es letztlich die orthodoxen Aristoteliker an den Universitäten, die die Verfolgungen und Verbrennungen der Philosophen und Wissenschaftler betrieben. So wurde Kopernikus 1616, Galilei 1632 verdammt, doch schon vor ihnen (1600) ging der geniale italienische Philosoph Giordano Bruno aufs Schaffott. Er hatte bereits 1584 die neue Lehre in italienischer Sprache formuliert: „So nur rühmen die Himmel die Herrlichkeit Gottes, so nur offenbart sich die Größe seines Reichs. Nicht auf einem, auf unzähligen Thronen strahlt seine Majestät, nicht auf einer Erde, auf einer Welt, auf zehnmal hunderttausenden, auf unzähligen. Nicht eitel ist daher das Vermögen des Geistes, immer Raum an Raum zu fügen, Masse zur Masse, Einheit zur Einheit, Zahl zur Zahl, mit Hilfe der Wissenschaften, die uns von den Ketten einer so engen Herrschaft erlöst und uns zu freien Bürgern eines so herrlichen Reiches befördert, uns von eingebildeter Armut befreit und mit den unzählbaren Reichtümern dieses unermeßlichen Raumes, dieses herrlichsten Gefildes, so vieler bewohnter Welten beglückt; so daß weder der täuschende Horizont des irdischen Auges noch die erdichtete Sphäre der Phantasie im ätherischen Gefilde unsern Geist mehr einkerkert unter der Aufsicht eines Pluto und der Gnade eines Zeus. Wir sind entlassen aus der Fürsorge eines so reichen Besitzers und doch so spärlichen, knickrigen Gebers."[12] Es war also keine Welt ohne Gott, die hier konstruiert wurde, sondern – bei Bruno wie bei Galilei, bei Descartes wie bei Newton – eine Welt mit einem viel vollkommeneren Gott, als man ihn sich bisher in seiner erdbezogenen, bornierten Vermessenheit vorgestellt hatte. Ja, die jetzt neu erkannte und „more geometrico" begriffene Welt war geradezu „Beweis" für die Existenz Gottes (Descartes) – eine im Gegensatz zur Welt allerdings nicht erkennbare, eine verborgene, nur in der Offenbarung sich enthüllende Existenz.

Drei wissenschaftliche Methoden führten auf die neuen Wege: die philosophische Deduktion, wie sie von Bruno und mit bestechender Klarheit und Einfachheit von Descartes betrieben wurde; die Mathematik, insbesondere die Geometrie in ihrer von Euklid entwickelten, nur jetzt auf den grenzenlosen Raum angewandten Form; und das Experiment, die exakte und durch ständige Verfeinerung der Instrumente in ihrer Präzision immer noch verbesserte Beobachtung des Großen (Astronomie) und, später, auch des Kleinen (Mikroskopie, Mikrobiologie, Physiologie). Hier stehen wir schon mitten in den mehr quantitativen Auswirkungen, die von der wissenschaftlichen Revolution des 17. Jahrhunderts provoziert wurden. Für das Alltagsleben der Gebildeten und am wissenschaftlichen Leben Beteiligten, für die Struktur der internationalen Gelehrtenrepublik, die ja schon seit mehr als einhundert Jahren bestand und bisher im humanistischen Studium der Antike und in der Theologie ihr zentrales Beschäftigungsfeld gesehen hatte, stellte die neue Wissenschaft eine ungeheure Herausforderung dar, in ihren Dimensionen nur vergleichbar mit der Entwicklung der Physik zu Beginn des 20. Jahrhunderts, im Zeitalter der Relativitäts- und Quantentheorien. Einen eindrucksvollen Beleg bietet die Entwicklung der Technik und des Experiments. Die neuen Fragen, die seit Kopernikus gestellt wurden, von Giordano Bruno und später von Descartes im deduktiven Verfahren sehr weitgehende Antworten fanden, verlangten nach der Bestätigung durch das Experiment, nach genauer wissenschaftlicher Beobachtung, und, im Anschluß daran, natürlich nach wissenschaftlicher Publikation. In beiden Bereichen schwoll die Entwicklung im Verlauf des 17. Jahrhunderts inflationär an. Während der Däne Tycho Brahe noch im späteren 16. Jahrhundert im wesentlichen auf die alten, freilich äußerst verfeinerten optischen und geometrischen Instrumente angewiesen war – Jakobsstab, Astrolabium, Quadranten –, verfügten seine Nachfolger zwei Generationen später schon über das Fernrohr, das Mikroskop und über die theoretischen Kenntnisse zum Bau des Spiegelteleskops. „Bei der kopernikanischen Revolution spielten die neuen Instrumente nicht die mindeste Rolle, aber letztlich war das keine echte Revolution. Hingegen wäre ohne

Fernrohr ein Teil des Werkes von Newton völlig undenkbar, und ohne das Mikroskop holländischer Linsenschleifer ... hätte Leeuwenhoek seine grundlegenden Arbeiten nicht durchführen können, wäre es nicht oder nicht so bald zu einer Erneuerung der Biologie gekommen." (Chaunu) Nicht zufällig diktierte die Astronomie das Geschehen. Hatte schon z. Z. des Kopernikus eine durchaus praktische Frage wie die Kalenderreform zu wissenschaftlichen Konsequenzen geführt, so trieben jetzt der Handel und die Seefahrt den Erfindungsprozeß voran – freilich sehr schnell über ihre Bedürfnisse hinaus. Italienische und holländische Glasmacher und Linsenschleifer hatten Hochkonjunktur, nachdem das Prinzip des Fernrohrs um 1610 durch Zufall entdeckt worden war. Schon am Ende des Jahrhunderts war man dank der Bemühungen des Huygens und seiner Linsenschleifmaschine in der Lage, Linsen mit riesigen Brennweiten (maximal 210 Fuß) herzustellen. Weniger stürmisch, aber ähnlich ertragreich, verlief die Entwicklung des Mikroskops.

Doch man beobachtete nicht nur auf ganz neue Weise, man begann auch den Raum und die Zeit neu zu vermessen. Die alten Winkelmeßinstrumente und das Fernrohr gingen, wie Chaunu gesagt hat, ein Bündnis ein und erlaubten nun – äußerst wirksam unterstützt durch die Erfindung der unscheinbaren Mikrometerschraube – Meßvorgänge im Bereich großer Entfernungen und weiter Räume: Erste genauere Angaben über interplanetarische Distanzen wurden damit ebenso möglich wie die Landvermessung und der Fortschritt der modernen Kartographie. Was den Wissenschaftler zum exakten Vordringen in den Kosmos befähigte, hatte somit erneut seine praktischen Folgen für Seefahrt, Handel, Staat und Verwaltung. Nicht weniger wichtig war schließlich, daß im Verlauf des 17. Jahrhunderts Wärme und Luftdruck exakter als je zuvor meßbar wurden: Sowohl das neuzeitliche Thermometer als auch das Barometer kamen auf den Markt und erwiesen sich ihren unzureichenden Vorgängern aus dem 16. Jahrhundert als haushoch überlegen.

Das galt auch für die Uhr. Sie war gewiß keine Erfindung dieses Jahrhunderts, sondern blickte schon auf eine mindestens dreihundertjährige Geschichte zurück. Doch was der Einbau des Pendels und der Spiralfeder zur Gangregulierung durch Christiaan Huygens für die Präzisierung der Zeitmessung bedeute, wird von Technikhistorikern gemeinhin als Revolution beschrieben, wie sie sich in der Geschichte der Uhr erst wieder unter dem Zeichen der Elektronik vollzog. Die Zeit wurde jetzt nicht nur für alle Regionen der Erde mit sehr unterschiedlichen klimatischen Bedingungen vergleichbar, sie wurde nicht nur, in der Form kleiner, handlicher Taschenuhren „transportierbar", sie wurde auch für immer weitere Bevölkerungsschichten „erwerbbar".

Die wissenschaftliche Revolution des 17. Jahrhunderts hatte organisatorische Veränderungen zur Folge bzw. solche gingen ihr voraus oder mit ihr einher. Obwohl das 16. Jahrhundert eine Epoche intensiver theologischer Disputationen gewesen war, obwohl Reformation und Bauernkrieg im Bereich der Traktate und Flugschriften schon „Bestseller" produziert hatten, begann erst gegen Ende des 16. und zu Beginn des 17. Jahrhunderts der Aufstieg des Buchhandels und des Verlagswesens. Vor allem in den beiden Niederlanden konzentrierten sich die mächtigen Buchhändler-Verleger, deren Namen nahezu alle Titelseiten der großen naturwissenschaftlichen, staatsrechtlichen und philosophischen Publikationen um 1600 zieren: Plantin-Moretus in Antwerpen, Janssen und Wilhelm Blaeu in Amsterdam, Jean Maire in Leiden, Elzevier in Amsterdam, Leiden und anderswo. Sie zogen größten Gewinn aus der Tatsache, daß die Volkssprachen in wissenschaftlichen Publikationen kräftig auf dem Vormarsch waren – bezeichnenderweise nicht in Deutschland, im Mutterland der Reformation, wo man noch über das ganze 17. Jahrhundert am Lateinischen und an der gelehrt-scholastischen Disputation hing. Doch von Süden, von Italien, und von Westen, von Frankreich und Holland, her schritten die Volkssprachen unaufhaltsam voran, nicht nur in den Naturwissenschaften, auch im Staatsrecht und in der Politik, auch in der Belletristik. Sogar Taschenbücher erschienen auf dem Markt. Die Elzeviers sollen zwischen 1592 und 1681 die englischen Vers- und Prosawerke des 17. Jahrhunderts in über 1600 Bänden herausgebracht haben.

Wer und was waren die großen Wissenschaftler des 17. Jahrhunderts, wie sah die internationale Gelehrtenrepublik in ihren einzelnen sozialen und personalen Beziehungen aus?[13] Gewiß verfügen wir über eine Fülle wichtiger biographischer Daten und Details. Doch eine umfassende Sozialgeschichte der Gelehrsamkeit im 17. Jahrhundert haben uns die Historiker noch nicht geliefert. Und das, obwohl zahlreiche Briefwechsel, Berichte über Zusammentreffen, über Akademien und wissenschaftliche Zirkel vorliegen. Fest steht, daß die Wissenschaftler für ihre Arbeit Muße brauchten und zu einem großen Teil über sie verfügten oder, wenn nicht, sie sich zu verschaffen wußten. Mit anderen Worten: In der Mehrzahl entstammten sie dem wohlhabenden Bürgertum, gelegentlich auch dem Adel; ihre erheblichen Ausgaben für Linsen, Bücher und Reisen bestritten sie aus Handelseinkünften, Landrenten, Amts- und Kirchenpfründen. „Wenn man nur diesen Aspekt im Auge behielte, könnte man sagen, daß die wissenschaftliche Revolution die Tat eines Bürgertums war, das sich ein aristokratisches Leben leisten konnte." (Chaunu) Dieses Bild trifft in besonderem Maße auf Frankreich zu. Peiresc, Fermat, Descartes, Viète, auch Mersenne und die Brüder Dupuy entstammten dem Robenadel oder standen ihm nahe. Etwas anders sah es in Holland und England aus, treffen wir hier doch häufig auf einen Gelehrtentyp, der noch enge Verbindung zur Welt des Handwerks oder des Handels hatte und seine eigenen Erfahrungen in diesen Bereichen im Interesse und zur Verwertung seiner wissenschaftlichen Entdeckungen und Erfindungen nutzbar machte. Leeuwenhoek war von Haus aus Tuchmacher, Lippershey und Jansen waren Brillenmacher, Huygens und Leeuwenhoek haben beide das Optikerhandwerk erlernt. Viele der großen Erfinder waren schon Wissen-

schaftler in der zweiten oder dritten Generation und von ihren Vätern auf
Universitäten geschickt worden. So kam es, „daß allmählich aus Handwerkern, die Linsen für Brillen und Fernrohre schliffen, Männer der angewandten Wissenschaft wurden, die an der Lösung praktischer Navigationspro-
bleme arbeiteten und von der angewandten Wissenschaft stetig weiter in die
höheren Sphären der reinen Wissenschaft aufstiegen."[14]

Diese materielle Unabhängigkeit, die von den westlichen Ländern in die
Gelehrtenrepublik eindrang, war durchaus etwas Neues, für die Zukunft der
wissenschaftlichen Betätigung Bedeutsames. Denn bis zum Beginn des
17. Jahrhunderts, vor allem in Italien und Deutschland, sehen wir den Fortschritt der naturwissenschaftlichen Erkenntnis noch gebunden an die Bereitschaft fürstlicher oder städtischer Mäzene, die aufwendigen Experimente der
Gelehrten zu finanzieren. Tycho Brahe, Galilei, Kepler arbeiteten unter dem
Schutz und der Freigebigkeit weltlicher Fürsten, was bei aller materiellen
Entlastung und persönlichen Freiheit doch Abhängigkeit und Aufsicht bedeutete. Die Franzosen waren nach sozialem Stand und Lebensstil die aristo-
kratischsten unter den europäischen Wissenschaftlern und daher, zumindest
im 17. Jahrhundert, weniger dem handwerklichen Experiment als der Philosophie (Descartes, Pascal) oder der gesellschaftlichen Organisation der Wissenschaft (Peiresc, Mersenne) zugewandt. Bei den Holländern und Engländern trat dagegen die Wissenschaft als Beruf in den Vordergrund, nicht immer mit dem Zweck einer Existenzsicherung, da private Vermögen aus Landbesitz und Handel in vielen Fällen das Leben eines Privatgelehrten ermög-
lichten. Doch im Vergleich zum Hofgelehrten der absoluten Fürsten und
zum aristokratischen „savant" Frankreichs war dies ein neuer Typ von Wissenschaftler, der die Entwicklung der Naturwissenschaften in den folgenden
Jahrhunderten bestimmen sollte.

Wer die Lebensgeschichte Descartes', Newtons und Leibnizens kennt,
weiß, daß Polemiken, Eifersüchteleien, Schulstreitigkeiten dem 17. Jahrhundert eine höchst vertraute Erscheinung waren. Dennoch überrascht die Gelehrtenwelt des 17. Jahrhunderts durch die Intensität des Kontaktes, des Aus-
tausches, der regelmäßigen Kommunikation unter ihren Mitgliedern. Verfolgungen durch Kirchen und Universitäten waren ein Element, das viele Wissenschaftler zueinander finden ließ. Das Bewußtsein, nach den langen Grübe-
leien über Kopernikus endlich einen Durchbruch geschafft zu haben, trat ab
1620/30 als weiteres hinzu und machte den Gedankenaustausch trotz aller
Erstansprüche unabdingbar. Der rasche technische Fortschritt, insbesondere
in der Linsenschleiferei, tat ein übriges. Die Gelehrtenrepublik des 17. Jahrhunderts war eine Welt der Besuche und Reisen, der Gastvorträge und, vor
allem, der wissenschaftlichen Zirkel, Akademien und Periodika. Auch hier
fällt die Regionalverschiebung vom Süden nach Norden und Nordwesten ins
Auge. Noch um 1600, als Bruno verbrannt wurde, war Rom führend. Dort
gab es außerhalb der Universität ein regelmäßiges, wenn auch informelles

Gelehrtentreffen. 1609 wird daraus die berühmte „Accademia dei Lincei", galileitreu auch nach der Verdammung des Gelehrten im Jahre 1632, dieses Ereignis aber nur um kurze Zeit überlebend. Zwar übernahmen Florenz und Venedig die schwierige Aufgabe, die Stimme der Wissenschaft in einem Land der Inquisition zu Gehör zu bringen, doch der Schwerpunkt lag ab jetzt nicht mehr in Italien. Frankreich, gewiß kein Land weitgehender Toleranz und Liberalität, durch den Gallikanismus aber gegen „ultramontane" Exzesse abgeschirmt, ragt heraus durch seine zahlreichen, wahrhaft internationalen Kontakte und Gelehrtenvereinigungen.[15] Peiresc, der Parlamentsrat und Mathematiker aus Aix, korrespondierte mit etwa 500 Gelehrten in der ganzen Welt, er war „der Briefkasten Europas", seine Bibliothek und Kuriositätensammlung zog viele Besucher an. Es war bedeutsam, daß die Gelehrtenrepublik gerade um 1620/1630, als Galilei und Descartes publizierten, über eine solche Institution verfügten. In Paris blühte zur gleichen Zeit die „Académie putéane" auf, eine „interdisziplinäre", nicht auf Naturwissenschaften beschränkte Unternehmung der Brüder Dupuy, mit Kontakten zu und Besuchen aus ganz Europa, mit täglichen Kolloquien bis in die 1650er Jahre hinein. Aus diesem Kreis ging die Pariser Akademie hervor, die seit 1666 von Colbert gefördert wurde, und vor allem das ,Journal des Savants' (seit 1665), eine wissenschaftliche Zeitschrift von außerordentlichem Niveau.

Deutschland hatte dem nichts Vergleichbares entgegenzusetzen, wenngleich es an manchen Fürstenhöfen ein intensives literarisches und wissenschaftliches Leben gab, das nicht auf die Theologie beschränkt war. Kleinere wissenschaftliche Akademien – die „Societas Ereunetica" in Rostock (Joachim Jungius), das „Collegium Curiosum sive Experimentale" in Altdorf (Christoph Sturm) – hielten sich nicht lange, bis dann mit der „Leopoldinisch-Carolinischen Deutschen Akademie" in Schweinfurt (1652) und vor allem mit der „Preußischen Akademie der Wissenschaften zu Berlin" (1700) Zentren der Wissenschaft entstanden, die im 18. Jahrhundert den Anschluß Deutschlands an das internationale wissenschaftliche Leben zu sichern vermochten.[16] Leibniz (1646–1716), der Gründer der Berliner Akademie – der einzige große Beitrag Deutschlands zur Gelehrtenrepublik seit Kepler – zusammen mit Newton, aber unabhängig von ihm, der Entdecker der Differential- und Infinitesimalrechnung, darüber hinaus Universalgelehrter und Publizist von wahrhaft europäischem Zuschnitt, war keinesfalls die Spitze eines Eisberges im wissenschaftlichen Deutschland, weit mehr ein mächtiger, erratischer Felsblock in einer ansonsten ebenen, allenfalls hügeligen Landschaft.

Je mehr das Jahrhundert voranschritt, je intoleranter und repressiver es sich im Zeichen von Gegenreformation und Absolutismus gebärdete, um so stärker traten auch hier die westlichen Seefahrerstaaten in Erscheinung. Wie schon gesagt, es war sicher nicht die „protestantische Ethik", die das bewirkte, wohl aber die vom Geist der Toleranz und des nüchternen Praxisbezugs geprägte politische Verfassung dieser Länder. Die Niederlande ragten

dabei nicht durch einzelne, der römischen oder Pariser Akademie vergleich-
bare Schöpfungen heraus; „in voller demographischer, wirtschaftlicher und
intellektueller Expansion begriffen", war in diesem Land vielmehr „jede
Stadt, jede erneuerte Universität und jede berühmte Schule ... ein Herd der
Diskussion und der Erfindung" (Mandrou). Man muß sich ganz deutlich vor
Augen führen, was es für die ausländischen Wissenschaftler bedeutete, aus
ihrer Welt der Geheimnistuerei und wissenschaftlichen Camouflage in dieses
Land zu kommen – Descartes tat dies immer wieder – um hier zu diskutieren,
sich auszutauschen und mit den Häusern Boes, Maire oder Elzevier die er-
sehnte Publikation der eigenen Werke zu besprechen.

Bleibt schließlich England.[17] An dem Beginn der wissenschaftlichen Revolution des 17. Jahrhunderts nahm es, trotz Felix Gilbert, trotz Francis Bacon,
nicht eigentlich teil, doch es krönte sie mit dem Werk Isaac Newtons. Dazwi-
schen lag eine eminente Intensivierung des wissenschaftlichen Lebens in diesem Land, mit mehreren, wissenschaftsmethodisch unterschiedlichen Zentren in Cambridge, Oxford und London. 1660 wurde „The Royal Society of
London for Improving Natural Knowledge" gegründet, deren Präsident seit
1703 Newton war. 1666 folgten die ‚Philosophical Transactions', neben dem
‚Journal des Savants' zweifellos das bedeutendste wissenschaftliche Periodi-
kum Europas im 17. und 18. Jahrhundert.

c) Alphabetisierung im 17. und 18. Jahrhundert

‚Journal des Savants', ‚Transactions of the Royal Society" – das waren kühne
publizistische Unternehmungen, die sich an die Gebildeten Europas wandten. Sie hatten beachtliche Auflagen, weil Europa schon im 17. Jahrhundert
über eine stattliche Zahl von Erziehungsinstitutionen für diese Gebildeten
und ihre Kinder verfügte. Die Reformation hatte zur Vergrößerung dieser
Zahl beigetragen. Indem sie auf die persönliche Priesterschaft und die Fähigkeit jedes Gläubigen zur eigenen, kritischen Schriftauslegung verwies, „demokratisierte" sie die Bildung, setzte sie „Alphabeten" voraus, die nicht
unbedingt schreiben, wohl aber fließend lesen konnten und damit zu einer
eigenen, von keiner höheren geistlichen Autorität vermittelten Kenntnis-
nahme der religiösen Texte fähig waren.

Mehr als im Bereich der Wirtschaft und der Naturwissenschaften sind
demnach in dieser Hinsicht vom Protestantismus in ganz Europa kräftige
Impulse ausgegangen. Die zentrale Stellung der Schrift in allen seinen Konfessionen und Sekten, die seiner Lehre immanente Forderung, die alte religiöse „Bildkultur" durch eine neue „Wortkultur" zu ersetzen, waren so
mächtige Faktoren der Wirkung und des Einflusses, daß die Bildungsge-
schichte Europas hinfort von ihnen tief geprägt wurde. Selbst der nach-
tridentinische Katholizismus, der an der religiösen Erziehung durch Bilder

und Anschauung festhielt, vermochte sich ihnen nicht zu entziehen und ließ sich spätestens seit dem Beginn des 17. Jahrhunderts auch in diesem Bereich von der „Dynamik des Protestantismus" (E.W. Zeeden) erfassen. Doch schon zu dieser Zeit, so vermutet die Forschung, hatten protestantische Länder, vor allem England, die Niederlande und eine Reihe von Schweizer Kantonen, gegenüber dem katholischen Europa in der Elementarbildung ihrer Untertanen einen so großen Vorsprung errungen, daß Jahrhunderte vergehen mußten, ehe er aufgeholt werden konnte.

Freilich – auch hier sei vor allzu einfachen Schlüssen und vorschnellen Behauptungen gewarnt. Zunächst und vor allem: Woher wissen wir etwas über den Alphabetisierungsstand einer historischen Bevölkerung, wie können wir ihn messen? Bisher verfügen wir über keine, in allen europäischen Regionen überlieferte Quelle, die hierüber eine eindeutige, womöglich der Quantifizierung zugängliche Auskunft gibt. Weder Ziffern über Buchauflagen und Verlagsproduktionen noch solche über die Dichte von Schulen und anderen Bildungsinstitutionen vermögen dies zu leisten. Angaben über den Schulbesuch der breiten Bevölkerungsschichten dagegen, die gewiß sehr viel weiter helfen könnten, liegen frühestens seit dem ausgehenden 18. Jahrhundert vor. Für die gesamte Epoche der Frühen Neuzeit sind wir daher auf zufällige Quellenfunde mit direkten Hinweisen zu den Lese-, Schreib- und Rechenfähigkeiten kleiner Bevölkerungsgruppen angewiesen – so etwa die Hausvisitationsberichte in Schweden und Norddeutschland – und auf die verschiedensten kirchlichen und weltlichen Rechtsakte, die eine Unterschrift der Beteiligten verlangten und damit, entsprechend der Zahl der mehr oder weniger gelenk gemalten Kreuze oder Unterschriften, einen statistisch brauchbaren Eindruck vom Alphabetisierungsstand einer gegebenen Bevölkerung vermitteln (so z.B. die Heiratsregister in England und, in beneidenswerter Fülle, in Frankreich).

Eine zweite, wichtige Frage schließt sich an. Was meinen wir, wenn wir von Alphabetisierung sprechen? Von der Gegenwart her gesehen, ist die Antwort nicht strittig. Als alphabetisiert gilt, wer die elementaren Fähigkeiten des Lesens, Schreibens und Rechnens – die drei „R" der Engländer – beherrscht. Spätestens seit der Aufklärungsbewegung des 18. Jahrhunderts wurden in ganz Europa von den kulturellen Eliten die Weichen in Richtung auf eine Entwicklung gestellt, die diese Elementarfähigkeiten zur allgemeinen Norm, zur Norm der universellen Schriftkultur erhob. Doch wie sah es vorher aus? Dem Protestantismus, und mit ihm den säkularen Bildungsbewegungen der Renaissance und des Humanismus, ging es, wie gesagt, in erster Linie um das Lesen. Besondere Impulse in Richtung auf das Schreiben oder gar das Rechnen scheinen von ihnen nicht ausgegangen zu sein. In schwedischen Visitationsberichten[18] des 17. und 18. Jahrhunderts wurde von lutherischen Pastoren mit Akribie notiert, welche Schäflein ihrer Gemeinden *lesen* konnten. Vom Schreiben ist nicht die Rede in einer Zeit, in der dieses Land

praktisch noch über keine Elementarschulen verfügte. Für einige Bauerngemeinden der Grafschaft Delmenhorst liegen Angaben für die Zeit zwischen
1662 und 1675 vor, auch sie von lutherischen Pastoren verfaßt, auch sie allein
auf das Lesen gerichtet, das in einigen Fällen immerhin nicht nur von der
bäuerlichen Oberschicht, sondern auch von Häuslingen, Knechten und Mägden beherrscht wurde. Zur gleichen Zeit freilich setzte in wohlhabenden,
marktorientierten Bauerngemeinden der benachbarten Küstenmarsch eine
Bewegung ein, die nicht mehr allein auf das Lesen sah, sondern das Schreiben
und im weiteren Verlauf sogar das Rechnen einbezog und schon um die Mitte
des 18. Jahrhunderts zu Alphabetisierungsraten führte, die erstaunlich hoch
lagen und sich mit dem zu dieser Zeit in Europa führenden Schottland vergleichen lassen.[19] Zu Recht folgern französische Historiker aus solchen differenzierten Beobachtungen, daß die Alphabetisierung nicht als einheitlicher,
gleichmäßiger Prozeß verstanden werden darf. Das Lesen auf der einen, das
Schreiben und Rechnen auf der anderen Seite waren Fähigkeiten, die durchaus unterschiedlichen kulturellen Anlässen ihre Förderung verdankten und
durchaus unterschiedliche kulturelle Verhältnisse und Bedürfnisse spiegeln.
Gut ausgebildete Lesefähigkeiten lassen zunächst nur auf eine intensive religiöse Unterweisung schließen, was auch dadurch bestätigt wird, daß in jenen
Regionen, für die Informationen zur Lesefähigkeit vorliegen, der Abstand
zwischen Männern und Frauen nicht annähernd so groß war wie überall dort,
wo wir den Prozeß des Schreiben- und Rechnenlernens beobachten können.

Diese Techniken dagegen schritten in ihrer Entwicklung im frühneuzeitlichen Europa dort – und nur dort – spürbar voran, wo andere als religiöse
Bedürfnisse nach ihrer Anwendung riefen: in den großen Handels- und Ver-
waltungsstädten, wo Kaufleute, Richter, Beamte und Gelehrte die Schriftkultur zur „herrschenden" machten und den städtischen Mittel- und Unterschichten damit zugleich ein „ansteckendes" Bildungsmodell vor Augen hielten; in den wirtschaftlich fortgeschrittenen Regionen, wo Handel, Verkehr
und Marktbeziehungen das Schreiben und Rechnen zur Bedingung der Möglichkeit weiteren Fortschritts werden ließen; in den wohlhabenden Bauerngemeinden der europäischen „open-field"-Zonen schließlich, wo sich Marktorientierung und Prestigebewußtsein der landbesitzenden Bauern zu Bil-
dungsaktivitäten vereinigten, die nicht beim Lesen haltmachten, sondern
auch die zusätzlichen Ausgaben für den Schreib- und Rechenunterricht nicht
als überflüssige Investitionen erscheinen ließen.

Schließlich noch eine letzte, die Probleme der Alphabetisierungsforschung
beleuchtende Bemerkung. Nicht wenige Historiker betrachten den Prozeß
des Lesen- und Schreibenlernens in den traditionellen europäischen Gesellschaften so, als habe mit ihm Akkulturation erst begonnen, als sei der vorhe-
rige Zustand durch eine naturhafte „Unbildung" und Kulturlosigkeit gekennzeichnet gewesen, als sei mit Hilfe der Alphabetisierung „Ignoranz"
durch „Wissen" ersetzt worden. Die Situation der Gegenwart, herbeigeführt

von der seit dem Ende des 18. Jahrhunderts in Westeuropa machtvoll vordringenden Schriftkultur, prägt hier das Urteil und wirft ihre tiefen Schatten auf die Geschichte. Die vorangehenden Bemerkungen zum partiell sich ausbreitenden, vom Schreiben und Rechnen ganz unabhängigen, weil ganz anderen Bedürfnissen dienenden Lesen belegen schon, daß mit derart simplen Modellen nicht gearbeitet werden kann. Nicht der Wechsel von einer tiefen auf eine höhere Kulturstufe steht zur Debatte, sondern das Vordringen einer auf die Schrift sich stützenden, die Individuen aus ihren traditionellen kollektiven Solidaritäten herauslösenden Kultur in die Räume einer „oralen" Kultur. Diese beruhte auf dem direkten Gespräch, der unmittelbaren Kommunikation und wurde durch das *Lesen* noch nicht wesentlich, durch das *Schreiben* aber fundamental bedroht.

Überblickt man die noch spärliche, in den letzten Jahren jedoch mit Leidenschaft betriebene Alphabetisierungsforschung,[20] so ergeben sich für Mittel- und Westeuropa einige Aussagen, die auch in einer einführenden Betrachtung der frühneuzeitlichen europäischen Geschichte Erwähnung verdienen. Es ist bekannt, daß der Prozeß der Alphabetisierung in vielen Ländern Europas im Verlauf des 19. Jahrhunderts spürbare Fortschritte machte und gegen Ende dieser Epoche – mit großen regionalen Unterschieden freilich – zu einem gewissen Abschluß kam. Die neueren Forschungen zu Frankreich und England haben nun gezeigt, daß wir dem 19. Jahrhundert und seinen beachtlichen Leistungen bei der Einführung und Verbreitung des Elementarschulwesens dabei nicht alle Lorbeeren zuerkennen dürfen. Schon im 17. und 18. Jahrhundert lernten in Europa große Bevölkerungsgruppen das Lesen und das Schreiben, die Alphabetisierung war zu einem erheblichen Teil eine Errungenschaft der Frühen Neuzeit. Um 1750 konnten von den erwachsenen Männern in Frankreich gut ein Drittel, in England mehr als die Hälfte, in Schottland und in den wohlhabenden Küstenmarschen Norddeutschlands etwa drei Viertel lesen und schreiben. Freilich: blickt man auf die regionale Vielfalt und die soziale Differenziertheit des frühneuzeitlichen Europa, so besagen solche nationalen Durchschnittswerte wenig. Für Frankreich gilt als erwiesen, daß die „alten Eliten" des Ancien Régime schon im 17. Jahrhundert vollständig alphabetisiert waren und daß ihre bevorzugten Wohnräume – die alten regionalen Verwaltungs- und Gerichtszentren – noch in der ersten Hälfte des 19. Jahrhunderts ihren gewaltigen Vorsprung gegenüber den aufstrebenden Industriestädten und vor allem gegenüber den rückständigen Agrarprovinzen der Mitte, des Westens und des Südwestens bewahrten. Im 18. Jahrhundert hat man für Frankreich „spektakuläre Gewinne" bei den Kaufleuten, Kleinhändlern, Handwerkern, Pächtern und besitzenden Bauern errechnet – bei all jenen Schichten also, die allmählich in den Dynamisierungsprozeß einer wachsenden Marktwirtschaft einbezogen wurden. „Das Frankreich", das jetzt lesen und schreiben lernte, war „das Frankreich des ‚open-field', der hohen Agrarproduktivität, der Dörfer und Bauerngemeinden, denen es gut" ging (Furet/Ozouf). Erst im 19. Jahrhundert kamen die Lohnarbeiter auf dem Lande und in der Stadt hinzu.

Fallen für Frankreich im Prozeß der Alphabetisierung die regionalen Ungleichheiten auf, die den schon im 18. Jahrhundert hochentwickelten Nordosten von den großen Provinzen südlich und südwestlich der Linie Saint-Malo/Genf abheben und die zugleich erhebliche soziale Ungleichheiten spiegeln, so sind für das – weit weniger gut erforschte – England vor allem chronologische Ungleichmäßigkeiten nachgewiesen. Zwischen 1530 und 1680 wurden in England nicht nur die adeligen und bürgerlichen Oberschichten, sondern auch die Händler und Handwerker, die großen und kleineren Landwirte (yeomen und husbandmen) erfaßt. Zu Beginn des 18. Jahrhunderts, d. h. am Ende einer langen, im Zuge der „great rebellion" akzelerierenden Bildungsexpansion, lagen sie alle auf einem Alphabetisierungsniveau zwischen 70 und 100%. Weit unter ihnen, aber immerhin noch bei etwa 45%, waren die Arbeiter und das Gesinde angesiedelt. In allen Schichten auf ihren unterschiedlichen, insgesamt sehr hohen Plafonds trat nun im 18. Jahrhundert eine Stagnation ein, ja für die Landwirte und lohnabhängigen Unterschichten sind deutliche Rückschritte auszumachen. Offensichtlich wirkte sich die vielgepriesene „politische Stabilität" Englands im 18. Jahrhundert hemmend auf den Fortschritt der Elementarbildung aus und trug dafür Sorge, daß der Nachbar Schottland nun seinen um 1800 sichtbaren Vorsprung erringen konnte. Erst ab 1780 kam es auch in England, angestachelt durch die Konkurrenz zwischen anglikanischer Staatskirche und den „dissenters" um die erzieherische Kontrolle der Menschen, befördert auch durch die Industrialisierung, zu einem neuen „outburst of activity" (L. Stone) in der Elementarbildung und damit zur letzten Etappe auf dem Wege zur vollen Alphabetisierung.

Suchen wir die treibenden, an der Ausdehnung der Lese- und Schreibfähigkeiten interessierten Kräfte zu fassen, so sind sie im Grunde schon benannt worden. Kirche, Staat und Wirtschaft lassen sich pauschal als solche bezeichnen – die Kirche, der es um aktive Beeinflussung der Gläubigen durch Katechismen, Reskripte und Predigttexte ging, der Staat, der an Gehorsam gegenüber Gesetz und Verordnung interessiert war, die Wirtschaft, deren Dynamik nach lesenden, schreibenden und nicht zuletzt auch rechnenden Menschen verlangte. Weniger deutlich, weil in jeder einzelnen Region durch sorgsame (und leider nur selten mögliche) empirische Erhebungen herauszuarbeiten, sind die Wege, auf denen sich der Prozeß der Alphabetisierung vollzog. Naturgemäß kommt hier der Schulgeschichte eine große Bedeutung zu. Die französischen Forschungen zeigen freilich, daß allzu einfache Gleichungen nicht aufgehen. Das Bedürfnis nach zunehmender Ausbildung wurde nicht durch die Schule geweckt, sondern von ihr – in regional sehr unterschiedlicher Form – befriedigt. „Die Schule war nicht das Herz, sondern die Form der Alphabetisierung". (Furet/Ozouf) Wie schon mehrfach betont, war die

Schule im Verlauf der Frühen Neuzeit zunächst am Prozeß des *Lesen*lernens kaum beteiligt. Wo sich Städte, Regionen und Gemeinden dann den Aufwand eines *Schreib-* und *Rechen*unterrichts leisteten, stellte die Elementarschule sicher den wichtigsten Schritt zur Befriedigung dieses aus der allgemeinen politischen und wirtschaftlichen Situation erwachsenen Bedürfnisses dar. Daß ohnehin schon rückständige Provinzen – in Frankreich etwa das Zentralmassiv, die Bretagne, der Südwesten – dabei nicht mithielten, belegt zur Genüge, wie wenig wir in der Frühen Neuzeit mit einer eigenständigen Dynamik der Schulbewegung rechnen dürfen. Die Entwicklung der Marktverhältnisse und der agrarischen Produktivität sowie des Stadt-Land-Verhältnisses setzten hier dem Prozeß der Alphabetisierung seine deutlichen Grenzen.

Vor allem den Stadt-Land-Gegensatz gilt es für die Frühe Neuzeit zu beachten. Gewiß ist richtig, wenn von Kirche, Staat und Wirtschaft als an der Alphabetisierung interessierten Kräften gesprochen wurde. „Treibende" Kräfte konnten sie jedoch nur insofern werden, als die „kulturellen Eliten" in den Städten die Normen der neuen Schriftkultur bereits in sich aufgenommen hatten und bereit waren, sie weiterzugeben und zu tradieren. Für französische Provinzhauptstädte des Ancien Régime ist minutiös nachgewiesen, daß ihre Mittel- und Teile ihrer Unterschichten im 18. Jahrhundert stärker alphabetisiert waren als sozial höherstehende Bauern und Landadelige in städteferneren Regionen. Ebenso bedeutsam erscheint die etwa für Caen statistisch erwiesene Beobachtung, daß die Städte im Ancien Régime aus dem Bauerntum des Umlandes vor allem jene anzogen und zur Immigration einluden, die auf dem Wege zur Alphabetisierung bereits ein Stück zurückgelegt hatten. „L'Alphabétisation est tout justement l'histoire de la pénétration d'un modèle culturel élitiste dans la société." (Furet/Ozouf)

Daß sich die Durchsetzung dieses Modells nicht in linearen, von einem bestimmten Zeitpunkt an unaufhaltsamen Bewegungen vollzog, ist von der Forschung mit aller Deutlichkeit nachgewiesen worden. Vor allem in der Frühen Neuzeit muß, wie Frankreich belegt und Italien, Spanien und sicher auch Deutschland bestimmt belegen könnten, mit erheblichen regionalen Unterschieden gerechnet werden. Dies um so mehr, als nicht in allen Städten und allen Teilen der kulturellen Eliten ein Bewußtsein von der Notwendigkeit einer Ausdehnung der Elementarbildung vorhanden gewesen ist. Alphabetisierung der städtischen und ländlichen Unterschichten, Alphabetisierung auch der Frauen konnte als Bedrohung, als Weckung emanzipatorischer Bedürfnisse verstanden werden und wurde hier und dort auch so verstanden. Die europäische Aufklärung, wie keine Bildungsbewegung zuvor auf das Lesen und Schreiben angewiesen, hat recht despektierliche Äußerungen großer Gebildeter über die Notwendigkeit und den Wert einer breiten allgemeinen Volksbildung hinterlassen. Die Angst vor Bauern, die politische Pamphlete lesen, statt ihren Acker zu bestellen, war verbreitet und wurde formuliert. Zudem muß beachtet werden, daß elementare Lese- und Schreibfähigkeiten noch nicht „Bildung" bedeuteten, wie sie von den kulturellen Eliten definiert wurde, sondern einen ersten Zugang eröffneten. Mit Recht betonen die französischen Historiker, daß einfache katholische Landpfarrer in dieser Hinsicht im 18. Jahrhundert ein gewichtigeres und härteres Stück Arbeit geleistet haben als die berühmten Mitglieder des „high enlightenment" oder mancher aufgeklärte Intendant. Diese liebten es – teils besorgt, teils voll Spott – auf die hohen Analphabetenraten in ihren Ländern hinzuweisen. Ihre eigenen Schriften trugen aber nur insofern zum Prozeß der Alphabetisierung bei, als sie diese voraussetzten und die kulturellen Eliten mit Ideen und Informationen versorgten, die sich – anders als im Humanismus – von ihrer Dynamik her nicht mehr als Bildungsgut kleiner Elitenzirkel eingrenzen ließen.

Insgesamt wird man daher auch der europäischen Aufklärungsbewegung einen gewichtigen, freilich mehr indirekt wirksamen Beitrag zur Alphabetisierung zuerkennen müssen. Sie produzierte „Schriftliches" in bis dahin nicht gekannten Ausmaßen. Sie „demokratisierte" Bildung auch dann, wenn ihrem Hochmut nichts ferner lag als das. Sie war nicht nur „high", sondern auch „low enlightenment",[21] eine Bewegung kleiner Schreiberlinge und Pamphletisten, deren unzählige Schriften geschrieben, gedruckt, verkauft und hier und dort wohl auch gelesen wurden. Sie speiste die europäischen Regierungen mit „aufgeklärtem Verwaltungspersonal", das die Bedeutung des Lesens und Schreibens für die Rationalisierung der Regierungskunst einzuschätzen wußte und begriff, daß Alphabetisierung nicht nur politische Emanzipation, sondern auch soziale Integration, Heranführung auch des entferntesten, störrischsten Untertanen an die Weisheit von Gesetzen und Verordnungen bedeuten konnte. Sie führte, alles in allem, einen machtvollen Feldzug für die universelle Schriftkultur und drängte wie keine Bildungsbewegung zuvor die „orale" Kultur zurück.[22]

2. Wandel in Wirtschaft und Gesellschaft

a) Das Ausgreifen Europas auf die Welt

Erst hier, bei der Betrachtung wirtschafts- und sozialgeschichtlicher Wandlungen in Europa, ein Wort über die „Entdeckungen", über die Erschließung der Welt durch Europa? Widerspricht das nicht aller guten Tradition, wie sie in Hand- und Schulbüchern seit langem gepflegt wird? Geschieht hier nicht Kolumbus, Magellan, Bartholomäus Diaz und all ihren Vorgängern und Nachfolgern Unrecht, die schon im 15. Jahrhundert und dann, verstärkt und unaufhaltsam, im 16. Jahrhundert von den Höfen und Handelszentren Europas aus nach Osten und Westen ausschwärmten, um die Welt für Europa verfügbar zu machen? Gebührt der Entdeckung Amerikas und eines Seefahrtsweges nach Ostindien nicht ein angemessener Platz in einer „Einführung"? Denn hier handelt es sich doch um Ereignisse, die Adam Smith schon 1776 die „beiden größten und wichtigsten" genannt hat, „die in der Geschichte der Menschheit festgehalten wurden".

Ohne Frage – das Ausgreifen Europas auf die übrige Welt seit dem ausgehenden 15. Jahrhundert war unendlich viel mehr als nur die Erschließung neuer Handelswege, neuer Importmöglichkeiten und Exportmärkte. Im Mittelalter nur mit der islamischen und byzantinischen Welt in wirklich fruchtbaren Kontakt geraten, trat die europäische Zivilisation jetzt zum erstenmal deutlich aus ihren bisherigen Grenzen heraus, überwand nach Westen den Atlantischen Ozean, erforschte nach Süden die Küsten des geheimnisvollen afrikanischen Kontinents, umging nach Südosten den beschwerlichen und häufig blockierten Landweg, fand die erträumte Seeroute und machte sie für Jahrhunderte zum alltäglichen Verkehrsweg für die begehrten fremdländischen Gewürze und Früchte. Dabei machte sie Erfahrungen, schloß Kontakte, sammelte Kenntnisse, übte Organisationsformen ein, die weit über alle bislang bekannten Horizonte hinausreichten. Schon lange vor Adam Smith wurde das von europäischen Beobachtern erkannt und in teils überschwenglichen, teils nüchtern berichtenden Schriften niedergelegt.

Manchem dieser Beobachter entging freilich nicht, daß viele Europäer dazu neigten, das weltgeschichtliche Ereignis der Entdeckungen recht einseitig zugunsten und zum Nutzen Europas zu interpretieren. Schließlich waren die Inseln und Kontinente Amerikas von Europa entdeckt, nicht dieses von wagemutigen Seefahrern der Azteken, Inkas oder Mayas! Was lag daher näher, als daß Europa den Völkern im Westen und Osten die Werte und Segnungen der europäischen Zivilisation nahebrachte, die Grenzen des eigenen Kontinents gleichsam in die neuentdeckten Räume hinein ausdehnte? Und vor allem – war es nicht verständliich und in der Ordnung, daß die Europäer größtmöglichen materiellen Nutzen aus ihrer Tat zogen, zu der nur sie fähig gewesen waren, unter der Anleitung ihres Glaubens und ihres Gottes, von denen man in der Neuen Welt nicht einmal etwas wußte? Und mußten die Völker dieser Welt nicht Opfer bringen, konnte ihnen nicht sogar Raub und Plünderung zugemutet werden, wenn sie dafür in den Besitz des einzigen wahren Glaubens versetzt wurden?

Daß solche Einstellungen und Sehweisen im Verlauf der Frühen Neuzeit von kritischen Kommentatoren gelegentlich mißbilligt und mit dem Blick auf den humanen und moralischen Aspekt der Entdeckungen verurteilt wurden, zählt sicher zu den Aktivposten der Bewältigung dieses Vorgangs auf seiten der Europäer. Wesentlich beeinflußt wurde die Geschichte der wechselseitigen Begegnung zwischen der Alten und der Neuen Welt dadurch nicht. Für die Minorität von Europäern, die das Ausgreifen Europas auf die Welt überhaupt bemerkte und als Entdecker, als Kaufmann, als Missionar und Beamter damit zu tun hatte, ist die einseitige Nutzung und Deutung dieses Vorgangs selbstverständlich geblieben. Mit großer intellektueller und physischer Energie, mit viel Organisationstalent und beachtlicher Lernfähigkeit, mit persönlichem Mut und hoher Risikobereitschaft, aber auch mit Arroganz, Brutalität und Rücksichtslosigkeit ging sie seit Beginn des 16. Jahrhunderts ans Werk, um die seit langem erwarteten, dazu aber auch noch viele unverhoffte Früchte des Unternehmens zu ernten.

Fünf Nationen traten im Verlauf der Frühen Neuzeit als Kolonisationsmächte hervor. Vier von ihnen – die Portugiesen, die Spanier, die Holländer und die Franzosen – blieben dabei eigentlich immer der einzigen Frage verhaftet, auf welche Weise möglichst großer Nutzen für die Heimat aus dem Ereignis zu ziehen sei. Allein die Engländer wurden auf dem nordamerikanischen Kontinent, der ihnen nicht die erhofften Bodenschätze und Arbeitskräfte bescherte, mit weiterreichenden, aus Europa hinausweisenden Fragen konfrontiert. Gleichwohl wandten auch die vier anderen Mächte, die dem späteren englischen Weltreich an so vielen Stellen den Weg ebneten, durchaus unterschiedliche Formen und Methoden der Eroberung und Erschließung der neuentdeckten Räume an. Ein kurzer Blick auf diese Formen und Methoden und damit auf den Verlauf der ersten Jahrhunderte europäischer Kolonialgeschichte[23] erscheint unerläßlich, wenn man ihre Rück- und Auswirkungen auf Europa selbst verstehen will.

Der Prozeß und die Methoden der Kolonialisierung

Die außerordentlich schnelle und erfolgreiche Entwicklung des spanischen Kolonialreichs im Westen hat ein wenig den Blick dafür verstellt, daß, im Sinne der ursprünglichen Planungen und Intentionen, die Portugiesen zwischen 1500 und 1650 die erfolgreichste Kolonialmacht Europas waren. Der Blick aller seefahrenden und handeltreibenden europäischen Staaten war ausschließlich gen Osten gerichtet. Was Kolumbus im Westen fand und was er bis zum Ende seiner vierten Fahrt (1502–1504) zu überwinden trachtete, um auf dem Westweg endlich zum erstrebten Ziel im Osten zu gelangen, wurde als Hindernis empfunden. Die Portugiesen dagegen gelangten in planmäßigen, wohlgeordneten Schritten an ihr Ziel. Nach der schrittweisen Erschließung der afrikanischen Westküste, der erfolgreichen Umschiffung des Kaps der Guten Hoffnung und der Überquerung des Indischen Ozeans (1498 durch Vasco da Gama) waren alle Voraussetzungen für das lang geplante Vorhaben geschaffen: die Ersetzung des Landweges durch eine schnelle und sichere Seeroute, die zudem den unschätzbaren Vorteil bot, daß die Portugiesen zum erstenmal direkt mit den Völkern Indiens und Ostasiens in Handelsbeziehungen traten. Das berühmte portugiesische „Modell" der Kolonialisierung entsprach den pragmatischen, handelspolitischen Zielsetzungen ihrer Entdeckungsfahrten: An beiden afrikanischen Küsten, an denen Vorder- und Hinterindiens, an den Küsten der indischen Inselwelt und schließlich Chinas wurde in der ersten Hälfte des 16. Jahrhunderts eine Kette von Handels- und

Flottenstützpunkten angelegt, die einen direkten Handelsweg von Lissabon bis Japan ergaben. Von ihm aus wurde nun der Gewürz- und Drogenhandel organisiert, mit großer Konsequenz und einem beachtlichen Tempo, das nur dadurch erklärbar wird, daß die Portugiesen hier nichts Neues schufen, sondern an die Stelle der Araber, der bisherigen Handelspartner der asiatischen Völker traten. Große Gebiete wurden nicht erobert, die bestehenden politischen sozialen Systeme nicht angetastet, die „Conquista" ergriff hier, wie Chaunu gesagt hat, nicht das Land, sondern nur das Meer, nicht die Menschen, sondern nur die Beziehungen zwischen ihnen. Wenn im asiatischen Raum portugiesische Herrschaft spürbar wurde, so nur in den erwähnten Flottenstützpunkten an den Küsten, wo das portugiesische Kolonialreich in Goa seine Hauptstadt, in Malakka seinen zentralen Handelsumschlagsplatz erhielt. Die einzige ausgedehnte Territorialherrschaft, die im asiatischen Raum errichtet wurde – die über die Philippinen – war nicht das Werk der Portugiesen, sondern der Spanier, die sich damit trotz der vertraglichen Abmachung von Zaragoza (1529) im kolonialen Interessengebiet Portugals hatten festsetzen können.

Ganz anders dagegen das Bild im Westen! Die „zufällige" Entdeckung der brasilianischen Küsten durch Cabral (1500) führte dazu, daß Brasilien ein portugiesisches „Einsprengsel" in einer ansonsten spanisch geprägten Kolonialwelt wurde. Als die Spanier den Wert ihrer amerikanischen Kolonien erkannt und damit ihre ursprüngliche Enttäuschung über den Verlauf der Entdeckungen vergessen hatten, gingen sie gleichfalls mit großer Konsequenz und eindeutiger handels- und wirtschaftspolitischer Zielsetzung an das Werk der Erschließung. Sie zeigten Europa, „wie eine mächtige europäische Siedlungskolonie jenseits des Atlantiks errichtet werden konnte; wie ein derartiges Reich beherrscht werden und beachtliche wirtschaftliche und finanzielle Gewinne abwerfen konnte".[24] Auf dem Weg der „Conquista" wurden die Inselwelt des amerikanischen Mittelmeeres und das riesige Landgebiet zwischen Neu-Mexiko im Norden und Chile im Süden durchzogen und teilweise unterworfen. Bei der Sicherung dieses Unternehmens wurden dann Verfahrensweisen angewandt, die man zu Recht als „spanisches Modell" der Kolonialisierung bezeichnet hat. Dort, wo Bodenschätze, vor allem Edelmetalle, gefunden wurden, setzten die Spanier einen Strom der Einwanderung aus dem spanischen Mutterland in Gang. Begünstigt durch das Zurückweichen der einheimischen Indianerbevölkerung, der Azteken und Inkas, die die Fremdherrschaft hinnahmen und sich auch der allmählichen Assimilierung nicht widersetzten, erhielten Mexiko (Neu-Spanien) und Peru auf diese Weise eine verhältnismäßig dichte spanische Oberschicht und mit ihr zahlreiche Institutionen und Lebensformen des Mutterlandes. Im Gegensatz zu den Portugiesen in den indischen Handelsstützpunkten, die in der Mehrzahl nur vorübergehend in den Kolonien lebten, wurde im Westen aus den spanischen Einwanderern schnell eine auf Dauer seßhafte neu-spanische Bevölkerung.

Diese „Kreolen" blieben politisch, wirtschaftlich und administrativ völlig von Spanien abhängig, solange das Mutterland in der Lage war, den Kolonialisierungsprozeß im Griff zu halten.

In den übrigen Territorien der spanischen „Conquista" – auf der Inselwelt, in Neu-Mexiko, Texas, Kalifornien, Florida, in Chile, Paraguay und im südlichen Peru – sah das spanische Vorgehen zunächst völlig anders aus. Der Wert dieser Kolonien, in denen keine Edelmetalle gefunden wurden, erschien den Spaniern gering; die klimatischen Bedingungen erwiesen sich als schwierig, selbst dort, wo eine Nutzung von Bodenschätzen gute Aussichten zu haben schien, fehlten die nötigen einheimischen Arbeitskräfte. Diese Gebiete wurden von Spanien aus zunächst nur dünn besiedelt, die einheimische Indianerbevölkerung blieb weitgehend sich selbst überlassen, spanischer Einfluß überwog nur in einer Reihe von militärischen Stützpunkten und vor allem in den zahlreichen Missionsstationen.

Die Kolonialisierung Brasiliens durch Portugal entsprach in der ersten Phase zunächst dem Vorgehen der Spanier in ihren wirtschaftlich unattraktiven Kolonien. Bis zum Ende des 17. Jahrhunderts verbargen sich die beachtlichen Edelmetallvorkommen des Landes; die brasilianischen Ureinwohner waren für regelmäßige landwirtschaftliche Arbeiten nicht einsetzbar. So wird verständlich, daß Brasilien bis 1530 in den Augen der Portugiesen zunächst ausschließlich ein Sicherungsfaktor im Ostindienhandel blieb. Und auch die ersten Schritte zur ernsthaften Kolonialisierung des Landes nach 1530 standen noch sehr deutlich unter diesem Gesichtspunkt. Erst im Verlauf des 16. Jahrhunderts erwiesen sich dann die verschiedenen Farbhölzer Brasiliens als wichtiger Nutzfaktor, den bald schon der systematische Anbau von Zuckerrohr an Bedeutung übertraf. Und mit dem Zuckerrohr bildete sich die große Besonderheit der portugiesischen Kolonialisierung in Amerika heraus. Das Zuckerrohr war keine in Amerika heimische Pflanze, sie wurde aus dem Mittelmeer, von den Azoren und Madeira nach Brasilien und in die spanische Inselwelt eingeführt. Für ihren ertragreichen Anbau auf großen Plantagen standen zwar genügend Ländereien, nicht aber, wie sich nach kurzen, leidvollen Experimenten mit den Indianern herausstellte, Arbeitskräfte zur Verfügung. Für eine Masseneinwanderung aus Portugal reichte die generative Leistungsfähigkeit des Mutterlandes nicht aus. So besannen sich die Portugiesen auf ihre bis dahin wenig profitablen afrikanischen Besitzungen, führten schwarze Arbeitskräfte nach Brasilien ein und bescherten dem ganzen Kontinent damit das bis zur Gegenwart fortwirkende Sklavenproblem.

In einer Hinsicht wiesen die portugiesische und spanische Kolonialisierung gemeinsame Züge auf, die das Vorgehen dieser Mächte von ihren späteren europäischen Nachfolgern unterschied: Der Staat, die iberischen absoluten Monarchien, organisierte nicht nur die Entdeckungsfahrten, sondern übertrug auch seine absolute und zentralistische Herrschaft auf die entstandenen Kolonialreiche. Besonders spürbar wurde dies in den ausgedehnten Kolonien der Spanier. Sie wurden von Madrid aus wie „Schwesterkönigreiche" (Fieldhouse) Kastiliens behandelt. Ein in Sevilla errichtetes Handelshaus, die portugiesischen Vorbildern entlehnte „Casa de la Contratación", faßte die am Kolonialhandel interessierten Kaufleute zusammen, erhielt das Monopol, war zur Abgabe des fünften Teils der Handelsgewinne an die spanische Krone verpflichtet und herrschte zumindest im 16. Jahrhundert unumschränkt über den „Atlantik Sevillas" (Chaunu). Das sevillanische Monopol kam der Krone wie den Handelsherrn entgegen. Mit seiner Hilfe ließen sich alle Vorgänge des schnell sich entfaltenden Westindienhandels kontrollieren. Schiffskonvois konnten wirksam organisiert, die Einflüsse ausländischer Interessenten zurückgedrängt, das Piratenwesen in Zaum gehalten und die Finanzinteressen der Krone direkt zur Geltung gebracht werden. Seit den 1520er Jahren freilich stand der Casa eine weitere Institution zur Seite: der Indienrat („Consejo Real y Supremo de las Indias"), eine Spezialsektion des königlichen Rates. Es steht fest, daß er seine Entstehung (1524) dem Bedürfnis der Krone verdankte, die Aktivitäten der Casa zu überwachen. Im Verlauf des 16. Jahrhunderts gewann im Indienrat mit den dem niederen Adel und dem Bürgertum entstammenden „letrados" – juristisch gebildeten Beamten, deren sozialer Aufstieg von der spanischen Aristokratie der Granden mit Haß und Eifersucht verfolgt wurde – eine Gruppe an Einfluß, die in der Tat ein Gegengewicht zu den Monopolherren Sevillas bildete und zum Beispiel Sorge dafür trug, daß die Stimme de las Casas nicht ungehört verhallte.

Im Westen selbst wurden Institutionen aufgebaut und genutzt, die trotz aller sozialen Spannungen und Gegensätze zwischen dem Mutterland und der kreolischen Bevölkerung über drei Jahrhunderte die Dominanz spanischer Verwaltung und Rechtsprechung sicherstellten: je ein Vizekönigtum für Neu-Spanien und Peru sowie die den französischen „parlements" vergleichbaren „Audiencias" (10 am Ende des 16. Jahrhunderts, 13 am Ende des 18. Jahrhunderts).

Auch Portugal wandte zur Ausbeutung seiner Kolonien das Monopolprinzip und die direkte Staatskontrolle mit Entschiedenheit an. Entsprechend seiner ganzen Ausrichtung auf den asiatischen Raum war die portugiesische „Casa da India" schon nach der Rückkehr Vasco da Gamas zur zentralen Oberbehörde für den Handel mit Afrika und Asien geworden. Da für Portugal jedoch der Gedanke der Herrschaft über koloniale Länder niemals ein so großes Gewicht erhielt wie für Spanien, ist die Entwicklung der portugiesischen Kolonialisierung in den folgenden Jahrhunderten nicht vollständig mit der Spaniens zu vergleichen. Sowohl in Asien als auch in Brasilien waren die wirtschaftlichen und finanziellen Gewinne der vorherrschende Gegenstand des portugiesischen Interesses; weder die Frage der Besiedlung, noch die der Schaffung von Verwaltungs- und Rechtsinstitutionen bekam demgegenüber ein besonderes Gewicht. Die Grundzüge der portugiesischen Kolonialverwaltung waren einfacher als die Spaniens, wenn auch die portugiesischen

Vizekönige in Goa und Brasilien direkt von der Krone abhingen. Wo portugiesische Siedler ansässig wurden, insbesondere in Brasilien, gewannen sie sehr bald eine größere Unabhängigkeit vom Mutterland als die Kreolen, selbst das portugiesische Handelsmonopol funktionierte niemals in ähnlich perfekter Weise wie das spanische, so daß auch westeuropäische Kaufleute in die portugiesischen Handelsbeziehungen eindringen konnten.

Es ist hier nicht der Ort zu analysieren, aus welchen Gründen die iberischen Kolonialreiche, die im 16. und frühen 17. Jahrhundert so eindrucksvoll das Ausgreifen Europas auf die Welt belegen, seit der Mitte des 17. Jahrhunderts stetig an Glanz und politischer Stärke, wenn auch niemals völlig an wirtschaftlicher und finanzieller Bedeutung verloren. Jedenfalls standen seit Beginn des 17. Jahrhunderts die drei westeuropäischen Seemächte bereit, um ihrerseits in den Prozeß der Kolonialisierung einzutreten und dabei auch, Schritt für Schritt, den Einfluß der iberischen Monarchien zurückzudrängen. Obwohl im Zeitalter des Merkantilismus in allen drei Ländern ein erhebliches staatliches Interesse an der kolonialen Expansion bestand, gewannen und beanspruchten die staatlichen Institutionen doch zunächst nirgends jenen universellen Einfluß auf die Erschließung der Neuen Welt, wie sie ihn in Portugal und vor allem Spanien errungen hatten. Das Eindringen der Franzosen, Niederländer und Engländer in den nordamerikanischen Kontinent, die französische Kolonialisierung einiger Teile der westindischen Inselwelt, Nord- und Schwarzafrikas, schließlich auch das mit dem 17. Jahrhundert einsetzende Vordringen aller drei Mächte in den Indischen Ozean beruhte im wesentlichen auf Aktivitäten, die von privaten Händlern und Siedlern und, nach den ersten Erfolgen, von großen west- und ostindischen Handelskompanien unternommen wurden. Diese „chartered companies" waren der originelle Beitrag Westeuropas zum Prozeß der Auf- und Erschließung der Welt.[25] Zumeist unter interessierter Duldung der europäischen Staaten gegründet, agierten sie zunächst verhältnismäßig unabhängig von diesen, am wenigsten sicher in Frankreich, das nicht umsonst eine absolute Monarchie war, am meisten bestimmt in den Niederlanden, wo die „Generalstaaten" nicht nur in dieser Frage keinen wirksamen, die mächtigen Einzelprovinzen zurückdrängenden Einfluß zu gewinnen wußten. Und doch spielten Privilegien und Monopole in der Geschichte der Handelskompanien eine ausschlaggebende Rolle, ja, je weiter sie ausgriffen, je größer die Räume wurden, die sie beherrschten, je umfangreicher die Handelsvolumen, die sie zu bewältigen hatten, um so stärker spielten staatliche Institutionen und Interessen in ihre Existenz und Politik hinein.

Die Liste der westeuropäischen Handelskompanien, die von einigem Bestand waren, ist lang und eindrucksvoll: 1600 Englische Ostindienkompanie; 1602 Holländische Ostindienkompanie; 1606 Englische Virginia Kompanie; 1614 Holländische Nord Kompanie; 1621 Holländische Westindien Kompanie; 1635 Französische Kompanie der Inseln Amerikas; 1642 Französische

Orient Kompanie; 1664 Französische Indien Kompanie; 1669/70 Französische Nord Kompanie; 1672 Englische Afrika Kompanie. Holländische Kaufleute, die nicht das Glück hatten, in eine der in ihrem Land bestehenden Kompanien aufgenommen zu werden, schwärmten über Europa aus und trugen z. B. dazu bei, daß in Schweden und in Brandenburg Ostindienkompanien gegründet wurden. Von der unterschiedlichen Stärke des jeweiligen Staatseinflusses abgesehen, waren die nationalen Handelsgesellschaften einander nach Zielsetzung und Organisationsform sehr ähnlich. Ihre Gründung diente zunächst dem Ziel, den Wettbewerb zwischen den Kaufleuten des eigenen Mutterlandes zu beenden. Vor allem in den drei großen Ostindienkompanien mit ihrer Ausrichtung auf die attraktiven östlichen Märkte kam dieser Wille deutlich zum Ausdruck. Nicht Landerwerb, sondern Kapitalgewinn stand im Vordergrund, als Mittel dazu diente das Handelsmonopol zwischen den asiatischen Besitzungen und dem Mutterland. Besonders in Holland und England kam das Kapital der Gesellschaften weitgehend aus privater Hand; die von Colbert angeregte und geförderte Französische Kompanie von 1664 war dagegen von vornherein auf erhebliche Subventionen des Staates angewiesen. Aktive Förderer und Organisatoren der Kompanien waren naturgemäß die Kaufleute in den großen Handelszentren des europäischen Kontinents, doch im weiteren Kreis der passiven Mitgliedschaft finden wir auch Adelige, die hier einen Teil ihrer Grundrente investierten, Beamten der Fürstenhöfe, selbst Handwerksmeister und andere Stadtbewohner.

Durch diese Institution wurde die zweite Phase des europäischen Ausgreifens auf die Welt bestimmt, die man auch die nach-iberische Phase nennen könnte. Mit ihrer Hilfe drängten Holländer und Engländer die Portugiesen im asiatischen Raum zurück, ja, weiteten deren bisherige Einflußzonen noch aus; durch sie behielt das koloniale Geschehen, mit der Ausnahme der englischen Siedlungsbewegung in Nordamerika, bis zum Siebenjährigen Krieg (1756 bis 1763) seinen vorherrschend kaufmännisch-handelspolitischen Charakter. Erst jetzt wurden die Kolonien, in deren Verwaltung und Erschließung nun immer mehr die Staaten selbst eingriffen, zum Gegenstand weitgesteckter politischer Ambitionen, erst im 19. Jahrhundert wurden sie so organisiert und in das von Europa bestimmte politische Geschehen integriert, daß sich das Ausgreifen Europas auf die Welt zur Herrschaft Europas über die Welt ausweiten konnte.

Die Auswirkungen auf Europa

Kritische Zeitgenossen haben die Europäer schon am Ende des 18. Jahrhunderts vor der Gefahr gewarnt, „alle größeren Wandlungen in der modernen europäischen Geschichte auf die Entdeckung Amerikas zurückzuführen".[26] Nicht zufällig begann man gerade in der Umbruchphase der Französischen Revolution mit eindringlichen Untersuchungen über die Frage, ob die Entdeckung Westindiens der Menschheit Nutzen oder Schaden zugefügt habe. Ein unbekannt gebliebener Autor beantwortete eine dementsprechende Preisfrage der Académie Française im Jahre 1788 unter anderem mit folgender provozierender Gegenfrage: „Wenn jene Europäer, die ihr Leben der Entwicklung der Quellen Amerikas widmeten, statt dessen in Europa beschäftigt worden wären, bei der Rodung von Wäldern, im Straßen-, Brücken- und Kanalbau, hätte Europa dann nicht in seinem eigenen Schoß die wichtigsten Dinge gefunden, die es aus Amerika einführt, oder etwas Vergleichbares? Und welche riesige Menge an Produkten hätte der Boden Europas nicht hergegeben, wenn er auf jenen Kultivierungsstand gebracht worden wäre, zu dem er fähig ist?"

Diese Fragen bildeten um 1788 einen interessanten Kontrapunkt zu den optimistischen Behauptungen eines Adam Smith. Sie offenbarten die skeptische Sicht eines ganz und gar dem Kontinent zugewandten Europäers, der sich nicht darauf verlassen wollte, daß abstrakte ökonomische Gesetzmäßigkeiten allein jenen Wandel bewirken würden, der für Europa notwendig war, der vielmehr den konkreten Einsatz menschlicher Arbeitskraft mit bedachte, von dem die Entwicklung des alten Kontinents abhängen würde. Wenn er mit seinem Traktat den Preis der Französischen Akademie gewann, so zeigt dies, daß er mit seiner Ansicht nicht allein stand. Zweifelhaft erscheint jedoch, ob seine skeptischen Fragen, sofern sie sich allein auf den materiellen Nutzen der Entdeckungen für Europa bezogen, wirklich berechtigt waren. Auch heute noch, nachdem manch überschwengliche Europazentriertheit aus den Analysen der Historiker gewichen und nicht selten ein Gefühl des Zweifels und der Schuld angesichts des Vorgehens der Europäer in den Kolonien zu spüren ist, wird der auch für den Kontinent selbst bedeutsame dynamische Charakter der Entdeckung und Kolonialisierung nahezu einhellig betont. Umstritten ist freilich immer noch, wie sich diese Dynamik im einzelnen auswirkte, welche Richtung sie nahm, ob sie etwa im wesentlichen in den Kolonien selbst entstand und von dort auf Europa einwirkte oder ob die beiden Welten dabei in einem wechselseitigen Verhältnis des Gebens und Nehmens zueinander standen.

Am weitesten geht die Übereinstimmung bei der Betrachtung der handelsgeschichtlichen Folgen im engeren Sinne.[27] Zwar trugen die Kolonien in der Tat wenig zum Fortschritt jener inneren Zustände in Europa bei, um die es dem anonymen französischen Akademiepreisträger von 1788 ging; doch es gab andere Sektoren, die er nicht sah oder nicht sehen wollte. Mit Hilfe des Ausgreifens Europas auf die Welt schuf sich das europäische Handelskapital im 16., vor allem aber im 17. und frühen 18. Jahrhundert jenes weltweite Wirkungsfeld, dessen es zu seiner vollen Entfaltung bedurfte und das es, wie sich zeigte, technisch und organisatorisch durchaus zu bestellen wußte. Im direkten Handelsaustausch mit den asiatischen Völkern baute es den Gewürzhandel, der nicht nur den Konservierungsstoff Pfeffer, sondern auch den

Ingwer, das Kaneel, die Muskatnuß und die Gewürznelke erfaßte, zu einem
führenden Zweig des Importgeschäfts aus. Betrug das Handelsvolumen dieser Produkte zwischen 1500 und 1520 schon etwa 9500 bis 10500 Tonnen pro
Jahr, so war es einhundert Jahre später nach zuverlässig erscheinenden Berechnungen auf 18300 bis 19000 t jährlich angewachsen. Neben den Gewürzen standen die Drogen: Moschus, Opium, Safran, Aloe, die in Europa stark
nachgefragt wurden, im Volumen aber natürlich weit hinter den Gewürzen
zurückstanden. Aus Mexiko, von den Antillen, vor allem aus Brasilien wurden die Farbhölzer herbeigeführt, Grundlage für eine in der Farbausstattung
differenzierter werdende europäische Textilindustrie. Die Antillen lieferten
im 16. Jahrhundert nicht unerhebliche Mengen an Kupfer. Doch Hölzer und
Kupfer waren für Brasilien und die neu-spanische Inselwelt nur ein Zwi-
schenprodukt auf dem Weg zu ihrem Exportartikel par excellence, dem Zuk-
ker. „Die Wachstumskurve Brasiliens vermischt sich mit der des Zuckers"
(Chaunu). 60 Zuckermühlen gab es um 1570 in Brasilien; etwa 130 um 1585,
346 in 1629 und 528 im Jahre 1710. Im Gefolge des Zuckers – der Sklavenhandel! Auch er wurde, schon seit dem ersten Drittel des 16. Jahrhunderts, zu
einem bevorzugten Objekt der europäischen Handelsmächte. In Afrika, dem
ausschließlichen Einflußfeld Portugals, war er weißen Zwischenhändlern,
den „Contradatores", zum Monopol überlassen; der Eingang nach Brasilien
blieb zunächst frei, während die Spanier in Westindien mit dem berüchtigten
„Asiento"-System arbeiteten, einem Handelsmonopolvertrag, den sie seit
Ende des 17. Jahrhunderts vornehmlich mit Portugiesen, Holländern, Franzosen und Engländern abschlossen. Die erreichten Ziffern sind und bleiben
wohl noch für einige Zeit umstritten. Was Brasilien angeht, so wird von
3 500000 bis 3 600000 eingeführten Negersklaven zwischen 1500 und 1851
gesprochen – eine Zahl, die einen Jahresdurchschnitt von etwa 10150 ergibt.
    Doch wenn vom Westen die Rede ist, von seiner Bedeutung für die euro-
päische Wirtschaft der Frühen Neuzeit, so stellt das mexikanische und peru-
anische Silber alle übrigen Produkte in den Schatten. Nur das Silber? Gewiß
nicht, denn zu Beginn des 16. Jahrhunderts wurde aus Santo Domingo keine
unerhebliche Menge an Gold herbeigeführt, die Perleneinfuhr war gleichfalls
ein erwähnenswerter Zweig des aufblühenden spanischen Atlantik-Handels.
Doch auf das ganze 16. Jahrhundert gesehen, machten das Silber 78–80%, das
Gold 17–19% und die Perlen nur 1–2% in der Trias der spanischen Edelim-
porte aus – Grund genug, hier allein vom Silber zu sprechen.
    Nachdem die Minen im peruanischen Potosí (1545) und im mexikanischen
Zacatecas (1548) gefunden waren, verging noch einige Zeit, bis ihre Schätze
regelmäßig nach Europa flossen. Äußerst schwierige Probleme der Technik
und der Arbeitsorganisation waren zu lösen, bevor man zum Beispiel in der
Lage war, die in über viertausend Meter Höhe gefundene Mine von Potosí
auszubeuten. „In den 1580er Jahren wurde der Silberstrom zu einer Flut, die
es Philipp II. ermöglichte, Geld in einer Fülle auszugeben, die in früheren Jah-

ren unvorstellbar gewesen wäre" (Elliott). Nach den großartigen Arbeiten
E. J. Hamiltons sind wir in der Lage, die Größenordnung der Silbereinfuhren, die über die Registratur der „Casa de la Contratación" in Sevilla liefen,
genau zu erfassen. Für die Zeit zwischen 1503 und 1660 hat Hamilton
16886 t 815 kg 300 g Silber und 181 t 333 kg 81 g Gold errechnet. [28] Über das
Anschwellen der Silbereinfuhren gegen das Ende des 16. Jahrhunderts gibt
eine Tabelle Elliotts Auskunft, der Hamiltons Angaben in spanische Dukaten
umgerechnet hat:

Das Wachstum der europäischen Silbereinfuhren zwischen 1556 und 1600

Period	For the Spanish Crown	For private individuals	Total
	ducats	ducats	ducats
1556–1560	1,882,195	7,716,604	9,598,798
1561–1565	2,183,440	11,265,603	13,449,043
1566–1570	4,541,692	12,427,767	16,969,459
1571–1575	3,958,393	10,329,538	14,287,931
1576–1580	7,979,614	12,722,715	20,702,329
1581–1585	9,060,725	26,188,810	35,249,534
1586–1590	9,651,855	18,947,302	28,599,157
1591–1595	12,028,018	30,193,817	42,221,835
1596–1600	13,169,182	28,145,019	41,314,201

Aus: J. H. Elliott: Europe Divided. 1559–1598. [4]1971, S. 61.

Diese Ziffern spiegeln eindrucksvoll die Konjunktur der westindischen Sil-
berexporte, doch welche realen Werte stellten sie dar? Chaunu hat versucht,
dies im Vergleich zur Getreideproduktion des Mittelmeerraumes herauszu-
finden. Setzt man die Preisrelation der 1550er Jahre zwischen Silber und
Mittelmeerweizen voraus (50 g Silber für einen hl Weizen), so läßt sich er-
rechnen, daß westindische Silber- und mediterrane Weizenproduktion in einem Verhältnis von 1:35 standen, Ziffern, die bei aller Problematik eines
solchen Vergleichs doch geeignet sind, vor einer Überschätzung der Größen-
ordnungen zu warnen. Andererseits – vergleicht man die Exportwerte, die
von beiden Sektoren erzielt wurden, so verschiebt sich die Relation erheblich.
Die Exporte amerikanischer Edelmetalle übertrafen an realem Wert die des
Mittelmeerweizens im 16. Jahrhundert etwa um 100%.

In der Tat lag hier die eigentliche Bedeutung des amerikanischen Silbers. Es
wurde, trotz Schmuggel und vielfältiger Formen der Thesaurierung in Westindien selbst, zu großen Teilen nach Europa transportiert und dort in den
Wirtschaftskreislauf eingeführt. Schon die Zeitgenossen des 16. Jahrhunderts
haben seine stimulierende Wirkung auf die europäische Wirtschaft bemerkt
und beschrieben, spätere Historiker sind ihnen darin gefolgt und haben das

Bild einer völlig von den amerikanischen Edelmetallen abhängigen wirtschaftlichen Dynamik Europas gezeichnet. Vor allem die berühmte Preisinflation des 16. Jahrhunderts, gelegentlich als „Preisrevolution" dramatisiert, ist den Edelmetallen Spanisch-Amerikas angelastet worden.[29] Zur Kritik dieser These sind inzwischen ganze Bibliotheken geschrieben worden. So hat der säkulare Preisanstieg des 16. Jahrhunderts in Südeuropa lange vor der Entdeckung von Potosí und Zacatecas begonnen. Große Mengen des von dort einfließenden Silbers und Goldes haben die europäische Wirtschaft nur flüchtig berührt, da sie sogleich nach Osten zur Finanzierung der Gewürzimporte transportiert wurden. Erhebliche Anteile wurden nicht monetarisiert, sondern an Fürsten- und Adelshöfen und in den Häusern reicher Bürger thesauriert. Gewiß hat das amerikanische Silber zur Stützung des europäischen Preisanstiegs beigetragen, doch daß es seine einzige Ursache war, daß gleichsam das bloße Vorhandensein einer größeren Silbergeldmenge zu einer automatischen Reaktion der Preise geführt habe – diese auf einen einzigen „monetären" Faktor abzielende Interpretation wird heute nicht mehr vertreten. Zu viele andere „monetäre" und „reale" Erklärungen – die zahlreichen Veränderungen der Gold-Silber-Relation, die Finanzpolitik Spaniens und Frankreichs mit ihren Münzmanipulationen und Staatsbankrotten, die Erntekatastrophen mit ihren Teuerungskrisen und, nicht zuletzt, der kontinuierliche Bevölkerungsanstieg des 16. Jahrhunderts – müssen ihr zur Seite, ja, vorangestellt werden.

Die sogenannte Preisrevolution und ihre Ursachen sind ein typisches Beispiel dafür, wie unterschiedlich die Historiker über den Einfluß Amerikas auf die europäische Wirtschaft geurteilt haben und heute noch urteilen. War die Entdeckung Amerikas und seiner Silberschätze ein „Glücksfall", von dem die ganze weitere Geschichte Europas bestimmt wurde? Hat sie die Entwicklung der europäischen Wirtschaft so grundsätzlich vorangetrieben und zugleich in ihrer Richtung verändert, daß diese ohne sie ganz anders, d. h. weniger dynamisch verlaufen wäre? Muß eine Wirtschaftsgeschichte Europas in der Frühen Neuzeit daher ganz wesentlich von der kolonialen Welt her geschrieben werden, treten ihr gegenüber „hausgemachte", genuin europäische Faktoren zurück?

Antworten auf diese Frage lassen sich vor allem deshalb so schwer finden, weil Europa in der Frühen Neuzeit weder politisch noch wirtschaftlich eine Einheit war, die einheitlich auf die Herausforderung durch die Neue Welt reagierte. Die riesigen Territorien des Deutschen Reiches waren im 16. Jahrhundert weder am Prozeß der Entdeckungen noch an der wirtschaftlichen Ausbeutung Westindiens beteiligt. Die Mächte des italienischen Mittelmeeres, unter der Führung Venedigs bis dahin im Zentrum des Levantehandels stehend, partizipierten nicht an den neuen Aktivitäten. Sie mußten mit ansehen, wie sich das wirtschaftliche Schwergewicht Europas gegen Ende des 16. Jahrhunderts allmählich vom Mittelmeer in den atlantischen Raum verlagerte, obwohl Venedig auch in dieser Zeit in Konkurrenz zu Portugal eine beachtliche Position im asiatischen Gewürzhandel (auf dem Landweg) zu wahren und mit Hilfe einer neu aufgebauten Textilindustrie Verluste in anderen Sektoren auszugleichen wußte. Die Spanier dagegen mußten sich seit der Mitte des 16. Jahrhunderts wie Kinder des Glücks vorkommen, deren wirtschaftliche Möglichkeiten in extremer Weise von der Neuen Welt gefördert wurden. Die Nervosität, mit der man in der „Casa de la Contratación" in Sevilla wie im Escorial auf das pünktliche Eintreffen der jährlichen Silberflotte wartete, spiegelt die weitgehende Abhängigkeit dieses Staates und seiner Wirtschaft von der Neuen Welt. H. und P. Chaunu haben diese Abhängigkeit in einem monumentalen Werk über den Atlantikhandel Sevillas statistisch belegt und dabei zugleich eine Geschichte der europäischen Konjunkturen aus den Hafenbüchern Sevillas und den Registern der Casa zu skizzieren versucht. Wen wundert es, daß sie dabei den Rückgang der europäischen Handelsvolumen und -aktivitäten seit etwa 1620 – die berühmte „Krise des 17. Jahrhunderts" – auf die Tatsache zurückführen, daß zu dieser Zeit die Silbermine von Potosí spärlicher zu fließen begann? Doch viele andere Historiker sind ihnen hier trotz ihres erdrückenden statistischen Beweismaterials nicht gefolgt. Wie die Preisinflation des 16. Jahrhunderts kann auch die Krise des 17. Jahrhunderts nicht mit dem Blick auf die Fieberkurve der spanischen Edelmetallimporte erklärt werden. Auch sie war, selbst in Spanien, in hohem Maße von innereuropäischen Faktoren bestimmt: dem Rückgang des allgemein-europäischen Bevölkerungsanstiegs, den weithin spürbaren Auswirkungen des Dreißigjährigen Krieges, der Stagnation des Handels im Mittelmeer und im baltischen Raum und schließlich auch jener schwer faßbaren, in Ländern wie Spanien, Frankreich, dem Reich wirksamen Mentalität der europäischen Oberschichten, die sich nicht wie ordentliche Kapitalisten benahmen und ihre Handelsgewinne ständig neu investierten, sondern sich auf das Land oder in bequeme Amtspfründen zurückzogen und damit den „Verrat der Bourgeoisie" (F. Braudel) begingen.

Für Länder wie die Niederlande und England wiederum war die „Krise des 17. Jahrhunderts" nicht nur „Krise", sondern auch „Anpassung", „Umstellung" und „Konzentration". Wie erwähnt, blühten seit Beginn des Jahrhunderts die westeuropäischen Handelsgesellschaften auf. Sie erschlossen nicht nur neue, den Spaniern und Portugiesen unbekannt gebliebene Räume, sondern entwickelten neue Formen des Handels, neue Techniken der Bezahlung, neue, vor allem „private" Methoden des Geschäfts. Der bis dahin vergötterte Wert der Edelmetalle relativierte sich angesichts neuer Möglichkeiten der Bezahlung, wie sie etwa durch den Wechselbrief genutzt wurden. Anders als die Kaufleute Sevillas, auf denen die gold- und silbergierige Hand ihres Monarchen lastete, erkannten und entwickelten die holländischen und englischen Kaufleute die Vielfalt der Handelsprodukte und die Möglichkeiten des Zwischenhandels. Und vor allem: Während die Spanier des 16. Jahrhunderts die

Handelsbeziehungen zur Neuen Welt als Einbahnstraße begriffen, auf der „Oro, Plata y Perlas" ins Land flossen, erkannten die westeuropäischen Händler den Wert und Nutzen der Zweigleisigkeit. Die koloniale Welt wurde nicht mehr nur als Lieferant, sondern auch als Markt betrachtet – ein Markt ebenso für den Luxusbedarf der kreolischen Oberschichten wie für den Massenbedarf der Negersklaven Brasiliens, Westindiens und, später, Nordamerikas. Ja, im Osten, wo Gewürze nur im Tausch gegen das knapp gewordene Silber und Gold zu haben waren, sehen wir englische und holländische Kaufleute im 17. Jahrhundert zunehmend in den innerasiatischen Handel eindringen, während für Engländer, Holländer und Franzosen der Sklavenhandel von Afrika nach Westen seit Ende des 17. Jahrhunderts immer mehr zu einem profitablen Geschäft wurde.

Doch auch die von den Holländern, Engländern und Franzosen geprägte neue Epoche der Kolonialisierung darf nicht als Ereignis betrachtet werden, welches das Antlitz der europäischen Wirtschaft auf einen Schlag veränderte. Der Bankrott einzelner Handelsgesellschaften, die spärlichen Dividende, die andere, wenn überhaupt, auszahlten, der Ruf nach Staatssubvention und Staatsbeteiligung zeigen nur zu deutlich, daß wir in ihnen genausowenig wie im spanischen Silber einen Motor plötzlicher Veränderung und ungeahnter Kapitalakkumulation sehen dürfen. Gewiß versetzt es in Erstaunen, daß die Holländische Ostindien Kompanie am Ende des 17. Jahrhunderts zeitweise 12 000 Personen direkt beschäftigte. Gewiß verdient Beachtung, daß manche Handelskompanie seit der Mitte des Jahrhunderts den herkömmlichen Rahmen des im „ganzen Haus" vereinigten Familienbetriebes völlig gesprengt hatte und mit der Einrichtung permanenter Kapitalbestände den ersten Schritt in die Zukunft der kapitalistischen Betriebsorganisation tat. Doch die kolonialen Unternehmungen, so weit und unaufhaltsam sie ausgriffen, blieben nach wie vor voller Risiken, denen so manch wagemutiges Unternehmen zum Opfer fiel; der alte Kontinent und mit ihm große Teile des europäischen Bürgertums blieben im gesamten 17. und auch noch im 18. Jahrhundert dem langsamen Rhythmus der vorindustriellen Wirtschaftsweise verhaftet. Und auch die politischen Mächte, die nur zu gern die Aktivitäten der Kompanien überwachten und für ihre Zwecke einspannten, taten dies bis weit in das 18. Jahrhundert hinein allein mit dem Blick auf die europäische Mächtekonkurrenz. „Although the activities of the joint stock companies may have been very important in the development of Europe's economy, their form and their methods of operation were probably less an expression of developing capitalism than the result of pragmatic efforts to bind trading energies to the political strategies of the state."[30]

So ist die neue Epoche der europäischen Kolonialisierung im 17. Jahrhundert weniger durch den direkten Wandel gezeichnet, den sie in Europa einleitete, als durch die ungeahnten Möglichkeiten des Wandels, die sie eröffnete. Nach der iberisch geprägten, „extraktiven" Phase des 16. Jahrhunderts baute

sich ein von Europa initiiertes Welthandelssystem auf,[31] in dem nicht mehr
die kastilischen Bürokraten und Aristokraten den Ton angaben, sondern die
beweglichen, aggressiven Kaufleute Westeuropas. Das 17. Jahrhundert war
die Epoche, in der diese, heftig miteinander in Konkurrenz liegend, die Portugiesen und Spanier aus zahlreichen wohlerworbenen Positionen verdrängten. Es war ein von den Holländern geprägtes Jahrhundert, deren Hauptstadt
Amsterdam, in der Nachfolge Venedigs, Sevillas und Antwerpens, zum Stapelplatz Europas und zur Metropole des Welthandels avancierte. Doch selbst
die Holländer nahmen die neuen Möglichkeiten und Chancen nicht so entschieden und so umfassend wahr, daß beschleunigter Wandel im Innern die
notwendige Folge des Ausgreifens nach außen gewesen wäre. Eine „moderne" Handelsmacht blieb hier an eine „archaisch" wirkende Staats- und
Gesellschaftsordnung gebunden. Zudem gab es, neben Portugal, in der gesamten Frühen Neuzeit kein Land, das die Kosten eines forcierten Ausgreifens auf die außereuropäische Welt so schnell und unmittelbar zu spüren
bekam wie die Republik der Vereinigten Niederlande. Ihre Bevölkerung betrug im 17. Jahrhundert, wenn es hochkommt, 2 Millionen. Von diesen war
zwar ein im Vergleich zu anderen Ländern ungewöhnlich hoher Prozentsatz
nicht mehr in der Landwirtschaft tätig (vgl. oben Seite 53) und stand somit für
Aufgaben im Schiffsbau, im Handel, in den Büros der Heimat und der Verwaltung der Kolonien zur Verfügung. Doch die Holländer, für ihre „aggressiven" Handels- und Geschäftsmethoden berühmt, hatten ihre glänzende
Position im Kampf und in der Konkurrenz erworben und konnten nicht
erwarten, daß ihre europäischen Nachbarn sie diese ungestört genießen ließen. Die Kriege Englands und Frankreichs gegen die Niederlande in der
zweiten Hälfte des 17. Jahrhunderts waren Handelskriege, in denen sich das
Land zwar leidlich, aber nur unter hohen personellen Kosten und unter
Gefährdung und zeitweiser Vernachlässigung seiner Handelsverbindungen
zu behaupten wußte. Ein international geschätzter Stapelplatz, der immer
häufiger in das Zentrum kriegerischer Geschehnisse rückte, verlor schnell an
Attraktivität und mußte zunächst zeitweise, später auf Dauer manche seiner
erworbenen Positionen an andere Städte abtreten. Auf diesem Wege wurde
z. B. Hamburg zu einem „alternativen Stapelplatz" (J. de Vries), der am Ende
des 17. Jahrhunderts schrittweise vor allem den Amsterdamer Zuckerhandel
an sich zog und im 18. Jahrhundert auf Dauer als Konkurrent Amsterdams zu
gelten hatte.

Schließlich ist Holland auch ein Beleg dafür, wie wenig „automatisch" die
Dynamik des Handels, die durch die Entdeckungen und die Kolonialisierung
ausgelöst worden war, zu entsprechenden dauerhaften gesellschaftlichen Veränderungen im Mutterland führte. Gewiß erreichten die holländischen Kaufleute des 17. Jahrhunderts mit ihrer Ausrichtung auf das internationale Handelssystem, auf die „modernen" Methoden der Betriebsorganisation und des
Geschäftsverkehrs, ein zukunftweisendes Gruppenprofil. Doch es wäre ganz

falsch, sie sich als unablässig um Modernisierung, um Herbeiführung der bürgerlich-kapitalistischen Zukunft bemühte Gruppe vorzustellen, wie es die alte These vom „Aufstieg des Bürgertums" suggeriert. Ganz im Gegenteil: Auch die holländischen Handelsherren des 17. Jahrhunderts lebten, wie ihre französischen und deutschen Zeitgenossen, in einer aristokratisch geprägten Umwelt, auch sie wußten von der Faszination des „vivre noblement", auch sie waren nicht gefeit gegen den „Verrat der Bourgeoisie". Es gilt als erwiesen, daß die holländischen Aktivitäten am Ende des 17. Jahrhunderts erlahmten, daß sich zahlreiche wohlhabend gewordene Kaufleute aus dem Streß der Handelskonkurrenz zurückzogen, daß „die erfinderischen Führer im Schiffbau, in der Navigation und in der Kartographie durch Leute mit einer exzessiven Verehrung für die vergangenen Erfolge" (de Vries) ersetzt wurden.

So kam es, daß Amsterdam seine Stellung als Metropole verlor und im 18. Jahrhundert nur noch im Bankgeschäft von herausragender Bedeutung blieb. Das bisher amsterdamzentrierte internationale Handelssystem differenzierte sich erneut und baute eine Reihe von regionalen Unterzentren auf – Hamburg wurde schon erwähnt, Lissabon, durch die brasilianischen Goldfunde seit dem Ende des 17. Jahrhunderts im Aufwind, trat erneut ins Spiel, die französischen Häfen, vor allem Nantes und Bordeaux, hatten ihre große Zeit. Die neue Metropole und damit die wirkliche Nachfolgerin Amsterdams wurde jedoch London. Und von London und England aus wurde die dritte und letzte frühneuzeitliche Phase der Auswirkungen der Kolonialisierung auf Europa geprägt.

Von England ist behauptet worden, seine Entwicklung im 17. und 18. Jahrhundert sei der deutlichste Beleg für die grundlegenden Wandlungen, die das Ausgreifen Europas auf die Welt auf dem alten Kontinent selbst verursacht habe. Ja, es gibt nicht wenige Historiker, die einen direkten Zusammenhang herstellen zwischen der seit dem Ende des 17. Jahrhunderts sichtbaren Führungsstellung Englands im Welthandelssystem und dem frühen Beginn der Industrialisierung in diesem Land. Gewiß sollte diese These, sofern sie die koloniale Expansion zur einzigen Ursache der Industrialisierung in England erhebt, mit großer Skepsis betrachtet werden. Nicht übersehen läßt sich aber der große Anteil des neu entstehenden und von England aus kontrollierten Welthandelssystems am Wandlungsprozeß im englischen Mutterland, der in die Industrialisierung einmündete. „Indem es England gelang, seine europäischen Konkurrenten auszuschalten und sich derart eine monopolähnliche Stellung innerhalb dieses System zu verschaffen, entschied es die Frage, welches Land als erstes in den Prozeß kapitalistischer Industrialisierung eintreten würde, für sich".[32]

Ausgangspunkt dieser Entwicklung war der Entschluß des Handelsstaates England im 17. Jahrhundert, die von den Holländern provozierte Herausforderung anzunehmen. Staat und Handelsnation, nach Abschluß der Revolution der 1640er Jahre in einem neuen, von parallelen Interessen getragenen

Verhältnis zueinander stehend, setzten das Mittel des Krieges rücksichtslos zur Erringung der Seeherrschaft und zur Schaffung eines weitreichenden englischen Handelsmonopols ein. Dabei wurden zunächst Holland, zu Beginn des 18. Jahrhunderts dann Frankreich bekämpft und in ihrer Macht eingeschränkt. Und auch die iberischen Kolonialreiche, politisch bei ihren Mutterländern bleibend, gerieten immer mehr unter die Kontrolle des englischen Handelskapitals.

Eine besondere Bedeutung gewann für England der Sklavenhandel und, mit ihm und der Baumwollproduktion verbunden, die heimische Textilindustrie. Unter den Engländern als Trägern des ehemals spanischen „Asiento"-Systems wurden Sklaven in großer Zahl von Westafrika nach Westindien und, seit dem Ende des 17. Jahrhunderts, in die nordamerikanischen Südstaaten verschifft, wo sie nicht mehr nur Zucker, sondern vor allem Baumwolle produzierten. Diese war die neue Rohstoffbasis für die englische Textilindustrie, die, zusammen mit Haushalts- und Eisenwaren, zum rapiden Anstieg der englischen Exportziffern im 18. Jahrhundert beitrug und dabei nicht zuletzt in den kolonialen Räumen attraktive Märkte mit einer kontinuierlich steigenden Massennachfrage fand. Nicht nur, daß England seinen Export ausdehnte, verdient Beachtung, sondern daß es sich dabei in der ersten Hälfte des 18. Jahrhunderts schon zu gut 85% um industriell gefertigte Güter handelte! So stand England im Zentrum eines Welthandelsdreiecks – Fertigwaren aus Europa, Sklaven aus Afrika und Edelmetalle, Kolonialwaren und Rohstoffe aus Amerika – und leitete zugleich jene Revolutionierung seiner heimischen Produktionsmethoden ein, mit denen das Zeitalter der Industrialisierung begann. Freilich – nicht nur die Baumwolle war wirksam, nicht nur *ein* Land agierte, produzierte, beutete aus. Vielmehr setzte das 18. Jahrhundert den Weg des 17. – Diversifikation der Handelsprodukte, Vervielfältigung der Handelswege – unter der Führung der englischen Metropole systematisch fort. Nach den Edelmetallen, den Farbhölzern, dem Zucker und der Baumwolle steuerte der Westen schließlich noch den Tabak und den Kaffee bei; aus dem asiatischen Raum kamen gleichfalls Kaffee, Textilien und, nicht zuletzt, der Tee, der im Rahmen der englischen Asienimporte in kurzer Zeit von 1,1 auf 44% anstieg. Unter der Duldung Englands blieben die Franzosen und auch, in der neuen Konjunktur des 18. Jahrhunderts, die Spanier und Portugiesen im Geschäft. „Die Fäden des Weltwirtschaftssystems des 18. Jahrhunderts liefen in Europa zusammen. Sie wurden von den europäischen Handelskapitalen geknüpft und um die Erde gespannt. Die überseeische Welt wurde in ein Austauschsystem einbezogen, dessen Gesetze Europa bestimmte. Diese waren Diskriminierung, imperiale, den Bedürfnissen der Metropole untergeordnete Arbeitsteilung und unverhüllte Ausbeutung. Die Beherrschung des Weltmarktes ermöglichte Europa die Revolutionierung seiner Produktionsmethoden, brachte aber der unterentwickelten Welt Stagnation und Rückschritt. Die politische Ökonomie der Abhängigkeit, die sich mit dem Einzug der industriellen Revolution in Europa weiter verfestigte, bestimmte fortan die Beziehungen zwischen den europäischen Metropolen und den von ihnen abhängigen Gebieten."[33] Daß diese Situation nicht allein durch die Kolonialisierung bewirkt wurde, sondern zugleich Ergebnis eines innereuropäischen ökonomischen Strukturwandels war, ist mehrfach betont worden. Auf diesen Aspekt soll daher im folgenden näher eingegangen werden.

b) Ökonomischer Strukturwandel vom 16. bis zum 18. Jahrhundert

Fragen der Periodisierung sind oft schwierige und leidige Fragen – in der Wirtschaftsgeschichte noch mehr als in der politischen und Geistesgeschichte. Denn noch weniger als diese folgt die Entwicklung einer Wirtschaft einem präzise faßbaren Ereignisablauf, der sich durch genaue Daten oder Jahrhundertgrenzen bestimmen ließe. Blicken wir in ältere Wirtschaftsgeschichten Europas, etwa in das großartige Werk von Josef Kulischer von 1929, so wird der Vorsatz spürbar, die Epoche der europäischen Frühen Neuzeit als Einheit zu sehen, die in einem einheitlichen, diese Epoche vom Mittelalter unterscheidenden Gesamtbegriff – „Verkehrswirtschaft“, „Territorialwirtschaft“ oder „Volkswirtschaft“ – zum Ausdruck kommt.[34] Im Rahmen eines großen, die Geschichte der Weltwirtschaft erfassenden Überblicks bleibt das sicher ein legitimes Verfahren, für eine spezielle Einführung in die Epoche der Frühen Neuzeit ist es jedoch bei weitem zu grob und undifferenziert. Zudem trägt es einer Fülle neuerer Erkenntnisse der Wirtschaftsgeschichte nicht Rechnung. Zahllose regional und lokal angesetzte Detailstudien der letzten Jahrzehnte haben ein neues Bild der europäischen Wirtschaft zwischen 1500 und 1800 ergeben, das von regionaler Vielfalt, ja, äußerster Unterschiedlichkeit kündet und übergreifende Typenbildung zu einem verzweiflungsvollen Unterfangen macht.

Mit den *Konjunkturen* hat die neuere Forschung freilich ein Phänomen ans Licht gehoben, das mit größtem Erfolg bei der Periodisierung der Wirtschaftsgeschichte eingesetzt werden konnte.[35] In den drei Jahrhunderten der Frühen Neuzeit wurde das wirtschaftliche Geschehen in Europa von drei langen, säkularen Wellen bestimmt, die mehr oder weniger überall spürbar waren und insofern nicht nur eine plausible Epocheneinteilung nahelegen, sondern auch den Strukturwandel überschaubar machen, von dem die europäische Wirtschaft über die gesamte Epoche betroffen war.

Wirtschaftliche Konjunkturen in der Frühen Neuzeit bedeuten in erster Linie Agrarkonjunkturen! In drei langen Wellen bewegten sich vom 16. bis zum 18. Jahrhundert die Preise für die Grundnahrungsmittel Weizen und Roggen, die als einzige unelastisch nachgefragt wurden und daher als zuverlässiger Konjunkturmesser gelten können. Vom späten 15. bis zur Mitte des 16. Jahrhunderts erhöhten sie sich stetig, nahmen dann einen kräftigen Aufschwung, dem wir in der sogenannten „Preisrevolution" schon begegnet sind, und gingen erst ab 1630/50 wieder zurück. Von der Preisgeschichte her bietet sich somit eine Epoche der europäischen Geschichte von 1470 bis etwa 1620/30 an, die man treffend das „lange 16. Jahrhundert" genannt hat. Ihr folgte eine lange Phase der Stagnation – in manchen, vom 30jährigen Krieg betroffenen Ländern auch des Einbruchs – der Getreidepreise von 1630/50 bis ungefähr 1730. Zu dieser Zeit setzte eine erneute Aufschwungphase ein. Sie entsprach in ihrem Verlauf und in ihren Auswirkungen der des „langen 16. Jahrhunderts", nahm aber noch größere Ausmaße an und führte die europäischen Volkswirtschaften allmählich in den Prozeß der Industrialisierung hinein.

Über die Ursachen und Folgen dieser säkularen Wellen im Getreidebereich hat es lange und kontroverse Diskussionen gegeben. Auch heute ist noch nicht alles mit letzter Präzision geklärt, zumal regionale Besonderheiten stets wirksam waren und das Gesamtbild in Frage stellten, das naturgemäß aus übergreifenden, nationalen Durchschnittswerten rekonstruiert wurde. Gleichwohl kristallisierten sich einige, heute als gesichert geltende Erkenntnisse heraus. Als Ursache der Preisbewegungen nimmt man Schwankungen der Nachfrage nach den Grundnahrungsmitteln an, die in letzter Analyse auf die Bevölkerungsentwicklung Europas in der Frühen Neuzeit zurückgeführt werden können. In der Tat hat die historische Demographie, wie an anderer Stelle schon erwähnt, drei in etwa synchrone Bevölkerungsbewegungen ermittelt: Zunächst einen gleichfalls im späten 15. Jahrhundert einsetzenden, bis in das 17. Jahrhundert hineinreichenden Anstieg der europäischen Bevölkerungen; ihm schloß sich auch in Ländern, die vom 30jährigen Krieg kaum berührt waren, eine Phase der Verlangsamung der Bevölkerungszunahme an; in manchen Ländern führte das bis zur Stagnation, während es auf den Schauplätzen des 30jährigen Krieges zu schweren Verlusten kam; auch diese Tendenz kehrte sich nach dem ersten Drittel des 18. Jahrhunderts um und leitete den neuerlichen, im späteren Verlauf heftigen Prozeß der Bevölkerungszunahme des 18. Jahrhunderts ein.

Da in Europa, nicht nur im internationalen Handelsverkehr, sondern auch auf den nationalen, regionalen und auf manchen lokalen Märkten, das Geld als Zahlungsmittel schon eine überragende Rolle spielte, das die Naturalleistung wenn nicht verdrängt, so doch überholt hatte, erwies sich die Frage der „Finanzierung" der im 16. und 18. Jahrhundert wirksamen Preisschübe als schwieriges Problem. Es ist bekannt, daß schon seit Beginn des 16. Jahrhunderts die kontinentalen Gold- und Silberminen, die im Zuge des spätmittelalterlichen Preisverfalls praktisch versiegt waren, erneut an Bedeutung gewannen. Auch afrikanisches Gold spielte in dieser Zeit eine gewichtige Rolle. Ab 1560/70 wirkten sich dann die westindischen Funde nachdrücklich aus; sie sorgten dafür, daß Geld für die gesteigerte Nachfrage nach Nahrungsmitteln vorhanden war, und trieben das Preisgeschehen insgesamt wohl auch inflatio-

när voran. Ihr Rückgang im 17. Jahrhundert traf in etwa mit der Abschwung-
phase dieser Zeit in der Bevölkerungs- und Preisbewegung zusammen, doch
verlief der Parallelismus aller Bewegungen nicht so harmonisch, daß monetäre Probleme ausblieben. Das 17. Jahrhundert, das Zeitalter des Merkantilismus, war durch Edelmetallknappheit gekennzeichnet. Der Kampf der absoluten Fürsten um ein Stück vom internationalen Gold- und Silberkuchen
belegt dies ebenso wie das Vordringen des Kupfers, das in Legierungen mit
dem Silber oder sogar rein als Zahlungsmittel verwendet wurde. Erst in der
Aufschwungphase des 18. Jahrhunderts traten amerikanische Funde erneut
ins Spiel – jetzt hielt vor allem brasilianisches Gold den Blutkreislauf der
europäischen Volkswirtschaften in Gang.

Es braucht nicht besonders betont zu werden, welche fundamentalen Auswirkungen die säkularen Wellen der Agrarkonjunkturen auf den Gesamtver-
lauf der europäischen Wirtschaftsgeschichte in der Frühen Neuzeit hatten.
Sämtliche betroffenen Länder waren über die gesamte Zeit noch Agrarstaaten, ihr wirtschaftlicher Rhythmus wurde in Produktion, Distribution und
Konsumtion von den Grundgegebenheiten des konjunkturellen Geschehens
im Agrarbereich diktiert. Bedenkt man etwa, in welchem Maße die europäischen Bevölkerungen ihre Einkommen zur Versorgung mit den Grundnahrungsmitteln verwenden mußten, so kann man die Bedeutung von Preisbewegungen leicht ermessen. Hunger in Zeiten extremer Teuerungen war ebenso
häufig wie eine direkte Auswirkung der Agrarpreiskonjunktur auf die gewerbliche Produktion – auf den Kauf von Textilien und anderen Gebrauchs-
gütern des täglichen Lebens mußte und konnte verzichtet werden, wenn
langfristige Preisaufschwünge oder saisonale Teuerungen die Familienbudgets ganz auf die Nahrungsversorgung ausrichteten. Daß der Land- und
Grundrentenmarkt gleichfalls in vieler Hinsicht von dem Agrarpreisgesche-
hen abhängig war, ist von der Landwirtschaftsgeschichte der letzten Jahrzehnte für viele Länder anschaulich belegt worden. Erwähnung verdient auch
die Entwicklung im Lohnbereich. Zahlreiche Untersuchungen haben ergeben, daß im „langen 16. Jahrhundert" und im 18. Jahrhundert die Löhne in
der gewerblichen Produktion nicht annähernd mit der Preisentwicklung der
Grundnahrungsmittel Schritt hielten. Die Schere zwischen Preisen und Löhnen öffnete sich vielmehr, man spricht vom „Reallohnverfall der Frühen
Neuzeit", der – von der Abschwungs- und Stagnationsphase des 17. Jahrhunderts nur gemildert, nicht aber aufgehoben – vom 16. bis zum Ende des
18. Jahrhunderts anhielt und nicht nur zur Verschlechterung des Ernährungs-
standards breiter Bevölkerungsschichten beitrug, sondern darüber hinaus einen universellen Prozeß der Verarmung einleitete. Im Pauperismusproblem
am Ende des 18. und zu Beginn des 19. Jahrhunderts begegnen wir ihm in
allen Staaten.[36]

In diesen konjunkturellen Rahmen ist der wirtschaftliche Strukturwandel
Europas in unserer Epoche eingespannt. Er betraf alle Sektoren der nationa-

len Volkswirtschaften – die Landwirtschaft, den Handel, das Gewerbe und die Finanzen – und erfaßte alle europäischen Regionen, soweit sie sich im hohen und späten Mittelalter zu Zentren des wirtschaftlichen Geschehens ausgebildet hatten. In seinem Verlauf bildeten sich vier allgemeine, für die Zukunft der europäischen Wirtschaft bedeutsame Trends aus.

1. Das Schwergewicht der europäischen Wirtschaft verlagerte sich – in der landwirtschaftlichen und gewerblichen Produktion wie im Handel – von seinen „alten Zentren" – dem Mittelmeerraum, Oberdeutschland und den Spanien zugeordneten südlichen Niederlanden – nach Norden, in den Raum der Nordsee und des Atlantiks. Das nördliche und westliche Frankreich, die nördlichen Niederlande und England wurden zu neuen Zentren.

2. In der gewerblichen Produktion, vor allem im Textilbereich, trat eine allmähliche Veränderung der Produktionsmethoden ein. Sie kann als Antwort auf eine verstärkte, durch den allgemeinen Bevölkerungsanstieg hervorgerufene Massennachfrage betrachtet werden und führte dazu, daß Produzenten und Händler ihre Aufmerksamkeit auf preiswerte Massengüter des täglichen Bedarfs richteten, nachdem diese bisher den teuren Produkten des Luxusbedarfs gegolten hatte.

3. Handel und Handelskapital gewannen ihre das gesamte wirtschaftliche Geschehen beherrschende, überragende Position und bauten, wie im vorigen Abschnitt beschrieben, im Zuge der Kolonialisierung ein von Europa aus gesteuertes Welthandelssystem auf.

4. Wirtschaftspolitik, bis dahin im wesentlichen in den kleinräumigen, dynamischen Stadtstaaten des hohen und späten Mittelalters beheimatet, wurde nun zu einem Beschäftigungsfeld des territorialen Flächenstaates. Vor allem in Gestalt des absoluten Fürstenstaates griff dieser zugunsten oder zum Nachteil des einen oder anderen wirtschaftlichen Sektors regulierend ein.

Gewiß sind damit nicht alle dominanten Tendenzen der Wirtschaftsgeschichte Europas zwischen dem 16. und 18. Jahrhundert genannt. Doch läßt sich von ihnen aus gut der wirtschaftliche Strukturwandel skizzieren, der sich im Verlauf der drei genannten Epochen der europäischen Wirtschaftsgeschichte vollzogen hat.

Das „lange 16. Jahrhundert"[37]

Am Ende des 15. Jahrhunderts stand die Wirtschaft Mittel- und Westeuropas noch teilweise im Zeichen der Erbschaft, die ihr das hohe und späte Mittelalter hinterlassen hatten. Im Zuge der hochmittelalterlichen Ausbauphase hatten sich bereits rege Marktverhältnisse ausgebildet, die im Rahmen einer allgemeinen Arbeitsteilung ausgestaltet wurden: Standort der Nahrungsproduktion war das Land, Sitz der Gewerbe, soweit sie nicht zum unmittelbaren Bedarf der Landwirtschaft beitrugen, war die Stadt, die auch die Märkte beherbergte. In der langen Depressionsphase des 14. und 15. Jahrhunderts –

der spätmittelalterlichen Agrarkrise – war dieser Entwicklungsstand bedroht, nicht aber aufgehoben worden.

Die *Landwirtschaft* litt um 1500 noch unter dieser Depression. Zahlreiche Ländereien lagen wüst, große Teile der Landbevölkerung waren in den vergangenen Jahrhunderten in die Städte gegangen und hatten dort ein Auskommen im gut entlohnten Handwerk gefunden. Die hohen Löhne in den Städten hatten sich noch einmal erschwerend auf die ländlichen Verhältnisse ausgewirkt. Die Gewerbeprodukte waren teuer, oft zu teuer für die ländliche Bevölkerung, die seit 1350 unter dem kontinuierlichen Preisverfall der Agrarprodukte litt. Nicht nur besitzende, pachtende und zinsende Bauern standen in dieser Not, auch die landreichen Klöster und der niedere und mittlere Adel hatten überall ihre Schwierigkeiten.

Doch gab es um 1500 schon deutliche Zeichen für die Wende. Schon seit 15 bis 20 Jahren wiesen die Agrarpreise eine steigende Tendenz auf. Die Bevölkerungen Europas nahmen wahrscheinlich generell und recht kräftig zu; im Deutschen Reich sollen sie schon um die Mitte des 16. Jahrhunderts die Verluste des Spätmittelalters ausgeglichen haben. Der deutsche Bauernkrieg von 1524/26, von manchen Historikern gern als ein letztes Ergebnis der spätmittelalterlichen Agrarkrise gedeutet, wird von anderen bereits als Reaktion auf die neue Agrarkonjunktur bewertet. „The tide of agricultural depression had long passed its lowest ebb, and the peasants were now in tolerable economic circumstances."[38]

Als entwickelte landwirtschaftliche Produktionszentren ragten im 15. Jahrhundert naturgemäß solche Regionen heraus, deren Produkte trotz Agrardepression und Preisverfall nachgefragt wurden. Nicht das Getreide also, sondern die Viehzucht und Spezialkulturen für den verwöhnten Gaumen, den Handel und die gewerbliche Produktion bestimmten das Bild. Der städtereiche Norden Italiens hat die spätmittelalterliche Krise praktisch nicht gekannt und trieb in dieser Zeit seine Landwirtschaft innovatorisch voran. Intensive Viehhaltung, ja, Milchviehfarmen, Reisanbau, produktive Wiesenwirtschaft mit sechs- bis achtmaligem Grasschnitt pro Jahr, Obstanbau, Feingemüse, Maulbeerbäume, Farbhölzer – dieser Überblick läßt den Reichtum und die „Modernität" der Lombardei im 15. Jahrhundert erahnen.

Erfolgreiche Spezialkulturen gab es auch in anderen Regionen des Kontinents. Allenthalben war vor allem die Viehzucht auf einem hohen Stand, ebenso der Weinbau, der in der Mitte des 15. Jahrhunderts seine weiteste Ausdehnung in der Geschichte Europas überhaupt fand. Um die oberdeutschen Städte herum, im Nordwesten des Kontinents, im Rheinland, in Flandern und Brabant, schließlich auch in den Schafgebieten Spaniens und des südlichen England prägten Intensität und Spezialität das Gesicht der europäischen Landwirtschaft – einer getreidearmen Landwirtschaft wohlgemerkt.

In der *gewerblichen Produktion* waren um 1500 noch die klassischen europäischen „Industrieregionen" in den südlichen Niederlanden, in Oberitalien und im oberdeutschen Raum um Nürnberg und Augsburg führend. Aus dieser weiten Zone zwischen Brügge und Florenz vor allem wurde Europa „mit feinsten Tüchern, teurer Seide und Linnen, ausgewählten Gläsern und Keramiken, kostbaren Inkunabeln und Musikinstrumenten, aber auch mit Barchent, Eisenwaren, Waffen und Rüstzeug, Lederwaren und Schreibpapier" (D. Sella) versorgt. Der Bergbau, das Hütten- und Eisenwesen, das in den folgenden Jahrhunderten in England einen so großen Aufschwung nehmen sollte, hatte um diese Zeit noch immer in der Oberpfalz seine größte europäische Produktionsstätte – ein Umstand, dem Nürnberg seine glänzende Stellung in der nachgeordneten Verarbeitung verdankte. Noch in der Mitte des 16. Jahrhunderts war Nürnberg die „Waffenschmiede des Reiches", seine „Eisen- und Messingwaren und feinmechanischen Geräte gingen in die ganze Welt, seine aus Messing gefertigten Spangen, Töpfe, Näpfe, Nägel und Kessel waren in Afrika eine höchst begehrte Ware" (P. Kriedte). Man denkt vor allem an die oberdeutschen Regionen um Nürnberg und Augsburg, wenn man vom „Frühkapitalismus" des ausgehenden 15. und beginnenden 16. Jahrhunderts spricht. Erwähnung verdient auch die ostmitteleuropäische Silberproduktion. Sie war um 1500 in Joachimsthal, Mansfeld, Schneeberg, Annaberg, Marienberg konzentriert und hatte seit der Mitte des 15. Jahrhunderts einen gewichtigen Anstieg zu verzeichnen. Auch sie belegt, wie stark am Beginn unserer Epoche das wirtschaftliche Schwergewicht Europas in seinen mittleren Zonen lag.

Dies galt nicht zuletzt auch für den *Handel,* der im Mittelmeergebiet eine Welt für sich geschaffen hatte. Innerhalb dieser Welt fand er den Übergang von der christlichen in die islamische Zivilisation, von ihr aus führten die Routen ostwärts, zu den Handelsplätzen des Orients, nordwärts über See, durch Flüsse und über Gebirgspässe nach Süddeutschland und in die Niederlande. Wir wissen bereits, welche starken Kräfte aus diesem zwar großen, aber noch eng umschlossenen Raum herausdrängten, um mit Hilfe neuer Routen, neuer Techniken und neuer Ideen in neue Räume vorzustoßen.

In diese noch ganz vom Mittelalter geprägte Wirtschaftsgeographie brachte die neue Konjunktur des 16. Jahrhunderts Bewegung und Veränderung, die – im Laufe der folgenden 150 Jahre – sämtliche Sektoren des Wirtschaftslebens erfaßten. Über den Bevölkerungsanstieg dieser Epoche ist schon manches mitgeteilt worden, doch erscheint es nicht nutzlos, ihn durch einige Zahlen zu veranschaulichen, ohne daß dabei allen Faktoren eines säkularen Bevölkerungswachstums – der Bevölkerungsstruktur, der geographischen und natürlichen Fluktuation, dem generativen Verhalten u. a. – Aufmerksamkeit geschenkt werden kann. Über nationale Schätzungen zwischen 1500 und 1600 sagen die Kurven (vgl. oben S. 16) einiges aus. Im Rahmen des „vorindustriellen Bevölkerungssystems", wie es oben beschrieben wurde, war das 16. Jahrhundert eine Epoche, in der die Kontrollmechanismen recht deutlich auf Wachstum geschaltet wurden. Die Wüstungsperiode des Spätmittelalters hatte so viele Stellen freigemacht, so viel unbebautes Land zurückgelassen, daß relativ frühe Eheschließungen auf dem Lande möglich waren. Einige wenige Angaben aus Frankreich zumindest belegen für das 16. Jahrhundert ein frühes Heiratsalter der Frau von 21 bis 22 Jahren. In der Tat weisen zahlreiche erzählende Quellen des 16. Jahrhunderts auf eine deutliche Vermehrung der mittel- und westeuropäischen Landbevölkerungen hin. Jährliche Steigerungsraten von 0,56, 0,62, 0,71% (die erste Ziffer für Norwegen, die beiden anderen für Thüringen) sind für die mittleren Dezennien des 16. Jahrhunderts nachgewiesen, was auf ein Gesamtwachstum von 50–60% im Verlauf von 70 bis 80 Jahren schließen läßt.

Die Reaktionen der *Landwirtschaft* auf die neue Situation der Nachfrage und Konjunktur waren eindeutig und lassen sich mit den Begriffen „Landesausbau" und „Intensivierung und regionale Differenzierung der landwirtschaftlichen Erzeugung" erfassen. Nach der Ausbauphase des hohen Mittelalters war das 16. Jahrhundert die zweite Epoche, in der ganz Europa von einer kräftigen Welle des Landesausbaus überschwemmt wurde. Sie betraf zunächst jene Gebiete, die seit langem wüst lagen und jetzt wieder besiedelt und zur landwirtschaftlichen Nutzung aufbereitet wurden. Berühmt ist ein Bericht über einige schwäbische Dörfer aus der Zimmerschen Chronik von 1550: „Also fingen sie an zu reuten und zu stocken, die alten Felder und Wiesen wiederum, nachdem es denn vor vielen Jahren auch ein Dorf gewesen, aufzutun, daß es begann, einem Dorf gleichzusehen." Je mehr die Bevölkerung wuchs, um so wichtiger wurde jedoch auch das schon im hohen Mittelalter praktizierte Vordringen des Menschen in ganz neue, bisher nicht besiedelte und bebaute Räume. Rodungen, Moor- und Ödlandkultivierungen, Trockenlegungen von Sümpfen und Eindeichungen an den Nordseeküsten waren typische Formen landwirtschaftlicher Expansion im 16. Jahrhundert. In Umkehrung der Tendenz des Spätmittelalters gingen sie übrigens auf Kosten der Viehwirtschaft und des Weinbaus – in vielen Regionen Mittel- und Westeuropas war jetzt wieder das Getreide auf dem Vormarsch, das Hauptnahrungsmittel der breiten Bevölkerungsschichten. Es benötigte zur Produktion derselben Kalorienmenge nur etwa ein Zehntel jener Bodenfläche, die für die Viehmast aufgewendet werden mußte.

Stand Europa im 16. Jahrhundert somit im Zeichen einer erneuten „Vergetreidung" seiner Böden, so wuchs zugleich das Bewußtsein dafür, daß Vieh der einzige und daher unentbehrliche Düngerlieferant war, auf den auch die Getreideböden nicht auf Dauer ohne Schaden verzichten konnten. In zahlreichen Regionen vollzogen sich Wandlungen in der Flurverfassung, die auf eine behutsame Fortentwicklung oder gar Abschaffung der Dreifelderwirtschaft hinausliefen. Schon in dieser Zeit legten diese Regionen damit den Grundstein für ihre späteren Entwicklungsvorsprünge. Die gehobene Feldgraswirtschaft in England, die Koppelwirtschaft in Schleswig-Holstein, die Feldgraswirtschaft, Fruchtwechselwirtschaft und Nutzung der Brache für Futter-

pflanzen in den Niederlanden zielten auf ein geregeltes Verhältnis von Ackerbau und Viehzucht ab. Daß solche Tendenzen, die nicht zuletzt von einem
allmählich kommerzieller denkenden Adel vorangetrieben wurden, schwerwiegende Folgen für die Herrschafts- und Sozialbeziehungen auf dem Lande
hatten, wird im nächsten Abschnitt noch ausführlich zu besprechen sein. Vor
allem England mit seiner engen Beziehung zwischen agrarischer Intensivierung und der Einhegungsbewegung[39] („enclosures") ist dafür ein anschauli-
cher Beleg: Die „enclosures" bedeuteten nicht nur Einhegung im technischen, sondern auch Privatisierung im ökonomischen Sinne, Zurückdrängung der Gemeinweide, Verlust bzw. Verdrängung uralter Kollektivrechte,
insbesondere auch Verlust von Nachweide und Brache.

Solche und vergleichbare Modernisierungsvorgänge kamen nicht nur der
Viehzucht zugute. In den Niederlanden sowie den deutschen Rheinlanden
schritt die Spezialisierung des Anbaus, die schon im 15. Jahrhundert eingetreten war, fort und ließ damit die in weiten Teilen Europas feststellbare erneute
„Vergetreidung" des Bodens nicht zu. Gartenfrüchte und Blumen spielten
hier eine ebenso große Rolle wie die Handels- und Industriegewächse. Der
deutsche Agrarwissenschaftler Johann Heinrich von Thünen (1783–1850) hat
das Entstehen von unterschiedlichen Landwirtschaftszonen in Europa beschrieben und diese zu Recht auf die Haupttrends der Agrarkonjunktur zurückgeführt. Er sah zunächst eine landwirtschaftliche Intensivzone im Westen mit England, den Niederlanden, dem Rheinland und einigen niedersächsischen und schleswig-holsteinischen Gebieten. Um sie legte sich wie ein
Ring eine Getreidezone, die im wesentlichen der Dreifelderwirtschaft verhaftet blieb. Zu dieser Zone gehörten die im Verlauf des 16. Jahrhunderts stark
expandierenden Getreidegebiete östlich der Elbe, die in der Frühen Neuzeit
die Hauptlast der Versorgung des städtereichen europäischen Nordwestens
trugen und zur Erfüllung dieser Aufgabe eine fundamentale Veränderung
ihrer Produktionsverhältnisse hinnehmen mußten. Auch der mittel- und süd-
deutsche Raum und die Getreidegebiete Frankreichs lassen sich dieser Zone
zurechnen. Als weiterer Ring schloß sich an eine Weidezone von Jütland im
Norden über die russischen und ukrainischen Weidegebiete bis hinab nach
Ungarn. Reiche Archivfunde der letzten Jahrzehnte haben die Bedeutung der
großen Viehtransporte aus diesen Gebieten nach Mittel- und Westeuropa
belegt.

Thünens „Ringe" waren, wie der Autor selbst klar erkannte, nicht das
Ergebnis spezifischer naturräumlicher Gegebenheiten. Sie bildeten sich im
Verlauf der Agrarkonjunkturen des Mittelalters, des 16. und des 18. Jahrhunderts aus und standen funktional im Dienst der Getreide- und Fleischversor-
gung des volk- und städtereichen Westens. Riesige Entfernungen wurden
überwunden, um die Getreidemassen und Ochsen aus dem Norden und
Osten nach Westeuropa zu transportieren. Die neuen Praktiken des Handels,
von Niederländern, Franzosen und Engländern angewandt, fanden hier ihr

erstes großes und einträgliches Betätigungsfeld. Über Danzig und den baltischen Raum strömten erhebliche Anteile der ostdeutschen und vor allem polnischen Getreideproduktion nach Westen. Von etwa 10000 Last jährlich am Ende des 15. Jahrhunderts auf 116000 Last jährlich im ersten Drittel des 17. Jahrhunderts soll der über Danzig vermittelte Getreideexport gestiegen sein, 15–20% des vermarkteten polnischen Getreides sollen um 1560/70 exportiert worden sein. Nicht minder eindrucksvoll waren die Ochsenexporte aus Rußland, Ungarn und dem dänischen Raum. „Die Ochsen marschierten den Preisen entgegen" (W. Abel). An der Zollstelle Gottorp (Schleswig) wuchs der Auftrieb von 20000 Stück jährlich im Zeitraum 1480–1500 auf 55000 bis 60000 jährlich zwischen 1600 und 1620. Die Zollstelle Rendsburg passierten um 1565 etwa 45000 Rinder, im Spitzenjahr 1612 gar 45519.

All diese Ziffern spiegeln eine gut funktionierende „interregionale Arbeitsteilung" in der europäischen Agrarwirtschaft, in deren Gefolge sich spezifische Differenzierungen in den Herrschafts- und Sozialverhältnissen zwischen dem Westen und dem Osten Europas ausbildeten. Der Westen, vor allem die Niederlande, konnte den Prozeß der Modernisierung seiner Volkswirtschaften vorantreiben, indem er den Anteil an landwirtschaftlich tätigen Menschen ständig verringerte, landwirtschaftliche Spezialkulturen aufbaute und Handel, Gewerbe und tertiären Sektor expandieren ließ. Der Osten hingegen verfiel, unter dem Druck des Exportgeschäfts und der vom Westen diktierten Preise, in hohe Abhängigkeit vom Westen und eine monokulturelle Ausrichtung der Landwirtschaft auf das Getreide, die den wirtschaftlichen und sozialen Entwicklungsstand dieser Regionen noch auf Jahrhunderte hinaus beeinflussen sollten.

Niemand wird erwarten, daß im Zeichen einer warmlaufenden Agrarkonjunktur das *Gewerbe und die Industrie* im Verlauf des „langen 16. Jahrhunderts" vergleichbare Wachstumsgrößen aufzuweisen hatten. Gleichwohl ist es dieser Zeitraum, in dem sich das gewerbliche Schwergewicht Europas von seinen klassischen Zentren in den südlichen Niederlanden, Norditalien und dem oberdeutschen Raum nach England, Frankreich und den nördlichen Niederlanden verlagerte. Auch Spanien, das noch zu Beginn des 16. Jahrhunderts beachtliche gewerbliche Produktionszentren aufzuweisen hatte, konnte diese nicht halten und wurde mehr und mehr von Importen aus dem Nordwesten abhängig.

Am deutlichsten und wohl auch folgenschwersten trat dies im Textilgewerbe zutage. Es war „sowohl nach seinem Beitrag zur volkswirtschaftlichen Wertschöpfung als auch nach der Zahl der Beschäftigten" (P. Kriedte) der bedeutendste gewerbliche Sektor im Europa der Frühen Neuzeit. Wir dürfen vermuten, daß über weite Strecken des 16. Jahrhunderts die tägliche Kleidung der breiten Bevölkerungsschichten noch zu einem hohen Prozentsatz auf dem Wege der Selbstversorgung produziert wurde. Demgemäß waren die großen Textilregionen in erster Linie für den Luxusbedarf zuständig und stellten in einem langen, arbeitsintensiven Prozeß schwere Tuche aus Kammgarn her. Im Verlauf des 16. Jahrhunderts trat hier jedoch eine allmähliche Wandlung ein. Produzenten und Händler erkannten die Chancen einer steigenden Nachfrage nach preiswerter Kleidung und versuchten, ihnen durch Produktionsumstellungen zu entsprechen. Vor allem England, bisher ein Exportland für Wolle und schwere Tuche, stellte sich auf leichtere, billige Stoffe ein. Man verzichtete auf die kostenintensiven Prozeduren des Kämmens und Walkens und begnügte sich mit Streichgarn. Der Wechsel vom „Tuch" zum „Zeug" deutete sich hier an. Er fand gegen Ende des 16. Jahrhunderts und im gesamten 17. Jahrhundert im Siegeszug der „new draperies" über die „old draperies" seine Fortsetzung.

Geburtsland dieser neuen Technik waren die südlichen Niederlande, also eines der klassischen europäischen Textilgebiete, dessen schwere Tuche Weltruhm besaßen. Die Umstellung begann um die Mitte des 16. Jahrhunderts, als die Krise der alten, kostenaufwendigen Tuchproduktion offensichtlich wurde. Nach der religiösen Spaltung des Landes gelangte die neue Technik mit den calvinistischen Flüchtlingen nach Norden und wurde vor allem in der Gegend um Leiden heimisch. Zahlreiche Niederländer fanden aber auch in England eine zweite Heimat und brachten die neue Technik zu einem Zeitpunkt mit auf die Insel, als hier der Umstellungsprozeß schon in vollem Gang war.

Nicht allein die neuen „Zeuge" verdankten ihren Aufschwung der gewandelten Nachfrage- und Absatzlage, wie sie sich seit dem späteren 16. Jahrhundert herausbildete und im Verlauf des folgenden Jahrhunderts zur vollen Blüte kam. Auch Leinenprodukte gerieten in den Aufwind; vor allem in den Flachsregionen Frankreichs, Flanderns und Deutschlands stieg die Leinenproduktion sprunghaft an und deckte nicht nur den regionalen und lokalen Bedarf, sondern wuchs sich zu einem einträglichen Exportgeschäft aus.

Der Siegeszug dieser Produkte und der gewandelten Fertigungsmethoden ist nicht vorstellbar ohne die aktive Rolle, die das europäische Handelskapital bei ihrer Durchsetzung spielte. Zumindest gegen Ende des 16. Jahrhunderts drangen Verleger massenweise in das Land, am frühesten wohl in England, später aber in allen wesentlichen Textilregionen des Kontinents. Sie suchten und fanden dort preiswerte Arbeitskraft in den klein- und unterbäuerlichen Schichten und leiteten den säkularen Prozeß der Durchdringung des Landes mit hausindustriellem Gewerbe ein, der bis in die Epoche der Industrialisierung anhielt und das „industrielle" Antlitz des „vorindustriellen" Europas prägte. Die Kostenvorteile, die sie durch dieses Manöver erreichten, verschafften ihnen erhebliche Vorsprünge vor der zünftig-städtischen Konkurrenz, der sie auf dem Gebiet des Vertriebs, insbesondere des Exports, ohnehin überlegen waren.

Übrigens war das Textilgewerbe nur ein quantitativ herausragender, aber bei weitem nicht der einzige Sektor, auf dem Händler und Verleger gewerblich tätig wurden. Ohne das Risiko einzugehen, das darin gelegen hätte, daß sie durch erhebliche Investitionen an fixem Kapital den ganzen Produktionsprozeß in ihre Hand nahmen, drangen sie in zahllose gewerbliche Bereiche ein und machten die im Zuge der Bevölkerungsvermehrung reichlich vorhandene ländliche Arbeitskraft weitgehend von sich abhängig. Die Solinger Messerfabrikation, die Schwabacher Nadelindustrie, die Schwarzwalduhren, die Siegener Eisenfertigung, die Holz- und Spielwarenindustrie des Meininger Oberlandes sind nur einige deutsche Beispiele für das Vordringen der „Proto-Industrie" in Bereiche außerhalb der Textilproduktion.

Damit richtet sich der Blick auf *Handel und Finanzen* als den dritten Sektor ökonomischer Strukturwandlung im 16. Jahrhundert. Gewiß, dieses Jahrhundert war noch nicht die „Blütezeit des Handelskapitals", doch bereitete es diese, wie die quantitative Ausweitung des Verlagssystems belegt, entscheidend vor. Auffällig ist zunächst die Steigerung der Handelsvolumen im Verlauf dieser Epoche. Soweit dies durch die Entdeckungen und die Kolonialisierung geschah, ist das Wichtigste schon mitgeteilt worden. Die Rückwirkungen des entstehenden Welthandels auf Europa waren vor allem deshalb bedeutsam, weil mit den Gewürzen aus Asien und den Edelmetallen aus Amerika Güter zur Disposition standen, die zu exorbitanten Spekulationen reizten. Pfeffer zum Beispiel soll beim Verkauf in Europa das Fünffache seines Einkaufspreises erreicht haben. Hier lagen Chancen zu einer Akkumulation von Geldkapital, die der Intensivierung des Handelsaustausches auf allen Gebieten zugute kamen.

Im innereuropäischen Handel, der freilich niemals vom Welthandel zu trennen war, sondern mit diesem eine enge, unaufhebbare Symbiose einging, begannen im 16. Jahrhundert die Güter des agrarischen und gewerblichen Massenverbrauchs zu dominieren. Sie veränderten das Gesicht des traditionellen, über den Mittelmeerraum vermittelten Handels, der sich im wesentlichen damit begnügt hatte, asiatische Gewürze gegen europäisches (und später amerikanisches) Edelmetall auszutauschen. Im Zeichen der interregionalen Arbeitsteilung gelangten Getreide, Vieh, Pelze und, im Falle Ungarns, Kupfer aus Osteuropa in den Westen, wurden dort verbraucht oder gestapelt und re-exportiert, während der Westen im Gegenzug die Produkte seiner expandierenden Textilindustrie in den Osten exportierte. Die Sundzollregister geben uns die Möglichkeit, diesen Vorgang quantitativ zu illustrieren. Die polnische Ausfuhr zum Beispiel bestand im 16. Jahrhundert zu etwa 90% aus Getreide, Vieh und Pelzen, Polens über die See geleitete Importe zwischen 1565 und 1585 zu 48% aus Textilien.

Ebenso wie in der Landwirtschaft und im Gewerbe fanden die Strukturwandlungen des Handels ihren Ausdruck in einer gewandelten Handelsgeographie. Die große Zeit Venedigs – Zentrums des traditionellen Gewürzhandels – ging im Verlauf des 16. Jahrhunderts zu Ende.[40] Sevilla nahm im Zuge der spanischen Entdeckungen seinen berühmten, sensationellen Aufschwung.

Sevillas Handel und Spaniens Stellung im Welthandelssystem behielten solange ein gewisses Gleichgewicht, wie das Land in der Lage war, die Edelmetallimporte durch den Export spanischer Agrar- und Gewerbeprodukte auszugleichen. Hier traten im späteren 16. Jahrhundert Probleme auf, als Spanien in beiden Richtungen mehr und mehr zu einem Durchgangsland wurde
und seine günstige strategische Stellung im Welthandel nicht zur Ausgestal-
tung seiner Produktionsstruktur zu nutzen wußte. Mit Antwerpen[41] und dem
in dieser Stadt konzentrierten oberdeutschen Handelskapital verfügte Spanien im 16. Jahrhundert freilich über ein weiteres Handelszentrum. Antwerpen stach Sevilla vor allem dadurch aus, daß es sich nicht auf den Westindien-
handel beschränkte, sondern die Vielfalt der europäischen Handelsströme in
sich aufnahm und z. B. den handelspolitischen Nutzen einer Vermittlung der
neuen, preiswerten Textilien in den Mittelmeerraum erkannte. Doch Antwerpen wurde frühzeitig ein Opfer der spanischen Politik. Nach der Ablösung
der nördlichen Niederlande von Spanien traten andere europäische Handels-
und Hafenstädte in seine Rolle ein, allen voran Amsterdam. Und mit dem
Aufschwung Amsterdams, in dessen Schatten sich italienische Häfen wie
Genua und Livorno immer noch halten, nördliche wie London und Hamburg ihre kommende Größe schon vorbereiten konnten, war die Gewichts-
verlagerung der europäischen Wirtschaft im Zeichen des Bevölkerungsanstiegs und der Agrarkonjunktur endgültig vollzogen. Denn trotz aller Vielfalt
seiner Austauschbeziehungen, trotz aller Raffinesse seiner neuen Techniken
und Praktiken des Handels und der Finanzierung verdankte Amsterdam
seine Größe letztlich einem alles überragenden Faktor: dem Getreidehandel
mit dem Osten.

Auch die Struktur und die Geographie der europäischen Finanzen veränderten im Laufe des „langen 16. Jahrhunderts" ihr Gesicht. Am deutlichsten
wurde dies in dem allmählichen, aber unaufhaltsamen Rückgang der mittelalterlichen Messen. Bis weit ins 16. Jahrhundert hinein stellten die Handels-
und Wechselmessen von Lyon, Antwerpen, Medina del Campo, Frankfurt
und der norditalienischen Städte die zentralen Institutionen zur Regelung des
Verrechnungsverkehrs zwischen den europäischen Kaufleuten dar. Handel
war zu dieser Zeit noch überwiegend Sache des einzelnen Kaufmanns und
seiner Familie; seine persönliche Anwesenheit auf den Messen war zugleich
Gelegenheit zur Erledigung seiner finanziellen Obliegenheiten. Doch im Verlauf des 16. Jahrhunderts löste sich der internationale Handel von den Termi-
nen der Messen. Man handelte das ganze Jahr über und richtete permanente
Handelsbüros und Lagerhäuser in den führenden Handelsmetropolen ein.
Handelsbörsen, auch sie auf Dauer installiert, übernahmen die Funktionen
der alten Messen – so z. B. in Antwerpen seit 1531, in London seit 1571, in
Sevilla seit 1583 und in Amsterdam seit 1611.

Der Gründung der Handelsbörsen folgte die der Depositen- und Wechsel-
banken nach. Hier konnten die Kaufleute ihre Guthaben lagern und abheben,

hier konnten sie Überweisungen tätigen und Wechselbriefe auf ihre Kunden ausstellen, ohne daß eine persönliche Begegnung mit Kunden oder Partnern stattfinden mußte. Die norditalienischen Städte (und Staaten) gingen auch hier voran, sie sicherten die neue Methode, indem sie die Banken in den Schutz der jeweiligen Regierung stellten, sie also gewissermaßen „öffentlich" machten: 1584 entstand die Rialto-Bank in Venedig, 1593 der „Banco di San Ambrogio" in Mailand, 1605 der „Banco del Spirito Santo" in Rom. Im Norden war dann die Eröffnung der Amsterdamer Wechselbank, der „Wisselbank", im Jahr des Waffenstillstands von 1609 das große, für das ganze 17. Jahrhundert bedeutsame Ereignis. Ihre Aktivitäten waren denen der italienischen Städte vergleichbar, doch bezog sie zudem auch den Geldwechsel und den An- und Verkauf von Edelmetallen und ausländischen Münzen ein. Weder sie noch ihre italienischen Vorläufer verliehen übrigens Geld – sie alle und ihre Nachfolger und Konkurrenten in Middelburg (1616), Hamburg (1619), Nürnberg und Delft (1621), Rotterdam (1635) und Stockholm (1656) blieben für lange Zeit reine Wechsel- und Depositenbanken, „Clearing"-Häuser zur Regelung und Rationalisierung des internationalen Handelsverkehrs.

Eine andere, wichtige Veränderung – neben dem Anwachsen der staatlichen Schuld sicher die wichtigste in der frühneuzeitlichen Finanzgeschichte Europas – vollzog sich im Bereich der Finanzierung des Handels. Immer mehr trat nun der einzelne, familienwirtschaftlich operierende Kaufmann zurück. Wir haben an anderer Stelle schon von der Leistung und Bedeutung der Handelsgesellschaften gehört. Die Erschließung und Ausbeutung neuer Handelsräume und -zweige war ihre eine große Tat. Die andere war die Finanzierung solcher Unternehmungen durch „gesellschaftliche Organisation" in Form von Aktien, Anleihen und Obligationen. Zwar ist das Aufblühen des internationalen Aktienmarktes im wesentlichen ein Ereignis des 17. Jahrhunderts, doch die Grundlagen wurden im 16. Jahrhundert gelegt – in einer Zeit, als der Handel über weite Entfernungen zum Alltagsgeschäft für viele Kaufleute zu werden begann und sie nur zu gern bereit waren, das Risiko solcher Vorhaben mit anderen zu teilen und damit einzuschränken.

Die Krise des 17. Jahrhunderts[42]

Die allgemein-europäische Aufschwungsphase des langen 16. Jahrhunderts kam im Verlauf der ersten Hälfte des 17. Jahrhunderts allenthalben zum Erliegen. Das europäische Wirtschaftsleben trat in eine lange, von Kontraktionen, Stagnationen und Krisen gekennzeichnete Phase ein. Am augenfälligsten trat dies zunächst, in den Jahren zwischen 1618 und 1630, in der Schrumpfung der Handelsvolumen zutage. Die Edelmetallimporte aus Westindien gingen massiv zurück, die im 16. Jahrhundert begonnene Erlahmung des Mittelmeerhandels setzte sich fort, selbst die osteuropäischen Getreideexporte erlitten, wie die Sundzollregister belegen, erhebliche Verluste. Freilich war der Handel weder die Ursache der Krisenerscheinungen, wie sie sich seit 1630/40 in vielen Regionen verstärkt bemerkbar machten, noch wurde er ihr wesentliches Einflußfeld. Im Verlauf des Jahrhunderts bauten die Niederländer ihr Welthandelsimperium aus, bereiteten die Engländer das ihre vor und zeigten damit der übrigen Welt, daß auch, ja, gerade in Zeiten einer rückläufigen bzw. stagnierenden agrarischen Preisentwicklung im Handel Investitionen möglich und Gewinne zu erzielen waren, wenn nur die traditionellen Bahnen und Räume verlassen, die Chancen des neu entstehenden Welthandelssystems systematisch und konsequent genutzt wurden.

Auf Stagnation und Krise standen die Zeichen vielmehr in anderen Bereichen, und dies bis in das 18. Jahrhundert hinein. Seit dem ersten Drittel des 17. Jahrhunderts brach das Bevölkerungswachstum des vorangehenden Zeitraums ab. Vor allem die mittel- und südeuropäischen Regionen heben sich deutlich heraus. Legen wir Indexzahlen zugrunde, so zeigt der Mittelmeerraum beim Vergleich für die Jahre 1600, 1700 und 1750 die Serie 100, 96 und 114, Zentraleuropa die Serie 100, 103 und 118. Nur der Norden und der Westen (mit England und den nördlichen Niederlanden) scheint mit der Serie 100, 134 und 153 nicht betroffen. Die Indexzahlen für den Süden und das Zentrum Europas belegen deutlich den Prozeß der Erlahmung, nicht aber die demographischen Katastrophen, von denen er in einzelnen Regionen begleitet war. Vorpommern und Mecklenburg verloren allein zwischen 1628 und 1638 40% ihrer Bevölkerung, im gesamten Gebiet des Deutschen Reiches ging sie im selben Zeitraum um mehr als ein Viertel zurück. Für Polen werden ähnliche Raten angesetzt, Dänemark soll im Verlauf des dänisch-schwedischen Krieges (1658–60) um 20% seiner Einwohner geschrumpft sein. Daß Kriege, insbesondere der 30jährige Krieg, die hohen Verluste in Mitteleuropa bewirkt haben, steht außer Frage, vor allem, weil sie in vielen Regionen und über lange Zeiträume mit verheerenden Seuchen und plötzlichen Klimakatastrophen einhergingen. Doch weder in Italien noch in Spanien wütete der 30jährige Krieg, und auch hier waren die Verluste erheblich: Italien ging zwischen 1600 und 1650 von 13 auf 11 Millionen zurück, Kastilien wurde im selben Zeitraum von einer Serie von Plagen heimgesucht und verlor etwa ein Viertel seiner Einwohner.

Nichts von alledem im glücklichen Nordwesten des Kontinents! Bis in die 1660er Jahre sollen die niederländischen und englischen Bevölkerungen noch kräftig gewachsen sein, erst dann trat auch hier eine Verlangsamung ein, die immerhin belegt, daß auch diese Länder von der Trendwende erfaßt wurden, die im übrigen Europa, durch Krieg und Seuchen gefördert, schon lange vorher eingetreten war.

Eine mittlere Position nahm Frankreich ein. Es war von den Auswirkungen des großen Krieges nur in seinem Osten massiv betroffen. Aber der Anstieg des 16. Jahrhunderts kam auch hier um 1630/40 zum Stehen; das Bild der folgenden 80 bis 100 Jahre ist das der Stagnation mit einer zwischen 17 und 19 Millionen liegenden Einwohnerzahl.

Über die Ursachen dieser bemerkenswerten Umkehrung des seit etwa 150 Jahren vorherrschenden Trends besteht unter Historikern immer noch keine letzte Klarheit. Soweit der Krieg mit seinen Folgeerscheinungen als Urheber identifiziert werden kann, liegen die Dinge verhältnismäßig einfach. Doch es läßt sich nicht bestreiten, daß er trotz seiner gewaltigen Ausmaße nur regional wirksam war. Ob Überbevölkerung eine Rolle spielte und damit der Boden für eine Malthus'sche Krise bereitet war, ist weitaus schwerer zu entscheiden. Peter Kriedte glaubt aufgrund der Auswertung zahlreicher Regionalstudien eine solche Behauptung wagen zu dürfen, Jan de Vries möchte dies für manche Regionen des Mittelmeerraumes nicht ausschließen, stellt aber in Frage, „whether a true Malthusian crisis dominated seventeenth-century Europe". Gewiß, eine „wirkliche Malthusianische Krise" war es nicht, doch fraglos hatte das Bevölkerungswachstum Europas zu Beginn des 17. Jahrhunderts solche Ausmaße angenommen, daß einschränkende Regulative, wie sie für die vorindustrielle Bevölkerungsweise als typisch gelten, im Verlauf dieses Jahrhunderts erforderlich wurden. Und dies gerade auch in Regionen, in denen der Krieg nicht zum Abbau des hohen Bevölkerungsstandes beitrug.

So ist erwiesen, daß in England nach der Jahrhundertmitte Familienplanung betrieben wurde. E. A. Wrigleys Untersuchungen über das Dorf Colyton belegen einen Anstieg des mittleren Heiratsalters der Frau von 27,0 (1560–1646) auf 29,6 (1647–1719) ebenso wie ein Absinken der altersspezifischen ehelichen Fruchtbarkeit. Zu bedenken ist freilich, daß nicht nur der Zwang zum Ausgleich von „Nahrung" und „Familiengründung" wirksam gewesen sein mag, sondern auch der Wunsch der Hausväter, einen nach langen Mühen erreichten Lebensstandard durch Kleinhaltung der Familie zu wahren und zu verbessern.

Ein anderer, weniger günstiger Befund liegt für Frankreich vor. Hier sind deutliche Tendenzen zur Familienplanung erst für das spätere 18. Jahrhundert nachgewiesen. Zuvor dagegen, in der Epoche Ludwigs XIII. und Ludwigs XIV. mit ihrem düsteren demographischen Erscheinungsbild, gingen regulative Wirkungen neben dem Krieg und den Seuchen vor allem von jenen kurzen, heftigen Teuerungs- und Hungerkrisen aus, die Pierre Goubert am Beispiel des nordfranzösischen Beauvaisis analysiert hat.

Nicht anders als in den voraufgehenden Epochen der europäischen Wirtschaftsgeschichte stand die Bevölkerungsentwicklung des 17. Jahrhunderts in direkter Verbindung mit dem übrigen sektoralen Geschehen. Überall sank das Preisniveau für die Grundnahrungsmittel ab, die anschaulichen Preiskurven zu einzelnen Ländern und Regionen belegen auch hier die Umkehrung des Trends. Während sich die Reallöhne im gewerblichen Bereich ein wenig erholten und in manchen Gebieten Erinnerungen an das goldene Zeitalter des

15. Jahrhunderts wachriefen, als Mägde und Boten „dreiste" Lohnforderungen stellen konnten, ging das Interesse an der Getreideproduktion deutlich zurück. Zahlreiche Ackerfluren wurden wieder zu Wiesen und Weiden, Wüstungen traten nicht nur in Kriegsgebieten auf, die Landgewinnung an den Küsten und im Binnenland verlor an Gewicht.

Doch die Krise des 17. Jahrhunderts war für die *Landwirtschaft* in keiner Weise vergleichbar mit der spätmittelalterlichen Agrarkrise. Ein Erlahmen der unelastischen Nachfrage nach den Grundnahrungsmitteln ging einher mit einer Steigerung der elastischen Nachfrage nach agrarischen Spezialprodukten. Jene Regionen also, die schon in den vergangenen Jahrhunderten ihre Landwirtschaften auf den Markt, insbesondere auch den überregionalen Markt, ausgerichtet hatten, gerieten nicht eigentlich in eine Krise. Die Modernisierung der englischen und niederländischen Landwirtschaften schritt auch jetzt voran, die europäischen „Intensitätsinseln" um die großen Stadtregionen herum prägten sich weiter aus. Zudem glich – auch dies ein deutlicher Unterschied zum späten Mittelalter – der Staat einen Teil der Krisenerscheinungen aus. Für Hof und Heer trat er als massiver Nachfrager auf, freilich in einer Weise, welche die enge, lokal gebundene, unter dem Einfluß von Gemein- und Allmendewirtschaft stehende „peasant economy" in vieler Hinsicht überforderte. Denn was den Staat und die im Handel tätigen Oberschichten interessierte, war nicht der lokale, um die kleinen Städte herum wirksame Markt, sondern das territoriale und überregionale Marktgeschehen. Wer dem entsprechen wollte, mußte die traditionelle Flurverfassung und Wirtschaftsweise aufzugeben bereit sein, mußte, wenn er „Bauer" war, zum „Farmer" und „Pächter", wenn er Grundherr war, zum marktorientierten „Grundbesitzer" werden. Der kontinuierliche Fortschritt der „enclosures" in England, der gleichwohl um 1700 erst etwa 50% des betroffenen Landes erfaßt hatte, war trotz seiner bedeutenden sozialen Kosten ein Weg, der diesen Anforderungen Rechnung trug. In vielen anderen Staaten, insbesondere in der breiten europäischen Getreidezone (dem zweiten „Ring" Thünens), war er noch durch zahlreiche soziale und institutionelle Hindernisse verbaut. Demgemäß wirkte sich hier die Krise des 17. Jahrhunderts weit stärker aus.

So überrascht es nicht, daß die schon im 16. Jahrhundert eingeleitete regionale Differenzierung der europäischen Landwirtschaften im 17. Jahrhundert kräftig fortschritt – ein Vorgang, der erst im Zuge der Agrarkapitalisierung des späten 18. und des 19. Jahrhunderts ausgeglichen wurde. „The interplay between changing political structures and changing market pressures created the condition where diverging paths were being followed in the agrarian life of the various European states – some for better, some for worse"[43]. Spanien und Italien fielen endgültig zurück und bildeten in den ländlichen Sozialverhältnissen, die im frühen 16. Jahrhundert schon relativ „moderne" Züge aufwiesen, erneut deutliche feudale Elemente aus. Große Teile Osteuropas, über die hier nicht im einzelnen zu sprechen ist, setzten ihre Exportorientierung im Getreidebereich zwar fort, die Einseitigkeit dieser Bindung im Kontext wenig entwickelter Sozial- und Verfassungsstrukturen und einer schwachen Urbanisierung führte freilich zu einer extremen Refeudalisierung dieser Regionen. Die „zweite Leibeigenschaft" auf den ostelbischen Rittergütern wurde das funktionale Äquivalent zur Auflösung der mittelalterlichen Sozialverhältnisse im städtereichen Nordwesten. In den Territorien der nord- und mitteleuropäischen absoluten Monarchien – Schweden, Dänemark, den meisten Territorien des Reiches und Frankreich – blieb die Landwirtschaft im 17. und frühen 18. Jahrhundert in einer Zwischenstellung zwischen mittelalterlicher Bauernwirtschaft und moderner Verkehrswirtschaft. Der Kampf zwischen Grundherren, Kirche, Staat und bäuerlichen Produzenten um die Verteilung des erwirtschafteten Mehrwerts war andauernd und heftig, und er wurde von allen Seiten nicht immer mit dem Blick auf den agrarischen Fortschritt geführt. Vor allem der kontinentale Adel, überall der größte Grundbesitzer, sah in den bäuerlichen Abgaben allzu häufig eine Quelle seiner Statusabsicherung und -repräsentation; die hohe staatliche Besteuerung der Bauern wirkte sich vielfach fortschrittshemmend aus. Nur wo staatliche, kirchliche und grundherrliche Ansprüche und bäuerliche Bedürfnisse in ein einigermaßen erträgliches Gleichgewicht gebracht wurden, bildeten sich befriedigende landwirtschaftliche Strukturen aus. Der nordwestdeutsche Küstenraum wäre hier zu nennen, dessen Bauern von der geringen Verdichtung adeliger Herrschaft profitierten; die Regionen der norddeutschen Meierverfassung, in denen bäuerliche Besitzrechte, staatlicher Steueranspruch und herrschaftliche Abgabenanteile zu einer befriedigenden Koexistenz fanden; die Getreideregionen Nordfrankreichs und der Ile de France schließlich, in denen die traditionelle Bauernwirtschaft aufbrach und zugunsten einer marktorientierten Pachtwirtschaft aufgegeben wurde – ein Verfahren, das gewiß, wie im England der „enclosures", den kleinbesitzenden „Bauern" zugunsten des nichtbesitzenden „fermier" zurückdrängte, aber auch in sozialer Hinsicht „moderner" wirkte als das archaische Halbpachtsystem („métayage"), das sich in weiten Teilen des übrigen Frankreich unter dem Einfluß eines zwar kommerziell, aber nicht „modern" denkenden und handelnden Adels durchsetzte.[44]

Es bleibt schließlich die westeuropäische Intensivzone mit den beiden Niederlanden und England in ihrem Zentrum, den rheinländischen Intensitätsinseln, Niedersachsen, Ostfriesland und Schleswig-Holstein an ihrer Peripherie. Hier wurde fortgesetzt, was im 15. und 16. Jahrhundert begonnen worden war, hier wurden die Chancen genutzt, die jede Krise bietet. Die nördlichen Niederlande ragen heraus durch zwei fundamentale Vorgänge – die Spezialisierung und Kommerzialisierung. Sie wurden möglich, weil nach der religiösen Abspaltung von Spanien der Einfluß des Adels zurückging und die Landwirtschaft in die Interessensphäre einer aktiven „merchant class" geriet. Käse, Butter, Fleischprodukte, Tulpen, Industriegewächse waren die „hits" der Holländer, die auch in Zeiten einer allgemeinen Depression nachgefragt wurden. Was die Versorgung mit Getreide anging, so bedienten sie sich ihres Amsterdamer „entrepôts", auf dem Roggen und Weizen aus Osteuropa billiger zu haben war, als wenn sie im Lande selbst angebaut worden wären. Auch als an der Wende vom 17. zum 18. Jahrhundert die Niederlande die Agrardepression zu spüren bekamen, zeigte sich, daß es sich hier um irreversible Prozesse handelte.

Mehr als in allen anderen Staaten war die Entwicklung der Landwirtschaft in England mit einer Wandlung der allgemeinen Gesellschaftsstrukturen verbunden. Nach einer Epoche extremer sozialer Mobilität und beschleunigter Umverteilung von Land vor und im Bürgerkrieg des 17. Jahrhunderts geriet die englische Landwirtschaft weitgehend in die Hand des landbesitzenden Adels, insbesondere der „gentry". Gegenüber dem kontinentaleuropäischen Adel zeichnete er sich dadurch aus, daß er an überkommenen institutionellen Bindungen der ländlichen Sozial- und Wirtschaftsstruktur nicht interessiert war, ja, sie im Bürgerkrieg mit Erfolg bekämpft und zurückgedrängt hatte. Die Aufhebung alter feudaler Abgaben, die Abschaffung des Majorats auf Adelsgütern, die Legalisierung der „enclosures" – dies waren Ereignisse, welche der Modernisierung der englischen Landwirtschaft die Wege ebneten. Die berühmte Trias von adeligem Grundbesitzer, pachtendem agrarischem Unternehmer und freier ländlicher Arbeitskraft war das Ergebnis dieser langfristigen Wandlungen. Auf dieser Basis entwickelte sich eine Landwirtschaft, die, von der Schafzucht des 16. Jahrhunderts in diese Richtung gedrängt, nun, nach dem Abflauen des Wollebooms, in alle agrarischen Produktionssektoren ausgriff. Mochte der Grad der Spezialisierung auch nicht mit den holländischen Vorbildern mithalten, so ging der Impuls zur Diversifikation und vor allem zur technischen Innovation doch noch über diese hinaus: Viehzuchtregionen, Getreidezonen, Gebiete mit „mixed husbandry" und, in der Umgebung Londons, spezialisierte Gartenbauländereien prägten das Gesicht des englischen Landes; der Anbau von Futterpflanzen, das berühmte Norfolk-System, eine vierjährige Fruchtfolge von Weizen, Rüben, Gerste und Klee, zahllose Neuerungen in den Anbausystemen, die „water-meadows" und die Drainage sind Beispiele des technischen Wandels in England.

Insgesamt sind sowohl die nördlichen Niederlande als auch England Belege für das Vordringen des Kapitalismus in der europäischen Landwirtschaft. In diesen Ländern allein ging die alte „peasant economy" massiv zurück, hier allein geriet die Landwirtschaft weitgehend in den Griff der Kommerzialisierung, hier allein wurde der Arbeitsanteil in der wirtschaftlichen Produktion zunehmend aus freier Arbeitskraft gezogen. Erst das 18. und frühe 19. Jahrhundert vermittelte den übrigen europäischen Ländern die Erfahrung, daß sich im Westen Europas eine modellhafte Entwicklung vollzogen hatte, deren Wirkungen sie sich, ob sie wollten oder nicht, kaum mehr entziehen konnten.

In mehrerer Hinsicht stand der *gewerbliche Sektor* im 17. Jahrhundert mit dem konjunkturellen Geschehen im Agrarbereich in Verbindung. Der Rückgang der Getreidekonjunktur mit seinen zeitweise niedrigen Preisen für die Grundnahrungsmittel machte Einkommensteile für gewerbliche Produkte frei. Wurde dieser konjunkturelle Vorteil der gewerblichen Produktion auch möglicherweise durch den Abschwung der Bevölkerungsentwicklung wieder ausgeglichen, so wirkte sich der Einkommenseffekt der rückläufigen Agrarkonjunktur zusammen mit der wachsenden Exporttätigkeit der Europäer im Welthandelssystem doch im ganzen so stimulierend auf die Gewerbe aus, daß die Zeichen in diesem Sektor im Verlauf des 17. Jahrhunderts auf Expansion standen. Vor allem die Textilindustrie mit ihren neuen, leichten und preiswerten Tüchern für den Massenbedarf schritt jetzt entschieden auf den im 16. Jahrhundert betretenen Wegen fort, und sie nutzte dabei nicht nur die neuen Techniken der Produktion, sondern auch die neuen Verfahren der Arbeitsorganisation. Unter dem Zeichen der sich abschwächenden Agrarkonjunktur stellte der ländliche Bereich mehr noch als zuvor kostengünstige Arbeitskraft zur Verfügung, denn die klein- und unterbäuerlichen Schichten, die in der Zeit guter Preise vielleicht eine gewisse Marktquote erzielt oder zumindest einen ausreichenden Lohn in der Landwirtschaft gefunden hatten, standen nun vor dem Nichts – waren sie doch nicht in der Lage, die schwierigen und teuren Umstellungen in Richtung auf eine spezialisierte und kommerzialisierte Landwirtschaft vorzunehmen.

So sehen wir im 17. Jahrhundert die Proto-Industrie[45] in zahlreichen europäischen Regionen auf einem beschleunigten Vormarsch, und mit ihr, sie tragend und nutzend, das Kapital der Verleger, das die erheblichen Kostenvorteile der hausindustriellen Produktion zu seinem Vorteil zu handhaben verstand. Zahlreiche Regionen wurden auf diesem Wege zu neuen Zentren der industriellen Produktion. Die Region um Leiden wurde zu einem Zentrum Hollands, wenngleich Holland nicht ein besonders typisches Beispiel für die neue Entwicklung war, da sich Gewerbe hier in extremer Weise als Anhängsel des Handels ausbreiteten und auf Dauer nur im Bereich teurer, wertvoller Spezialprodukte erfolgreich waren. Äußerst intensiv war dagegen der Wachstumsprozeß der englischen Textilindustrie, der nach der definitiven Krise der schweren Tücher in den 1620er Jahren zunächst auf den „new draperies", später dann auf Leinengeweben und schließlich auf Baumwolle beruhte. Immer aber war es die ländliche Hausindustrie, die den englischen Verlegern ihre beachtlichen Kostenvorteile verschaffte: Ulster, West Riding, die Cotswolds, East Anglia und, für die Baumwolle, Lancashire sind solche hausindustriell verdichtete Textilregionen Englands. In Frankreich ragen die Maine, die Pikardie und das Languedoc heraus, in Deutschland Schlesien, die Räume um Osnabrück und Minden-Ravensberg, Württemberg und das südliche Sachsen.

Es würde zu weit führen, sämtliche Sektoren der gewerblichen Produktion

Europas hier mit dem Blick auf ihre wesentlichen Verlagerungen und Veränderungen aufzuzählen. Interessant ist im Vergleich zum Agrarbereich, daß technologische Neuerungen und Wandlungen der Produktionsverfahren, wenn sie auch natürlich nicht fehlten, eine relativ geringe Rolle spielten. Gerade die Hausindustrie mit ihrer bedeutsamen quantitativen Ausweitung hemmte ja in gewissem Sinne grundsätzliche qualitative Veränderungen. Solche fanden, im technischen wie im organisatorischen Bereich, am ehesten in den spezialisierten Manufakturen statt, die Luxusgüter erzeugten oder für die Ausstattung der Heere mit Waffen und Gerät sorgten. Auch sie, und mit ihnen die Förderung und Verarbeitung des Eisenerzes, standen oder gerieten zunehmend unter den Einfluß des europäischen Handelskapitals, das hier wie im Textilbereich mehr an der Erhöhung des Ausstoßes als an der Veränderung der Produktionsstrukturen interessiert war. Ein berühmtes Beispiel ist die schwedische Eisenindustrie des 17. Jahrhunderts. Im Zeichen der kontinentalen Kriegspolitik geriet sie vollständig unter den Einfluß niederländischer Kaufleute. Louis de Geer, nicht zufällig ein Emigrant aus der südniederländischen Eisenregion um Lüttich, zog zusammen mit anderen nicht nur den Vertrieb der gesamten schwedischen Produktion an sich, er organisierte mit Lütticher Fachleuten auch die Eisengewinnung und die Kanonenherstellung. Auf diesem Wege wurde Schweden im 17. Jahrhundert zum bedeutendsten Eisenerzeuger Europas; nicht nur das holländische, auch das englische Rüstungspotential wurde fast vollständig von hier aus versorgt.

Erneut, und nun in höchster Ausprägung, zeigt sich damit das Gewicht des *Handels* für den Verlauf der gesamten frühneuzeitlichen europäischen Geschichte. Von innereuropäischen Krisenerscheinungen zwar zeitweise heftig berührt, von der langfristigen Agrardepression in der zweiten Jahrhunderthälfte nicht verschont, vom Ausgreifen Europas auf die Welt aber allenthalben massiv stimuliert, trat der europäische Handel in seine große Blütezeit ein. Ob im Bereich der agrarischen oder der gewerblichen Produkte, ob in der Produktion oder der Distribution, ob in der Finanzierung oder im Transport – überall sehen wir im 17. Jahrhundert die europäischen Kaufleute am Werk. Einzelne Ziffern, die uns zur Verfügung stehen, zeigen uns dabei zum Teil beachtliche Steigerungsraten. Die schwedischen Eisenexporte z. B. stiegen unter dem Einfluß der Niederländer von 6500 t in 1620 auf 17000 t in 1650 und 30000 t in 1700. Die holländische Handelsflotte nahm im Verlauf des 17. Jahrhunderts derartig zu, daß sie schließlich mehr Schiffe umfaßte als die der Engländer, Franzosen und Deutschen zusammen. Und dies, obwohl auch die englische Flotte ständig vergrößert wurde: 50000 t betrug ihre Tonnage in 1572, 340000 t waren es im Jahre 1686.

Eine vollständige Dokumentation der Aktivitäten des europäischen Handelskapitals kann in einer allgemeinhistorischen Überblicksdarstellung nicht gegeben werden. Nicht fehlen darf jedoch ein kurzer Blick auf die Methoden des Handelsverkehrs und der Finanzierung, mit deren Hilfe diese erstaunli-

chen Erfolge errungen wurden. Sowohl holländische als auch englische Kaufleute waren im 17. Jahrhundert geniale Strategen des Re-Exports, etwa 31%
der englischen Exporte um 1700 waren dieser Tätigkeit zuzuschreiben. Während der gesamte Export des Landes zwischen 1663 und 1701 von 4139 auf
6419 (Jahresdurchschnitte in Tausender-Einheiten) wuchs, stieg der Re-Export im selben Zeitraum von 900 auf 1986 an. Die Holländer erwiesen sich
dabei als wahre Meister der Kostenreduktion: „The Dutch succeeded in sel-
ling anything to anybody anywhere in the world because they sold at very
low prices, and their prices were competitively low because their costs of
production were more compressed than elsewhere."[46]

Über die Organisationsform der Handelskompanien ist schon manches
gesagt worden. Unter ihrer Aufsicht faßte die Aktie in Europa endgültig und
massenhaft Fuß, und mit ihr der Effektenhandel als Ergänzung des Produk-
tenhandels. Die Amsterdamer Börse wurde zum Zentrum dieses Geschäfts-
zweiges, und in ihrem Schatten entwickelte sich auch das Amsterdamer
Bankwesen, wodurch die Holländer schließlich auch in diesem Bereich dominant wurden und den bis dahin führenden Genueser Wechselmessen den
Rang abliefen.

Hätte man das wirtschaftliche Europa des 17. Jahrhunderts mit dem Namen einer Stadt zu kennzeichnen, so würde wohl niemand Amsterdam diesen
Rang streitig machen. Amsterdam war Hafen, Börse, Bankplatz, Entrepôt,
Wohnort der reichen Kaufleute, Anziehungspunkt der Künste, Mittelpunkt
einer lebenskräftigen, pulsierenden und, im Vergleich zum übrigen Europa,
herausgehobenen und auch etwas künstlichen Welt – künstlich, weil sie nicht
das „eigentliche" Europa repräsentierte, wie es für Paris, Nürnberg oder
Danzig gelten kann. Es war eine Welt, die für einige Generationen lang aus
Europa und seinen Kolonien im Westen und Osten größten materiellen Nutzen zog. Holland revanchierte sich dafür, indem es Europa mit einer Reihe
glänzender Erfindungen und Entwicklungen auf dem Gebiet der Technik,
der Wissenschaften, des Denkens und der Kunst beschenkte.[47] Doch einen
gangbaren Weg in die Zukunft wies es diesem Europa nicht. Zu sehr war der
Aufschwung des Landes auf die Bedürfnisse und Fähigkeiten einer kleinen
Küstenbevölkerung zugeschnitten, zu wenig stand er im Kontakt mit dem
kontinentalen Alltag, zu weit distanzierte er die niederländischen Handels-
leute von der Masse der Bauern, des Adels, von den Höfen der Fürsten und
ihren täglichen Problemen. Ja, der Aufstieg und die Blüte Amsterdams wurden recht eigentlich möglich, weil und insofern das kontinentale Europa das
blieb, was es war. Nur weil die übrigen Staaten trotz aller Anstrengungen der
merkantilistischen Wirtschaftspolitik in diese Richtung nicht mitzogen oder
mitkamen, eröffneten sich den Holländern all jene Chancen, die sie so mei-
sterhaft nutzten. Erst als England als einziges Land gleichzog und aufgrund
seiner andersartigen geographischen, ökonomischen, sozialen und politischen
Struktur zudem noch andere, den kontinentalen Staaten vergleichbare Pro-

bleme lösen konnte, bot sich den übrigen mittel- und westeuropäischen Ländern eine zukunftsträchtige Perspektive, auf die hin sie, England folgend, ihre eigene Entwicklung ausrichteten.

Der Aufschwung des 18. Jahrhunderts

Diese Entwicklung hieß – Industrialisierung! Bevor sie einsetzte, war zumindest auf dem Kontinent noch ein gutes Stück Wegs zurückzulegen. Noch war Europa eingefaßt in seine seit Jahrhunderten gewachsene Agrarverfassung, noch beherrschten die kurzfristigen, heftigen Agrarkrisen und die langen Wellen der Getreidepreise das wirtschaftliche Verhalten, noch hielt sich das Bevölkerungsgeschehen in den Grenzen der vorindustriellen Bevölkerungsweise, noch lag das ständische Ordnungssystem wie ein bleiernes Gewicht auf den europäischen Staaten, noch stand der Rhythmus Europas im Zeichen der „histoire immobile", wie es E. Le Roy Ladurie mit dem Blick auf Frankreich ein wenig überpointiert formuliert hat.[48]

Irgendwann im ersten Drittel des 18. Jahrhunderts schlug der Trend der Agrarpreiskonjunktur erneut um. Wie schnell das ging, welche regionalen Unterschiede es gab, welche Produkte im einzelnen erfaßt wurden – das alles ist schwer zu sagen! Eindrucksvoll sind jedoch die Ziffern, die bei einem Vergleich der Weizen- und Roggenpreise zwischen dem vierten Jahrzehnt des 18. und dem ersten des 19. Jahrhunderts erreicht wurden: in England eine Steigerung auf 250%, in Deutschland auf 210, in Oberitalien auf 205, in Frankreich auf 163, in Dänemark auf 283, in Schweden auf 215, in den Niederlanden und Österreich auf um 260%. Und wieder, wie im 16. Jahrhundert, hielten die Löhne nicht mit. Der Reallohnverfall der Frühen Neuzeit setzte sich fort und erhielt vor allem zum Ende des 18. Jahrhunderts eine neue Dimension. „Über allen Vergleich sind die Getreidepreise seit etwa fünfzehn Jahren höher gestiegen als der Mittelpreis der Arbeit", so berichtete 1799 Ch. J. Kraus aus Königsberg. Zusammen mit den Löhnen blieben die Preise für Gewerbegüter zurück, wir sehen überall eine konjunkturelle Bewegung zugunsten der Landwirtschaft, insbesondere des Getreideanbaus.

Und wieder stand die Umkehrung des Preistrends in engem Zusammenhang mit der Bevölkerungsentwicklung. Lebten die Zeitgenossen noch um die Mitte des 18. Jahrhunderts allenthalben unter dem für sie bestürzenden Eindruck, daß Europa vom Aussterben bedroht war, so wurde ihnen der neue Trend spätestens gegen Ende des Jahrhunderts überaus klar. Im Rückblick sind in der Tat eindrucksvolle Angaben über die allgemeinen Steigerungsraten möglich. Die gröbste und allgemeinste läßt den Schluß auf eine Verdoppelung der europäischen Bevölkerung zwischen 1700 und 1800 zu. Regionale Schätzungen und Zählungen bleiben teilweise darunter, gehen teilweise aber auch darüber hinaus. Preußen im Gebietsstand von 1740 hat zwischen 1740 und 1805 um mehr als 100% zugenommen, Berlin allein wuchs im

18. Jahrhundert von 50000 auf 170000 Einwohner. Frankreich, im ganzen Ancien Régime das volkreichste Land Europas, startete von einem hohen Plateau von etwa 19 Millionen im Jahr 1700 und erreichte bis 1789 immerhin 26 Millionen. England wuchs kräftiger, nämlich von etwa 5 auf 9,3 Millionen. Im Süden, in Spanien und Italien, war die Bewegung gemäßigt, in den südlichen Niederlanden kräftiger, während die nördlichen Niederlande bezeichnenderweise stagnierten.

Der Wachstumstrend der europäischen Bevölkerungen war gegen Ende des 18. Jahrhunderts so deutlich, daß sich selbst den beobachtenden Zeitgenossen der Zusammenhang zwischen Bevölkerungsvermehrung und Getreidepreissteigerung aufdrängte und sie den Nachfrageeffekt höher bewerteten als die „monetäre" Erklärung: „Hier klagt man fast allgemein über die unmäßige Teuerung der Lebensmittel. Was die Ursache zu dieser Teuerung anbetrifft, so schreiben die Politiker solche fast allgemein der vermehrten Masse der edlen Metalle zu. Allein gewiß hat letztere nur den geringsten Anteil daran. Weit mehr noch trägt die vermehrte Volksmenge zur Verteuerung der Lebensmittel bei" – so Chr. v. Schlözer im Jahre 1807.[49] Das „Gesetz des abnehmenden Bodenertrags" wurde in dieser Zeit in Ansätzen formuliert. Es besagt, daß sowohl auf den Grenzböden als auch in dem schon erschlossenen Kulturland der Ertrag des Bodens nicht im Maße der Aufwandssteigerungen zu vermehren ist und wachsende Produktionskosten daher von einem bestimmten Zeitpunkt an nur über steigende Preise auszugleichen sind.

Die Geschichte der europäischen *Landwirtschaft* im 18. Jahrhundert belegt das auf anschauliche Weise. Allenthalben griffen nun wieder jene Vorhaben Platz, die wir aus den Expansionsphasen des hohen Mittelalters und des 16. Jahrhunderts kennen. Ja, im Vergleich zu diesen Epochen weitete sich die Bewegung der Extensivierung und Intensivierung der Agrarwirtschaft derart aus, daß man sogar zu dem Begriff der „Agrarrevolution" gegriffen hat. Wird er auch heute allenfalls für die englische Entwicklung im späteren 18. Jahrhundert noch akzeptiert, so vermag er doch immerhin eine Tendenz richtig zu beschreiben: Die europäische Landwirtschaft nahm seit der Mitte des 18. Jahrhunderts einen Weg, der nicht nur im Bereich der Anbautechnik und Anbausysteme, sondern auch in sozialer und institutioneller Hinsicht auf revolutionäre Strukturveränderungen hinzielte. Zum ersten Mal in der Geschichte Europas wurde das Problem der Ernährung als ein die gesamte Gesellschaft betreffendes erkannt, zum ersten Mal wurden Gesetzmäßigkeiten des Ertrags, des Einkommens, der Preisentwicklung zum Gegenstand einer ausgiebigen theoretischen Reflexion, zum ersten Mal bildeten sich in allen Ländern Landwirtschaftsgesellschaften aus, die theoretische Erkenntnisse propagierten und in praktische Politik umzusetzen versuchten, zum ersten Mal auch wurde die Landwirtschaft zu einem eigenständigen Ressort staatlicher Administration.

Was angepackt und erreicht wurde, mag mit wenigen zusammenfassenden

Bemerkungen beschrieben sein! Als überraschend ertragreich erwiesen sich erneut die verschiedenen Methoden des Einbezugs bisher nicht bebauten Landes in den Kultivierungsprozeß. Die Meliorationen in Brandenburg-Preußen (Oder- und Warthebruch, Havelland), die vom Hof aus vorgenommenen Kultivierungen im Moor und in der Heide in Nordwestdeutschland, der Ausbau der Reb- und Gartenflächen im deutschen Südwesten, Trockenlegungen in Katalonien und in Frankreich, erneute Einpolderungen in den Niederlanden, der gemeineuropäische Angriff auf die „Gemeinheiten", die verbreitete Aussiedelungs- und Vereinödungsbewegung – das sind nur einige zufällige Beispiele, die einen allgemeinen, umfassenden Prozeß dokumentieren! Die „enclosure"-Bewegung in England schritt erneut machtvoll voran, sie spiegelt das gierige Verlangen der an einer Steigerung ihrer Pachten interessierten Grundbesitzer und wurde auf dem Wege der „freien" Vereinbarung und durch Akte des englischen Parlaments vorangetrieben.

Machtvoller noch als die Extensivierung griff der Prozeß der Intensivierung um sich. Auch er setzte zunächst nur fort, was im 16. Jahrhundert begonnen und durch die Krise des 17. Jahrhunderts zum Stillstand gebracht worden war. Seine einfachste Form – die Umwandlung von Weiden und Wiesen in Ackerland – wurde in einem Maße praktiziert, das dem befriedigenden Verhältnis von Ackerbau und Viehzucht abträglich war und den begehrten tierischen Dünger in vielen Regionen zu einem äußerst knappen Gut werden ließ. In den Torfregionen Norddeutschlands half man sich mit der Plaggendüngung, insgesamt aber litt die Produktivität des Bodens unter der stürmischen Getreidekonjunktur des Jahrhunderts.

In das archaische Gerüst der alteuropäischen Agrarverfassung griffen andere Intensivierungsvorgänge tief hinein: Die geregelte Feldgraswirtschaft mit dem regelmäßigen Wechsel von Getreide- und Weidejahren (= Koppelwirtschaft) setzte sich, von Mecklenburg aus übernommen, in Brandenburg durch, die Fruchtwechselwirtschaft gewann in ihren Stammländern – England und den Niederlanden – neue Anhänger und griff hier und dort auf den Kontinent über. Wo sie praktiziert wurde, war sie – mit ihrem regelmäßigen Wechsel von Getreide und Futterpflanzen – ein Garant gegen die Vergetreidung und damit Auspoverung des Bodens. Mehr als jedes andere Anbausystem setzte sie freilich den „modernen", individuellen Eigentumsbegriff voraus, mit dem Verzicht auf Gemengelage und Flurzwang, mit der Einzäunung, mit der Zurückdrängung der Allmende – und damit stand es trotz bestimmter Fortschritte im kontinentalen Europa nicht zum Besten. Zwar war der Ruf nach Reformen allgemein, doch die Wirklichkeit blieb bis an das Ende des 18. Jahrhunderts auch in Mittel- und Westeuropa mit Ausnahme seiner Intensitätsinseln noch von der Grundherrschaft, dem bäuerlichen Gemeineigentum, dem Flurzwang und der Dreifelderwirtschaft bestimmt. Ihre Abschaffung[50] war nicht nur ein technischer Vorgang, der ohne Schwierigkeiten eingeleitet oder auf dem Verordnungsweg vorangetrieben werden konnte. Sie berührte fundamentale Rechte – so etwa die Abgabenbesitztümer der adeligen und bürgerlichen Grundherren, die sich über Jahrhunderte an ihre bequemen Renteneinkommen gewöhnt hatten. Sie bedrohte Existenzen – insbesondere jener klein- und unterbäuerlichen Familien, die an der Allmende teilhatten oder aus dem Recht der Nachweide oder des Ährensammelns Nutzen zogen.

Trotz aller Fortschritte, die hier nicht im einzelnen beschrieben werden konnten, bewältigte die europäische Landwirtschaft somit noch nicht ihre schwierige Aufgabe: die Ernährung der seit der Jahrhundertmitte sprunghaft anwachsenden Menschenmassen. Hungerkrisen traten immer noch auf; Armut breitete sich aus; trotz (oder auch wegen) der allgemeinen Konzentration auf das Getreide ließ sich nicht einmal der Getreidestandard in der Ernährung der europäischen Bevölkerungen halten. Die Kartoffel, aus Amerika eingeführt und seit der Mitte des 18. Jahrhunderts in Europa heimisch, mußte zu Hilfe genommen werden; in den Mooren und Heiden Norddeutschlands lebten viele Menschen vom Buchweizen. Was das 18. Jahrhundert den folgenden Generationen jedoch vermittelte, war die genaue Kenntnis der Mittel und Wege, die beschritten werden mußten. Die politischen Revolutionen und Reformbewegungen des ausgehenden 18. und beginnenden 19. Jahrhunderts räumten die institutionellen Hindernisse zur Verwirklichung dieser Pläne aus dem Weg; im Prozeß der „Agrarkapitalisierung" vollzogen die meisten europäischen Staaten jene Revolutionierung ihrer Landwirtschaft, die sich seit der Mitte des 18. Jahrhunderts angekündigt hatte. Sie veränderte das soziale und ökologische Gesicht Europas grundlegend; sie war zugleich Voraussetzung dafür, daß seine bis in das 20. Jahrhundert fast kontinuierlich anwachsende Bevölkerung nicht mehr zu hungern brauchte – zumindest nicht in jener krassen Form, die den Menschen Alteuropas so bedrückend vertraut war.

In der *gewerblichen Wirtschaft*, im *Handel* und in den *Finanzen* setzte sich im 18. Jahrhundert fort, was im 17. im Zeichen der allgemeinen Umstrukturierung der europäischen Volkswirtschaften begonnen hatte. Ist schon die politische Geschichte Europas spätestens seit dem Siebenjährigen Krieg (1756–1763) nicht mehr ohne den Blick auf den machtpolitischen Einbezug der kolonialen Welt in das europäische Geschehen verständlich, so gilt das noch mehr für die Wirtschaft. Wo immer im Verlauf des 18. Jahrhunderts im Bereich der Produktion und des Exports wesentliche Steigerungsraten erzielt wurden, trug dazu neben der im Zuge des Bevölkerungswachstums größer werdenden Binnennachfrage die Massennachfrage aus der außereuropäischen Welt ihren erheblichen Anteil bei. Ein englischer Historiker hat die englischen Output-Zahlen des 18. Jahrhunderts indiziert und ist dabei für die Jahre 1700, 1750, 1780 und 1800 für die exportorientierten Industrien zu einer Serie von 100, 176, 246 und 544 gekommen, der im Bereich der binnenländischen Industrien die weit weniger eindrucksvolle Serie 100, 107, 123, 152 entsprach. Diese Statistik belegt nicht nur den rapiden Anstieg der absoluten

Zahlen des englischen Exportgeschäfts, sondern auch den Erfolg der englischen Machtpolitik, die zunächst im Kampf mit den Holländern, dann mit den Franzosen so etwas wie eine umfassende Seeherrschaft im Weltmaßstab realisierte. Ob im profitablen Sklavenhandel, in den ersten Jahrzehnten des 18. Jahrhunderts eine Wachstumsbranche par excellence, ob in der Versorgung Spaniens und Portugals mit Exportgütern, für die das brasilianische Gold in englische Kassen floß, ob schließlich, im späteren 18. Jahrhundert, im direkten Handelsaustausch mit den nordamerikanischen Kolonien – überall wußte England eine Führungsstellung zu erringen, die in einer Überblicksdarstellung als das zentrale wirtschaftsgeschichtliche Ereignis des 18. Jahrhunderts erscheinen muß.[51] Dies um so mehr, als die Engländer im Verlauf dieser Expansion die Prinzipien ihres Wirtschaftens immer deutlicher veränderten: Nicht mehr der Re-Export – für Holländer und Engländer im 17. Jahrhundert noch der handelspolitische Nervus rerum und Grundlage des Amsterdamer Entrepôts – stand im Vordergrund, sondern der Vertrieb der im Mutterland selbst produzierten und in der kolonialen Welt intensiv nachgefragten Güter. Dies ist auch zu bedenken, wenn man erfährt, daß der im 18. Jahrhundert größte Handelskonkurrent Englands – Frankreich – in den Jahrzehnten vor der Revolution eine größere Steigerungsrate im Außenhandel aufzuweisen hatte als England. Weit mehr als die Engländer blieben die Franzosen an die traditionellen Handelsprodukte, z. B. den Wein, gebunden, weit weniger stimulierte hier der Handel das inländische Gewerbe.

Selbstverständlich profitierten auch außerenglische Handelszentren und Gewerberegionen von den Aktivitäten der Engländer und der Ausweitung der europäischen Handelsbeziehungen im Weltmaßstab. Vom Aufstieg Hamburgs im 18. Jahrhundert war schon die Rede; die deutschen Textilregionen in Westfalen, Schlesien und Mitteldeutschland arbeiteten zu einem erheblichen Teil für den Export. Auch kontinentales Getreide fand eine weltweite Abnahme, seit dem späteren 18. Jahrhundert sogar in England, das aufgrund seiner langfristigen Strukturwandlungen inzwischen zu einem Importland für Getreide geworden war. Freilich blieb das kontinentale Europa nach wie vor in seine traditionelle Wirtschaftsweise eingebunden. Wirkliche Expansion fand nur im Verlagssystem und in der Heimindustrie statt, und beide produzierten noch weit bis ins 19. Jahrhundert hinein unter den Bedingungen, unter denen sie angetreten waren. Das städtische Handwerk dagegen geriet im Zuge der akzelerierenden Agrarkonjunktur in eine langfristige Krise; seine durch die Zünfte bestimmte Ausrichtung auf ausreichende „Nahrung" legte jeglicher Expansion schwere Hindernisse in den Weg. Es wurde zunehmend vom Landhandwerk und von den sich allmählich ausbreitenden Manufakturen bedrängt.

Mit der Manufaktur ist eine der wesentlichen qualitativen Veränderungen der europäischen Wirtschaften in der Frühen Neuzeit angesprochen. Gewiß war sie schon im 16. und 17. Jahrhundert bekannt, gewiß lassen sich schon in dieser Zeit einzelne zentrale gewerbliche Produktionsstätten nachweisen, in denen alle zur Herstellung des Produkts notwendigen Arbeitsgänge von Arbeitern verrichtet wurden, die nicht mehr zu Hause arbeiteten. Auch Mischformen zwischen Manufaktur und verlegtem Heimgewerbe sind nachgewiesen. Doch bis zum beginnenden 19. Jahrhundert war die Manufaktur noch in keinem Land zur dominanten gewerblichen Organisationsform geworden; gewisse Verdichtungen lassen sich nur in England und in jenen kontinentalen Städten und Regionen ausmachen, in denen der absolute Fürstenstaat unter dem Einfluß merkantilistischer Wirtschaftspolitik große Manufakturen für die Luxusgüter- und die Kriegsindustrie aufgebaut hatte. Zudem darf man die Zahl der in einem solchen Betrieb Beschäftigten nicht überschätzen. Zählungen für weite Räume Oberdeutschlands ergeben für das Ende des 18. Jahrhunderts eine Durchschnittszahl von 20, die Quellen nennen für das 18. und die erste Hälfte des 19. Jahrhunderts auch solche Betriebe schon „Fabrik", die einen „Fabrikanten" und 4 bis 5 Arbeiter umfaßten.

Gleichwohl gibt es auch für das Ende des 18. Jahrhunderts schon beeindruckende Größenangaben, und sie finden sich nicht zufällig wieder in England sowie in den größten kontinentalen Textilmanufakturen. Eine französische Textilmanufaktur in Abbeville soll gegen Ende des 18. Jahrhunderts 1800 Arbeitskräfte zentral beschäftigt haben, darüber hinaus weitere 10000 im Heimgewerbe; eine böhmische Baumwollmanufaktur kommt zur selben Zeit auf 9325 Arbeitskräfte, davon freilich nur 553 in der zentralen Manufaktur. Wirklich zentralisiert wurde vor allem in den Spezialmanufakturen außerhalb des Textilsektors – in der Glas- und Porzellanproduktion, hier und dort auch in der Uhren- und Tabakindustrie, die anderswo jedoch besonders typische Gewerbe der verlegten Heimindustrie blieben.

Im Anschluß an Karl Marx hat es in der wirtschaftsgeschichtlichen Forschung vielfältige Diskussionen über den Übergang von der Manufaktur zur Fabrik gegeben. Es läßt sich nicht bestreiten, daß mit der Manufaktur im 18. Jahrhundert eine neue Qualität gewerblicher Organisation in Europa Fuß faßte, die aus der vorindustriellen Epoche hinauswies. Doch weder war die gesamte Epoche der Frühen Neuzeit von der Manufaktur geprägt, noch ging aus ihr die Fabrikorganisation direkt hervor. „Es hat sich ... in der überwiegenden Mehrzahl der Fälle der Übergang direkt von der Hausindustrie zur Fabrik (die seit Ende des 18. Jahrhunderts aufkommt) unter Umgehung der Manufaktur vollzogen."[52] Und in England, dem einzigen Land, in dem wir in unserer Epoche schon wirkliche Fabriken finden, drang diese Organisationsform gerade auf jenem Sektor der gewerblichen Produktion vor, der zuvor die klassische Domäne von Verlag und Hausindustrie gewesen war: der Textilindustrie.

Was die Finanzierung von Handel und Gewerbe und damit die Entwicklung des Finanzwesens überhaupt angeht, so war das 18. Jahrhundert nicht durch grundsätzliche Neuerungen, wohl aber durch eine beachtliche quantitative Ausweitung der Methoden bestimmt, die schon lange zuvor bekannt waren. Im Zuge der weltweiten Handelsausdehnung wurde Ablösung von archaischen Formen der Bezahlung unentbehrlich. Die Edelmetalle hatten zwar ihre Rolle noch lange nicht ausgespielt, doch im direkten Geschäftsverkehr drängte sich der Wechsel nun definitiv in den Vordergrund. Handel und einsetzende Industrie benötigten für ihre risikobeladenen Unternehmungen darüber hinaus immer mehr Institutionen, mit deren Hilfe sich bewegliches Kapital schnell und unkompliziert beschaffen und längerfristige Investitionen tätigen ließen. In den großen Staatsbankgründungen des 18. Jahrhunderts sowie in der Entstehung eines dichten Netzes von kommunalen und privaten Banken haben wir die Antwort der europäischen Länder auf dieses Begehren zu sehen. Freilich darf auch hier das Tempo der Bewegung nicht überschätzt werden. Entsprechende Initiativen und Bedürfnisse gingen von jenen dem Meer, dem Handel und der Welt geöffneten Teilen Europas aus, die schon seit dem 17. Jahrhundert im Vergleich zum traditionellen, agrarisch-ständischen Europa ein „anderes Europa" bildeten und unter der Führung Englands im 18. Jahrhundert entschieden auf diesem Weg fortschritten. Das übrige Europa ließ sich von ihnen nicht leicht mitziehen; die strukturellen Begrenztheiten seiner Wirtschaften, die an anderer Stelle beschrieben wurden, blieben im 18. Jahrhundert noch weitgehend erhalten. Dies gilt insbesondere für alle Belange, in denen Kapital eine Rolle spielte. Europa litt, wie gezeigt, nicht eigentlich an Kapitalmangel und fehlenden Investitionsmöglichkeiten, sondern, wie J. de Vries formuliert hat, an der „Mißinvestition und Dissipation" von Kapital.[53] Dieser Zustand wurde auch im späteren 18. Jahrhundert nicht schlagartig verändert. Ja, unter den Bedingungen der neuen Agrarpreiskonjunktur erwiesen sich Verhaltensweisen als einträglich, die einer Vermehrung des produktiven Kapitals direkt zuwiderliefen. Berühmt ist das Beispiel der französischen „réaction seigneuriale" in der zweiten Hälfte des 18. Jahrhunderts. Sie wird als Versuch einer breiten Schicht von Grundherren und -eigentümern bewertet, die mit Hilfe überkommener, „unmoderner" Eigentumsrechte ihren Anteil am Getreideboom zu sichern versuchten.

Damit stehen wir vor der Frage, welche Kräfte den Wandel in Wirtschaft und Gesellschaft in Europa vom 16. bis zum Ende des 18. Jahrhunderts trugen, welche ihm entgegenstanden. Ein sozialgeschichtliches Gegenbild zu den hier mitgeteilten Wandlungsprozessen der europäischen Volkswirtschaften soll im folgenden eine Klärung dieser Fragen ermöglichen.

c) Prozesse der sozialen Differenzierung und soziale Konflikte

Im Zuge der säkularen Wellen im Bevölkerungs- und Preisgeschehen vom 16. bis zum Ende des 18. Jahrhunderts veränderte sich das soziale Gesicht Europas. Wer um das Jahr 1800 auf diese Welt blickte und die in ihr lebenden und handelnden Menschen zu analysieren versuchte, hatte nicht mehr dieselben Verhältnisse vor sich wie sein Vorfahre im Jahr 1500. Er blickte allenthalben auf Erscheinungsformen des Wandels, die von einer grundsätzlichen Veränderung der sozialen Strukturen kündeten. Schon seit der Mitte des 18. Jahrhunderts waren in vielen Ländern die ehernen Prinzipien des alteuropäischen Statussystems ins Wanken geraten. In England etwa, dem wirtschaftlich jetzt am weitesten entwickelten Land, war die alte „peasant society" ohne großes politisches Geräusch durch eine neue, modernere Gesellschaft ersetzt worden, die sich anschickte, das Land in den Prozeß der Industrialisierung hineinzuführen. In Frankreich war die alte Gesellschaftsordnung im Sommer 1789 formell verabschiedet worden – ebenso polemisch wie unpräzise nannte man sie „feudal", um zu dokumentieren, wie viel moderner das sein sollte, was man jetzt aufzubauen begann. Das übrige Europa tat sich mit derartigen politischen Akten zunächst noch schwer, überließ sie dem 19. Jahrhundert, doch ohne Frage waren auch hier allenthalben Prozesse im Gang, die auf ähnliches hindeuteten.

Die politische Auseinandersetzung Europas mit den neuen Verhältnissen und Problemen, die sich ihm im 18. Jahrhundert stellten, soll an dieser Stelle nicht unser Thema sein. Wohl aber die langfristigen sozialen Wandlungen, durch die sie letztlich provoziert wurde. Rein quantitativ gesehen, fallen zwei Tatbestände ins Auge, die das soziale Aussehen Europas am Ende unserer Epoche maßgeblich beeinflußten: einmal die massive Verbreiterung der sozialen Basis der europäischen Gesellschaften – ein Ergebnis der Bevölkerungswellen des 16. und 18. Jahrhunderts, die in erster Linie das Wachstum der landarmen und landlosen unterbäuerlichen und der städtischen Unterschichten befördert hatten; sodann die im Vergleich zu den vorangehenden Jahrhunderten wesentlich stärkere vertikale Konturierung der sozialen Pyramide. Sowohl hinsichtlich der Vermögen als auch der beruflichen Tätigkeiten hatten sich in ihr zahlreiche neue Gruppen und Schichten etabliert – man denke nur an die vielfältigen Formen des entlohnten Staatsdienstes, die sich in unserer Epoche ausbildeten.

Beide Prozesse stellten für das alteuropäische Statussystem eine eminente Bedrohung dar. Es war, trotz aller Beweglichkeit, auf Dauer und Beharrung eingestellt; es war in der Lage, auf qualitative, nicht aber auf massive quantitative Veränderungen zu reagieren. Vor allem die Verbreiterung seiner Basis mußte ihm auf Dauer zu schaffen machen – war es doch seinem Wesen nach auf die Durchgliederung einer Gesellschaft „von oben" gerichtet, auf feine und feinste Abstufungen der wenigen Vermögenden, auf die „Gewichtung" von Ehre und Ansehen, nicht aber auf die Bewältigung und Integration von Massen.

Wie dieser Wandel sich vollzog, wie er sich auswirkte und wie die betroffenen Gesellschaften auf ihn reagierten, kann hier erneut nur an wenigen ausgewählten Beispielen dokumentiert werden. Wieder soll die internationale Forschung mit ihren Schwerpunktsetzungen der letzten Jahre die Richtung weisen. Sie hat sich, so überraschend das anmuten mag, weit mehr mit den ländlichen Herrschafts- und Sozialverhältnissen befaßt als mit den Bewohnern der Städte und dem Bürgertum, von dessen unaufhaltsamem Aufstieg man einst überzeugt war. Sie tat dies mit einigem Recht. Europa wandelte sein soziales Aussehen zwischen dem 16. und 18. Jahrhundert nicht so sehr, weil Stadt und Bürgertum sich mit Macht in den Vordergrund drängten, weil Manufakturen und Fabriken das Antlitz des Kontinents zu verändern begannen. Dies war erst am Ende unserer Epoche der Fall, und deutlich sichtbar auch nur dort, wo – wie in England – die Voraussetzungen dazu schon seit dem 17. Jahrhundert geschaffen worden waren. Im übrigen Europa lag das Schwergewicht sozialer Strukturwandlungen durchaus auf dem Lande, und sie erfaßten die beiden Stände, die sich hier seit Jahrhunderten gegenüberstanden: den Adel und die Bauern. Diese sollen daher auf den folgenden Seiten in ihrer Entwicklung während der drei frühneuzeitlichen Jahrhunderte näher betrachtet werden.

Die europäische Landbevölkerung vom 16. bis zum Ende des 18. Jahrhunderts

Kaum eine Bevölkerungsgruppe ist im Verlauf der Frühen Neuzeit von größerem Wandel erfaßt worden als jene, die auf dem Lande lebte und arbeitete. Ein unpräziser Sprachgebrauch hat dazu geführt, daß wir die nicht-geistliche und nicht-adelige Landbevölkerung als „bäuerlich" bezeichnen – eine unzulässige Vereinfachung, denn auch im Mittelalter lebten auf dem Lande schon Handwerker, auch in dieser Zeit gab es schon Individuen und Gruppen, die nicht durch bäuerlichen Besitz und bäuerliche Eigenwirtschaft gekennzeichnet waren. Für den Beginn unserer Epoche trifft immerhin zu, daß das Bild der europäischen Landwirtschaft ganz wesentlich von einem Bauerntyp geprägt wurde, den man mit W. Abel als „Mittelbauern" bezeichnen könnte. „Er war nicht von Fremdarbeitskräften unabhängig, doch verspürte er nicht im Maße der Großbauern die Last der Löhne. Auch waren die Preise für ihn nicht ohne Bedeutung, doch befriedigte der Hof im Verein mit Nachbarschafts- und Herrenhilfe noch die wesentlichsten Bedürfnisse."[54] Neben ihm, den wenigen Großbauern und den adeligen Landbesitzern spielte auch der „Kleinbauer" schon eine gewichtige Rolle, vor allem in jenen Räumen, die im Verlauf der hochmittelalterlichen Ausbauphase kolonisiert worden waren. Die günstige Konjunktur hatte den Aufbau von Kleinstellen ermöglicht; trotz erheblicher Beanspruchung durch herrschaftliche Dienste und Abgaben fanden kleinbäuerliche Familien die Chance zur Gründung einer gesicherten Existenz.

Die spätmittelalterliche Agrardepression wirkte sich wie auf alle Agrarproduzenten auch auf die mittel- und kleinbäuerlichen Gruppen aus – vielleicht aber nicht mit derselben Heftigkeit. Kleinbauern waren in dieser Zeit des hohen Lohns in Stadt und Land gesuchte Arbeitskräfte; sie mochten dadurch ihre Existenzbedingungen möglicherweise erträglich gestalten. Die Mittelbauern, sofern sie auf den Markt bezogen und auf ihn angewiesen waren, gerieten in größere Schwierigkeiten; doch die verhältnismäßig geringe Lohnintensität ihrer Wirtschaften mochte sie vor dem Schlimmsten bewahren; das geringe allgemeine Interesse an landwirtschaftlicher Produktion und Expansion hielt zumindest ihren Besitz intakt, führte wohl auch hier und dort zu einer Milderung ihrer herrschaftlichen Dienst- und Abgabensituation.

Gerade in dieser Hinsicht traten mit dem 16. Jahrhundert Wandlungen ein, die sich im Verlauf der gesamten Frühen Neuzeit als irreversibel erwiesen. Die Bevölkerungs- und Preiswellen des 16. und 18. Jahrhunderts verstärkten den Druck auf das Land in bis dahin unvorstellbarem Maße und führten dazu, daß das bisher verhältnismäßig einheitliche Bild der ländlichen Sozialverhältnisse in Europa sich auf vielfältige Weise differenzierte. Vor allem das numerische Verhältnis der bäuerlichen Schichten zueinander änderte sich gravierend. War im späten Mittelalter der mittlere und kleinere Bauer allenthalben noch der vorherrschende Typ, so wurde das Wachstum der klein- und unterbäuerlichen Schichten nun zu einer allgemeinen Erscheinung.[55] Zwar waren die Söldner, Kötter, Kossäten und Gärtner, wie die nur wenig Land besitzenden Schichten etwa in verschiedenen deutschen Regionen genannt wurden, dem Mittelalter nicht unbekannt, waren sie doch ursprünglich bäuerliche Nachsiedler, die sich im Verlaufe der Kolonisation noch ansehnliche Höfe hatten aufbauen und nur in den Gemeindemarken nicht mehr die gleichen Rechte wie die Vollbauern hatten erwerben können. Doch ihr Anteil an der ländlichen Bevölkerung stieg seit dem 16. Jahrhundert kontinuierlich an, und hinter ihrer Stellenbezeichnung verbargen sich jetzt soziale und ökonomische Realitäten, die nicht mehr mit der mittelalterlichen Nachsiedelungsepoche zu vergleichen waren. Zudem wuchs unter ihnen eine weitere Schicht heran – die, um auch hier bei deutschen Beispielen zu bleiben, Gruppe der Häusler, Büdner, Heuerlinge, Brinksitzer, Insten, eine wirkliche, nur durch den Besitz eines kleinen Hauses gekennzeichnete unterbäuerliche Schicht. Es waren keine „Bauern" mehr, wenn sie auch durchgängig einen Garten oder Kohlhof besaßen und auf der Gemeinweide das eine oder andere Stück Vieh auftrieben. Sie lebten vom entlohnten Dienst auf Bauern- und Adelshöfen, sie waren auf die mannigfachen Formen des nichtlandwirtschaftlichen Nebenverdienstes angewiesen. Genaue Zahlenangaben über das Verhältnis der einzelnen ländlichen Schichten zueinander sind leider nur in Ausnahmefällen möglich, immerhin können wir den maßgeblichen Überblicksdarstellungen (P. Kriedte, W. Zorn) einiges entnehmen. In Schlesien z. B. bildeten die kleinen Gärtner und Häusler um 1577 schon 42% der Landbevölkerung; in Sachsen, das von K. H. Blaschke[56] hervorragend untersucht ist, machten die

Gärtner, Häusler und Inwohner um 1550 zwar erst etwa 26% aus, doch wuchs ihre Zahl darauf sprunghaft an. Im Fürstentum Schweidnitz-Jauer gab es zu Beginn des 17. Jahrhunderts nur noch etwa 20% Vollbauern neben 70% Gärtnern, Häuslern und Einliegern. Eine allgemeine Schätzung für England um 1600 setzt die unterbäuerliche Schicht bereits auf 25 bis 30% an.

Noch eindrucksvoller sind Zahlen aus dem 18. Jahrhundert. 1767 gab es im preußischen Schlesien nur noch 24,2% „Bauern", dagegen 47,8% Gärtner und 28% Häusler; in Westfalen zur selben Zeit 20–25% selbständige Bauern und Meier, alle übrigen gehörten zu den auf Nebenverdienst angewiesenen unterbäuerlichen Schichten. In Sachsen sank der Anteil von Geistlichkeit, Adel, Vollbauern und Bürgern zwischen 1550 und 1750 von 77,7 auf 45,3% ab, in Schwedisch-Pommern sollen die Relationen noch krasser gewesen sein. Auch die übrigen europäischen Länder bieten hierfür anschauliche Beispiele.[57] In Südspanien bestand die Landbevölkerung am Ende des 18. Jahrhunderts zu 80% aus Tagelöhnern, die französische Landgemeinde der vorrevolutionären Zeit wurde von den „manouvriers" und ihrem sozialen Gegensatz zu den wenigen wohlhabenden „Dorfhähnen" – den „laboureurs" – geprägt. England schließlich sticht heraus durch das Wachstum seiner „cottagers" und Landarbeiter, die nicht nur sprunghaft zunahmen, sondern infolge der „enclosures" auch in ihren schmalen landwirtschaftlichen Berechtigungen bedroht wurden.

Welche Kräfte diesen gewaltigen, in seiner allgemeinen Bedeutung kaum zu überschätzenden Vorgang vorantrieben, kann hier nicht im einzelnen beschrieben werden. Wir wissen, daß die „vorindustrielle Bevölkerungsweise" mit ihren regulierenden Mechanismen ihn bis ins 18. Jahrhundert hinein einigermaßen steuerte, ihn dann aber zunehmend aus dem Griff verlor. Seine jeweilige regionale und lokale Erscheinungsform hing ganz wesentlich von den herrschenden politischen, ökonomischen und rechtlichen Verhältnissen ab. Vor allem dem bäuerlichen Erbrecht wird in dieser Hinsicht ein besonderes Gewicht beigemessen.[58] Denn zweifellos rekrutierten sich die Mitglieder der neuen unterbäuerlichen Schichten in erster Linie aus der Nachkommenschaft jener Bauernfamilien, die auf einer vollen Stelle saßen. Wo das Erbrecht – wie in Frankreich und in weiten Teilen des deutschen Südwestens – eine Teilung dieser Stellen erlaubte, sehen wir vom 16. bis zum Ende des 18. Jahrhunderts einen kontinuierlichen Prozeß der Besitzdifferenzierung und -zersplitterung im Gang, dessen nachteilige ökonomische Folgen nur dann in etwa ausgeglichen werden konnten, wenn der Aufbau intensiver agrarischer Spezialkulturen gelang.

Musterhafte Untersuchungen verdanken wir in dieser Hinsicht E. Le Roy Ladurie in seiner Arbeit über das Languedoc.[59] Er belegt minutiös, wie schon im Verlauf des 16. Jahrhunderts das bis dahin dominante Mittelbauerntum des Languedoc durch diesen Prozeß aufgerieben wurde. Im Zuge der Agrarkonjunktur wurden die Besitzgrößen durch Erbteilung immer weiter reduziert, an Stelle der breiten Schicht lebensfähiger Mittelbauern entstanden nun die zahllosen bäuerlichen Kleinstellen einerseits, die das Bild des Languedoc in Zukunft prägen sollten, sowie wenige, große Stellen andererseits.

In den Regionen des Anerbenrechts, wie wir es vor allem im deutschen Norden und Nordwesten, aber auch im Rheinland und den Niederlanden finden, blieben die Besitze insgesamt naturgemäß weit besser erhalten. Um so mehr stellte sich auch hier das Problem der Versorgung der nicht-erbenden Nachkommenschaft. Ursprünglich muß auch hier vielfach geteilt worden sein, wahrscheinlich noch im 16. Jahrhundert. Stellenbezeichnungen wie „Halbmeier", eine „halbe Bau", eine „viertel Bau" in norddeutschen Seelenbüchern deuten darauf hin. Zudem wurde hier auch in der Frühen Neuzeit noch vielfach auf Ländereien außerhalb der Gemeindeflur angesetzt. Ansonsten aber schichtete sich mit der Gruppe der Nichterben die große Zahl der Inwohner, Häuslinge, Insten ab, denen wir in unseren Zahlenbeispielen begegnet sind. Für den deutschen Nordwesten waren zudem die Heuerlinge kennzeichnend,[60] auch sie sehr oft Nichterben, die sich auf dem väterlichen Hof oder bei Verwandten zur Arbeit „verheuerten" und dafür ein Haus oder einen Wohnplatz auf dem Hof erhielten.

Ohne Frage fielen die rechtliche Stellung und die tatsächliche wirtschaftliche Situation eines „Bauern" nicht immer exakt zusammen. Wir wissen z. B. von süddeutschen Söldnern und norddeutschen Heuerleuten, die reich geworden sind und ihre Stellen umwandelten oder umwandeln mußten. Wie im gesamten Statussystem werden wir auch innerhalb der Landbevölkerung mit einem ständigen statusmäßigen Auf und Ab zu rechnen haben, mit Prozessen der sozialen Mobilität, die das Gesicht einer Bauerngemeinde über wenige Generationen hinweg entscheidend veränderten. Überhaupt war die Bauerngemeinde neben der Familie die von diesen Vorgängen ständig zentral betroffene und erschütterte Institution. In beiden wurden die neuen sozialen Spannungen zwischen Erben und Nicht-Erben, zwischen Berechtigten und Nicht-Berechtigten, zwischen Alteingesessenen und Eingewanderten spürbar, sie wurden unmittelbar mit den massiven Auswirkungen dieses sozialen Wandels – dem Armen-, Bettel- und Vagabundenwesen – konfrontiert.

Auch aus anderer Richtung nahm der Druck auf die Landbevölkerung zu. Es war schon davon die Rede, daß in ganz Europa in der Frühen Neuzeit die grundherrschaftliche Struktur im wesentlichen erhalten blieb. Bedeutsame, einander extrem entgegengesetzte Ausnahmen bildeten die Getreideregionen östlich der Elbe, in denen sich die Gutswirtschaft und mit ihr die Dienstpflicht und Schollenbindung ausbildeten, und England, wo seit dem 16. und 17. Jahrhundert die alten, herrschaftlichen Berechtigungen abgebaut wurden. Einige Regionen wie die deutschen und niederländischen Küstenmarschen waren weitgehend „herrschaftsfrei", im übrigen aber war die grundherrliche Belastung über ihre politische, soziale und rechtliche Komponente hinaus ein durchaus realer ökonomischer Faktor. Gesamtschätzungen für verschiedene europäische Regionen lassen vermuten, daß – bei ganz erheblichen regionalen Unterschieden – bis zu 40% der bäuerlichen Erträge auf dem Wege über Abgaben und Dienste an adelige oder andere Grundherren abgeführt wurden.[61] War diese Situation für viele Bauernwirtschaften schon bedenklich genug, so wurde sie es noch mehr durch die Tatsache, daß wir in zahlreichen europäischen Agrarregionen der Frühen Neuzeit nicht mit dem Typ des landfernen, an bloßer Verrentung seiner Grundherrschaft interessierten Adels zu rechnen haben. Im Gegenteil: Im Zuge der Preiskonjunkturen des 16. und 18. Jahrhunderts begegnen wir immer wieder Grundherren, die ihren Anteil am bäuerlichen Ertrag zu steigern wußten – sei es, daß sie alte, durch die Inflation inzwischen wertlos gewordene Abgaben erhöhten, sei es, daß sie neue, angeblich „vergessene" Rechte reklamierten, sei es, daß sie überkommene, langfristige oder „ewige" Leiheverträge, die ihre Vorfahren in der Agrardepression gerne bewilligt hatten, in kurzfristige, moderne Zeitpachten umwandelten. Welche Verschiebungen hier etwa durch das Vehikel der bäuerlichen Verschuldung erreicht werden konnten, sei nur am Rande angedeutet. Die englische „enclosure"-Bewegung, die vor allem im 17. Jahrhundert mit einer massiven Verschuldungskrise der Bauern einherging, war im Grunde ein gewaltiger sozialer Verschiebungsprozeß, in dessen Verlauf der zwar abhängige, aber selbständige englische Bauer praktisch „verschwand".[62] Die Ausdehnung des „métayage"-Systems in manchen französischen und anderen südeuropäischen Regionen war das Werk eines an der Eigenwirtschaft interessierten Adels, der auf diesem Wege ehemals ausgegebenes Land unter glänzenden Konditionen zurückgewann.

Grundherrlicher Druck auf die bäuerlichen Erträge fand in Mittel- und Westeuropa dort seine Grenze, wo der Staat als Beschützer der Bauern auftrat. Dieser Schutz war für die Bauern freilich eine zweischneidige Sache. Einerseits befreite er ihn in der Tat von einer zu drückenden Nähe seines unmittelbaren Herren, andererseits vermittelte er ihm die ganze Last eines neuen, gegen Ende des Mittelalters noch nicht existenten Herren: des neuzeitlichen Fürstenstaates, der im Bauerntum seine einzige zugängliche Quelle der direkten Besteuerung sah. Zumindest in der Krisenzeit des 17. Jahrhunderts scheint der Steuerdruck des absoluten Fürstenstaates auf die bäuerliche Bevölkerung unerträglich gewesen zu sein – weit mehr als der Grundherr ist in Frankreich z.B. der königliche Steuereinnehmer Zielscheibe ländlicher Steuerunruhen gewesen. Zu bedenken ist auch, daß der Staat mit seinen neuen Leuten, seinen neuen Methoden, seiner neuen Sprache der Verwaltung, eine eminente Bedrohung für die überkommene bäuerliche Gemeinde wurde. Ihre „guten, alten" Rechte schienen oder waren tatsächlich gefährdet. Im 18. Jahrhundert hat sich das Verhältnis zwischen Fürstenstaat und Bauern merklich entspannt.[63] Staatliche Steuerpolitik war jetzt im wesentlichen auf eine Steigerung der indirekten Steuern gerichtet; die Landwirtschaft und die ländlichen Sozialverhältnisse wurden immer mehr zu einem Gegenstand staatlicher Administration. Nicht zuletzt das Land profitierte in mancher Hinsicht von den vielen, oft nur Stückwerk gebliebenen Reformen, die im Zeichen des aufgeklärten Absolutismus unternommen wurden.

Zudem dürfen wir vermuten, daß im 18. Jahrhundert die bildungsmäßigen Verhältnisse des europäischen Bauerntums sich allmählich zu wandeln begannen. Noch im 16. und 17. Jahrhundert waren der mittlere und kleine Bauer und erst recht die unterbäuerlichen Schichten vollständig von allen Werten und geistigen Bemühungen der mittleren und hohen städtischen Bevölkerung und des Adels abgeschnitten. Nur große, wohlhabende Bauern konnten lesen und schreiben und sorgten für eine entsprechende Ausbildung ihrer Kinder. Legen wir französische Forschungen zugrunde, so traten in dieser Hinsicht seit der Mitte des 18. Jahrhunderts ganz vorsichtige Fortschritte ein. Bis dahin ein Gegenstand des Spottes der gehobenen Stände, Inbegriff des zur Handarbeit verdammten, „niederen" Wesens, gewann zumindest das besitzende Bauerntum jetzt an gesellschaftlichem Ansehen, nahm das enorme Bildungsgefälle zwischen Stadt und Land ein wenig ab. Das gehobene Bauerntum, als Landbesitzer ein Nutznießer der günstigen Agrarkonjunktur, wurde selbstbewußter, gewann an Unabhängigkeit von seinen drei Herren Staat, Kirche und vor allem Grundherrschaft, wurde beweglicher und wohl auch „politischer". Selbst in den ländlichen Unterschichten, die nicht allein von der Landwirtschaft lebten, sondern auch, und oft überwiegend, vom heimindustriellen Nebenerwerb, dürfen wir in dieser Hinsicht im 18. Jahrhundert gewisse Fortschritte vermuten.[64]

Bauernaufstände und Bauernkriege in Europa vom 16. bis zum Ende des 18. Jahrhunderts

Es gibt kaum einen besseren Indikator für den Zustand des europäischen Bauerntums wie der gesamten Landbevölkerung in unserer Epoche als die zahlreichen Aufstände, in denen sie zu einer politisch-militärisch handelnden Kraft wurden. Hierzu liegen eine breite Literatur und ein vielfältiges Interpretationsspektrum vor, das hier nicht im einzelnen erläutert werden kann. Die These, es habe sich dabei um frühmoderne Formen des Klassenkampfes gegen frühkapitalistische Ausbeutungsverhältnisse bzw. gegen das System des feudal-absolutistischen Staates gehandelt, hat in diesem Spektrum ebenso ihren Platz gefunden wie die Vorstellung, der politische Kampf der Bauern sei zugleich Ausdruck ihres dauernden und verzweifelten Bemühens gewesen, ihre besondere Welt und Lebenssphäre, ihre Verfassung und ihre Kultur gegen das Vordringen neuer Kräfte, neuer Lebensformen zu verteidigen. Bedauerlicherweise haben es die Historiker bisher unterlassen, die einzelnen Aufstandsbewegungen in verschiedenen frühneuzeitlichen Territorien unter diesem Gesichtspunkt im Zusammenhang zu analysieren. Der deutsche Bauernkrieg von 1524/26 z. B. ist zwar immer wieder in der Kontinuität seiner spätmittelalterlichen Vorläufer gesehen worden, nicht aber im Vergleich zu späteren Aufständen im Reich oder in außerdeutschen Territorien.

Es steht außer Frage, daß regionale Anlässe und Gegebenheiten und die allgemeine politische Situation das Entstehen von Bauernaufständen gleichermaßen befördert haben. Für den deutschen Bauernkrieg etwa ist bezeichnend, daß er sich in Regionen abspielte, die schon im 15. Jahrhundert ähnliche Bewegungen gekannt hatten und daß mit Franken und Thüringen nur zwei neue Gebiete hinzutraten. Frankreich hatte, in der Guyenne, im Périgord und im Limousin, besonders „anfällige" Provinzen. Das geistig-politische Ereignis der Reformation hat in den deutschen Bauernkrieg in einer Weise hineingewirkt, daß man mit Recht fragen kann, ob er ohne sie, ohne ihre argumentativen Waffen und ihre stimulierenden geistigen Impulse, stattgefunden hätte. Die enormen militärisch-finanziellen Lasten des französischen Absolutismus zur Zeit des 30jährigen Krieges haben die Bewegungen der „croquants" (Mittel- und Südfrankreich zwischen 1624 und 1643) und der „Nu-Pieds" (Normandie 1639) direkt hervorgerufen, die Revolte der „Camisards" (Cévennes 1702–1704) wiederum ist nicht vorstellbar ohne die Härten der ludovizianischen Religionspolitik.

Die wenigen genannten Beispiele belegen, daß Bauernunruhen und Bauernkriege den Agrargesellschaften des frühneuzeitlichen Europa in gewisser Weise endemisch waren – vergleichbar etwa den Arbeitskämpfen und städtischen Unruhen in der industriellen Phase unseres Kontinents. Sie waren partiell erfolgreich, weil sie niemals allein von Bauern geführt wurden, sondern Unterstützung in den städtischen Unterschichten, dem Bürgertum, ja, selbst im unzufriedenen Adel fanden. Vor allem publizistische Unterstützung, wie sie den analphabetischen deutschen Bauern um 1525 zuteil wurde, ist nicht vorstellbar ohne konkrete bürgerliche und geistliche Hilfe. Daß die Bauern sich militärisch zu organisieren und mit Waffen umzugehen verstanden, lag daran, daß viele von ihnen selbst in Heeren gedient hatten und daß sie gelegentlich von desertierenden Soldaten unterstützt wurden.

Drei Beispiele sollen im folgenden mit dem – sehr engen – Blick auf die Situation und die Forderungen der Bauern und der Landbevölkerung zu Beginn, in der Mitte und am Ende unserer Epoche kurz analysiert werden: der deutsche Bauernkrieg um 1525, die französischen Aufstände um 1640 sowie die ländlichen Unruhen zur Zeit der Französischen Revolution in Frankreich und einigen Territorien des deutschen Reiches. Es erscheint möglich, durch eine solche Analyse dreier gänzlich voneinander unabhängiger Bewegungen den roten Faden der Sozialgeschichte der europäischen Landbevölkerung in der Frühen Neuzeit einigermaßen zu fassen.

Von allen drei Beispielen ist der deutsche Bauernkrieg ohne Frage die komplexeste und komplizierteste Erscheinung.[65] Er begann, wie viele Aufstände und selbst Revolutionen, aus scheinbar nichtigem, jedoch hoch-symbolträchtigem Anlaß – dem unmäßigen, ja widersinnigen Dienstbegehren einer gräflichen Herrschaft im südlichen Schwarzwald. In kürzester Zeit weitete er sich zu einer großen Bewegung aus, mit ihrem Zentrum in Oberschwaben nördlich des Bodensees, im Allgäu und im Schwarzwald. Von dort ergriff er andere Landschaften – das Elsaß, Württemberg, Franken und Thüringen, ja, bis in die südlichen Zonen des späteren Niedersachsens hinein waren seine Auswirkungen zu spüren. Seine kurzfristige Heftigkeit, sein publizistischer Ertrag und die allgemeine, weite Schichten ergreifende politische Erregung lassen darauf schließen, daß jene Historiker Recht haben, die den Bauernkrieg als die spezifisch bäuerliche Manifestation eines allgemeinen Krisenbewußtseins und einer allgemeinen Krisenanfälligkeit der deutschen Gesellschaft jener Zeit betrachten. Daß auch schweizerische und österreichische Territorien erfaßt wurden, paßt zu einer solchen These; daß die Reformation just zu dieser Zeit auf dem Höhepunkt ihrer ersten, noch sehr spontanen, erregenden und viele Dämme einreißenden Phase stand, kann gleichfalls nicht Zufall gewesen sein.

Was diese Krise war, wie sie zu interpretieren ist, darüber haben sich die Historiker bis heute nicht definitiv geeinigt. Der Versuch zu einer „frühbürgerlichen Revolution", weil die Aktionen der Bauern im Zusammenhang zu sehen sind mit städtischen Unruhen gegen Wucher und Monopole, mit dem verbreiteten Verlangen nach kirchlicher Reformation und mit der politischen Bewegung zur Durchsetzung einer Reichsreform? – das scheint nach allem, was wir wissen, zu weit zu gehen. Kampf zur Wiederherstellung des „guten, alten Rechts", wie es in zahllosen bäuerlichen Flugschriften verlangt wurde? – das ist ein wesentliches, aber nicht das einzige und dominierende Argument gewesen. Fest steht, daß sich die bäuerlichen Gravamina nicht in eine einzige, deutliche Richtung interpretieren lassen. Lokale, regionale, schichten- und standesspezifische Gegebenheiten führten zu einem durchaus vielfältigen, nicht immer kohärenten politischen Programm. Gerade deswegen spiegelt es die soziale Situation des deutschen, insbesondere des süd- und südwestdeutschen Bauerntums zu Beginn der ersten frühneuzeitlichen säkularen Welle der Agrarkonjunktur in besonders plastischer Weise.

Der Bauernkrieg war gegen die unmittelbaren Herren der Bauern gerichtet, insofern diese ihren Willen artikulierten, das wirtschaftliche und politische Beziehungsgeflecht zwischen Herrschaft und Bauerntum entgegen dem Herkommen zu verändern. Es ist nachgewiesen, daß zahlreiche (adelige und klösterliche) Herren im Südwesten schon seit langem versucht hatten, längst abgebaute leibherrliche Rechte zu reaktivieren und Nutzungsbeschränkungen im Rahmen der gemeindlichen Jagd-, Forst- und Allmenderechte durchzusetzen.[66] Die berühmteste Flugschrift des Bauernkrieges, die ‚Zwölf Artikel' vom Frühjahr 1525, heben den Widerstand der Bauern gegen diese Entwicklung deutlich hervor. Wo diese Politik der Herren zur Folge hatte, daß sie sich bemühten, das komplizierte Verhältnis einander überlagernder Herrschaftsrechte zu entwirren und einzelne Herren durch die Vereinigung der grund-, leib- und gerichtsherrlichen Rechte gleichsam zum einzigen Herrn über die betroffenen Bauern zu machen, sah sich die Landbevölkerung mit der wirtschaftlich wie politisch schwerwiegenden Tatsache der Entstehung einer territorialstaatlichen Gewalt konfrontiert. In ihr konzentrierten sich nicht nur – praktisch konkurrenzlos – ehemals getrennte Rechte, sie bedrohte auch die bis dahin autonomen Funktionen der ländlichen Gemeinde.

Doch Herrschaft und Staat waren nicht die einzigen Gegner der Bauern, ihr Kampf hatte auch eine innere, auf die Struktur des Dorfes gerichtete Perspektive. In der Bauernkriegsforschung ist viel davon die Rede gewesen, daß die Bewegung letztlich von relativ wohlhabenden, besitzenden, in der Gemeinde berechtigten Bauern getragen wurde.[67] Aufs Ganze gesehen, ist das sicher falsch, doch erwiesen ist, daß diese Schicht – nicht anders als in der Bauernbewegung der französischen Revolution – nicht abseits stand, sondern ein treibendes Element bildete. Ihre wirtschaftliche Situation war durch die neuen Ansprüche von Herrschaft und Staat bedroht; sie waren die politisch Berechtigten, deren Position in Frage stand. Sie waren es aber auch, die „von unten" her durch das Wachstum der ländlichen Unterschichten unter Druck gerieten. Es ist wahrscheinlich, daß z. B. im deutschen Südwesten die Bevölkerungswelle des 16. Jahrhunderts schon zu diesem frühen Zeitpunkt ihre ersten, massiven Auswirkungen zeitigte und, zusammen mit den neuen Lasten „von oben", den Druck auf die begrenzten Ressourcen des südwestdeutschen Bauerndorfes steigerte. Ein amerikanischer Kenner des Bauernkriegs zumindest hat keinen Zweifel: „Mit Sicherheit kann man sagen, daß die Zwölf Artikel und andere überregionale Beschwerden aus Oberschwaben das Programm der Bauern waren, d. h. der wahlberechtigten Dorfbewohner, derjenigen nämlich, die eine eigene Hofstätte besaßen. Sie wollten allein den Zugang zum Wald, zu Fischgründen und Gewässern kontrollieren; sie wollten die Pfarrer wählen, sie vom Zehnten bezahlen und den Rest als Hilfe für die Armen des Dorfes verwalten; sie wollten die ‚Beamten' des Dorfes wählen und die Dorfgerichte besetzen. Kein Gemeindeland sollte an die wachsende Schicht der Landlosen veräußert werden, und wahrscheinlich sollte diese Gruppe von jeglicher Nutzung der Allmende ausgeschlossen werden."[68]

Wie schon gesagt, möglicherweise wäre das alles nicht schon zu einem so frühen Zeitpunkt zum Ausbruch gekommen, wenn die Reformation die allgemeine Disposition zur politischen Aktion nicht so sprunghaft gesteigert hätte.

Der Bauernkrieg beschränkte sich keinesfalls auf die politische Artikulation dieser für unseren Zusammenhang bedeutsamen Beschwerden und Forderungen. Er wurde in zahlreichen Regionen zu einer breiten, die kleinen Land- und Ackerbürgerstädte erfassenden, die Rechte des (ländlichen wie städtischen) „gemeinen Mannes" propagierenden Bewegung, hinter der neben den konkreten Gravamina durchaus allgemeinere verfassungspolitische

Programme standen. Zudem gab es mehrfach überregionale Zusammen-
schlüsse von Bauernhaufen, welche die Aktionsfähigkeit der Bauern beträchtlich erhöhten. Als Krieg oder gar als Revolution scheiterte diese Bewegung
schnell und vollkommen. In ihren längerfristigen Auswirkungen scheint sie
jedoch nicht so erfolglos gewesen zu sein, wie die Historiker früher gerne
glaubten.[69] Vor allem die Tatsache, daß die Bauern in manchen Territorien
die engen politischen Grenzen ihres Dorfes verlassen und in größeren, repräsentativen Zusammenschlüssen den Herrschaftsgewalten gegenübertreten
konnten, wird heute als ein relativ dauerhaftes Ergebnis des Krieges bezeichnet. Zumindest bis zu dem Zeitpunkt, als in Deutschland im späteren
17. Jahrhundert der Absolutismus festen Fuß faßte, bildete sich in vielen
Bauernkriegsregionen so etwas wie ein „landschaftlich" verfaßter Staat heraus, in dem die Bauern über die Landschaft repräsentiert waren – in Tirol
sogar als richtiger Stand mit den entsprechenden Rechten der Steuerbewilligung und -verwaltung, der Verabschiedung von Landes- und Wehrord-
nungen.

Gehen wir allein vom konjunkturellen Geschehen aus, so waren Bauernunruhen und -aufstände am Ende des 16. und im ersten Drittel des 17. Jahrhunderts weit „logischer" als einhundert Jahre zuvor. In der Tat muß diese
Epoche als die Hoch-Zeit bäuerlicher Erhebungen in der europäischen Geschichte angesehen werden. Nicht nur das gut erforschte Frankreich ragt
heraus, Bauernunruhen sind auch für andere Länder (Böhmen, Neapel, Sizilien, England) nachgewiesen.

Auch deutsche Territorien waren betroffen – besonders das vom Bauernkrieg verschonte, unter Maximilian I. jetzt mit Macht zum Absolutismus
drängende Herzogtum Bayern. Schon zur Zeit der Abdankung Herzog Wilhelms in den 90er Jahren des 16. Jahrhunderts „waren die Bauern an verschiedenen Orten unruhig und aufsässig"; ein „blutig niedergeschlagener" Aufstand des Jahres 1633/34 berührte sich „in bedeutsamer Weise" mit den
Konflikten zwischen Maximilian I. und den landschaftlichen Verordneten
Bayerns.[70]

Doch unvergleichlich heftig war die „bäuerliche Wut" (R. Mousnier) im
Süden, Südwesten und Westen Frankreichs. Nimmt man alle Bewegungen
zwischen 1624 und 1643 zusammen, so erscheint die Behauptung nicht über-
trieben, auch dieses Land habe seinen frühneuzeitlichen Bauernkrieg erlebt.[71]
Freilich stand er unter anderen Vorzeichen als die deutschen Ereignisse einhundert Jahre zuvor. Religionspolitische und religiöse Anlässe spielten in
ihm keine Rolle, der Abwehrkampf der Hugenotten gegen die zentrale Macht
griff in ihn nicht hinein. Armselig blieb daher im Vergleich zu Deutschland
der publizistische Ertrag dieser Unruhen, verhältnismäßig schmal auch die
interessierte Beteiligung gebildeter und schriftgelehrter Bürger. Anders als in
Deutschland war auch die politisch-militärische Stoßrichtung der Bewegung.

Mit Ausnahme der Bretagne, die erst 1675 von dem Aufstand der „Bonnets-Rouges" erfaßt wurde und dabei „anti-seigneuriale", wenn auch nicht prinzipiell anti-adelige Kampfrufe vernehmen mußte, waren die Aufstände nicht gegen lokale Dienst- und Abgabenberechtigte gerichtet. Allein im Norden Frankreichs, in der Bewegung der sogenannten „Lustrucus" des Boulonnais von 1662, glitt der anti-fiskalische Impuls unmerklich in einen so massiven anti-seigneurialen und anti-adeligen hinüber, daß man in diesem Aufstand den Prototyp späterer, revolutionärer Entwicklungen vermuten darf.

Ansonsten kannten und warfen sich die Bauern auf einen einzigen, dafür aber machtvollen Gegner: den absoluten Staat, der im Begriff war, „die größte fiskalische Offensive in der Geschichte Frankreichs" (Y.-M. Bercé) zu starten. Mit vehementer Verzweiflung attackierten die „Croquants" des Limousin und des Périgord, die „Nu-Pieds" der Normandie die königlichen Steuereinnehmer, warfen Wagenladungen mit requiriertem Getreide in die Gräben, leerten Kassen mit Steuergeldern auf offenem Felde aus; stereotyp erklang ihr Schlachtruf „Vive le Roi sans la gabelle", besonders in jenen Regionen, denen die trickreichen Finanzkünstler Richelieus die Unterwerfung unter die staatliche Salzsteuer („gabelle") an Stelle alter provinzialer Freiheiten verordnet hatten. Daß der König gleichwohl „leben" sollte, nicht aber seine untergeordneten, lokalen Repräsentanten, kennzeichnet die Mehrheit dieser Aktionen eindringlich: Ihr politischer Impetus war im Grunde „konservativ", nicht „revolutionär", er wollte nicht verändern, sondern Veränderungen verhindern.

Das Ausmaß der Bewegung, ihr Verlauf im einzelnen, ihre besonderen Eigenheiten können hier nicht unser Thema sein. In ihr fassen wir exemplarisch für das ganze frühneuzeitliche Europa den Abwehrkampf des europäischen Bauerntums gegen einen seiner Hauptkontrahenten, den absoluten Staat, der nicht nur – wohl nirgends so brutal wie in Frankreich vor seinem Eintritt in den 30jährigen Krieg – die Steuerschraube anzog und das fiskalische Experimentieren zum Exzeß trieb, sondern auch, und im Zusammenhang damit, die alten Rechte und Solidaritäten der Dorfgemeinde zersetzte. Es braucht wenig Phantasie zu ermessen, wie stark die sozialen Spannungen innerhalb dieser Gemeinde wuchsen, wenn man bedenkt, daß die Bauernsteuer par excellence, die „taille", eine „Verteilungssteuer" war, deren Umlage in der Hand notabler Mitglieder der einzelnen Dorfgemeinden lag. Daß adelige Grundherren, vor allem kleinere, dem Land und seinen „Solidaritäten" verhaftete Junker, nicht selten an den Aufständen teilnahmen, ihren Bauern Schutz gewährten oder gar zu Führern erkoren wurden, ist erwiesen und wirft ein besonders deutliches Licht auf den Charakter der Aufstände in der Zeit Richelieus. Daß der Gegensatz von „arm" und „reich" innerhalb der Dorfgemeinschaft unter diesem Vorzeichen an Gewicht gewann, daß überhaupt Prozesse der sozialen Differenzierung unter dem Eindruck des Kampfes sichtbar und spürbar wurden, liegt auf der Hand. Manch bürgerlicher

Intendant eines adeligen Grundherren, manch notable Oberschicht einer im Aufstandsgebiet liegenden Landstadt haben das zu spüren bekommen. Was die überregionale Vereinigung und die Durchsetzung verfassungspolitischer Ziele angeht, so haben die französischen Bauern der Richelieu-Zeit offensichtlich weit weniger erreicht als die deutschen Bauern des 16. Jahrhunderts. Zu weit war die absolute Staatsbildung in Frankreich schon vorangeschritten, zu wirksam waren die Möglichkeiten der staatlichen Repression. Weder von „christlichen Vereinigungen" berichten die Quellen, noch von gewachsenen „landschaftlichen" Rechten der Bauern. Wie sollte das auch möglich sein in einer Zeit, in der selbst den höheren Ständen in dieser Hinsicht die Eiseskälte des Absolutismus ins Gesicht schlug? Die französische Dorfgemeinde jedoch scheint insgesamt widerstanden zu haben. Mehrfach noch kam es unter Ludwig XIV. zu Bauernaufständen (Bretagne, Boulonnais, Angoumois, Landes, Vivarais), bevor im 18. Jahrhundert Ruhe eintrat, die später dann, unter neuen Vorzeichen, aufgehoben wurde – ab 1735/40 in einzelnen Provinzen wie Burgund, ab 1750 verbreitet, ab 1780 in weiten Teilen des Landes.

Diese neuen Vorzeichen waren die des „aufgeklärten" 18. Jahrhunderts. Ein um einige Grade gebildeteres Bauerntum, ein seine Steuerpolitik mäßigender (Frankreich) oder den Bauernschutz ernst nehmender Staat (Brandenburg-Preußen), ein mit seiner Propaganda für die „Freiheit" auch den Bauern Argumente lieferndes Bürgertum waren die Voraussetzungen dafür, daß vielerorts jetzt die ökonomisch-herrschaftlichen Belastungen des Bauerntums zum zentralen Anlaß ihrer politischen Aktionen wurden. Wohlgemerkt – ökonomische und herrschaftliche Belastungen! Denn die Situation des ländlichen Europa im Zeichen der Agrarkonjunktur des 18. Jahrhunderts war beileibe nicht überall so, daß den Bauern eine rückwärtsgewandte, auf Rechte und Abgaben pochende Grundherrschaft gegenüberstand. In den getreideintensiven Gebieten Frankreichs, z.B. im Pariser Becken, „modernisierte" sich die Grundherrschaft und weitete ihre Eigenwirtschaft zu einem dynamischen, kapitalistischen Wirtschaftsbetrieb aus, der von bäuerlichen oder bürgerlichen Pächtern im Stile des englischen Vorbildes verwaltet wurde. Er wurde zu einem machtvollen Konkurrenten des bäuerlichen Mittel- und Kleinbetriebs und zog den Unwillen von Bauern und ländlichen Unterschichten ebenso auf sich wie der Rentengrundherr, der mittels der Abgaben seinen Profit aus der Agrarkonjunktur zu ziehen versuchte.

Die anti-seigneurialen Bauernaufstände Frankreichs am Ende des 18. Jahrhunderts[72] waren ein eminent wichtiger Bestandteil der sozialen Bewegungen der Französischen Revolution. Sie richteten sich gegen die „féodalité", worunter die Bauern und jene Teile des Bürgertums, die sich ihren Unmut politisch zunutze machten, nicht nur die Belastungen des grundherrschaftlichen Systems, sondern auch die kirchlichen Zehnten verstanden. Nicht wenige

Bauern glaubten darüber hinaus, daß mit der Ankündigung von Generalständen in ihrem Land paradiesische Zustände ausbrechen würden und lebten in der Hoffnung auf ein Ende jeglicher, d.h. auch steuerlicher Belastungen für das Land. Daß in dieser Hinsicht nach 1792 nur ein anderer, zwar republikanischer, darum aber nicht weniger anspruchsvoller Staat an die Stelle des alten, königlichen getreten war, ist ihnen sehr schnell bewußt geworden. Und so finden wir das französische Bauerntum nicht nur als revolutionäre Kraft, die sich zwischen 1789 und 1793 ihr Kampfziel – die Befreiung von der Feudalität – in der Tat erobert, sondern bald auch auf seiten der Gegner der Revolution, als soziale Basis einer breiten royalistischen Opposition im Westen des Landes, vor allem in der Vendée.[73]

Frankreich ist im Grunde das einzige Land, in dem sich das frühneuzeitliche Bauerntum aus eigener Kraft und eigenen Antrieben von den Fesseln einer Jahrhunderte alten Agrarverfassung mit ihren ökonomischen, rechtlichen und sozialen Belastungen befreit hat – das besitzende, im Vergleich zu den ländlichen Unterschichten verhältnismäßig begüterte Bauerntum wohlgemerkt. Im übrigen kontinentalen Europa stand es mit dieser Eigeninitiative des Bauerntums nicht gerade zum Besten, ein Zeichen nicht nur für die komplizierteren, einer revolutionären Bewegung der Bauern entgegenstehenden staatlich-politischen Verhältnisse, sondern auch für die geringere Politisierung und stärkere Einbindung der Bauern in das bestehende grundherrlich-gutsherrlich-staatliche Verfassungssystem. Gleichwohl hat es z.B. in vielen Territorien des Reiches im 18. Jahrhundert vergleichbare Bauernunruhen und Aufstände der ländlichen Unterschichten gegeben.[74] Schon zu Beginn des 18. Jahrhunderts gab es blutig verlaufende Unruhen in Nieder- und Oberbayern, 1714/15 in Thüringen, 1716 in Oberösterreich, zwischen 1727 und 1745 im südlichen Schwarzwald, 1767 in Österreichisch-Schlesien, 1775 in Böhmen-Mähren, später dann auch in Preußisch-Schlesien und zwischen 1790 und 1794 schließlich, als bedeutendste geschlossene Bewegung Deutschlands, in Sachsen. Sie alle waren durch spezifische anti-herrschaftliche Gravamina gekennzeichnet, blieben aber, im Gegensatz zum großen Bauernkrieg, auf relativ kleine Räume und Regionen begrenzt. Weitgehend ruhig blieb es dagegen in den großen Gebieten der ostelbischen Gutsherrschaft – nach Tocquevilles immer noch gültiger These vor allem deshalb, weil, wie das französische Beispiel lehrt, politisch-revolutionäre Eigeninitiative des Bauerntums schon ein gewisses Maß an Freiheit und Beweglichkeit voraussetzt, von einem herrschaftlich stark eingebundenen, ökonomisch schwer belasteten, sozial weit hinabgedrückten und abhängigen Bauerntum aber nicht zu erwarten ist.[75] Für den deutschen Osten wie für die meisten westlichen Provinzen ging die vormoderne, vorindustrielle Phase der europäischen Geschichte daher erst mit dem Prozeß der Bauernbefreiung in der ersten Hälfte des 19. Jahrhunderts zu Ende. Er war weit mehr staatlich administriert als von unten erzwungen und erkämpft, und er löste die gewaltigen Probleme, die mit den

Bevölkerungsvermehrungen in den Städten und auf dem Lande entstanden
waren, bei weitem nicht. Mit der Freisetzung und Konsolidierung eines mittleren, von herrschaftlichen Bindungen und Belastungen befreiten Bauerntums schuf dieser Prozeß immerhin die Voraussetzung für den Eintritt
Europas in eine neue Phase seiner Geschichte, die auf dem Lande wie
in der Stadt zunehmend von dem Phänomen der Industrialisierung gekennzeichnet war.

Der Adel vom 16. bis zum 18. Jahrhundert

„Wenn der Edelmann im gemeinen Leben gar keine Grenzen kennt, wenn
man aus ihm Könige oder königähnliche Figuren erschaffen kann, so darf er
überall mit einem stillen Bewußtsein vor seinesgleichen treten; er darf überall
vorwärts dringen, anstatt daß dem Bürger nichts besser ansteht, als das reine,
stille Gefühl der Grenzlinie, die ihm gezogen ist. Er darf nicht fragen: ‚Was
bist du?‘, sondern nur: ‚Was hast du?‘ welche Einsicht, welche Kenntnis,
welche Fähigkeit, wieviel Vermögen? Wenn der Edelmann durch die Darstellung seiner Person alles gibt, so gibt der Bürger durch seine Persönlichkeit
nichts und soll nichts geben. Jener darf und soll scheinen; dieser soll nur sein,
und was er scheinen will, ist lächerlich oder abgeschmackt. Jener soll tun und
wirken, dieser soll leisten und schaffen; er soll einzelne Fähigkeiten ausbilden, um brauchbar zu werden, und es wird schon vorausgesetzt, daß in
seinem Wesen keine Harmonie sei noch sein dürfe, weil er, um sich auf eine
Weise brauchbar zu machen, alles übrige vernachlässigen muß.

An diesem Unterschiede ist nicht etwa die Anmaßung der Edelleute und
die Nachgiebigkeit der Bürger, sondern die Verfassung der Gesellschaft selbst
schuld."

Irgendwann zwischen 1777 und 1794 hat Goethe seine großartigste Ro-
manfigur, den Wilhelm Meister, diese Sätze in einem Brief an Wilhelms
Schwager schreiben lassen. Wilhelm Meister war sich nicht ganz sicher, ob
sein Idealbild des Adels auch außerhalb Deutschlands Gültigkeit habe, denn
einige Absätze zuvor heißt es: „Ich weiß nicht, wie es in fremden Ländern
ist . . ." Auch „bekümmerte" ihn wenig, „ob sich daran einmal etwas ändern
wird und was sich ändern wird". Daß er für sich selbst freilich daraus den
Schluß zog, weder den ihm unmöglich erscheinenden Aufstieg in den Adel zu
versuchen, noch den vorgezeichneten bürgerlichen Beruf zu ergreifen, sondern Schauspieler zu werden – Mitglied der am meisten verachteten Bevölkerungsgruppe, der man sogar die Qualität eines Standes versagte – ist ein
bedeutsames Indiz für Wandlungen, die auch in der deutschen Gesellschaft
des 18. Jahrhunderts vor sich gingen.

Gleichwohl stand für Wilhelm, so wie Goethe ihn auf dieser Stufe seiner
Entwicklung denken und sprechen läßt, die soziale Exklusivität des Adels
noch unverrückbar fest. Zu einer Zeit, als in Frankreich die adeligen Lebens-

formen von unten her massiv in Frage gestellt wurden, ja der „Aristokrat" schon zu einem die übrigen Stände einigenden Feindbild moduliert wurde, schien in Deutschland die ständische Welt noch heil und intakt.

Blicken wir auf das ganze 18. Jahrhundert, so hatte Goethe ohne Frage recht. Europa war im 18. Jahrhundert noch in einem erstaunlich hohen Maße vom Adel geprägt; keines der übrigen frühneuzeitlichen Jahrhunderte trug einen derart aristokratischen Charakter; zu keiner Zeit zwischen der Reformation und der Französischen Revolution spielte der Adel in Politik, Wirtschaft, Gesellschaft und Kultur eine so herausragende Rolle. Nicht nur an den Fürstenhöfen und auf dem Lande, in der Umgebung der großen und kleineren Adelssitze, machte sich das bemerkbar. Selbst die großen Städte, und unter ihnen auch die pulsierenden, „bürgerlichen" Handelsmetropolen des Kontinents, waren von der Faszination der adeligen Lebensweise gepackt; manch bürgerliches Patriziat bemühte sich um adeligen Gestus und Habitus und wirkte dabei nicht einmal „lächerlich oder abgeschmackt", wie Wilhelm Meister behauptet.

Doch was war dieser Adel und wie unterschied er sich von jenem des 16. und 17. Jahrhunderts? Unterschied er sich überhaupt? Viel Unheil ist in der Geschichtswissenschaft in den letzten Jahrzehnten mit dem Begriff „feudal" angerichtet worden.[76] Vom hohen Mittelalter bis zur Französischen Revolution war Europa vom Feudalismus geprägt, bildeten die „Feudalherren" die herrschende Klasse – so kann man es in vielen Hand- und Schulbüchern lesen. Das lateinische Wort „Feudum" bedeutet „Lehen" und kennzeichnet die persönliche Abhängigkeit eines Menschen von einem Herren, der ihn, zum Zweck der Durchsetzung und Sicherung seiner Herrschaft, mit Besitz und Rechten belehnt und in Form einer persönlichen Treueverpflichtung an sich gebunden hat. Im Mittelalter wurde auf diese Weise politische Herrschaft und Verwaltung organisiert, in den einzelnen Territorien entstand eine starke, vielfach verzweigte Kette von Lehnsbeziehungen.

Schon im Mittelalter, mehr noch in der Neuzeit ging diese Form der Organisation politischer Herrschaft zurück; in einem Prozeß unendlich langwieriger und heftiger Auseinandersetzungen bildete sich der „moderne Staat" heraus und entkleidete das mittelalterliche Lehnswesen seines politischen Inhalts. Seine rechtlichen und zeremoniellen Formen freilich blieben erhalten, und insofern war der Adel des 18. Jahrhunderts in vielen Territorien in der Tat noch „feudal": Deutsche Landesherren, in ihrem Land souverän und denkbar „absolut", standen noch in den alten Lehnsbeziehungen zum Kaiser, selbst der dänische König tat dies als Herzog von Holstein und erkannte es an. Auch der landsässige deutsche Adel spürte die Lehnshierarchie noch. Zwar war er nicht reichsunmittelbar und stand daher zum Kaiser in keiner direkten Verbindung, als Lehnsmann seines Landesherren war er aber Teil der „feudalen Kette". Doch als solcher hatte er kein besonderes politisches Gewicht mehr, die Aufgaben der Verwaltung wurden vom Landesfürsten direkt besorgt, Belehnungen zum Zweck der Übertragung herrschaftlicher Kompetenzen fanden nicht mehr statt.

Nein, das soziale Gewicht des Adels erwuchs ihm nicht mehr aus seiner feudalen Vergangenheit, wenn es dort auch manche Wurzel hatte. Es leitete sich vielmehr aus dem simplen Tatbestand her, daß der Adel praktisch in allen frühneuzeitlichen Territorien der weitaus größte Grundbesitzer war – kein unwichtiger Tatbestand in einer Gesellschaftsordnung, die wir agrarisch nennen und in der, wie beschrieben, sich so vieles um Landwirtschaft und Landbesitz drehte. Überall war der Adel, im Vergleich zur übrigen Bevölkerung, eine verschwindend kleine Minorität, überall aber war er, zusammen mit der Kirche und den Landesherren, im Besitz der besten Böden.

Und nicht nur das! Wie an anderer Stelle schon beschrieben, funktionierte auch im 18. Jahrhundert noch das grundherrschaftliche System, das den adeligen Grundbesitzern, aber auch den zahlreichen Bürgern, die ein Adelsgut erwarben, die Dienste und Abgaben ihrer umwohnenden, abhängigen Bauern sicherte. Französische Publizisten, die vor Beginn der Revolution ihre zornige Stimme gegen die Aristokraten und die Kirche erhoben, nannten auch das „feudal" und bereiteten so einen Sprachgebrauch vor, der heute im marxistischen Feudalismusbegriff weiterwirkt. Man kann das akzeptieren, wenn deutlich wird, daß es sich dabei nicht um lehnsrechtliche Abhängigkeiten handelte, daß „Grundherrschaft" und „Lehnswesen" im Mittelalter voneinander unabhängige Phänomene waren und es in der Neuzeit blieben.

Doch noch einmal: Was war der Adel im 18. Jahrhundert und wie sah seine Entwicklung in den vorangehenden Jahrhunderten aus? Generelle Aussagen wie „die Feudalherren", die „herrschende Klasse" rufen deshalb so viel berechtigte Skepsis hervor, weil sie ein äußerst differenziertes soziales Gebilde auf einen einheitlichen, nivellierenden Begriff bringen. Denn gerade in dieser Hinsicht übertraf der Adel noch das Bauerntum und wurde selbst allenfalls von der Vielgliedrigkeit des „Dritten Standes" übertroffen.

Nehmen wir als Beispiel erneut Deutschland.[77] Die Spitze des Standes bildeten hier jene Könige, Fürsten, Fürstbischöfe und Herzöge, denen bzw. deren Dynastien es im Verlauf der absolutistischen Staatsbildung gelungen war, in Auseinandersetzung mit konkurrierenden Standesgenossen die oberste Gewalt in einem Territorium zu erringen und den Staat zu repräsentieren. Dies waren die Reichsfürsten. Sie hatten zwar noch den Kaiser über sich, in ihren Staaten aber standen sie konkurrenzlos da. Durch die ständische Verfassung mancher deutscher Territorien waren sie in ihrer politischen Machtausübung eingeengt, doch ihre soziale Spitzenstellung wurde durch nichts mehr in Frage gestellt. Ihnen folgte die breite Schicht des landschaftlichen, „landsässigen" Adels, der von Territorium zu Territorium in seiner Stärke, politischen Bedeutung und sozialen Schichtung erhebliche Unterschiede aufwies. Insgesamt zeichnete er sich dadurch aus, daß er „alter Adel" war. Er kultivierte dieses Bewußtsein und wachte eifersüchtig darüber, daß die zahllosen rechtlichen und zeremoniellen Indikatoren seiner Altadeligkeit nicht in Vergessenheit gerieten. Insbesondere der Zugang zu den Landtagen, der in vielen deutschen Territorien auf die landständische Ritterschaft bzw. (in geistlichen Territorien) den katholischen Stiftsadel beschränkt war, diente zur Wahrung dieser Exklusivität: Der Nachweis eines Rittergutes wurde ebenso verlangt wie der von acht adeligen Vorfahren in der Ahnentafel. Und doch war der alte Adel von unten her bedroht. Nicht anders als ihre westeuropäischen Nachbarn handhabten die deutschen Reichsfürsten das Instrument der Nobilitierung souverän und virtuos. „Trotz des Widerstandes des älteren Adels erfolgte die Nobilitierung von Beamten, Offizieren, Kaufleuten, Kriegslieferanten, Unternehmern und Gelehrten nicht selten, und dabei wurde durchaus nicht immer vorausgesetzt, daß sie über Landbesitz verfügten und eine adelige Lebensweise führten."[78] Viele andere Personen bürgerlichen Standes kauften sich die notwendigen Voraussetzungen für den Eintritt in den Adel – vor allem Rittergüter – und warteten dann auf die rechtliche Bestätigung ihres Aufstiegs durch ihren Landesherrn bzw. den Kaiser. Daß vor allem die neuadeligen Beamten ihren altehrwürdigen Standesgenossen im Kampf um politische Posten und Pfründen am Hof den Rang abliefen, ist für die deutschen Fürstenstaaten ebenso nachgewiesen wie für Frankreich. Dennoch wurde der alte Adel keinesfalls völlig eliminiert. Nicht anders als in Frankreich bewahrte er sich gerade den Zugang zu den großen, führenden Hofämtern und sorgte so z.B. dafür, daß Diplomatie und internationale Politik im Europa des 18. Jahrhunderts ganz wesentlich seine Domäne blieben.

Beinahe exotisch wirkten in diesem differenzierten sozialen Gebilde die Mitglieder der Ritterorden und die Reichsritterschaft. Rechtlich stellten sie immer noch eine Besonderheit dar, waren sie doch „reichsunmittelbar" und daher keinem anderen als dem Kaiser unterworfen. Politisch und sozial standen sie dem landsässigen Adel oft bei weitem nach, obwohl ihnen vor allem im kaiserlichen, hier und dort aber auch im landesherrlichen Verwaltungsdienst eine gewisse Wirkungsmöglichkeit blieb.

Rechtlich gesehen, war der deutsche Adel des 18. Jahrhunderts wegen der Besonderheiten der Reichsverfassung gewiß differenzierter und bundscheckiger als der der übrigen mittel- und westeuropäischen Staaten. Auch die Tatsache, daß in Deutschland ein großer, zentraler Hof fehlte, der zur Ausbildung einer besonderen Hofaristokratie hätte führen können, wie wir sie in Versailles im 17. und 18. Jahrhundert vor uns haben, muß bei einem Vergleich beachtet werden. Nur in den großen Zentren wie Wien, München und, später, Berlin bildete sich annähernd Vergleichbares heraus. Im übrigen aber spiegelt die Situation des deutschen Adels im 18. Jahrhundert einige typische Züge der europäischen Adelsgeschichte, deren Eigentümlichkeiten erst recht ans Licht treten, wenn wir die drei frühneuzeitlichen Jahrhunderte insgesamt in den Blick nehmen.[79]

Der Beginn und oft auch der gesamte Verlauf der Frühen Neuzeit wird für den europäischen Adel gern als Epoche der Krise dargestellt. Doch um was für eine Krise handelte es sich, und erfaßte sie diesen differenzierten sozialen Stand insgesamt? Der Bereich der Wirtschaft bietet einige Argumente an. Wie kaum ein anderer Stand hatte der grundbesitzende Adel unter den Auswirkungen der spätmittelalterlichen Agrardepression gelitten. Die Preise für Getreide waren niedrig, es verkaufte sich schlecht, zuzeiten gar nicht, an andere Tätigkeiten war der Adel nicht gewöhnt, oder sie standen ihm aus Statusrücksichten nicht offen. Die Hochkonjunktur des 16. Jahrhunderts führte zu einer Wende, doch traf diese den Adel offensichtlich nicht überall in einer günstigen Startposition. Viel Land hatte er, um überhaupt Arbeitskräfte zu gewinnen, zu langfristigen und günstigen Bedingungen ausgegeben, die sich nun, im Zeichen des inflationären Preisanstiegs, noch mehr zugunsten der landnehmenden Bauern auswirkten. Freilich – generell war diese Tendenz im 16. Jahrhundert nicht, wie man früher glaubte. Dem Adel standen mit der Grundherrschaft und den häufig damit einhergehenden gerichtsherrlichen Rechten machtvolle Instrumente zur Verfügung, um in einem neuen „Verteilungskampf" mit den Bauern erfolgreich abzuschneiden. F. Braudel spricht für weite Regionen des Mittelmeerraums von einer „réaction seigneuriale" im 16. Jahrhundert.[80] Von ähnlichen Tendenzen im deutschen Südwesten zur Zeit des Bauernkriegs haben wir schon gehört. Auch Frankreich bietet mit der Gâtine poitevine, dem Haut-Poitou, dem Jura, der Provence stattliche Regionen, in denen die landwirtschaftliche Modernisierung des 16. Jahrhunderts unter der tätigen Führung des grundherrlichen Adels vollzogen wurde. In der spanischen „Mesta", einer Pressure-Group zur Förderung der Schafzucht im ganzen Land, spielten Grundherren und Granden keine geringe Rolle.[81] Nicht zu sprechen von England, wo schon im 16. Jahrhundert die „enclosures" unter der Führung des Landadels begannen. Weniger günstig sah es nur dort aus, wo sich der Adel seiner Eigenwirtschaft praktisch völlig begeben und sich, wie im deutschen Südwesten, in die bequeme, aber gefahrvolle Position eines „Rentengrundherrn" zurückgezogen hatte.

Insgesamt war der europäische Adel in der Landwirtschaft also durchaus präsent und blieb es in der ganzen Frühen Neuzeit – nirgends so machtvoll und einheitlich wie der ostelbische Gutsadel, dafür aber vielfach mit mehr Verständnis und Offenheit für Fragen der Modernisierung, mit mehr Sinn und Gespür auch für nicht-landwirtschaftliche Betätigungen. Jüngst hat eine Studie zu Frankreich[82] herausgearbeitet, wie stark französische Adelige, insbesondere im Verlauf des 18. Jahrhunderts, in diversen kommerziellen und gewerblichen Zweigen engagiert waren, von der Eisenverhüttung und Glasindustrie über die Beteiligung an den großen Handelskompanien bis hin zum Bankwesen – kein guter Beleg für die These von der Borniertheit und Geschlossenheit der „feudalen Kaste", die uns aus Hand- und Schulbüchern so vertraut ist.

Eine Krise der politischen Stellung und des politischen Bewußtseins? Hier sind ohne Frage eingehendere Überlegungen angebracht. Seit Beginn der Neuzeit war es in Mittel- und Westeuropa mit der goldenen Zeit herrschaftlicher Eigenberechtigung auf seiten des Adels praktisch vorbei. Wenigen auserwählten Familien und Dynastien war es im Zuge der territorialen Staatsbildung gelungen, sich ein Mehr an herrschaftlicher Gewalt anzueignen als ihre Konkurrenten und schließlich zur einzigen, obersten, souveränen Staatsgewalt zu werden. Nicht immer war dieser Prozeß irreversibel, nicht immer stand die herrschende Dynastie ein für allemal fest. Die verschlungenen Wege des Erbganges, in manchen Territorien auch die Zufälligkeiten einer Wahl, führten dazu, daß gelegentlich ein Wechsel eintrat. Ansonsten aber blieb dem alten europäischen Adel der Zugang zur obersten Staatsgewalt hinfort verschlossen. Bis weit ins 17. Jahrhundert hinein reagierte er darauf in vielen Staaten mit separatistischen Aktionen, Unbotmäßigkeit, Aufständen, Fronden, Staatsstreichversuchen, Mordplänen und förmlichen Prozessen. Die Geschichte Spaniens und Frankreichs im 16. und 17. Jahrhundert ist angefüllt mit Kämpfen zwischen den herrschenden Dynastien und altadeligen „mécontents", die nicht selten, wie im Frankreich Richelieus, aus der unmittelbaren und weiteren Verwandtschaft des Königs kamen.

Ohne Frage waren das Zeichen einer tiefen Bewußtseinskrise des alten Adels, der zwei Säulen seiner sozialen Existenz – die lehnsrechtliche Eigenherrlichkeit und den eigenverantwortlichen Kriegs- und Heeresdienst für seinen Lehnsherrn – verloren hatte. Hinzu kam noch, daß die enormen Statusansprüche dieses Standes seine finanziellen Möglichkeiten am Ende des 16. Jahrhunderts bei weitem überstiegen. F. Braudel hat das mit dem Blick auf den spanischen Adel klassisch formuliert: „Il y a contradiction à vouloir et en même temps ne pas pouvoir vivre noblement, faute de cet argent qui justifie à peu près tout."[83] Die englische Hocharistokratie, der spanische Hochadel, der in die Religionskämpfe verwickelte französische Schwertadel – sie alle gerieten zu dieser Zeit in schwere Verschuldungskrisen und verschärften damit noch die Abhängigkeiten, denen man gerade zu entgehen versuchte – nach oben gegenüber dem Staat, nach unten gegenüber vermögenderen Mitgliedern der unteren Stände.

In der Tat hat der Fürstenstaat aus dieser Situation insgesamt seinen großen Nutzen gezogen. Selbst der Adelswelt entstammend und gleichsam ihre hierarchische Spitze repräsentierend, waren die herrschenden europäischen Dynastien der Habsburger, Valois, Bourbonen, Tudors und Stuarts nicht an einer sozialen Eliminierung des alten Adels interessiert. Wohl aber an einer Beschneidung seiner „feudalen" Ambitionen, an seiner Integration in die neue Welt des Hofes und des Staates. Indem sie dem Adel überall die Grundherrschaft als Basis des Einkommens und der adeligen Lebensweise beließen, ihm den Zugang zu Posten und Pfründen am Hof, in der Kirche, im Heer, in der Diplomatie und in bestimmten Zweigen der Verwaltung öffneten, führten die Fürsten ihn allmählich in die neue Wirklichkeit des modernen Staates hinein. Auf seiten der Fürsten setzte das eine ausgefeilte Herrschaftstechnik und eine immerwährende Bereitschaft voraus, den Adel gesellschaftlich zu privilegieren, ohne ihm politisch die Zügel hinzugeben. Der schwachen spanischen Monarchie ist das im 17. Jahrhundert, nach dem Tod des Roi Prudent Philipp II., nicht gelungen. So sehen wir Spanien in dieser Zeit wieder ganz in die Hände des Hochadels geraten; feudale Granden nahmen die Politik des Landes in ihren Griff. Auch die kleinräumigen Staaten Italiens, von einheimischen Potentaten oder habsburgischen Vizekönigen regiert, wurden mit dem Problem nicht fertig. In Neapel, in Mailand, in der Toscana, in Genua, in Venedig und in Rom bestimmten im 17. Jahrhundert die lokalen Aristokratien das Geschehen, nicht mehr immer die alten Familien, die sich in den Kämpfen des 15. und 16. Jahrhunderts ruiniert hatten, an ihrer Stelle aber neue Barone und Seigneure, deren Politik ein Historiker Neapels schlichtweg als „Refeudalisierung" beschrieben hat.[84]

Gelungene Beispiele stellen dagegen Frankreich im 17. und Brandenburg-Preußen im 18. Jahrhundert dar. Seit der Mitte des 17. Jahrhunderts wurde der französische Adel „ruhig", begnügte sich mit dem, was ihm geboten wurde, stellte sich auf seine neue Position und Funktion ein. Versailles, wo er sich zunächst amüsierte, dann langweilte, als Mme. de Maintenon immer mehr den Rhythmus des Hofes und die Stimmung des Monarchen beherrschte, wurde zum zentralen Bezugspunkt seines Lebens. Versailles war für den französischen Adel gebaut worden und für das monarchische Ritual, dem er zu dienen hatte. In Versailles fand er einen Ersatz für den verlorenen Glanz vergangener Größe und gesellschaftlicher Erhabenheit; in der pünktlichen und korrekten Erfüllung seiner Dienste am Herrn erwarb er sich den Lohn der Gagen, Pensionen, Posten, Pfründen, den er für seine nachgeborenen Söhne und Töchter so dringend benötigte. Man hat beobachtet, daß das Hofsystem Ludwigs XIV., das mit der Errichtung und dem kontinuierlichen Ausbau von Versailles nach 1683 seinen Kulminationspunkt erreichte, schon ab 1690 seine Wirkung auf die Welt der Künstler und Gelehrten verlor. Unter den Nachfolgern Ludwigs XIV. ließ seine integrierende Kraft auch für den alten Adel zusehends nach, wurde es immer mehr zum Hort des ministeriellen Despotismus, den er so sehr fürchtete und bald auch vehement bekämpfte. Die lange Regierungszeit Ludwigs XIV. jedoch, seine unglaubliche Konsequenz in der Einrichtung und Bewahrung des Rituals, das jedem einzelnen anwesenden Adeligen seine auf die Person und das Haus des Monarchen ausgerichtete Funktion zuwies, jedem im Lande verbliebenen Standesgenossen den Wunsch zur Teilnahme zum Lebenstraum werden ließ, waren ein im damaligen Europa einzigartiges Beispiel für die Disziplinierung und Domestizierung eines Standes, der vorher über hundert Jahre und mehr nicht zu bändigen gewesen war.

In Brandenburg-Preußen verlief die Einbindung des Adels, vor allem des kurmärkischen Gutsadels, auf anderen Wegen.[85] Keinesfalls gab es schon im 17. Jahrhundert ein „feudal-absolutistisches" System; der Adel stand der neuen Gewalt distanziert, ja, ablehnend gegenüber, diente gern bei ausländischen Herren. Ein Hof, der die Funktion von Versailles hätte übernehmen können, stand nicht zur Verfügung. Wesentlicher Integrationsfaktor wurde hier das Heer. Mit Friedrich Wilhelm I. setzte die Tradition ein, die Offiziersstellen dem einheimischen Adel vorzubehalten und daraus zugleich ein Reservat für seine besonderen Statusambitionen zu machen. Als Gegenleistung verlangte die Krone den unbedingten Dienst im Lande, den Verzicht auf die Ausreise und die Unterwerfung unter das Ethos des Staates. Zu Beginn war dabei noch sehr viel Zwang im Spiel, erst unter Friedrich II. bildete sich ein intensives Treueverhältnis heraus, ohne das die militärischen Kraftleistungen dieses Staates im 18. Jahrhundert nicht zu verstehen wären.

Gab es auch eine Bildungskrise des europäischen Adels in der Frühen Neuzeit? Eine Antwort läßt sich im Rahmen einer Einführung nicht befriedigend skizzieren, doch sollte zumindest jenes Beispiel erwähnt werden, das – für das 16. Jahrhundert – in der Literatur gern angeführt wird. Es handelt sich um die Reichsritterschaft vor allem in den südwestdeutschen Territorien, innerhalb des gesamten Adels „die desperateste Schicht", „welche mit der Umschichtung der allgemeinen Lebensverhältnisse im Spätmittelalter nicht fertig geworden war."[86] Sie hatten sicher so manchen Leidensgenossen unter den spanischen „hidalgos" und den französischen „hobéreaux", doch ein Vergleich der bestürzten und auch gehässigen Berichte aus Chroniken des 16. Jahrhunderts könnte zeigen, daß es um die deutschen Ritter besonders traurig stand. Sie waren mehr als alle Standesgenossen im Mittelalter Krieger gewesen, sie verstanden nichts von der Landwirtschaft und lernten auch nicht, wie die Gutsherren östlich der Elbe, damit umzugehen. Ihr „Beruf" wurde, im Übergang vom 15. zum 16. Jahrhundert, der Straßenraub. „Heruntergekommen und zur Farce des ehedem hochgemuten Rittertums geworden, bildeten diese Strauchdiebe, oft umgeben von zwielichtigem Volk, eine nicht ganz ungefährliche, aber doch armselige Folie zum aufsteigenden Stadtbürgertum."[87]

Doch der wichtigste Krisenanlaß verbarg sich zweifellos in jener Entwicklung, die schon bei der Betrachtung des Bauerntums zur Sprache kam. Auch der Adel hatte über die gesamte Frühe Neuzeit mit dem Problem zu ringen, daß sich das Aussehen des Standes in quantitativer und qualitativer Hinsicht gewaltig veränderte. Bisher ist nur vom „alten" Adel die Rede gewesen, dem Schwertadel, den Nachkommen uralter, schon im Mittelalter bestehender Familien. Gewiß hatten sie schon immer die Erfahrung des Aufstiegs konkurrierender Familien machen müssen, waren selbst vielleicht erst im 14. oder 15. Jahrhundert zur Ehre dieses Standes gelangt. Doch die Tatsache, daß sie jetzt immer häufiger auf ihre Anciennität pochten, in den territorialen Ständeversammlungen den Zutritt zu ihrer Kurie an Adelsnachweise banden, am

Hof bei der Besetzung hoher Ämter das Anciennitätsprinzip verfochten, belegt doch, wie massiv sie von unten bedroht wurden.

In der Tat zählt die Ergänzung des Adels durch neue Leute von unten in allen Territorien der europäischen Frühen Neuzeit zu einem der wichtigsten sozialgeschichtlichen Vorgänge. Formal vollzog er sich in streng geregelten Bahnen. Der souveräne Landesherr war diejenige Instanz, die als einzige das Recht zur Nobilitierung besaß. Die neuen Würdenträger wurden von speziellen Behörden erfaßt, ihre Titel, Besitze, Privilegien und ihr genauer Status wurden notiert, ihre Bereitschaft, ein adeliges Leben zu führen, überwacht. Doch der Sache nach handelte es sich um einen relativ chaotisch und unkontrolliert verlaufenden Prozeß. Wer den festen Willen und die Mittel hatte, seinen bürgerlichen Stand zu verlassen, erreichte dies am Ende des 16. und im gesamten 17. Jahrhundert fast stets – wenn nicht auf Anhieb, so nach beharrlichem Warten und durch deutliche Demonstration seiner Bereitschaft, sich die Sache etwas kosten zu lassen. Denn der Fürstenstaat, finanzwirtschaftlich noch in einem archaischen Zustand, sah vor allem auf das Geld und nutzte die Nobilitierung virtuos als Mittel der Geld- und Kreditschöpfung.

Die Praxis war in allen Ländern bekannt. Spanien tat sich besonders hervor. Man sagt, es habe sie erfunden und im 16. Jahrhundert zu einem Exportartikel gemacht – wie seine Edelmetalle, seine Mode, seine „parfümierten Handschuhe und die Themen seiner Komödien" (F. Braudel). Frankreich, in seinen großen Provinzkapitalen mit einer reichen, aufstiegsbewußten Bourgeoisie versehen, stand nicht nach. Einem italienischen Kaufmann in Lyon hat man um 1560 zwanzig Grundherrschaften von Burgund bis hinab ins Languedoc nachgewiesen. England erlebte im Übergang vom 16. zum 17. Jahrhundert eine förmliche „Inflation der Ehren"; nicht nur die unteren Ränge der Gentry wurden vermehrt, auch die hohen „peers" bekamen Zuwachs, und zwischen beiden Schichten wurde mit den „baronets" gar ein gänzlich neuer „Stand im Stand" kreiert. Für Deutschland sind die Fugger das berühmteste, beileibe aber nicht das einzige Beispiel geworden.

Geldnot der Fürsten war sicherlich die wichtigste Ursache dieser Entwicklung, doch gab es auch andere Motive. Die quantitative Erweiterung eines Standes ist immer auch mit einer gewissen Minderung seiner sozialen Bedeutung, mit einer Nivellierung seiner exklusiven Ambitionen verbunden. Es gilt als erwiesen, daß dieser Kalkül in die fürstliche Nobilitierungspolitik hineingespielt hat. Nehmen wir die zahlreichen Belege altadeliger Wut über das ungehemmte Einströmen neuer, niedriger Leute in ihren Stand zum Zeugnis, so wird der Erfolg dieser Politik überaus deutlich. Daß der alte Adel selbst nur zu gern bereit war, seine Schulden durch die Verheiratung einer Tochter mit eben diesen Parvenus ein wenig zu mildern, störte ihn dabei nicht.

Hinzu kam noch, daß die wichtigsten Bereiche der neuen, fürstlichen Staatlichkeit – die Verwaltung und das Heer – von diesem Prozeß voll erfaßt wurden. Die großen Flächenstaaten der Neuzeit brauchten zur Durchsetzung ihrer Macht viele, sehr viele Beamte. Daß Bewerber zur Verfügung standen, ja, in Ländern wie Frankreich und Spanien am Ende des 16. und 17. Jahrhunderts sich förmlich um Posten in der Justiz- und Finanzverwaltung schlugen,[88] war gewiß nicht besonders stattlichen Gehalts- und Versorgungsangeboten des Staates zu danken. Im Gegenteil: Jeder Bewerber wußte, daß der Fürst ihn für seine Tätigkeit niemals angemessen bezahlen würde. Doch dieser bot etwas anderes. Er stellte das Amt zum Verkauf frei und stattete zahlreiche höhere Ämter mit der Anwartschaft auf den persönlichen und häufig sogar den erblichen Adel aus. Neben dem direkten Verkauf von Lehen, Grundherrschaften, Rechten, Privilegien und Titeln wurde damit das System der Ämterkäuflichkeit zu einem weiteren Instrument der fürstlichen Finanz- und Nobilitierungspolitik. Ein äußerst wirkungsvolles und virtuos gespieltes Instrument, wenn wir dem besterforschten Beispiel, dem französischen, glauben dürfen. Die „folie des offices" herrschte in Frankreich,[89] nach frühem Beginn im 15. und 16. Jahrhundert, über das gesamte 17. und 18. Jahrhundert und führte nicht nur dazu, daß das königliche Budget vor allem in Notzeiten schnell und relativ „unbürokratisch" ergänzt werden konnte, sondern auch dazu, daß der Bourbonenmonarchie unterhalb des alten Adels eine breite, zwar nicht im Sinne des modernen Beamtentums treu ergebene, aber durch den Ämterkauf und den privaten Ämterbesitz in Abhängigkeit gehaltene neuadelige Schicht heranwuchs. Die „noblesse de robe" organisierte mit Hilfe des Ämterkaufs ihren faszinierenden sozialen Aufstieg und war bis weit ins 18. Jahrhundert hinein ein schwieriger, aber insgesamt zuverlässiger Partner der absoluten Monarchie. Daß beide sich dabei in eine finanzwirtschaftlich verheerende, volkswirtschaftlich katastrophale und politisch letztlich zweischneidige Sache eingelassen hatten, bekamen sie in der Krise des Ancien Régime mit Macht zu spüren. Doch bis dahin hatte der französische Absolutismus aus dem Verfahren einen sehr beachtlichen finanziellen, politischen und sozialen Gewinn gezogen.

Im 18. Jahrhundert war die Auffächerung des europäischen Adels in vielen Ländern ein soziales „fait accompli". Vor allem die geadelten Beamten, aber auch zahlreiche ehemalige Handelsherren konnten stolz auf einen gelegentlich langwierigen, häufig aber auch schnellen und sprunghaften Aufstiegsprozeß zurückblicken. Natürlich taten sie alles, um den begehrten Stand nach außen nach allen Regeln der Kunst zu repräsentieren. Gerade durch sie erfuhr das alteuropäische Statussystem darum noch einmal eine bedeutende Aufwertung zu einer Zeit, als seine Grundlagen in vieler Hinsicht schon erschüttert waren. Man muß schon sehr genau hinsehen, um etwa ein Mitglied der hohen Pariser Parlamentsaristokratie als einen ehemaligen „vil bourgeois" zu identifizieren. In der zweiten Hälfte des 18. Jahrhunderts kam es in Frankreich zu einem letzten, gewaltigen Schub neuer Leute in den Adel hinein – die günstige Wirtschaftskonjunktur und der unverändert hohe Geldbedarf des Staates wirkten hier zusammen. Der alte Adel, der dem Geschehen seit langem zugesehen hatte, begann in dieser Zeit noch einmal aufzumucken – teils zähneknirschend im Stil des bitteren Herzogs von Saint-Simon, teils uninteressiert, wie jene aufgeklärten adeligen Großgrundbesitzer, die die Zeichen der neuen Zeit verstanden und im Handel, in der Landwirtschaft und im Gewerbe ihre Gewinne machten, teils gespaltenen Bewußtseins, wie alle jene alten Familien, die auf ihren Status zwar noch großen Wert legten, sich andererseits per Heiratspolitik aber unabänderbar mit den neuen Leuten eingelassen hatten. Die adeligen Seigneurs „reagierten", setzten alle verbliebene Macht ein, um ihre letzte Bastion, die hohen Offiziersstellen im Heer, vor dem Zugriff von unten zu bewahren. Nicht vor der Bourgeoisie aber hatten sie Angst, als sie 1781 das berühmte Edikt von Ségur mit besonders strengen Adelsnachweisen für militärische Karrieren erzwangen.[90] Diese hatte ohnehin keine Chance und suchte sie hier auch nicht. Wohl aber die neuen Leute aus der Finanz, die ihren Reichtum schon in Adelstitel umgemünzt hatten und nun Aufstieg in die exklusivste Berufssphäre des alten Schwertadels begehrten. Hier liegt der Grund dafür, warum die Historiker sich neuerdings wieder so sehr bemühen, die Rolle des Adels beim Ausbruch der Französischen Revolution zu erfassen. Er war keine homogene Gruppe von feudalen Reaktionären. Er war ein äußerst differenzierter Stand, dessen herausragende Familien den im 16. Jahrhundert vielleicht vorhandenen Bildungsrückstand gegenüber der Welt der Gelehrten, Künstler und weltoffenen Handelsherren ausgeglichen hatten und sich jetzt an der Entfaltung der Aufklärung maßgeblich beteiligten. Er war in den vergangenen Jahrhunderten von der Monarchie einerseits hofiert und gestreichelt, andererseits aber auch arg gebeutelt worden. Es war gewiß kein Zufall, daß er nicht nur den rückwärts gewandten ländlichen Junkertyp enthielt, der in seinem Leben nie in Versailles oder Paris gewesen war und von nichts anderem träumte, als seine bescheidene, zuweilen sehr magere „Feudalrente" in Ruhe zu verzehren; sondern auch den galanten Hofadeligen, den weltoffenen „noble commerçant" und den anglophilen Landedelmann, der das steril gewordene Hofleben belächelte, die „féodalité" für entbehrlich und die Steuerfreiheit für ungerecht hielt, der vor allem aber liberal argumentierte, die „monarchie administrative" verabscheute und nichts sehnlicher wünschte, als sie durch ein Verfassungssystem englischer Prägung zu ersetzen.

Vom englischen Adel war bisher wenig die Rede, und das mit gutem Grund. Wie in so vielen anderen Bereichen machte England auch hier eine Sonderentwicklung durch.[91] Und wieder wies diese in eine zukunftsträchtige, „moderne" Richtung. England besaß im 18. Jahrhundert die modernste Gesellschaft Europas, aber zugleich auch die aristokratischste. Um ein plastisches Bild von ihr zu gewinnen, darf man freilich nicht nur auf London und den englischen Königshof blicken. Nicht einmal eine Analyse der „Houses of Parliament" in Westminster gibt ein zutreffendes Bild ihrer sozialen Struktur. Das aristokratische England des 17. und 18. Jahrhunderts verwirklichte sich auf dem Lande, wo um 1700 etwa drei Viertel der Engländer lebten. England hatte außer London nicht annähernd so viele große Städte wie Frankreich, und, was wichtiger ist, zwei Drittel der Landbevölkerung lebten in Dörfern, die nicht mehr als 500 Seelen umfaßten. Und hier, in der Nachbarschaft und im Kontakt mit diesen Dorfgemeinden, lebte und wirkte der Adel. Nicht nur die dünne Minorität der „greater nobility", die „dukes", „marquesses", „viscounts" und „barons", die Lords, die im Oberhaus saßen und im komplizierten Verfassungssystem Englands eine Vermittlerrolle zwischen Krone und Unterhaus erhalten hatten. Auch und vor allem die „lesser nobility", die „baronets", „knights", „esquires" und einfachen „gentlemen", die Gentry, die auch nur etwa 5% der englischen Bevölkerung umfaßte, dafür aber in zwei Dritteln des ganzen Landes vertreten war. Rechtlich gesehen, waren diese Herren „commons" und saßen folglich im Unterhaus. Doch der Statusabstand zur hohen Aristokratie wurde aufs beste kompensiert durch den politischen Einfluß und die Macht, die sich in der Hand der Gentry versammelten. Nicht nur durch das Unterhaus, wo große Politik gemacht und vor allem über Steuern und Verschuldung entschieden wurde. Als Vertreter der „countys" beherrschte die Gentry das Unterhaus praktisch vollkommen. Sie bildete aber keine geschlossene Kaste, denn ihre Beziehungen zum Oberhaus waren dicht, viele „gentlemen" standen in enger sozialer und politischer Abhängigkeit von den „lords". Auch „nach unten" war die „gentry" erstaunlich offen, ihre engen familiären Bindungen zur Londoner „merchant class" waren eine der Grundlagen ihrer sozialen Macht.

In der Lokalverwaltung hatten der hohe Adel und die Gentry die zweite Stütze ihrer politischen Macht. Hier wirkten, ja herrschten sie in des Wortes direktester Bedeutung. Nicht mit Hilfe uralter „feudaler" oder grundherrschaftlicher Bann- und Gerichtsrechte; diese waren in England, im Gegensatz zum Kontinent, schon seit langem abgebaut. Schon am Ende des 15. und im 16. Jahrhundert hatten in England die alten, feudalen Gerichtsinstitutionen ihre Macht verloren, wurde vor allem der „sheriff" durch den „justice of peace" ersetzt, den lokalen Friedensrichter, der ehrenamtlich arbeitete, jährlich von der Krone neu zu ernennen war und nach dem „common law" zu richten hatte. Und diese für England so bezeichnende Institution war im Verlauf der Frühen Neuzeit völlig in die Hand des hohen Adels, der Würdenträger der anglikanischen Kirche und, vor allem, der Gentry geraten. Sie war nicht nur Gericht, sondern auch umfassendes lokales Polizei- und Verwaltungsorgan: Löhne und Preise wurden von ihr kontrolliert, die Gewerbe unterstanden ihr, sie organisierte und beaufsichtigte die Armenfürsorge.

Die Gentry wurde auf diese Weise gleichsam die natürliche Vertreterin der Grafschaften – unangefochten in ihrer sozialen Position, von niemandem in Frage gestellt in ihrem politischen Einfluß. Sie vertrat die ländlichen Distrikte im Unterhaus, ja, mehr noch, selbst die „boroughs", die Wahlbezirke der Städte (mit Ausnahme Londons und der 25 größeren „cities") gewöhnten es sich mit der Zeit an, ihre Parlamentsvertreter aus der benachbarten Gentry zu wählen.[92]

In mancher Hinsicht ist die englische Gentry mit jenen kontinentalen Adelsschichten zu vergleichen, die sich, wie sie, im Laufe der frühneuzeitlichen Entwicklung als neue Kraft unterhalb des alten Adels etablierten.[93] Nur gewann sie dabei ein weitaus selbständigeres, vom herrschenden Statussystem relativ unabhängiges Profil. Ihr ging es zwar um Politik und Einfluß, nicht aber auf dem Wege über den Hof und über parasitäre Hofämter. Sie wirkte vom Lande her, wo sie politische Herrschaft und sozialen Einfluß ausübte und wo ihre wirtschaftlichen Interessen lagen. Sie legte großen Wert auf Titel, Anreden, Landsitze, Parks, große Haushalte und nutzte diese Insignien adeliger Erhabenheit zur Wahrung ihres politischen Einflusses. Doch sie war nicht auf dieselbe Weise adelig, wie vergleichbare kontinentale Gruppen – die „noblesse de robe" in Frankreich, das Hofbeamtentum in Deutschland – adelig waren und es sein wollten.

Auf unsere gesamte Epoche und den ganzen Stand gesehen, zeichnet sich somit ein recht deutliches Bild der Entwicklung des europäischen Adels ab, das nicht zufällig eine gewisse Übereinstimmung zeigt mit anderen Erscheinungen, die im Verlaufe dieses Buches beschrieben wurden. In dem Maße, wie sich das Schwergewicht Europas in Landwirtschaft, Handel und Gewerbe vom Süden, dem Mittelmeerraum, nach Norden und Nordwesten verlagerte, fächerte sich das soziale Erscheinungsbild des Adels auf. Der Süden, im 15. Jahrhundert in vielen Zonen von starken städtischen und bürgerlichen Zentren durchsetzt, rearistokratisierte sich in einer Weise, daß selbst die dynamische Kraft des Fürstenstaates sich nicht als Gegengewicht gegen den lokalen und regionalen Adel in Szene zu setzen vermochte. In der Mitte, im Reich und in Frankreich vor allem, wurde der Adel von weit stärkeren inneren wie äußeren Entwicklungsimpulsen betroffen, denen er sich, mit Mühe zwar, doch insgesamt erfolgreich anpaßte. Dies gelang ihm freilich nicht aus eigener Kraft. Der absolute Fürstenstaat wurde hier zum zentralen Bezugspunkt des Adels; von dessen Fähigkeit zur Integration und Legitimation hingen seine eigenen Entwicklungsmöglichkeiten ab. Im Westen schließlich – das Bild eines sich „emanzipierenden" und darum bis weit ins 19. Jahrhundert hinein führenden Adels! Nicht von den Niederlanden ist hier die Rede, wo das adelige Element schon im 17. Jahrhundert zurücktrat und lediglich dadurch ein gewisser Ausgleich stattfand, daß sich die reich und müde gewordenen Handelsherren der Republik im 18. Jahrhundert aristokratischer gerierten, als es ihrem Stand und ihrem Beruf angemessen war. Vielmehr ist England gemeint, das Land der Peers und Esquires, die ihren Staat fest in der Hand hielten und ihm gleichwohl ein modernes Aussehen zu geben wußten, wie man es zu dieser Zeit in der Mitte und im Süden des Kontinents vergeblich gesucht hätte.

3. Die Entfaltung politisch-administrativer Systeme

a) Die Geburt des früh-modernen Staates

Schließlich der Staat als weiteres bedeutsames Element, das in der Frühen Neuzeit Wandel bewirkte und in dem sich Wandel ausdrückte! Formen politisch-staatlicher Organisation hatte es auch im Mittelalter schon gegeben, doch sie waren so verschieden von dem, was sich im 16. und 17. Jahrhundert ausbildete, sie liegen der modernen Vorstellung von „Staat" und „Staatlichkeit" so fern, daß die Epochengrenze zwischen Mittelalter und Neuzeit nach Ansicht vieler Historiker außer in der Kichengeschichte nirgends so deutlich hervortritt wie in diesem Bereich. Zwischen der Mitte des 15. und dem Ende des 17. Jahrhunderts wurde der „moderne" Staat geboren, und auch die Beobachtung, daß der Fürstenstaat des Barockzeitalters von dem Anstaltsstaat unserer Gegenwart grundverschieden ist, hat nicht zu einem Verzicht auf diesen Begriffsgebrauch geführt. Im deutschen Sprachbereich haben sich freilich Ausdrücke wie „vormodern" oder „frühmodern" eingebürgert; sie stellen die „Modernität" der neu entstehenden Staatlichkeit nicht in Frage, schränken sie aber im Blick auf spätere Entwicklungen ein.[94]

Diese neue Staatlichkeit, die wir in den großen Monarchien des Westens – in Spanien, Frankreich, Burgund und England – bereits seit der Mitte des 15. Jahrhunderts, im übrigen Europa im 16. und 17. Jahrhundert zu fassen beginnen, hat nicht zur Ausbildung einer einheitlichen, überall anzutreffenden politischen Ordnung geführt. Selbst die „absolute Monarchie", die dominante frühneuzeitliche Staatsform in Mittel-, West- und Nordeuropa, wies in den einzelnen Ländern erhebliche Unterschiede auf. Daneben gab es Staaten, die nicht oder nur vorübergehend von der uneingeschränkten „potestas" einer erbrechtlich legitimierten Fürstendynastie beherrscht wurden. Der mittelalterliche Stadtstaat bestand vor allem im Süden des Kontinents fort. Auch wenn er nicht, wie in Venedig, von einer geschlossenen adeligen Oligarchie, sondern, wie in Florenz seit 1530, von einem machtvollen Potentaten regiert wurde, der die alten städtischen Institutionen zwar nicht aufhob, ihnen aber durch den Aufbau einer eigenen Stadtverwaltung das Lebenslicht ausblies, entwickelte er sich nicht zu einem Staat absolutistischer Prägung, wie wir ihn im Norden und Westen des Kontinents finden. In Genf gewann der Stadtstaat unter dem Einfluß des Protestantismus eine neue Dimension und wurde in den folgenden Jahrhunderten zu einem vielbeachteten Gegenbild zum territorialen Fürstenstaat. Die übrigen Schweizer Städte und Kantone, bis 1648 formal noch zum Reich gehörend, blieben frei von jeglicher landesherrlichen Obrigkeit; in vielen Territorien des deutschen Reiches behielten oder gewannen die Stände ein solches politisches Gewicht, daß ihre Landesherren trotz intensiver Bemühungen niemals zu wirklichen absoluten Fürsten wurden. Im Westen des Kontinents, in den nördlichen Niederlanden und in England, entstanden Staatsformen, die man als Alternativen zum Absolutismus begreifen kann. Beide Länder lernten im 16. und 17. Jahrhundert durchaus landesherrliche Ansprüche und Anmaßungen kennen, in langen Auseinandersetzungen mit diesen bildeten sich jedoch politische Ordnungen heraus, die dem kontinentalen Modellfall nicht entsprachen, darum aber nicht weniger „modern" waren.

So war es nicht allein und nicht in erster Linie die absolute Fürstenherrschaft, in der das Neue der frühmodernen Staatlichkeit zum Ausdruck kam. Es lag vielmehr in den zunehmenden Aufgaben und Kompetenzen, die dem Abstraktum „Staat" jetzt zugewiesen wurden. Nicht zufällig erschien dieser Begriff „Staat" (estat; stato; State) in den politischen Philosophien des 16. und 17. Jahrhunderts immer häufiger und wurde zu einem lebhaft diskutierten, vom jeweiligen Staatsträger unabhängig gesehenen Gegenstand der Erörterung. Die Souveränität nach außen und innen; die Zurückdrängung von lehnsherrlicher Eigenberechtigung; die Beschreibung eines zu einem „Staat" gehörigen und damit seiner Souveränität unterliegenden Territoriums mitsamt aller in ihm ansässigen „Untertanen"; die Besorgung einer Reihe zentraler Aufgaben unabhängig von konkurrierenden ständischen Gewalten für dieses Territorium und diesen Untertanenverband; der Aufbau von Gerichts-, Finanz- und allgemeinen Verwaltungsinstitutionen zur Erfüllung dieser Aufgaben; die Schaffung eines Heeres und der dazugehörigen Verwaltungseinrichtungen zum Zweck der Verteidigung bzw. Vergrößerung dieses Territoriums; der kontrollierende Blick auf die kirchlichen Verhältnisse bis hin zur förmlichen Errichtung eines staatlichen Kirchenregiments; die wachsende Einflußnahme auf das Wirtschaftsleben des Territoriums mit dem Ziel, seinen Reichtum zu nutzen – dies alles wurde zum Kennzeichen des modernen Staates schlechthin, nicht nur des absoluten Fürstenstaates. Gewiß wurde es in der Regierungstätigkeit eines arbeitsamen Selbstherrschers des 17. Jahrhunderts am deutlichsten sichtbar. Nicht wenige ihrer Theoretiker waren daher der Ansicht, daß nur die absolute Monarchie in der Lage sei, ein solches Bündel staatlicher Aufgaben wirkungsvoll zu versehen. Doch die Entwicklung in England und den Niederlanden zeigt, daß sie im Irrtum waren. Auch diese Staaten legten Wert auf ihre Souveränität nach innen und nach außen, auch sie reklamierten neue Kompetenzen für sich, auch sie legten sich die Attribute der neuen Ordnung zu, wenn sie auch innerhalb der neuen Staatstätigkeiten die Gewichte anders verteilten, als es in den absoluten Monarchien die Regel war.

Wie es zum Wachstum dieser neuen, obersten, unumschränkten Gewalt innerhalb eines Territoriums kam, kann hier nur kurz angedeutet werden. Der „frühmoderne" Staat des 16. und 17. Jahrhunderts setzte historisch andere Formen politischer Organisation voraus, die immer schon einen Teil der später vom „Staat" beanspruchten Aufgaben versehen, niemals jedoch derart umfassende Kompetenzen errungen und angestrebt hatten. Der eigenberechtigte Lehnsherr etwa, den der moderne Staat zurück- und schließlich verdrängte, versah als Gerichtsherr durchaus „staatliche" Funktionen. Doch er vertrat dabei nicht eine übergeordnete Instanz, deren Beauftragter er war, sondern ein eigenes, ihm aus seinem Besitz erwachsenes Recht. Seine Immunitäten waren nicht Bestandteil einer höheren staatlichen Ordnung, sondern „privates" Eigentumsrecht. Wenn er sich mit anderen Eigenberechtigten traf, sich mit ihnen zur ständischen Vertretung ihrer Interessen zusammenfand, um den Ansprüchen einer aus dem ständischen Kontext heraustretenden fürstlichen Macht zu begegnen, so repräsentierte er nichts anderes als seinen Besitz und seine Rechte. Der Fürstenstaat, der vor allem in Frankreich schon seit dem 14. Jahrhundert in die Welt der lehnsherrlichen Eigenberechtigung einbrach, tat dies zunächst durchaus als Konkurrent der älteren Gewalten. Er begann „mit dem Annagen von Immunitäten aller Art" (E. Hassinger) und bediente sich dabei mit besonderem Erfolg jener Argumente, die aus der alten Welt selbst stammten: der lehnsherrlichen Oberstellung und der besonderen Weihe des französischen Königtums, die aus ihm mehr machten als nur einen primus inter pares. Erst allmählich, niemals unwidersprochen und für lange Zeit auch nicht unwiderrufbar, kristallisierte sich dabei, unterstützt von neuen, dem „ius romanum" entnommenen Rechtsvorstellungen, ein Begriff der neuen, der Lehnswelt wesensfremden Gewalt des Staates heraus. Der Fürst wurde vom „Suzerain" zum „Souverain", seine zunächst nur konkurrierende Landes- und Lokalverwaltung zu einer neuen Form politischer Organisation, die, je mehr sie durchdrang, um so mehr den Anspruch einer über die Welt der Eigenberechtigung hinaustretenden Verbindlichkeit und Allgemeinheit erhob. Die alten Gewalten verteidigten sich, indem sie ihre territorialen und regionalen ständischen Vertretungen ausbauten und in ihnen über ihr Verhalten zum Fürsten berieten – sei es, daß sie sich das erbetene „Rat und Hilfe" abhandeln ließen und dabei möglicherweise sogar einen Herrschaftsvertrag abschlossen, sei es, daß sie sich zum Widerstand entschlossen.

Die Auseinandersetzung der neuen staatlichen Gewalt mit den Ständen setzte weit vor Beginn der Neuzeit ein und war im 17. Jahrhundert noch keinesfalls überall beendet. In sozialer Hinsicht war sie Ausdruck der großen Krise, in die der europäische Adel im späten Mittelalter geraten war. Wirtschaftlich geschwächt durch die Auswirkungen der Agrardepression, politisch gebunden durch den permanenten Konkurrenzkampf um Herrschafts- und Machtchancen, um Immunitäten, Rechte und Privilegien, kulturell verunsichert durch den Verlust einer ehemals glänzenden, unbestrittenen Position, sozial irritiert durch den Konkurs und Untergang vieler Standesgenossen und das unaufhörliche Nachwachsen neuer Schichten in den Stand, schaffte es der europäische Adel in vielen Ländern nicht, die lehnsherrliche Eigenberechtigung als Prinzip der politischen Organisation gegenüber der neuen Gewalt des territorialen Flächenstaates zu verteidigen. Das besagt freilich nicht, daß der Adel als Stand seine politische Bedeutung verlor. Einer alten These zufolge war das Wachstum des modernen Staates, vor allem in der Gestalt der absoluten Monarchie, eng mit dem Aufstieg des Bürgertums zur vorherrschenden politischen Kraft verbunden.[95] Nach neueren Forschungen muß diese These als grundfalsch angesehen werden. Zwar nutzte der Fürstenstaat, vor allem im 16. Jahrhundert, allenthalben bürgerliche Kräfte zur Besetzung seiner Institutionen in der Hof-, Gerichts- und Finanzverwaltung; zwar war er am Reichtum der großen Handelsstädte und ihrer Bürger interessiert und bereit, ihre Anpassung an die fürstliche Politik durch mannigfache Privilegierungen zu honorieren. Aber eine bewußte politische Förderung des ganzen Standes, eine soziale Koalition zwischen Fürstenstaat und Bürgertum gegen die alten feudalen Kräfte erwuchs daraus nicht. Im Gegenteil: dort, wo das Bürgertum im Mittelalter eine dominante Rolle errungen hatte – im Stadtstaat des Mittelmeerraumes und Oberdeutschlands – trat es seit dem Ende des 15. Jahrhunderts zurück, konnte es seine auf die Stadt und ein kleines umliegendes Territorium gegründete politische Ordnung nicht halten gegenüber dem neuen großflächigen Territorialstaat. Zudem lag den frühneuzeitlichen Fürsten jegliche bewußte anti-adelige Ständepolitik durchaus fern. Selbst dem Adel entstammend und in Konkurrenz mit ihm – aufgrund oft recht zufälliger dynastischer Ereignisse – zu Landesherren geworden, stellten sie die alte ständische Gliederung nicht in Frage, sondern nur die politischen Ansprüche, welche der Adel aus seinem ständischen Selbstverständnis herleitete. Dabei waren sie opportunistisch genug, Standeskonflikte zu ihren Gunsten auszunutzen – so z.B. in Kastilien im 16. Jahrhundert, wo unter Karl V. zu den Cortes nur noch Vertreter der Städte berufen wurden.

Weil der Adel vielfach keine Kompetenz für die neuen Aufgaben in der Gerichts- und Finanzverwaltung besaß oder den Fürsten seine Dienste verweigerte, wurde die Berufung bürgerlicher Räte gerade auch im 16. Jahrhundert mit besonderem Eifer betrieben. Doch einmal im Besitz der neuen Position, zeichneten diese sich nicht eigentlich durch ihre besonderen Standesqualitäten aus. Vielmehr war der Staatsdienst für sie ein bequemer Weg aus ihrem alten Stand heraus. Die Fürsten förderten dies, indem sie ihre neuen Gehilfen nobilitierten, zu Amtsadel machten und dem alten Adel damit von unten her einen Konkurrenten zur Seite stellten – einen Konkurrenten und zugleich einen Wegweiser zur neuen Realität des Fürstendienstes.

Doch der Aufstieg des Staates war nicht nur ein Ergebnis der sozialen Krise der mittelalterlichen Herrschaftsträger. Daß großflächige Territorialstaaten die politische Ordnung Europas bestimmen würden, war schon um die Mitte des 15. Jahrhunderts deutlich. Welche Vielfalt von Gewalten und Kompetenzen sie einmal an sich reißen würden, wurde erst im darauffolgenden Jahrhundert entschieden. Zur Krise der alten Herrschaftsgewalten kam jetzt die Krise der alten Kirche hinzu. Sie und die ihr folgende Reformation haben wesentlich dazu beigetragen, daß der seit langem postulierte zentrale

Staatsanspruch – die Souveränität nach innen und nach außen – auch im kirchlich-religiösen Bereich verwirklicht wurde. Der Gallikanismus Frankreichs, das Staatskirchentum Englands, das Kirchenregiment der protestantischen Fürsten Deutschlands, um nur einige Beispiele für den gewachsenen Einfluß des Staates gegenüber der päpstlichen Macht zu nennen, waren Schlußpunkte einer Entwicklung, die lange vor der Reformation eingesetzt und auch ein nicht von der Reformation betroffenes Land wie Spanien berührt hatte, aber durch sie doch ganz entscheidend befördert wurde.[96] Gab es in protestantischen Ländern hinfort überhaupt keine außerhalb des Staates wirkende geistliche Macht mehr, so ließen sich auch die katholischen Staaten ihre zentrale Errungenschaft – den staatlichen Zugriff auf die Masse der kirchlichen Stellen – nicht mehr nehmen.

Auch in anderer Hinsicht erwies sich das 16. Jahrhundert für den Ausbau der neuen staatlichen Ordnungen als günstige Epoche. Das Vordringen Europas in die außereuropäische Welt war nur an seinem Anfang das Werk der Entdecker, die zudem im Auftrag der iberischen Monarchen handelten. Ihnen folgten bald die „Bürokraten und Missionare" (J. H. Elliott) nach. Die Sicherung, Erschließung und Ausbeutung der Neuen Welt ließ sich so, wie es in Amerika praktiziert wurde, nur mit den gewachsenen Mitteln des Staates bewerkstelligen. Die außereuropäischen Territorien wurden zum Experimentierfeld dieser neuen Kraft, hier konnte sie sich relativ frei von heimischen Traditionen, Bindungen und Widerständen entfalten. Andererseits förderten die neuerworbenen Gebiete seit der Mitte des 16. Jahrhunderts die staatliche Expansion in Europa. Man weiß, welchen Nutzen Philipp II. aus den amerikanischen Edelmetallen zog. Die übrigen europäischen Mächte mußten diesen Vorteil zunächst den iberischen Monarchien überlassen. Doch sie fanden in der auflebenden Konjunktur des „langen 16. Jahrhunderts" einen hinreichenden Ersatz, und das schon lange, bevor die amerikanischen Schätze regelmäßig in Sevilla eintrafen. Fernand Braudel hat in seinem Mittelmeer-Buch den Einfluß der Wirtschaftskonjunktur auf die Konjunkturen der Staatsbildung glänzend beschrieben. Er warnt vor einer Überschätzung des amerikanischen Silbers, sieht das Zusammenspiel von Wirtschaftswachstum und Expansion des Fürstenstaates schon seit der Mitte des 15. Jahrhunderts, seit der Umkehrung des spätmittelalterlichen Trends, am Werk. Das Frankreich Ludwigs XI., das England Heinrichs VII., das Aragon Johanns, aber auch das türkische Reich Mohammeds II. waren das erste Ergebnis dieser Konstellation, im 16. Jahrhundert folgten dann die Großreiche Karls V., Suleimans II. und Philipps II. und die Großreichsträume Frankreichs unter Karl VIII. und Franz I.

Schon Ranke[97] hat eindringlich beschrieben, wie sehr die Staatenentwicklung Europas im 16. Jahrhundert unter dem Einfluß dieser Tendenzen zur Großreichsbildung stand. Gemessen am europäischen Mächtesystem späterer Zeiten war das Exaltation, Anachronismus, Orientierung an überkommenen, mittelalterlichen Ideen. Im 16. Jahrhundert selbst freilich paßte es sich zunächst gut ein in eine Zeit allgemeinen Wachstums. Das Fürstenbild der Renaissance stützte den Drang zur territorialen Expansion, es zeigte den freien, improvisierenden, passionierten „Principe", der sich – koste es, was es wolle – mit weitausgreifenden Plänen trug. Es wußte noch nichts vom späteren Ideal des zwar in seiner „majestas" unerreichbaren, zugleich aber recht diesseitigen, arbeitsamen, „bürokratischen" Fürsten des 17. Jahrhunderts, der mehr konsolidierte und arrondierte als expandierte, die neu errungenen Regierungsmittel, Rechtstitel und Herrschaftsanschauungen auf seinen erworbenen Besitz richtete, ihn zu durchdringen und seine Stellung im Rahmen des europäischen Mächtesystems zu wahren trachtete. Insofern erscheint es berechtigt, wenn die Historiker, die mit größter Akribie die Entstehung der neuen Staatsdoktrinen und Herrschaftsmittel bis zum Beginn des 14. Jahrhunderts zurückverfolgt haben, das Stadium ihrer systematischen, gebündelten Anwendung erst für das 17. Jahrhundert ansetzen.

Erst jetzt gehörten in Mittel- und Westeuropa die ambitiösen Großreiche der Renaissance (und alle darauf zielenden Ideen und Träume) der Vergangenheit an, erst jetzt bildete sich das System territorialer Mittelstaaten heraus, die in unaufhörlichem Kampf um Präponderanz und Gleichgewicht das politische Schicksal Europas bis ins 20. Jahrhundert bestimmen sollten, erst jetzt fand die im Herbst des Mittelalters geborene Idee des Staates den Weg in die begriffliche und praktische Realität der Politik.[98]

b) Die absolute Monarchie

Diese Realität war zunächst vor allem die der „absoluten Monarchie". In ihr fand die säkulare Entwicklung staatlicher Strukturen in Europa einen ersten Höhepunkt.[99] Schon die Zeitgenossen des späten 16. und des 17. Jahrhunderts kannten den Begriff „absolut"; zwar sprachen sie nicht von „Absolutismus", wohl aber von der „absoluten", der „losgelösten" Gewalt. Als der französische Rechtsgelehrte Jean Bodin im Jahre 1576 den vielbeachteten Versuch unternahm, die im staatlichen Leben wie in der politischen Theorie der letzten Jahrhunderte neu gewonnene Vorstellung von der Souveränität eines Staates auf den Begriff zu bringen, bezeichnete er sie als die „gegenüber den Bürgern und Untertanen höchste und von den Gesetzen losgelöste Gewalt". Eine bündige, freilich nicht ganz vollständige Formel. Wer in einem Staat „souverän" sein wollte, mußte den Nachweis erbringen, daß sein politisches Handeln von bestimmten Beschränkungen frei war: Weder die Untertanen – die Stände, Gilden, Zünfte, Korporationen, städtischen Institutionen, Beamten, Verwandten des Königs, Hochadeligen – noch die von ihm oder seinen Vorgängern erlassenen Gesetze durften ihn bei der Ausübung seiner uneingeschränkten Gewalt binden. Nur diese „positiven" Gesetze wohlgemerkt, denn auch der Souverän Bodins und aller Theoretiker der Souveränität stand unter einem höheren Recht, dem Gottes- und Naturgesetz, das ihm z. B. den Zugriff auf das Privateigentum seiner Untertanen untersagte.

Der Sache nach war diese Forderung um 1576 nicht neu. Bodin selbst richtete seinen Blick gern in die Vergangenheit, wenn er nach Mustern für die „potestas absoluta" suchte. Der französische König Franz I. (1515–1547) z. B. wurde von ihm mehrfach als Inhaber einer solchen Macht beschrieben, absolutistische Tendenzen gab es aber noch bei sehr vielen anderen europäischen Fürsten des 16., ja des 15. und 14. Jahrhunderts. Andererseits: als Bodin schrieb, stand die herrschende französische Dynastie der Valois in einer schweren politischen, sozialen und dynastischen Krise, ihr Handeln war schwankend, unsicher, es wurde weitgehend von hochadeligen Hofparteien bestimmt und verriet nichts von dem, was nach Bodin die Souveränität eines Staates ausmachte. Die glanzvolle, traditionsreiche Monarchie Frankreichs war unter den letzten Valois so schwach, daß ihre Gegner ihr selbst den Souveränitätsanspruch bestritten und es nicht sicher war, ob sich die neue, einheitsbildende staatliche Kraft in Frankreich dauerhaft durchsetzen würde. Gerade deshalb schrieb Bodin sein großes Werk ‚De la République', gerade deshalb bemühte sich dieser Anhänger und glühende Bewunderer der französischen Monarchie um letzte Konsequenz und Klarheit bei der Beschreibung ihrer Stellung.[100]

Ganz anders das Bild Frankreichs rund einhundert Jahre später! Nichts mehr von einer dynastischen Krise! Die alten Gegner der Monarchie, hochadelige Gouverneure der Provinzen, rebellische Brüder und Vettern des Königs, königliche Richter, herausragende Mitglieder des königlichen Rates, die Führer der protestantischen Partei (auch sie zumeist Mitglieder des hohen Adels), die ehemals oppositionellen Regionen und großen Städte des Südens und Südwestens – sie alle duckten sich jetzt vor der Macht und dem Herrschaftswillen des Königs Louis XIV, sie alle hatten ihren Widerstand aufgegeben oder ihn so schwach werden lassen, daß der König spielend und ohne jeden Verzicht auf große außenpolitische Unternehmungen mit ihm fertig wurde. Was war in diesen einhundert Jahren geschehen?

Als Jean Bodin 1576 seine Souveränitätslehre schrieb, hatte er einen Anspruch formuliert, nicht eine bestehende politische und verfassungsrechtliche Realität beschrieben. Als Ludwig XIV. um 1670 zum ersten Mal Memoiren verfaßte und auf die Erfolge seiner Selbstherrschaft seit 1661 zurückblickte, tat er dies auch, konnte aber zudem auf eine ganze Reihe von Entscheidungen verweisen, die aus diesem Anspruch politische Wirklichkeit hatten werden lassen. Gestützt auf die Vorarbeit Heinrichs IV. (1589–1610), der Kardinäle Richelieu (1624–1643) und Mazarin (1643–1661) – der politischen Führer Frankreichs unter seinem Vater und in der Zeit seiner eigenen Minderjährigkeit –, hatte Ludwig XIV. den Absolutismus in Frankreich zum politischen System erhoben.[101] Die alten, selbstherrlichen Provinzgouverneure, sie alle mehr oder minder noch Anhänger der lehnsherrlichen Eigenberechtigung, hatten ihre Macht und ihren Einfluß verloren. Ständische Institutionen waren weitgehend aus dem politischen Leben verdrängt, widerspenstige Kollegien im Finanz- und Gerichtswesen zur Obedienz gebracht worden. Die städtischen Bürgermeisterämter, ehemals Sinnbilder städtischer Freiheit und Unabhängigkeit, waren immer mehr zum Gegenstand der königlichen Ämterpolitik geworden. Die Protestanten schließlich, um 1600 noch in der Aussicht auf eine gewisse korporative Eigenstellung im Staate lebend, mußten nun schon bald erfahren, daß Absolutismus im Sinne dieses Königs Leugnung ihrer Existenzberechtigung in Frankreich bedeutete.

Durchsetzen konnte er das alles, weil ihm Machtmittel zur Verfügung standen, die seine Vorgänger und er selbst mit großer Konsequenz und viel unnachsichtiger Härte erworben hatten: ein Heer, das vor allem im Dreißigjährigen Krieg entstanden war, bestimmt noch keine disziplinierte moderne Armee darstellte, sich aber doch um vieles von den mittelalterlichen Lehnsaufgeboten unterschied und vor allem „stehend", d. h. dauernd unter Waffen und damit in Kriegs- wie in Friedenszeiten einsetzbar war; sodann eine kleine Gruppe von direkt vom König abhängigen Beamten als Repräsentanten des Königs in den Provinzen, etwa dreißig „commissaires départis" oder „Intendanten", die je eine große Provinz als Sprengel zugewiesen bekamen und dort nicht nur die alten, machtlos gewordenen, aber nicht abgesetzten Gouverneure, sondern auch die königlichen Korpora in der Finanz-, Gerichts- und Polizeiverwaltung überwachten; und schließlich ein zentrales Hofsystem, das ganz auf die Person des den Staat repräsentierenden absoluten Monarchen zugeschnitten war.

Hier vor allem, im Louvre in Paris und später (ab 1682) in Versailles, hat der ludovizianische Absolutismus seinen konsequentesten Ausdruck gefunden. Der Rat des Königs bestand in seinen verschiedenen Unterabteilungen fort, doch ab 1661, als Ludwig XIV. das oberste Ratsgremium – den „conseil d'en haut" – einer radikalen Reinigung unterzogen hatte, fielen alle wichtigen Entscheidungen nur noch hier, nach Beratungen zwischen ihm und einem kleinen Kreis treu ergebener, bewußt aus niederem, bürgerlichen Stand gewählter Kreaturen. Der übrige Hof aber erhielt eine ganz auf den absoluten Monarchen bezogene Gestalt. Er wurde zum politischen und gesellschaftlichen Zentrum des neuen Systems; der einstmals im Lande herumreisende französische König setzte sich hier fest, ließ das Land bzw. seine herausragenden (vor allem adeligen) Vertreter hierher kommen und in der Erfüllung eines neuen monarchischen Rituals den Sinn ihrer eigenen Existenz finden.

Manche Historiker des europäischen Absolutismus haben sich den Vorwurf gefallen lassen müssen, sie meinten nur Ludwig XIV., wenn sie von „Absolutismus" sprachen. Hieran ist etwas Wahres. Wie alle zeitgenössischen europäischen Könige und Fürsten waren auch die Historiker lange Zeit vom französischen Modell des Absolutismus so fasziniert, daß sie im übrigen

Europa nur Nachahmung zu erkennen meinten, wo Ähnliches versucht, ihrer Ansicht nach aber niemals Vergleichbares erreicht wurde. Eine differenzierte Absolutismusforschung hat dieses Bild inzwischen zurechtgerückt, eigenständige Entwicklungen und Schöpfungen sorgsam herausgearbeitet.

Was Hofsystem und Regierungstechnik angeht, so wurde Absolutismus in Spanien schon einhundert Jahre vor Frankreich verwirklicht.[102] Als Philipp II. (1556–1598) sich 1559 in Madrid, im Herzen Kastiliens, festsetzte und damit das traditionelle Herumreisen durch die Länder seiner Krone aufgab, tat er einen Schritt, auf den kein späterer absolutistischer Herrscher verzichtete und den man darum als konstitutiv für die absolutistische Herrschaftspraxis ansehen kann. Von Karl V. übernahm er das burgundische Hofzeremoniell und baute es zu einem eigenständigen, vom kastilischen Adel bald akzeptierten Hofsystem aus. Durch förmliche Verleihung von Hofämtern band er den Adel an den Hof und bot ihm so Ersatz für verlorene Positionen. Die führenden Staatsämter freilich besetzte er mit Juristen und Theologen bügerlicher Herkunft, den „letrados", die in der von den „Granden" und den „hidalgos" geprägten kastilischen Welt des 16. Jahrhunderts das dynamische soziale und politische Element verkörperten.

Doch in anderer Hinsicht läßt sich das Reich Philipps II. kaum dem gemeineuropäischen Typ der absoluten Monarchie zuordnen. Wies seine Regierungstechnik aus dem 16. Jahrhundert hinaus und auf die französische Praxis Heinrichs IV., Richelieus und Ludwigs XIV. hin, so blieb sein Werk insgesamt der Situation der europäischen Renaissancemonarchie verhaftet. Trotz der Teilung des habsburgischen Weltimperiums nach der Abdankung Karls V. (1555) in einen österreichischen und einen spanisch-burgundischen Teil hatte Philipp immer noch ein heterogenes Länderkonglomerat zu versehen, das dem Typ des späteren absolutistischen Mittelstaates überhaupt nicht entsprach. Kastilien allein, möglicherweise auch die Niederlande wären geeignete Territorien für eine absolutistische Staatsbildung gewesen, nicht aber dieses von Karl V. ererbte „unmögliche Riesenreich" (Chaunu). Philipp II. konnte es nicht verhindern, daß mit den nördlichen Niederlanden ein gewichtiger Teil aus ihm herausbrach; seine Nachfolger mußten mit ansehen, wie das Zentrum des Reiches selbst – Kastilien – seit Ende des 16. Jahrhunderts von einem schweren wirtschaftlichen Niedergang erfaßt wurde, der die für die anderen europäischen Staaten bezeichnende staatliche Dynamik des Absolutismus in Spanien schließlich weitgehend zum Erliegen brachte.

Neben Frankreich und Spanien hat sich die absolute Monarchie vor allem in den Territorien des Imperium Romanum und in den skandinavischen Ländern entfaltet. Auch hier konnte sie an territorialstaatliche und dynastische Entwicklungen des 15. und 16. Jahrhunderts anknüpfen. Anders als in Spanien, dem einzigen europäischen Land, das schon vor der Reformation seine nationalkirchlichen Verhältnisse geordnet hatte und damit in gewisser Weise immunisiert war, kam hier jedoch das Protestantismusproblem als wesentliches treibendes Element hinzu. Protestantisch gewordene Fürsten zogen Kirchengut ein, bauten ein landesherrliches Kirchenregiment aus und stärkten damit ihre fürstlich-staatliche Macht. Altgläubig gebliebene Herrscher hingegen stellten diese in den Dienst der Gegenreformation und ließen sich dafür durch zunehmenden Einfluß auf die territorialkirchlichen Verhältnisse belohnen. Absolutismus in den habsburgisch-österreichischen Erbländern und im Herzogtum und späteren Kurfürstentum Bayern – den bedeutendsten absolutistischen Staatsbildungen im süddeutsch-katholischen Raum[103] – kam z. B. auf dem zweiten Weg zustande. So entmachtete Ferdinand II. (1619–1637) in den ersten Jahren des 30jährigen Krieges nicht nur die böhmischen Stände, sondern auch die weitgehend protestantischen Ritterschaften und Städte seiner Stammlande. Wie Philipp II. kam auch Ferdinand mit der Reorganisation bzw. dem Ausbau seiner Zentralverwaltung gut voran, die Hofstaatenordnung von 1627 legt Zeugnis davon ab. Wie dieser hatten er und seine Nachfolger jedoch mit der Unförmigkeit ihres Territoriums zu kämpfen. In die Mittel- und Unterbehörden der habsburgischen Länder drang der Absolutismus im 17. Jahrhundert noch nicht vor, hier behielten die Stände weitgehende Kompetenzen in der Steuereinziehung und -verwaltung.

Originell und überraschend verlief die Entwicklung in der späteren protestantischen Führungsmacht des Nordens, in Brandenburg-Preußen.[104] Überraschend deshalb, weil noch am Ende des 16. Jahrhunderts wenig darauf hinwies, daß sich von der Mark Brandenburg aus – einem relativ kleinen, nicht sehr dicht bevölkerten Territorium am Rande des in der Mitte und im Süden konzentrierten Reichsgeschehens – eine erfolgreiche Staatsbildung vollziehen würde. Immerhin: seit 1415 besaßen die Hohenzollern als Markgrafen von Brandenburg die Kur, in der reichsständischen Konkurrenz um Würden und Machtchancen kein geringer Vorteil, um den sich noch im 17. Jahrhundert die Herzöge von Bayern und Braunschweig-Lüneburg mit verbissener Hartnäckigkeit bemühten. Im Verlauf des 17. Jahrhunderts spielte dann das Erbrecht mehrfach Schicksal zugunsten der märkischen Herren. Zunächst Anwartschaften, dann vollzogene und in mannigfachen Konflikten mit anderen Prätendenten durchgesetzte Erbnachfolgen bescherten den Hohenzollern die Herrschaft über die westfälischen Grafschaften Kleve und Mark (1666 endgültig geregelt) und die Souveränität über das außerhalb der Reichsgrenzen liegende, bislang vom polnischen König als Lehen vergebene Herzogtum Preußen (1660): Ein zukünftiger Machtstaat nahm an seiner westlichen und östlichen Grenze Gestalt an. Im großen Friedensgeschäft von Münster und Osnabrück wurden die seit langem erstrebten Bistümer Magdeburg und Halberstadt sowie Hinterpommern als Lohn für geschicktes Taktieren erworben, dazu ein weiterer Stützpunkt im Westfälischen: das Fürstbistum Minden, dem sich 1666 die Grafschaft Ravensberg hinzugesellte.

Was sich hier um 1640/60 abzeichnete, war zunächst alles andere als ein territorialer Einheitsstaat, wie ihn Frankreich – im Vergleich dazu – nahezu vollendet darstellte. Und das nicht nur in geographischer Hinsicht. Weder sozial noch wirtschaftlich, weder in der ständischen Struktur insgesamt noch auf der Ebene des Adels paßte das zusammen. Vereinheitlichung in allen diesen Bereichen, im übrigen Europa schon lange vor Beginn absolutistischer Staatsbildungen zumindest schon begonnen, bis zu einem bestimmten Punkt gediehen, stellte sich der brandenburgischen Dynastie damit als dringende Aufgabe. Sie wurde im Jahrhundert zwischen 1660 und 1760 mit Entschiedenheit und Hartnäckigkeit angepackt und nicht unerheblich vorangetrieben: mit den Mitteln der neuen Staatsauffassung und Institutionen, unter der Führung von vier Fürsten, die den um 1600 neu auflebenden römisch-stoischen Pflichtgedanken wie keine andere europäische Dynastie aufnahmen, das von der absolutistischen Fürstenlehre verbreitete Arbeitsethos wie sonst nirgendwo verinnerlichten und dafür auf den höfischen Glanz verzichteten, die Lehren Machiavellis und seiner vielen Epigonen gegenüber ausländischen Mächten wie gegenüber den eigenen Untertanen mit anhaltendem Geschick und Erfolg praktizierten.

Zwei Details der brandenburgisch-preußischen Entwicklung sollten besonders erwähnt werden. Wie das albertinische Sachsen schon 1499 und Bayern 1506, wie viele andere deutsche Dynastien erst viel später (Hannover 1692) oder niemals, klärte Brandenburg schon am Ende des 16. Jahrhunderts die erb- und hausrechtlichen Grundlagen seiner zukünftigen Einheit. Im Geraschen Hausvertrag von 1599 wurden die Kurmark und alle dazugehörigen Gebiete sowie alle zukünftigen Anwartschaften – Preußen stand schon zur Debatte – zum unteilbaren Herrschaftsgebiet erklärt, vererbbar in gerader männlicher Linie des Kurhauses. Eine für die Kontinuität des Staates bedeutsame Entscheidung, wie eine Geschichte der Erbregelungen und Primogenituren in Europa leicht belegen könnte. In Frankreich z.B. wäre noch um 1590, in den Konflikten der Liga, eine föderative, ständestaatliche politische Entwicklung möglich gewesen, hätten die französischen Kronjuristen nicht schon seit dem Mittelalter die kostbare Pflanze des „salischen" Gesetzes gehegt und vorsorglich in den Rang einer „lex fundamentalis" erhoben.

Das andere Detail – die durchaus eigentümliche Religionspolitik der Hohenzollern![105] Die überwiegende Mehrheit ihrer Untertanen war im Verlauf der Reformation lutherisch geworden. Vor allem die Bewohner Preußens hatten unter der Führung ihrer Oberstände hier des Guten sehr viel getan. Ihr Landesherr jedoch war es seit dem zweiten Jahrzehnt des 17. Jahrhunderts nicht mehr, er war seit der sowohl religiös als auch politisch motivierten Übertrittsentscheidung des Kurfürsten Johann Sigismund (1613) Calvinist, ohne freilich jemals von seinen Untertanen denselben Schritt zu verlangen. Das große Kompromißprinzip des Augsburger Religions- und des Westfälischen Friedens – „cuius regio, eius religio" – galt für die Territorien der Hohenzollern nicht mehr. Das hatte zwei wichtige Konsequenzen: Zum einen zog, wie die Historiker des brandenburgisch-preußischen Staates mit gutem Recht behaupten, die Dynastie aus ihrem Bekenntnis zum Calvinismus eine dynamische, dieser Konfession eigentümliche, den lutherischen Landesherren fremd bleibende Anschauung von Staat und Politik, gingen „Calvinismus" und „Staatsräson" hier ein originelles, zukunftsträchtiges Bündnis ein; zum anderen wurde auf diese Weise Toleranz, insbesondere im Verhältnis der protestantischen Konfessionen zueinander, zu einem staatlich-politischen Prinzip. Es tat seine Wirkung, als am Ende des 17. Jahrhunderts die französischen Protestanten aus ihrem Land vertrieben wurden und außer in Holland und England in Brandenburg-Preußen eine neue Heimat fanden.

Überblickt man die Leistungen und politischen Errungenschaften der absoluten Monarchie insgesamt, so verdienen drei Bereiche eine kurze vergleichende Hervorhebung: die Verdichtung der administrativen Strukturen, die Ausweitung des Steuer- und Finanzwesens und der Aufbau eines „stehenden" Heeres samt den dazugehörenden Institutionen und Sachmitteln in der Logistik, dem Befestigungswesen, der Munitionierung etc. Naturgemäß waren alle drei Bereiche eng aufeinander bezogen, wie das brandenburgisch-preußische Beispiel deutlich zeigt. Der „miles perpetuus" wurde hier in jahrzehntelangen Verhandlungen den finanzkräftigen Ständen, vor allem dem kurmärkischen und preußischen Adel, abgerungen. Dieser ließ sich seine Bereitschaft, das neue Heer hinzunehmen und durch Steuerbewilligungen zu bezahlen, durch eine Serie von wichtigen Privilegien belohnen, darunter das Indigenat – d. h. die Pflicht des Monarchen, Beamtenstellen im Lande nur mit hier Geborenen zu besetzen – und die Bestätigung seiner Herrenstellung in seinen Gutsbezirken. Der Staat aber hatte nun sein Heer und baute es zum Motor einer auch die zivilen Bereiche allmählich durchdringenden, von den Ständen unabhängigen Verwaltungsorganisation aus. Kriegskommissare als ständige Beamte kümmerten sich in allen Provinzen um die zur Entwicklung des Stehenden Heeres notwendigen Aufgaben, und da sich dies nicht ohne Rücksicht auf die allgemeinen Finanz- und Wirtschaftsverhältnisse des Staates bewerkstelligen ließ, drang das „Kommissariatswesen" – vergleichbar der Intendantur in Frankreich mit ihren „commissaires départis" – in alle Verwaltungsbereiche vor. Seit 1660 fungierte ein Generalkommissar für den gesamten Staat, sämtliche durch die direkte Besteuerung auf dem Land erhobenen Einkünfte flossen in die von ihm geführte Feldkriegskasse. Das blieb zunächst Finanzverwaltung im Interesse des Heeres, wurde aber 1723 mit den bestehenden, der ständischen Einflußnahme noch stärker unterliegenden zivilen Finanzbehörden in einer umfassenden zentralen Oberbehörde – dem General-Ober-Finanz-Kriegs- und Domänendirektorium – zusammengefügt. Der umständliche Behördentitel macht den errungenen staatlich-zentralistischen Machtzuwachs überaus deutlich: Alle Finanz- und Kriegssachen sowie die Verwaltung des beträchtlichen Domänenbesitzes der kurfürstlichen Herren bzw. ihres Staates lagen in der Kompetenz des Generaldirektoriums. Keine andere europäische Oberbehörde erreichte eine vergleichbare Zentralisierung der Kompetenzen – auch nicht der französische „contrôle général", der in erster Linie Finanzbehörde war, durch die Politik der Verpachtung aller wesentlichen indirekten Steuern, Zölle u. ä. aber keinen Einfluß auf die Eintreibung dieser Mittel hatte und auch in anderer Hinsicht eine recht schlecht plazierte Institution blieb.

Im Finanz- und Steuerwesen war die Zielrichtung aller absoluten Monarchien die gleiche: Steigerung des Steueraufkommens bzw. der Finanzkraft des Staates im Interesse seiner neu definierten Aufgaben, vor allem im militärischen Bereich. Wo es den Ständen gelungen war, ganze Provinzen bzw. adelige Herrschaftsbezirke gegen den direkten Zugriff der staatlichen Steuerverwaltung abzuschirmen – in den österreichischen Ländern, in den französischen „Ständeländern" („pays d'états"), in den brandenburgisch-preußischen Gutsbezirken –, wurden Steuerleistungen nach wie vor auf dem Wege über Verhandlungen zwischen ihnen und den fürstlichen Behörden festgelegt. Hier blieben auch in der Epoche des Absolutismus die zentral- und die ständestaatlichen Elemente der frühmodernen europäischen Staatsentwicklung noch nebeneinander bestehen und aufeinander bezogen. Ansonsten erwies sich die absolute Monarchie im Finanzbereich als außerordentlich erfinderisch, wenn auch nicht immer besonders planvoll und weitsichtig. Finanzierungsquellen wurden genutzt, wo immer sie sich auftaten oder unter dem Druck der Steuerverwaltung zum Sprudeln gebracht werden konnten. Die direkten Steuern – der herkömmlichen politischen Theorie nach immer ein Mittel der Ausnahmesituation – wurden dort, wo die Stände ihren Einfluß verloren hatten, regularisiert und zumindest im Verlauf des gesamten 17. Jahrhunderts beträchtlich erhöht. Die Domäneneinkünfte wurden vor allem in den preußischen Staaten durch die verschärfte staatliche Aufsicht verbessert. Die indirekten Steuern wurden in allen Staaten zu einem sorgsam gepflegten, ökonomisch freilich nicht immer sinnvoll eingesetzten Mittel der Finanzierung. Schließlich und vor allem wurden tausend kleine Praktiken der Mittelbeschaffung genutzt: Die europäischen Bankiers blieben mit ihren Anleihen im Geschäft, der Ämterhandel wurde z. B. in Frankreich in großem Stil betrieben, die Ausgabe von staatlichen Rentenpapieren brachte den Fürsten kurzfristig die ersehnten Reichtümer ihrer wohlhabenden Untertanen, langfristig freilich eine weitere Steigerung ihrer enormen Verschuldung, an der die französische absolute Monarchie schließlich zugrunde ging.

Frankreich, die volkreichste und größte absolute Monarchie Europas, hatte zugleich das am wenigsten transparente, komplizierteste Finanzsystem, in das auch die neue Intendantenverwaltung keine Ordnung zu bringen vermochte. Ein kanadischer Historiker hat es vor einigen Jahren beschrieben und dabei gezeigt, wieviel Handlungsfähigkeit eine zentralistische absolute Monarchie verlieren konnte, wenn sie die alten ständischen bzw. ihre eigenen, refeudalisierten Finanzkollegien zwar entmachtete oder zurückdrängte, stattdessen aber keine zukunftsweisenden Wege der Konsensfindung zwi-

schen dem Staat und den wohlhabenden Untertanen über die Höhe der nationalen Schuld beschritt:[106] Der Staat und sein Monarch gerierten sich denkbar
„absolut", wie etwa zur Zeit Ludwigs XIV., banden sich aber auf Dauer an
ein unübersehbares Geflecht von privaten Finanzinteressen, das jeglichen
Absolutismus wirksam zu begrenzen wußte.

Ein besonderes Wort noch zur wirtschaftsgeschichtlichen und -politischen
Komponente der Entfaltung der absoluten Monarchie in Europa. In den
letzten Jahren ist es üblich geworden, eine enge Verbindung zwischen dem
Aufstieg dieses Systems und der wirtschaftlichen Situation Europas im
17. Jahrhundert zu ziehen.[107] Hier liegt viel Wahres, wenn man nicht den
Fehler begeht, die vielen anderen „Ursachen", vor allem auch die religionspolitische, aus den Augen zu lassen.

In der Tat fällt auf, daß die absoluten Monarchien an Kraft gewannen, als
Europa nach der langen Aufschwungsphase des 16. in die säkulare Krise des
17. Jahrhunderts eintrat. Die alten Ressourcen der Länder waren erschöpft,
ihre Bevölkerungen stießen an Wachstums- und Beschäftigungsgrenzen; die
Edelmetalle aus der Neuen Welt flossen spärlicher; der internationale Handel
erfuhr Rückschläge; die von den planlos improvisierenden und expandierenden Fürsten des 16. Jahrhunderts aufgeblähten staatlichen Bürokratien und
Höfe lagen wie eine schwere Last auf den Völkern und drohten diese zu
ersticken. Spanien, besser Kastilien – davon wurde schon gesprochen – ging
daran fast zugrunde. Die absolute Monarchie hat sich in Ländern wie Frankreich, Bayern, später auch Brandenburg-Preußen, Dänemark und Schweden
diesen Problemen gestellt und durch Reformen der Verwaltung, der Finanzen
und der Wirtschaft einerseits alte Mißstände abgebaut, andererseits neue Ressourcen erschlossen. Man könnte sogar behaupten, daß die absolute Monarchie mit ihrer deutlichen Ausrichtung auf Ordnung, Verwaltung, Planung
zu einem Zeitpunkt wirksam wurde, als in Europa „Mängelverwaltung" das
Gebot der Stunde war. Doch darf die Abstraktion nicht zu weit getrieben
werden. Die absoluten Monarchien verkörperten sich vor allem in absoluten
Monarchen. Diese entnahmen der neuen Staats- und Fürstenlehre die Legitimation für jegliches, auch völlig unkontrolliertes, irrationales Handeln. Ludwig XIV. hat die „ordnungspolitischen" Maßnahmen seines Ministers Colbert immer wieder durch seine nur der fürstlichen „gloire" verpflichteten
Kriegszüge in Frage gestellt, bis an sein Lebensende hat er nicht zu erkennen
gegeben, daß neben dieser Antriebskraft seines Tuns andere – etwa das
„Wohl des Volkes", der „Reichtum des Landes" – eine besonders wichtige
Rolle spielten. In Brandenburg-Preußen fehlten zwar diese Exaltationen
fürstlicher Egozentrik, doch stand hier der Staatsausbau bis weit in das
18. Jahrhundert hinein so deutlich unter dem Zweck der militärischen Sicherung von Territorium und Grenzen, daß Reformen einzig von dorther eine
Sinngebung erfuhren. Erst später, im Zeichen des „aufgeklärten Absolutismus", traten vorsichtige Wandlungen ein.

Vor diesem Hintergrund müssen auch die wirtschaftspolitischen Leistungen des Absolutismus bewertet werden. Ohne Frage kam mit den ordnenden, planenden, rechnenden Bürokratien der absoluten Monarchie auch in dieser Hinsicht ein neuer Zug in die Staatenwelt Europas. Schon die Ausrichtung auf das Militärische, die großen Belastungen, die ein Stehendes Heer für ein Land mit sich brachten, waren Anlaß genug, sich um Versorgungsfragen, die Produktion von Waffen, Uniformen, Munition usw. zu kümmern. Die großen Kriege des Barockzeitalters, in deren Verlauf Europa zwischen den Hegemonieansprüchen der Großmächte Habsburg-Spanien und Frankreich und einem sich allmählich herausbildenden Mächtegleichgewicht hin und her geworfen wurde, erhöhten diesen Zwang, taten freilich einer längerfristigen Ordnung und Planung immer wieder Abbruch. Hinzu kam, eng mit dem Kriegsgeschehen verbunden, der Konjunkturabschwung des 17. Jahrhunderts, und mit ihm die Knappheit der Edelmetalle – beides Voraussetzungen für stärkere administrative Tätigkeit, für Reformen, Experimente, Suche nach neuen Wegen. Auch die koloniale Expansion zwang zu vermehrter Staatstätigkeit, wenngleich die absolute Monarchie hier bezeichnenderweise im Schlepptau der maritimen Handelsmächte segelte.

In Kriegszeiten, vor allem im Dreißigjährigen Krieg, war die Erhöhung des Steuerdrucks die nahezu einzige Maßnahme, in der sich der wachsende Zugriff der Staaten auf die Wirtschaft ihrer Länder ausdrückte. Man wagt nicht von Wirtschafts*politik* zu sprechen, wenn man die harten, brutalen Zwangsmaßnahmen Richelieus, Mazarins und ihrer Steuereinzieher in den Provinzen beobachtet. Von 6,2 auf 13% der Bruttoeinkommen aus Landbesitz sollen die direkten Steuern in Frankreich zwischen 1624 und 1661 gestiegen sein! Die zahlreichen Friedensschlüsse des Jahrhunderts brachten Luft, Erholung, Zeit zum „Rétablissement". Informationen über den Stand und Zustand der Bevölkerung wurden gesammelt, ihre wirtschaftlichen Möglichkeiten erkundet, Hilfsmaßnahmen für verwüstete Provinzen eingeleitet. In allen Ländern gründeten die Staaten Manufakturen für den Kriegs- und den Luxusgüterbedarf, die Handelskompanien wurden gefördert, die Versorgungslage für Heere und die Bevölkerung wurde überprüft und verbessert. Der Umlauf der Edelmetalle wurde kontrolliert, sie wurden zeitweise gehortet, die Münzpolitik wurde auf den Zustand der Verknappung eingestellt. Ein ganzes Bündel von ordnenden, regulierenden und reglementierenden Maßnahmen wurde theoretisch erörtert und praktisch erprobt, bis hin zur schriftlichen Fixierung der rechtlichen Verfahren, wie es etwa in den Kodifikationen Colberts (vor allem den Grenzzolltarifen von 1664 und 1667, der „ordonnance sur les eaux et forêts" von 1669 und der „ordonnance de commerce" von 1673) zum Ausdruck kam.

Theorie und Praxis der absolutistischen Wirtschaftspolitk haben unter dem Begriff „Merkantilismus"[108] eine umfassende Bezeichnung gefunden, wie „Absolutismus" übrigens ein Terminus, der erst am Ende unserer Epoche geprägt wurde. Wie dieser abstrahiert er möglicherweise zu stark, fügt zu einem „System" zusammen, was von den Theoretikern der Wirtschaftspolitik erhofft und erträumt, in der historischen Realität jedoch niemals völlig konsequent verwirklicht wurde. Vor allem die *eine* große Doktrin des Merkantilismus – in einer Zeit zunehmender Knappheit der Edelmetalle müßten die Staaten dafür sorgen, daß ein möglichst großer Anteil an Gold und Silber ins Land geführt und dort festgehalten würde – ist nirgendwo, auch im Frankreich des Doktrinärs Colbert nicht, mit letzter Beharrlichkeit befolgt worden. Eine zweite Theorie dagegen, das Streben der Staaten nach einer positiven Handelsbilanz, auch sie von merkantilistischen Theoretikern, vor allem dem Engländer Thomas Mun, auf den Begriff gebracht, entsprach ziemlich genau dem, was der europäische Staat des 17. Jahrhunderts im Zeichen zunehmender Handelsbeziehungen und -konkurrenz und eines sich etablierenden Welthandelssystems benötigte. Der Handelsstaat England war es denn auch, der hier am Ende des 17. Jahrhunderts vor allen Staaten den größten Vorsprung errang.

Im übrigen beschrieben und empfahlen die Theoretiker des Merkantilismus nur, was in einer Epoche der Rezession und des andauernden „Rétablissements" in der Natur der Sache lag: Förderung des Handels durch staatliche Hilfen, Verarbeitung der Rohstoffe im eigenen Land, Export der Fertigprodukte, Abschirmung des eigenen Produktionsraumes durch Zölle und andere Einfuhrbeschränkungen, Förderung der „Peuplierung". Es waren samt und sonders keine neuen, bisher nicht praktizierten Maßnahmen, sie entstammten vielmehr dem wirtschaftspolitischen Arsenal des mittelalterlichen Stadtstaates. Sie wurden jetzt aber mit einiger Konsequenz und zeitweiligem Erfolg auf die Gebiete großflächiger Territorialstaaten angewandt.

„Auf dem Papier" ist der Merkantilismus in keinem Land so erfolgreich gewesen wie in Frankreich. Lange Zeit haben die aktenergebenen Historiker die Schriften Colberts für bare Münze genommen und voll Bewunderung auf die Leistungen des „Colbertinismus" geblickt. Inzwischen sind da viele Zweifel aufgetaucht. Colbert war in erster Linie Verwaltungsfachmann, Bürokrat, Produkt und Protagonist der im Entstehen begriffenen „administrativen Monarchie". Sein Leben stand nicht im Dienst des Handels, sondern war Dienst für den König. Dieser jedoch hatte für Fragen der Wirtschaft wenig Interesse, es sei denn, hier boten sich Möglichkeiten der Finanzierung von Heer und Hof. Wenn sich das kleine Holland um 1660/70 als den Franzosen weit überlegene Handelsmacht erwies, so war das für diese erst in zweiter oder dritter Linie Anlaß darüber nachzudenken, mit welchen Methoden die Niederländer diese Position erobert hatten. Zunächst und wiederholt wurde das Mittel des Krieges eingesetzt, um den lästigen Konkurrenten abzuschütteln.

Andererseits hat die deutsche Variante des Merkantilismus, der Kameralismus,[109] in den letzten Jahren eine gewisse Aufwertung im Urteil der Histori-

ker erfahren. In der schwierigen Phase des Wiederaufbaus nach den Verwü-
stungen des Dreißigjährigen Krieges geboren, ist er im wesentlichen – worauf
der Begriff hindeutet – ein Phänomen der Amtsstuben und Rechnungskam-
mern, also der fürstenstaatlichen Verwaltung gewesen. Als solches aber hat er
die mehrfachen Wiederaufbauunternehmungen bis hin zur Zeit nach dem
Siebenjährigen Krieg wirkungsvoll beeinflußt und darüber hinaus im gewerblichen wie im landwirtschaftlichen Bereich initiierend gewirkt. In der Theorie
ist er sogar zu einer Art Volkswirtschaftslehre gediehen, für deren Anwendung in der zersplitterten Territorialwelt des alten Reiches freilich noch kein
Raum war. Immerhin hat er in dieser Welt als Faktor der Modernisierung
gewirkt, vor allem in den preußischen Ländern. Hier wie in anderen kontinentalen Monarchien, wo das Gegengewicht eines kraftvollen Bürgertums
fehlte, war der Staat die einzige Kraft, um solche Aufgaben zu übernehmen.

Alle absoluten Monarchen haben im 17. und 18. Jahrhundert Merkantilismus betrieben; anders als das „stehende Heer" und die fürstliche Zentralverwaltung war dieses Konglomerat wirtschaftspolitischer Lehrmeinungen und
Praktiken jedoch keine spezifische Domäne des Fürstenstaates. Es lag, wie
gesagt, im Zeitalter des Wirtschaftsabschwungs und der Kriegskonjunktur in
der Natur der Sache. Was im Bereich von Handel, Gewerbe und Landwirtschaft zu dieser Zeit „Natur der Sache" war, wußte niemand besser als die
Holländer, und sie sind die erfolgreichsten Merkantilisten des 17. Jahrhunderts geworden. Von ihnen hat England gelernt, im ersten Drittel des
17. Jahrhunderts im Vergleich zu anderen europäischen Staaten noch eine
relativ rückständige, wenig entwickelte Wirtschaftsmacht, im 18. Jahrhundert
dann aber nicht zuletzt durch seine ökonomisch sinnvolle und weitsichtige
Anwendung merkantilistischer Lehren zur Führungsstellung aufsteigend.

Wie jeder „-ismus" erweckt auch „Absolutismus" die Vorstellung eines
umfassenden, geschlossenen Systems. Als solches hat es ihn in der Tat gegeben – in den Denkschriften der Minister, den Traktaten der Philosophen, den
politischen Testamenten der Fürsten. Überall dort also, wo ihn die ältere
Generation der Historiker vor allem gesucht hat. In der historischen Realität
ist er jedoch an zahlreiche Grenzen gestoßen, die er nicht zu überwinden
vermochte, hat er Opposition und Widerstand provoziert, die er zwar bekämpfte und unterdrückte, selten aber auf immer zum Schweigen brachte.
Eine breit angelegte internationale Forschung hat in den letzten Jahrzehnten
die fortbestehenden Institutionen, Partizipationsrechte und Privilegien des
Ständewesens herausgearbeitet, die – zum Teil auf herrschaftsvertraglicher
Basis ruhend – vom Absolutismus genutzt, in vieler Hinsicht auch funktiona-
lisiert, aber nicht aufgehoben wurden.[110] Auch die zahlreichen und vielfältigen direkten Aktionen und geistig-politischen Strömungen *gegen* den Absolutismus des 17. und 18. Jahrhunderts sind von der neueren Forschung intensiv untersucht worden – direkte Aktionen in Form von ständischer Inobe-
dienz, Separatismus, Staatsstreichversuchen und Volksaufständen in der er-

sten Hälfte des 17. Jahrhunderts, als der Steuerdruck wuchs und die absolute Verwaltungs- und Militärmacht noch nicht überall fest im Sattel saß; indirekte Kritik dann später, seit dem Ende des 17. Jahrhunderts, in Form „intellektueller" Zirkelbildung, wie sie sich insbesondere in Frankreich im Zeichen der Jansenismusfrage, der Religions- und der Merkantilismuskritik vollzog.[111] Auf diese Aspekte kann hier nur verwiesen, nicht im einzelnen eingegangen werden.

Sie zeigen, wie wenig „einfach" das politische System des Absolutismus war, wie sehr es von der Gesellschaft abhing, die es regierbar und beherrschbar zu machen versuchte. Vor allem die schon vor und um 1700 auflebenden neuen, aus dem Westen Europas auf den Kontinent ausstrahlenden Ideen und Strömungen in der Philosophie, die man der Vorgeschichte der „Aufklärung" zurechnet, erwiesen sich für den Absolutismus als zunehmende Bedrohung. Und dies auch dann, wenn sie nicht direkte Kritik von Regierungen und Regierungspraxis waren. Religionskritik z.B. traf auf lange Sicht auch die monarchische Herrschaft, denn diese beruhte nicht auf „rationalen", sondern religiös-sakralen Legitimationen.[112] Die absoluten Monarchen betrachteten sich als Stellvertreter Gottes, und nach den Theoretikern und Propagandisten der absoluten Monarchie waren sie es in der Tat. Aufklärerische Rechtstheorie, die Begründung eines neuen Natur- und Vernunftrechts als Gegensatz und Kritik eines überkommenen Gewohnheitsrechts – auch hier taten sich für das fürstliche Regiment gefährliche Fragen auf. Denn seine rechtliche Legitimation war gleichfalls nicht „rational", mit den Kategorien eines abstrakten Vernunftrechts erfaßbar, sondern „traditional", auf dem Herkommen beruhend.

Es hat freilich noch recht lange gedauert, bis aus diesen Ansätzen von Kritik eine wirkliche Infragestellung der absolutistischen Regierungspraxis und Herrschaftsform wurde. Zudem erwies sich dieses System im 18. Jahrhundert als relativ flexibel und wandlungsfähig; im Zeichen des „aufgeklärten Absolutismus" nahm es einen Teil der neuen Ideen in sein eigenes Legitimationsgerüst hinein. So wurde in der absoluten Monarchie des 18. Jahrhunderts der Vorsatz spürbar, den engen Rahmen einer dynastischen Politik zu sprengen und die fürstliche Herrschaft mehr sein zu lassen als bloße Sorge für das Wohl des eigenen Hauses und die Sicherung und Erweiterung des eigenen Territoriums. Verwaltung erhielt jetzt einen neuen, über die Belange des Fürsten hinausweisenden Sinn, eine neue, die sozialen, rechtlichen, wirtschaftlichen Zustände der Territorien stärker berücksichtigende Dimension. „Reformen" traten als Aufgabe des Verwaltungshandelns in den Blickpunkt der fürstlichen Bürokratien, und diese nahmen den Gedanken unter dem Einfluß gebildeter, „aufgeklärter" Beamten oft ernster und wörtlicher, als es manchen Fürsten lieb war.

Vor allem im Rechtswesen hat der aufgeklärte Absolutismus des 18. Jahrhunderts wesentliches eingeleitet und vorangetrieben.[113] Die Reform- und

Kodifikationsbewegungen in Preußen, Österreich, Frankreich und Spanien wären hier zu nennen, ebenso die Versuche, die komplizierten Herrschafts- und Rechtsverhältnisse auf dem Lande – das System der grundherrschaftlichen Abhängigkeit weiter Teile der bäuerlichen Bevölkerung von adeligen oder bürgerlichen Oberherren, das von der absoluten Monarchie des 17. Jahrhunderts zur Absicherung seiner Herrschaft ganz bewußt aufrechterhalten und gefördert worden war – zu entflechten und zumindest auf den Domänenländereien, wo der Fürst selbst Grundherr war, von seinen überkommenen, der wirtschaftlichen Produktivität wie der sozialen Lage von Bauern und bäuerlichen Unterschichten abträglichen Bindungen und Belastungen zu befreien.

„Aufgeklärter" Absolutismus[114] ist von der Forschung als Regierungssystem vor allem jener Staaten identifiziert worden, die im 17. Jahrhundert im Vergleich zu Frankreich „rückständig" waren und noch nicht den dort erreichten Grad der Verstaatlichung ihrer Territorien durchsetzen konnten. In Österreich z. B. drang die zentralstaatliche Verwaltung erst unter Maria Theresia (1740–1780) und Joseph II. (1765–1790) von der Zentrale aus in die unteren regionalen und lokalen Ebenen ein. Spanien, seit der Krise des Weltreiches in der Mitte des 17. Jahrhunderts den Anschluß an die Entwicklung im übrigen Europa verlierend, öffnete sich im 18. Jahrhundert vorsichtig den neuen Ideen und setzte Verwaltungs- und Wirtschaftsreformen in Gang, die von der Forschung zu Unrecht bisher zu wenig beachtet wurden. Preußen schließlich, nach dem „Raub" Schlesiens (1740–1745) am Ende seiner territorialen Arrondierung angelangt, leitete unter Friedrich Wilhelm I. (1713–1740) und Friedrich II. (1740–1786) Reformen im Rechtswesen und der Domänenverwaltung ein und wurde so zum Inbegriff des „aufgeklärten Absolutismus". Zu diesem Ruhm ist es freilich vor allem deshalb gekommen, weil Friedrich II. es wie kein anderer Monarch des 18. Jahrhunderts verstand, sein Handeln mit dem Blick auf die neuen Ideen philosophisch zu begründen. Sein Herrschaftsverständnis als „erster Diener des Staates", seine Fähigkeit, sich über Gott, Politik, Verwaltung, Recht, Kultur im Stile und auf der Höhe des Bildungsstandes seiner Zeit zu äußern, haben die europäischen Gebildeten zeitweise fasziniert und zu Elogen über den „großen" Friedrich veranlaßt, die doch ganz erheblich an dem in der Wirklichkeit Erreichten und Beabsichtigten vorbeigingen. Frankreich, im 18. Jahrhundert neben England das Land mit der breitesten und am tiefsten gehenden Aufklärungsbewegung, hat keinen „aufgeklärten Absolutismus" im Stile Österreichs und Preußens gekannt. Dies vor allem deshalb, weil hier in viel stärkerem Maße als im übrigen absolutistischen Europa zwischen dem Hof in Versailles und der Masse der städtischen und ländlichen Bevölkerung eine breite gesellschaftliche Elite bestand – keinesfalls nur „aufsteigende Bürger", sondern ein Konglomerat aus hohem und mittlerem Adel, Handelsbürgern, „freien" Gebildeten, hohen, mittleren und niederen Beamten –, welche Aufklärung zu ihrer eigenen Sache machte und den Hof dabei in die Defensive drängte. Das Königtum wich, anders als in Preußen, vor der andringenden Flut neuer Ideen und Reformvorschläge vorsichtig und furchtsam zurück. Zwar war die hochentwickelte französische Bürokratie, vor allem die Intendantur, in der Mitte des 18. Jahrhunderts die aufgeklärteste in Europa, zwar initiierte sie wie in Österreich und Preußen zahlreiche Reformen, doch gelang es ihr dabei nur selten und stets nur für kurze Zeit, einen Konsens mit dem König einerseits, mit den Protagonisten der aufgeklärten, in sich zersplitterten Eliten andererseits herzustellen. Während Preußen gerade im 18. Jahrhundert die Fähigkeit zur Initiative bei der Gestaltung seiner inneren Verhältnisse entwickelte – letztlich die wirksamste Legitimationsgrundlage des Absolutismus – verlor Frankreich jetzt diese wichtige, die Politik Richelieus, Colberts und Ludwigs XIV. auszeichnende Eigenschaft.

Im Zeitalter der Aufklärung trat die europäische Staatenwelt in eine neue, in gewisser Weise schon aus der Frühen Neuzeit hinausweisende Epoche ein. In England wurde seit dem späteren 18. Jahrhundert schon recht kräftig „industrialisiert", auf dem Kontinent stellte sich im Zeichen der auflebenden Wirtschaftskonjunktur, des Bevölkerungsanstiegs und des sprunghaften Wachstums der ländlichen und städtischen Unterschichten das Problem der „Modernisierung" der überkommenen wirtschaftlichen, sozialen, rechtlichen, kulturellen und politischen Verhältnisse mit einer gewissen Dringlichkeit. Das politische System des Absolutismus hat im Zeichen der Aufklärung manches zur Bewältigung dieses Problems angepackt, ist im ganzen aber nicht mit ihm fertig geworden. Es war im späten 16. und 17. Jahrhundert entstanden und hatte sich als „dynastischer Absolutismus" (H. Rosenberg) in extremer Untertanenferne etabliert. Modernisierung im 18. Jahrhundert bedeutete aber nicht mehr allein staatliche Veranstaltung, sondern Einbezug der Untertanen, Partizipation der wirtschaftlich aktiven Gesellschaftsschichten am politischen Entscheidungsprozeß. Das aber hieß letzten Endes nichts anderes als Aufgabe der besonderen Techniken und Mechanismen absolutistischer Politik und Verwaltung. Sie wurde in Frankreich seit 1789 auf revolutionärem Wege erreicht, im übrigen Europa in einem langwierigen, zwischen Reform und Restauration hin und her schwankenden Prozeß, in dessen Verlauf die betroffenen Länder in ganz unterschiedlicher Weise in die gegenwärtige Welt der „bürgerlichen Gesellschaft" eintraten.

c) Alternativen zum Absolutismus

Erneut richtet sich der Blick nach Westen, wenn es darum geht, wesentliche, vom übrigen Kontinent unterschiedene Entwicklungen zu beschreiben. Die nördlichen Niederlande und England – jene Länder also, in die sich seit dem 17. Jahrhundert das wirtschaftliche Schwergewicht Europas verlagerte, die

vom Protestantismus die dynamischen, genuin politischen Elemente aufnahmen, die im Verlauf des 17. Jahrhunderts zum Zentrum der Gelehrtenrepublik wurden und von allen europäischen Ländern wahrscheinlich die höchsten Alphabetisierungsraten kannten – wichen auch in der Ausbildung ihrer
politischen Systeme vom übrigen Europa ab. Freilich – was hier Ursache, was
Wirkung war, läßt sich nicht leicht bestimmen, allzu „mechanische" Schlüsse
von der andersartigen Sozial- und Wirtschaftsverfassung dieser Länder auf
die Formen ihrer Staatsverfassung führen in die Irre.

Vor allem die Niederlande geben in dieser Hinsicht zu denken. Denn
dieser Zusammenschluß von Provinzen, die sich seit dem ausgehenden
16. Jahrhundert unter der Führung Hollands in einer gewaltigen Kraftan-
strengung aus dem spanischen Weltreich abgelöst hatten, besaß im 17. Jahrhundert zwar eine moderne, die modernste Wirtschaft der Welt, aber nicht
eigentlich einen modernen Staat.[115] Die Vereinigung der sieben nördlichen
Provinzen zu einem eigenen, souveränen Staat war revolutionär nur, insofern
sie gegen die absolute Monarchie Spaniens gerichtet war. Nach innen wirkte
sie sich nicht als Motor einer neuen, dynamischen Entwicklung aus. Die
einzelnen Provinzen und ihre überkommenen ständischen Institutionen und
Eliten, am Ende des 16. Jahrhunderts vom spanischen Absolutismus bedroht
und aus sehr unterschiedlichen Motiven sich gegen ihn erhebend, bestimmten
hier Umfang und Grenzen des Staates und seiner Verfassung, und sie definierten diese weit mehr mit dem Blick auf ihre Freiheiten und Privilegien in
der Vergangenheit als im Bewußtsein einer neuen, zukunftsträchtigen Staatlichkeit. Ein eigenes politisches System mit seinen von der übrigen Gesellschaft abgehobenen Institutionen, Beamten, Verfahren, Geheimnissen bildete
sich nicht oder nur schwach aus, eine moderne, nach Afrika und Asien ausgreifende Handelsmacht blieb an eine archaisch wirkende Verfassung gebunden.

Darüber hinaus war und blieb dieser kleine Staat im Verlauf des ganzen
17. Jahrhunderts in religiöser und politischer Hinsicht gespalten. Gewiß hatte
der Calvinismus hier wie in keinem anderen Land Fuß gefaßt und war zum
Ferment der Loslösung von Spanien geworden. Doch er wurde nicht zum
einigenden Band aller Menschen – nicht einmal jener, die ihm anhingen. Die
reichen Bürger der holländischen Handelsstädte verabscheuten den protestantischen Radikalismus der breiten städtischen Mittel- und Unterschichten.
Sie wollten Handel treiben und nicht Religionskriege führen, und sie brauchten dazu gerade so viel Unabhängigkeit und so viel Staat, wie zur Zeit des
Waffenstillstands mit Spanien (1609) erreicht war. Ihr Ziel war daher von nun
an religiöse Mäßigung, Waffenstillstand mit Spanien, Frieden im Inneren wie
nach außen. Vor allem wehrten sie sich gegen jegliche Entwicklung, die zu
mehr Staat führte, als ihnen nötig schien. Die Ambitionen des Hauses Ora-
nien in Richtung auf eine Zusammenfassung der Provinzen unter einem starken, auf „Landesherrschaft" erpichten fürstlichen Regiment waren ihnen
verhaßt.

So kam es, daß die „Republik der Vereinigten Niederlande" gerade im 17. Jahrhundert, als sie zur führenden Handelsmacht Europas heranwuchs, im Inneren von einer dauerhaften politischen Parteiung gespalten wurde, die einer wirksamen Fortentwicklung der staatlich-administrativen Strukturen im Wege stand. Hier eine republikanische, von der Provinz Holland und Amsterdam beherrschte, an der Aufrechterhaltung der provinzial- und generalständischen Verfassung interessierte Partei: Sie sah in der Stärke der einzelnen Provinzen und in der Schwäche der übergeordneten Generalstände und der oranischen Statthalter die Voraussetzung für das Übergewicht des holländisch-bürgerlich-kaufmännischen Elements. Dort eine oranische Partei: Hinter ihr standen die „Calvinistische Kirche, ihre Pastoren und fanatischsten, weitgehend aus den tieferen Gesellschaftsschichten rekrutierten Anhänger" (C. Wilson). Unter dieser Voraussetzung gelang im 17. Jahrhundert weder die Einrichtung eines starken, alle Provinzen umfassenden republikanischen Regiments noch die Integration der Provinzen unter einer fürstlichen Herrschaft. Für beide Richtungen gab es das ganze Jahrhundert über Tendenzen, doch sie blieben miteinander im Konflikt, der auch durch die Einbeziehung Hollands in den Kampf der „großen Mächte" nicht entschieden wurde. Zwar, als der Druck Ludwigs XIV. auf den beneideten Handelskonkurrenten übermächtig wurde, kam es zwischen beiden Parteien zu einer vorübergehenden, oberflächlichen Koalition. Doch sie diente der Abwehr äußerer Gefahr, nicht der inneren Integration. Und als mit dem Frieden von Nimwegen (1678) die Gefahr fürs erste vorüber war, ging auch die innere Einheit wieder verloren. So bildete sich in den nördlichen Niederlanden gewiß eine „Alternative zum Absolutismus" aus, doch keine wirklich zukunftsträchtige, für die übrigen europäischen Staaten vorbildhafte.

In dieser Hinsicht kam der englischen Entwicklung weit mehr Bedeutung zu.[116] England hatte die frühe Phase der Staatsbildung in vieler Hinsicht in einer den kontinentalen Staaten vergleichbaren Weise durchlaufen. Die Umwandlung des mittelalterlichen Personenverbandsstaates in einen territorialen Flächenstaat war mit einer Beschränkung des territorialen Besitzstandes auf den größten Teil des Inselreiches einhergegangen. Seit 1453, dem Ende der einhundertjährigen Auseinandersetzung des englischen Vasallen mit seinem französischen Lehnsherren, war deutlich, daß die Zukunft Englands auf der Insel, nicht auf dem Kontinent lag. Danach wurde das Land dreißig Jahre lang von den inneren Wirren der Rosenkriege (1455–1485) zerrissen, bevor sich mit Heinrich VII. (1485–1509) aus dem Hause Tudor eine dauerhafte dynastisch-monarchische Tradition begründete. In den mehr als einhundert Jahren stabilen Regiments der Tudors wuchs die Inselwelt – noch ohne Schottland und mit einem zwar unterworfenen, aber nicht wirksam integrierten Irland – zu einem relativ geschlossenen, auch sprachlich-kulturell sein eigenes, von Frankreich unabhängiges Aussehen findenden Staat zusammen. Neben Spanien und Frankreich bildete England die dritte große westeuro-

päische Monarchie. Seine Fürsten, wie viele ihrer kontinentalen Kollegen
dem Fürstenbild der Renaissance verpflichtet, wußten von den Vorteilen
eines starken persönlichen Regiments, sie kannten und bekämpften die Gefahren der überkommenen, feudalen Zersplitterung, profitierten dabei aber
auch von der wichtigen Tatsache, „daß der Feudalismus sich im anglo-nor-
mannischen Herrschaftsbereich nirgends so selbstherrlich hatte entwickeln
können wie etwa im mittelalterlichen Frankreich".[117] Vor allem waren sie in
einer Hinsicht weitsichtiger als die Monarchen des Kontinents bzw. wurden
nach dem Ende des hundertjährigen Krieges durch die Umstände zur Weit-
sicht veranlaßt: Groß- oder Riesenreiche im Stile Karls V. oder Spaniens
lagen außerhalb ihrer Pläne und Träume, auch wenn Heinrich VIII. und
andere immer wieder einmal einen mehr als flüchtigen Gedanken auf die
ehemaligen Festlandsbesitzungen richteten.

So waren im 16. Jahrhundert in England mehr als in jedem anderen europäischen Staat die Voraussetzungen für eine Straffung der Staatsgewalt in Richtung auf eine absolute Monarchie gegeben. Einer kraftvollen, von innen und
außen her kaum gefährdeten Herrscherdynastie stand ein überschaubares,
seit den Rosenkriegen und der zeitweise brutalen Befriedungspolitik Heinrichs VII. weitgehend ruhiges, „mittleres" Territorium gegenüber. Und gerade hier hat sich der Absolutismus nicht durchgesetzt, ist er ein „nichtexi-
stentes historisches Phänomen" (E. Wolgast) geblieben. Über die Frage, wie
das kam, ist unendlich viel geschrieben und spekuliert worden. Die Versuche
zu ihrer Beantwortung sind zugleich Wege der Beschreibung der typisch
englischen, vom kontinentalen Normalfall abgehobenen Verfassungs- und
Sozialentwicklung im 16. und 17. Jahrhundert.

Ein wichtiges Element im Spektrum der möglichen Antworten ist in dem
vorher Gesagten schon angeklungen. Der kontinentale Absolutismus in seiner erst im 17. Jahrhundert definitiv werdenden historischen Form war, z. B.
in Frankreich, Reaktion auf ständisch-föderativ-feudalistische Oppositionen,
Lösungsversuch in der Religionsfrage, Konzentrationsbemühung im wirtschaftlichen Bereich und nicht zuletzt Machtausbau im Hinblick auf den
Hegemoniekampf der europäischen Mächte. Er war sicher keine „Notstands-
diktatur", wie jüngst in Wiederaufnahme bedenklicher Carl Schmittscher
Thesen behauptet worden ist,[118] wohl aber ein System der andauernden staatlichen Kompetenzerweiterung zur Bewältigung dieser komplexen Aufgaben.
Blickt man nun auf England um 1600, so stellt man unschwer fest, daß alle
genannten Probleme in diesem Land keine oder nur eine geringe Rolle spielten, für Absolutismus im kontinentalen Sinne somit kein wirkliches Bedürfnis bestand. Feudalen Zentrifugalismus gab es seit dem Ende der Rosenkriege
und der Ausblutung zahlreicher alter Familien des Hochadels nicht mehr.
Das Religionsproblem war frühzeitig von der Krone selbst in Angriff genommen und in großer Übereinstimmung mit den im Parlament vertretenen Eliten des Landes bis zu einem Punkt geführt worden, von dem aus es sich nicht

zu dem für den Kontinent typischen Konfessionsproblem entwickeln konnte. Im wirtschaftlichen Bereich stand England gewiß wie alle europäischen Staaten im Zeichen der gemeineuropäischen Konjunktur des beginnenden 17. Jahrhunderts und ihm erwuchsen daraus auch vergleichbare Schwierigkeiten. Doch waren diese nicht auf so intensive Weise mit inneren Bürgerkriegen und äußeren Hegemoniebestrebungen verknüpft, daß die „necessitas" eines starken monarchischen Regiments zum einzigen Argument des politischen Handelns erhoben werden mußte. Zumindest, solange die Tudors an der Macht waren (bis 1603), schien es für die herrschende Dynastie selbst ein Gebot der Klugheit, in ihrem Verhältnis zur Ständevertretung des Landes, dem Parlament, und zur gesamten Gesellschaft die königliche Prärogative nicht stärker zu betonen, als es die persönlich starken, aber pragmatischen Tudors Heinrich VII., Heinrich VIII. und Elisabeth zur Durchsetzung ihrer Politik benötigten.

An dieser Situation änderte sich manches, als seit 1603 mit den Stuarts eine andere Dynastie zur Herrschaft kam. Ganz äußerlich betrachtet, waren Jacob I. (1603–1625) und sein Sohn Karl I. (1625–1649) zunächst einmal Monarchen, die weniger politisches Talent als ihre Tudor-Vorgänger besaßen und gleichwohl eine weitere Stärkung der königlichen Prärogative durchzusetzen versuchten. Beide verschoben die Politik der Krone recht deutlich in Richtung auf die vom Kontinent auch nach England ausstrahlende Theorie und Praxis der absoluten Monarchie und leiteten einen politischen Stilwandel ein, den Heinrich VIII. und Elisabeth sorgsam vermieden hatten. Warum sie dies taten, ist eine schwierige Frage; eine genaue Antwort müßte sowohl den Charakter beider Könige als auch die Tatsache in Rechnung stellen, daß England in der ersten Hälfte des 17. Jahrhunderts nun doch stärker mit Problemen in Berührung kam, wie sie den kontinentalen Monarchien vertraut, den Tudors weitgehend unbekannt geblieben oder von ihnen verdrängt worden waren. England wurde von der Handelskrise zu Beginn der 20er Jahre voll erfaßt, durch dynastische Verbindungen mit kontinentalen Fürsten (Frankreich, Pfalz) stärker als zuvor in den europäischen Mächtekonflikt einbezogen, infolge der problematischen Lage der Katholiken und der nichtanglikanischen protestantischen Minderheiten im Land schließlich auch vor ein beträchtliches Religionsproblem gestellt. Freilich taten die beiden ersten Stuarts alles, um diese zunächst nicht mit Macht zu einer Lösung drängenden Probleme zu großen Staatsaktionen werden zu lassen – ganz offensichtlich mit dem Hintergedanken, dem Inselstaat eine absolute Monarchie aufzuzwingen. Jacob I., ein wenig kluger Staatsmann, aber ein theoriekundiger Schriftsteller, entwickelte in mehreren lesenswerten Schriften eine eigene Theorie des Gottesgnadentums und der absoluten Monarchie und machte damit die politische Öffentlichkeit seines Landes hellhörig; Karl I. begab sich in einen andauernden Konflikt mit den beiden Häusern des Parlaments und damit den politischen Führungsschichten des Landes, deren weitgehende Zustimmung zur Tudor-Politik so viel zur Stabilität der Monarchie im 16. Jahrhundert beigetragen hatte. Aus dem Konflikt entstand die Revolution, und mit ihr kam – mit der Enthauptung Karls I. 1649 einsetzend, in der „Glorious Revolution" von 1688/89 abgeschlossen – die Umwandlung der monarchischen Verfassung Englands in eine „konstitutionelle Monarchie". Anders als in jedem anderen Staat Europas wurde das staatlich-politische Leben Englands bzw. Britanniens hinfort nicht mehr allein und nicht einmal primär vom Königtum bestimmt, sondern von den beiden Häusern des Parlaments, von Repräsentanten der Untertanen, insbesondere den im Unterhaus sitzenden Vertretern der Städte und des platten Landes.

Oft ist beschrieben worden, welch unvergleichlich fortschrittlichen Bestand an persönlichen wie institutionell-parlamentarischen Rechten die Mitglieder der beiden Kammern sich und ihren Landsleuten im Verlauf dieser revolutionären Entwicklung eroberten. Die „Glorious Revolution" war der Ausgangspunkt für drei umfassende, im Verlauf der vorangehenden Entwicklung zumeist schon mehrfach erkämpfte, nun aber definitiv institutionalisierte Gesetzgebungsakte, die in Zukunft die Grundlage des englischen Parlamentarismus bildeten. In der „Bill of Rights" vom 22. Dezember 1689 wurden Verfahrensweisen des alten Regimes wie der Erlaß und die Aufhebung von Gesetzen ohne parlamentarische Zustimmung, die Steuererhebung ohne Einverständnis des Parlaments, die Abweichung von allgemeinen Gesetzen im Einzelfall als ungesetzlich verboten. Zugleich legte das Gesetz die „ancient, true and indubitable rights of the people of the realm" als unantastbar fest: das Petitionsrecht, das Recht zum Waffentragen, freie Wahlen, eine freie parlamentarische Debatte, häufiger Zusammentritt des Parlaments, das Verbot, ohne Zustimmung des Parlaments ein Stehendes Heer einzurichten und in Friedenszeiten den Ausnahmezustand auszurufen. Im Jahre 1694 wurde dann die seit langem umkämpfte Frage der Parlamentseinberufung erneut in einem „Triennal Act" geregelt; der „Act of Settlement" von 1700 schließlich sicherte die Unabhängigkeit der Richter und „erhob das Richtertum zur dritten Gewalt der angelsächsischen Trinität" (Loewenstein).

Überblickt man die Politik des englischen Parlaments im 17. Jahrhundert insgesamt, so überrascht das Ausmaß der in der Auseinandersetzung mit der Krone errungenen Erfolge. Eine Gesellschaft, die unter den Tudors den „Despotismus" dreier kraftvoller Renaissancefürsten ertragen, ja, sich mit ihnen weitgehend in Konsens befunden hatte, nahm die absolutistischen Neigungen ihrer Stuart-Nachfolger zum Anlaß, Revolutionen durchzustehen, einen legitimen König erst abzusetzen und dann hinzurichten, die Verfassung des Landes grundlegend umzukrempeln. In Frankreich, wo zwischen 1648 und 1652 in der Fronde gleichfalls heftige, von Adeligen wie von hohen Richtern getragene Abwehrkämpfe gegen den vordringenden Absolutismus gefochten wurden, standen gleichwohl niemals ähnlich weitreichende Entscheidungen zur Debatte – von den übrigen kontinentalen Fürstenstaaten ganz zu schweigen, denen im allgemeinen das Arsenal machiavellistischer Politik ausreichte, um ständische Widerstände zurückzudrängen.

Wo lagen die Gründe für die konsequente Andersartigkeit der englischen Entwicklung? Viele Historiker haben versucht, die Antwort auf diese Frage in dem Ereignis der englischen Revolution selbst zu suchen. Sie haben insoweit recht, als die englische Revolution wie jede Revolution ihre eigene Dynamik, ihre eigene Gesetzmäßigkeit hatte und unerwartete Ergebnisse hervorbrachte, von denen kein Programm zuvor etwas wußte, die kein Reformer der ersten Hälfte des 17. Jahrhunderts im voraus skizziert hatte. Auch die Tatsache, daß in den elf langen Jahren des persönlichen Regiments Karls I., in der parlamentslosen Zeit zwischen 1629 und 1640, durch die Politik des Königs und seines kirchenpolitischen Beraters William Laud das Religionsproblem in England sich zu seiner vollen Schärfe ausbildete, muß in Rechnung gestellt werden. Denn der Wunsch Karls und Lauds, in England und Schottland auf dem Wege über eine Stärkung der anglikanischen Bischofskirche und -hierarchie religiöse Uniformität herzustellen, bescherte dem Land zum ersten Mal in seiner Geschichte die Härte und Unerbittlichkeit des Glaubenskampfes. In dieser Hinsicht war England um 1640 an einem Punkt angelangt, den Frankreich schon ein halbes Jahrhundert zuvor erreicht und überwunden hatte. Auch wenn es nicht um den Katholiszismus und das Papsttum ging, so erwuchs die Politik Karls I. und Lauds doch aus dem Geist der Gegenreformation, verbanden sich in ihr Absolutismus und hierarchisch-bischöfliches Staatskirchentum zu jener Kraft und geistigen Haltung, die in Spanien, Österreich, Bayern und schließlich auch in Frankreich den Sieg errungen hatten. Diesen Sieg in England zu verhindern, war das wesentliche Anliegen der Revolution, insoweit sie puritanisch war, und in der langen Zeit der Bürgerkriege und der Cromwellschen Republik war sie dies durch und durch.

Doch der Blick auf die englische Situation in der Mitte des 17. Jahrhunderts vermag nur zu klären, warum die Revolution schließlich unvermeidlich, nicht aber, warum sie erfolgreich wurde und einen englischen Absolutismus und ein uniformes Staatskirchentum schließlich verhinderte. Trotz aller Eigengesetzlichkeit und unerwarteten Dynamik ist jede Revolution auf politische Institutionen, gesellschaftliche Konstellationen und geistige Dispositionen angewiesen, mit deren Hilfe sie wenn auch kein umfassendes, von vornherein festliegendes Programm, so doch ihr erstes und wichtigstes Kampfziel – im Falle Englands die Verhinderung eines absolutistischen Regiments und der erstrebten religiösen Uniformität – verwirklichen kann. Ein Blick auf die Geschichte und Verfassung Englands *vor* der Revolution zeigt, daß das Land in dieser Hinsicht im Vergleich zu allen übrigen europäischen Monarchien bestens vorbereitet, seine Geschichte schon vor der absolutistischen Option der Stuarts gegenüber einer solchen Entwicklung nur noch bedingt offen war.

Vor allem anderen ist hier auf das Parlament hinzuweisen – die englische

Variante der überall in Europa anzutreffenden Ständeversammlungen. Mit rein administrativen Kompetenzen war es weniger gut ausgestattet als viele seiner europäischen Parallelinstitutionen, dafür verfügte es schon seit dem hohen und späten Mittelalter über zwei wesentliche, anderswo nicht ausgebildete oder nicht auf Dauer erhaltene Rechte: das Recht auf regelmäßige, in jedem Fall zu wiederholende Steuerbewilligung, wodurch die Ausbildung einer besonderen, von der Kontrolle durch die Stände unabhängigen königlichen Finanzbürokratie verhindert wurde; das Recht auf Teilnahme an der Gesetzgebung im Königreich, die zwar formell als ein Teil der königlichen Prärogative angesehen, aber im Benehmen des Königs mit den Repräsentanten („King in Parliament") vollzogen wurde. Darüber hinaus verfügte das englische Parlament über eine im Vergleich zu den kontinentalen Staaten weit entwickelte Technik der Repräsentation, insbesondere durch die schon seit dem 14. Jahrhundert vollzogene Scheidung in zwei Kammern, von denen die eine den Baronen und der hohen Geistlichkeit, die andere dem niederen ländlichen Adel und den Städten vorbehalten war. Vor allem das „house of commons", die Vertretung der Bürger und Ritter, entwickelte schon im 14. Jahrhundert in ständigen Auseinandersetzungen um den Finanzbedarf der Krone ein ausgeprägtes politisches Selbstbewußtsein. Ständische Konflikte innerhalb dieses Hauses traten nicht auf oder blieben so begrenzt, daß der Krone hier keine Möglichkeit zu einem „divide et impera" entstand.

Gewiß darf die politische Rolle des Parlaments bis zum Beginn des 17. Jahrhunderts nicht überschätzt werden. Seine Einberufung und Auflösung lag, wie auf dem Kontinent, ganz im freien Ermessen des Königs, und starke Monarchen des 15. und 16. Jahrhunderts haben diesen Ermessensspielraum immer virtuos genutzt. Historiker der Tudorpolitik lieben es daher auch, die Sitzungszeiten des Parlaments zu zählen und daraus Schlüsse auf seine relative Bedeutungslosigkeit herzuleiten. Doch wenn es um die Frage geht, warum der Absolutismus in England nicht zum Zuge kam, setzt der Vergleich mit dem Kontinent den Maßstab. Und verglichen mit den französischen Generalständen weisen die Sessionszeiten des englischen Parlaments dieses schon im 15. und 16. Jahrhundert als eine relativ fest etablierte politische Institution aus.

Zudem war das Verhältnis zwischen Krone und Parlament über die gesamte Tudorepoche weitgehend durch Konsens bestimmt. Lords und Commons billigten überwiegend die Politik der Könige, auch wenn dies auf eine temporäre Stärkung der königlichen Prärogative hinauslief, die Krone wiederum respektierte die erworbenen Rechte des Parlaments, akzeptierte bewußt die Theorie vom „King in Parliament", zog aus der ständischen Zustimmung ihren Nutzen und verzichtete zum Dank dafür auf eine juristisch exakte Festlegung der beiderseitigen Rechte und Pflichten. Ein berühmtes Beispiel für dieses Zusammenspiel bildet die Einführung der Reformation in den 1530er Jahren. Heinrich VIII., zur Klärung seiner dynastischen Probleme zum Vorgehen gegen das Papsttum entschlossen, berief ein „Reformationsparlament" ein und setzte im Konsens mit ihm die Kirchenreform und den für beide Seiten profitablen Zugriff auf das Kirchengut durch.

Doch der Eindruck der Freiheit und Unabhängigkeit der königlichen Politik gegenüber dem Parlament, von vielen Historikern der Tudor-Zeit als Schwäche der ständischen Institution gedeutet, täuscht über den hohen Preis hinweg, den die Krone dafür auf lange Sicht zu zahlen hatte. Indem sie das Parlament nutzte, manipulierte, wohl auch über lange Zeit beherrschte, hielt sie es auch am Leben, stabilisierte es. Schon der Zwang zur Einberufung aus finanziellen oder gesetzgeberischen Gründen schuf feste Gewohnheiten. Zudem verstärkte sich auf diese Weise eine Tendenz, die schon im 14. und 15. Jahrhundert eingesetzt hatte. Die Bereitschaft des Parlaments zur Finanzierung der königlichen Politik beschränkte die neue Gewalt des Staates auf den engen Bereich der Zentrale, ließ sie nicht in die Regional- und Lokalverwaltung vordringen. Gerade zur Zeit der Einführung der Reformation traten in England die letzten „feudalen" Magnaten von der Bühne der Lokalverwaltung ab, räumten ihre Plätze für jene wohlhabenden Bürger der Städte oder Mitglieder des Landadels, die als Friedensrichter schon seit langem in das „local government" eingedrungen waren und am Ende der Regierung Heinrichs VIII. praktisch die gesamte lokale Rechtsprechung und Verwaltung in der Hand hielten – keine bezahlten Beamten des Königs, keine Bürokraten, sondern unabhängige Richter, aktive Vertreter ihrer eigenen wirtschaftlichen politischen Interessen, gewiß, aber auch Hüter und Bewahrer des lokalen Partikularismus und des „common law", Gegner jeglicher Rationalisierung und Zentralisierung des Gerichts- und Verwaltungssystems, wie sie auf dem Kontinent im Zuge der Rezeption des römischen Rechts zur selben Zeit immer mehr an Boden gewann.

Man sieht, welch im Vergleich zu Frankreich andersartiges politisches System sich in England aufgebaut hatte, als zu Beginn des 17. Jahrhunderts die Tudor-Politik zuende ging. Ein starkes Königtum – ohne Bürokratie, ohne stehendes Heer, ohne eigene, von der Zustimmung des Parlaments unabhängige direkte und indirekte Steuern – und ein in der großen Politik gefügiges, im „local government" und in der Wahrung seiner legislativen Rechte aber unnachgiebiges Parlament, das sich auf eine breite, von „feudalen" Traditionen weitgehend losgelöste, die städtische und ländliche Wohlhabenheit repräsentierende Elite stützte, standen einander gegenüber. Gewiß deutete nichts sogleich auf einen revolutionären Konflikt zwischen diesen beiden Polen der englischen Verfassung hin, als sich die Stuarts und ihre unvorsichtigen Ratgeber zur Wahrnehmung der absolutistischen Option entschlossen. Doch daß der Konflikt von seiten der Krone überhaupt gesucht wurde, daß Gedanken über die „Souveränität", die „potestas absoluta" und das „Divine Right of Kings" von Königen und königlichen Theoretikern propagiert wurden, veränderte die politische Situation des Landes schnell und gründlich.

Das Parlament hat die Auseinandersetzung mit Jacob I. und vor allem Karl I. im Stile eines langen, fruchtbaren Lernprozesses durchlaufen. Man kannte die Praktiken des kontinentalen Absolutismus und wußte von seinen Gefahren. Man beharrte auf seinen alten, wohl-erworbenen Rechten, fügte dem Traditionsbestand jedoch auch neue Forderungen und Ansprüche hinzu. Versuche der Krone, Steuern, vor allem indirekte Steuern („Tonnage and Poundage" 1625; „Ship Monney" 1634) länger zu erheben, als vom Parlament bewilligt, wurden von diesem mit dem Verweis auf das Herkommen und erneuter Verkürzung der Bewilligungsdauer beantwortet – ein probates Mittel, um über häufigere Bewilligungen zu einer Art Tagungspermanenz zu kommen. Hier wuchs die Politik des „Triennal Act" heran, mit der 1641 zum Sturm auf den Stuart-Absolutismus geblasen wurde: Neuwahlen spätestens drei Jahre nach der Auflösung des letzten Parlaments, 50 Tage Mindestdauer jeder Session und, für den Notfall, ein Selbstversammlungsrecht des Parlaments – die Beschlüsse von 1641 zeigen, daß das Parlament seine Lektionen gründlich gelernt hatte. Der Kampf der Versammlung gegen willkürliche Verhaftungen durch den König ist ein anderes, anschauliches Beispiel. Der König hatte dieses Mittel gegen jene Bürger eingesetzt, die sich der nicht-bewilligten Zahlung von „Tonnage und Poundage" widersetzten. In der „Petition of Rights" von 1628 gehört das Verbot willkürlicher, vom „common law" nicht gedeckter Verhaftungen zu den Forderungen des Parlaments, nach Abschluß der Revolution zu den grundlegenden Errungenschaften der neuen englischen Verfassung.

Viele weitere Beispiele ließen sich anfügen, doch können sie genausowenig unser Thema sein wie die Geschichte der englischen Revolution und der weitere Verlauf der Verfassungsentwicklung. In der Auseinandersetzung zwischen dem Parlament und dem Stuartregiment hat England den Weg zum Absolutismus vermieden – als einziger mittel- und westeuropäischer Flächenstaat, der um 1600 schon zu einer weitgehenden territorialen Einheit gefunden hatte. Vielen Parlamentsabgeordneten stand in den Konflikten mit Karl Stuart das kontinentale Geschehen stets vor Augen, so etwa Sir Robert Phellips, als er 1628 im Unterhaus ausrief: „We are the last monarchy in Christendom, that yet retain our ancient rights and liberties." Daß am Ende des 17. Jahrhunderts nicht nur diese „alten Rechte und Freiheiten" unversehrt waren, sondern ein ganz neues konstitutionelles System im Entstehen begriffen war – mit den Häusern des Parlaments im Machtzentrum, den Richtern in ihrer neu erworbenen Unabhängigkeit und einem beschränkten, „nicht über, sondern inmitten der politischen Landschaft" (Kluxen) stehenden Königtum – war für die Engländer Grund genug, Ideen und Vorbilder aus den kontinentalen Staaten nicht mehr zu fürchten. Im Gegenteil: Je mehr sich die konstitutionellen Errungenschaften Englands bewährten, je mehr dem übrigen Europa der Zusammenhang von Gewaltenteilung, sozialer Entwicklung, wirtschaftlicher Modernisierung und politischer Stabilität auf der Insel deutlich wurde, um so stärker geriet es unter die Faszination der in England verwirklichten Alternative zum Absolutismus. Englands Entwicklung hat nicht nur auf dem nordamerikanischen Kontinent, bei der Ablösung der Kolonien von ihrem eigenen Mutterland, in vieler Hinsicht Pate gestanden,[119] auch das progressive, liberale Verfassungsdenken des Kontinents geriet im Verlauf des 18. Jahrhunderts unter ihren Einfluß – am deutlichsten schon vor der Jahrhundertmitte in den Werken Montesquieus, die im Jahr 1789 wiederum unmittelbaren Anteil am Ende des französischen Absolutismus hatten.

IV. Anmerkungen

Zu I. Einleitung

1. *Ilja Mieck:* Europäische Geschichte der Frühen Neuzeit. Eine Einführung. [2]1977.
2. Anstelle von Einzelbelegen sei auf zwei neuere einführende Darstellungen und ihre ausführlichen Bibliographien verwiesen. *R. Rürup* (Hg.): Historische Sozialwissenschaft. Beiträge zur Einführung in die Forschungspraxis. 1977. – *J. Kocka:* Sozialgeschichte. Begriff – Entwicklung – Probleme. 1977.
3. *E. J. Hobsbawm:* Von der Sozialgeschichte zur Geschichte der Gesellschaft. In: *H.-U. Wehler* (Hg.): Geschichte und Soziologie. 1972. S. 331–353.
4. *J. Habermas:* Zum Thema: Geschichte und Evolution. In: Geschichte und Gesellschaft 2. 1976. S. 310–357.
5. *E. Hassinger:* Das Werden des neuzeitlichen Europa. 1300–1600. [2]1966. Vgl. vor allem die Einleitung S. XI–XVIII.
6. *A. Cobban:* The Social Interpretation of the French Revolution. 1964. – Vgl. auch die Aufsatzsammlung *A. Cobban:* Aspects of the French Revolution. 1968.
7. Zur „narrativen Struktur" vgl. insbesondere *H. M. Baumgartner:* Kontinuität und Geschichte. Zur Kritik und Metakritik der historischen Vernunft. 1972.
8. Zum Beispiel sei hingewiesen auf die neueren historischen, anthropologischen, ethnologischen Bemühungen um das Phänomen der „peasant society". Vgl. z. B. *E. R. Wolf:* Peasants. 1966. – Vgl. auch die wichtigen begrifflich-methodischen Bemerkungen bei *H. Wunder:* „Agrargesellschaft" als Grundbegriff der frühneuzeitlichen Sozialgeschichte. In: *F. Kopitzsch u. a.* (Hg.): Studien zur Sozialgeschichte des Mittelalters und der Frühen Neuzeit. 1977. S. 1–13.
9. *J. Habermas:* Zum Thema: Geschichte und Evolution (wie in Anm. 4). S. 354f.: „Wenn wir diese Strukturen von den Vorgängen trennen, mit denen die empirischen Substrate sich verändern, brauchen wir zudem weder *Einsinnigkeit,* noch *Kontinuität,* noch *Notwendigkeit* oder *Irreversibilität* des Geschichtsverlaufs zu unterstellen. Wir rechnen mit anthropologisch tief sitzenden allgemeinen Strukturen, die sich in der Hominisationsphase ausgebildet haben und den Ausgangspunkt der sozialen Evolution festlegen: Strukturen, die vermutlich in dem Maße entstanden sind, wie das kognitive und motivationale Potential der Menschenaffen unter Bedingungen sprachlicher Kommunikation umgeformt und reorganisiert worden ist. Solche Grundstrukturen beschreiben den logischen Spielraum, in dem sich umfassendere Strukturbildungen vollziehen können. *Ob* es jedoch und *wann* es zu neuen Strukturbildungen kommt, hängt von *kontingenten* Umständen ab."
10. *I. Wallerstein:* The Modern World-System. Capitalist Agriculture and the Origins of the European World-Economy in the Sixteenth Century. 1974.

Zu II. Die Statik Europas in vorindustrieller Zeit

1. Eine knapp gefaßte, äußerst instruktive Einführung in die Geschichte, Probleme und Methoden der historischen Demographie hat in der Reihe Beck'sche Elementarbücher der im deutschen Sprachraum führende Historiker-Demograph vorgelegt: *A. E. Imhof:* Einführung in die Historische Demographie. 1977. Ein glänzender, problemorientierter Überblick mit vielen wertvollen, auf ganz Europa bezogenen Quellen- u. Literaturangaben. Vgl. auch *A. E. Imhof:* Bevölkerungsgeschichte und Historische Demographie. In: *R. Rürup* (Hg.): Historische Sozialwissenschaft. 1977. S. 16–58. Wie sehr die historische Demographie vor allem in Frankreich bereits zu einer Disziplin sui generis gediehen ist, zeigen zahlreiche Einführungen und Bilanzen, die dort inzwischen vorgelegt wurden. Vgl. u. a. *P. Guillaume* u. *J.-P. Poussou:* Démographie historique. 1970. – *J. Dupâquier:* Introduction à la démographie historique. 1974. Ein Beispiel für die Aufarbeitung von historischen Volkszählungen, die als Quelle von unschätzbarem Wert sind, ist *I. E. Momsen:* Die allgemeinen Volkszählungen in Schleswig-Holstein in dänischer Zeit (1769–1860). Geschichte ihrer Organisation und ihrer Dokumente. 1974.

2. International maßgebliche Einführungen in die Methoden und Techniken der Bearbeitung von Kirchenbüchern: *L. Henry:* Manuel de démographie historique. [2]1970. – *M. Fleury* u. *L. Henry:* Nouveau manuel de dépouillement et d'exploitation de l'état civil ancien. [2]1976. – Für die Bearbeitung deutscher Materialien zahlreiche wertvolle Hinweise bei *A. E. Imhof* (Hg.): Historische Demographie als Sozialgeschichte. Gießen und Umgebung vom 17. zum 19. Jahrhundert. 2 Bde. 1975. Für die englische historische Demographie wichtig der Sammelband *E. A. Wrigley* (Hg.): An Introduction to English Historical Demographie from the Sixteenth to the Nineteenth Century. 1966. Zur Arbeit der Sozialgenealogie u. a. *W. Schaub:* Sozialgenealogie – Probleme und Methoden. In: Blätter für deutsche Landesgeschichte 110. 1974. S. 1–28. – Zu Th. Malthus vgl. u. a. *H. Linde:* Die Bedeutung von Th. Robert Malthus für die Bevölkerungssoziologie. In: Zeitschrift für die gesamte Staatswissenschaft 118. 1962. S. 705–720.

3. Wichtige Arbeiten, in denen – übrigens nicht unkontrovers – der Systemcharakter der frühneuzeitlichen Bevölkerungsentwicklung diskutiert wird und auf die der Text sich im folgenden bezieht: *E. A. Wrigley:* Bevölkerungsstruktur im Wandel. Methoden und Ergebnisse der Demographie. 1969. Bes. S. 108 ff. – *F. Braudel:* Die Geschichte der Zivilisation. 15. bis 18. Jahrhundert. 1971. Vor allem das Kapitel I: Das Gewicht der Zahl. – *P. Chaunu:* Histoire – Science sociale. La durée, l'espace et l'homme à l'époque moderne. 1974. 3. Teil, S. 293 ff. – *G. Makkenroth:* Bevölkerungslehre. Theorie, Soziologie und Statistik der Bevölkerung. 1953. – *J. Hajnal:* European Marriage Patterns in Perspective. In: *D. V. Glass* u. *D.E.C. Eversley* (Hg.): Population in History. 1965. S. 101–143. Der zentrale Aufsatz zum hohen Heiratsalter in Westeuropa. – *J. Dupâquier:* De l'animal à l'homme: le mécanisme autorégulateur des populations traditionnelles. In: Revue de l'Institut de Sociologie 45. 1972. S. 177–211. – *J. Dupâquier:* Les débuts de la grande aventure démographique. In: Prospectives 3. 1975. S. 7–38. – *R. Schofield:* The Relationships between Demographic Structure and Environment in Preindu-

strial Western Europe. In: *W. Conze* (Hg.): Sozialgeschichte der Familie in der Neuzeit Europas. 1976. S. 147–160. – Wichtige Einsichten zum Zusammenhang von Bevölkerungsentwicklung und Familie bei *J.-L. Flandrin:* Familles. Parenté, maison, sexualité dans l'ancienne société. 1976. Vor allem Frankreich und England im Vergleich.

4. Der Tod in seiner dreifachen Gestalt – Hunger, Seuchen, Krieg – hat die internationalen Sozialwissenschaften in den letzten Jahren zu faszinierenden neuartigen Untersuchungen angeregt. Aus der unübersehbaren Literatur nur einige, für den Text wichtige Hinweise: *P. Goubert:* Beauvais et le Beauvaisis de 1600 à 1730. Contribution à l'histoire sociale de la France du XVIIe siècle. 2 Bde. 1960. – Zur möglichen Überschätzung des Hungers und Unterschätzung von Seuchen und Krieg vgl. *Imhof:* Einführung (wie in Anm. 1). S. 46ff. u. 124ff. – Zu den landwirtschaftlichen Ursachen von Hungerkrisen: *W. Abel:* Massenarmut und Hungerkrisen im vorindustriellen Europa. 1974. – Zum Gesamtphänomen des Todes drei inzwischen schon klassisch gewordene französische Studien mit z.T. gegensätzlichen Interpretationen, insbes. hinsicht. der Dechristianisierung: *Ph. Ariès:* L'homme devant la mort. 1977. – *M. Vovelle:* Piété baroque et déchristianisation en Provence au XVIIIe siècle. Les attitudes devant la mort d'après les clauses des testaments 1973. – *P. Chaunu:* La Mort à Paris. 16e, 17e, 18e siècles, 1978. – Vgl. auch *Ph. Ariès:* Western Attitudes towards Death. 1974.

5. Zum Problem des Bevölkerungsanstiegs seit dem 18. Jahrhundert, das von den Historiker-Demographen unter dem Begriff der „demographischen Transition" gefaßt wird, vgl. *Imhof:* Einführung (wie in Anm. 1). S. 60ff. – Einige wichtige Arbeiten zur Geschichte der Seuchen, der Medizin, des Klimas: *E. Woehlkens:* Pest und Ruhr im 16. und 17. Jahrhundert. Grundlagen einer statistisch-topographischen Beschreibung der großen Seuchen, insbesondere in der Stadt Uelzen. 1954. – *J.-N. Biraben:* Les hommes et la peste en France et dans les pays européens et méditerranéens. 2 Bde. 1975–77. – *H. Ackerknecht:* Geschichte und Geographie der wichtigsten Krankheiten. 1963. – *A. E. Imhof* (Hg. u. Übers.): Biologie des Menschen in der Geschichte. Beiträge zur Sozialgeschichte der Neuzeit aus Frankreich und Skandinavien. 1978. – *H.v. Rudloff:* Die Schwankungen und Pendelungen des Klimas in Europa seit Beginn der regelmäßigen Instrumenten-Beobachtungen (1670). 1967. – *E. Le Roy Ladurie:* Histoire du climat depuis l'an mil. 1967. – Die wichtigste Arbeit zur Korrektur der alten These von der „Agrarrevolution" im 18. Jahrhundert (für Frankreich): *M. Morineau:* Les faux-semblants d'un démarrage économique: agriculture et démographie en France au XVIIIe siècle. 1971.

6. Zum heimindustriellen Gewerbe vgl. unten S. 59. Zur Frage der Wandlungen der Bevölkerungsverhältnisse im 18. Jahrhundert durch die Proto-Industrialisierung vgl. die beiden Beiträge von *H. Linde* (S. 32–52) und *H. Medick* (S. 254–282) in: *W. Conze:* Sozialgeschichte der Familie (wie in Anm. 3).

7. Zur Geschichte der Sozialform „Familie" hat es in den letzten Jahren eine Reihe von grundlegenden Veröffentlichungen gegeben. Sie können hier nur in einer kleinen Auswahl erwähnt werden. Die genannten Darstellungen und Aufsätze enthalten eine Fülle von speziellen Literaturhinweisen, wobei zu bemerken ist, daß die Forschung unter übergreifenden, gesamteuropäischen Fragestellungen steht, z.Z. aber noch verstärkt regionale und lokale Beispiele bearbeitet. Einen

repräsentativen, noch relativ aktuellen Einblick in die internationale Forschung vermitteln die beiden Sammelbände: *H.-U. Wehler (Hg.)*: Historische Familienforschung und Demographie. Geschichte und Gesellschaft 1. H. 2/3. 1975. – *W. Conze* (Hg.): Sozialgeschichte der Familie in der Neuzeit Europas. 1976. – Ein guter Einblick in die sehr differenzierte englische Forschung bei *P. Laslett* u. *R. Wall* (Hg.): Household and Family in Past Time. 1972. – Zu England vgl. neuerdings auch: *L. Stone:* The Family, Sex and Marriage in England 1500–1800. 1977. – Leicht zugängliche und – im positiven Sinne – populärwissenschaftliche Darstellung bei *M. Mitterauer* u. *R. Sieder:* Vom Patriarchat zur Partnerschaft. Zum Strukturwandel der Familie. 1977. – Sehr gehaltvoll, England und Frankreich vergleichend: *J.-L. Flandrin:* Familles. Parenté, maison, sexualité dans l'ancienne société. 1976. – Ein guter Überblick über Problemfelder und Methoden der historischen Familienforschung bei *K. Hausen:* Historische Familienforschung. In: *R. Rürup* (Hg.): Historische Sozialwissenschaft. 1977. S. 59–95.

8. Zur Thematik des „ganzen Hauses" der wegweisende Aufsatz: *O. Brunner:* Das „ganze Haus" und die alteuropäische „Ökonomik". In: *Ders.:* Neue Wege der Verfassungs- und Sozialgeschichte. ²1968. S. 103–127. – Die als Quelle einer idealisierenden und ideologisierenden Familienanschauung des 19. Jh.s auch heute noch lesenswerte Schrift, in der der Begriff geprägt wurde, ist: *W. H. Riehl:* Die Naturgeschichte des deutschen Volkes. Zusammengefaßt und hg. v. *G. Ipsen.* 1935. – Zum 19. Jh. vgl. auch *F. Le Play:* L'organisation de la famille. 1871.

9. *Mitterauer/Sieder:* Patriarchat (wie in Anm. 7). S. 52.

10. Zur Problematik der Familiengröße finden sich Beiträge in allen in Anm. 1 zitierten Sammlungen und Arbeiten. Besonders wichtig die Arbeiten von M. Mitterauer, der z.Z. ein vergleichendes Forschungsprojekt zur europäischen Familienstruktur und ihren Wandlungen leitet. *M. Mitterauer:* Familiengröße – Familientypen – Familienzyklus. Probleme quantitativer Auswertung von österreichischem Quellenmaterial. In: *Wehler* (Hg.): Hist. Familienforschung (wie in Anm. 7). S. 226–255. – *M. Mitterauer:* Zur Familienstruktur in ländlichen Gebieten Österreichs im 17. Jahrhundert. In: *H. Helczmanovski* (Hg.): Beiträge zur Bevölkerungs- und Sozialgeschichte Österreichs. 1973. S. 167–222. – Besonders viel „gezählt" wurde in England. Vgl. vor allem die Berichte von Laslett in: *Laslett/Wall* (Hg.): Household (wie in Anm. 7). S. 125 ff.

11. *Flandrin:* Familles (wie in Anm. 7). S. 68–90.

12. Eine auf das Thema „Alltag" bezogene Literaturauswahl läßt sich aus zwei Gründen nur schwer erstellen. Einmal fehlte bisher die präzise Thematisierung, zum anderen wird in jeder sozialgeschichtlichen Studie praktisch immer auch etwas zur Geschichte des „Alltagslebens" mitgeteilt. Jede Arbeit über demographische und Familienstrukturen z.B. sagt auch bei fehlender ausdrücklicher Thematisierung darüber etwas aus. Hier daher nur einige Hinweise auf einführende und problemorientierte Arbeiten sowie auf einige exemplarische Studien. Für die Auseinandersetzung des Historikers mit sozialwissenschaftlichen Konzepten in bezug auf die historische Familienforschung, die Geschichte des Alltagslebens, der Arbeitsorganisation usw. anregend: *K. Hausen:* Familie als Gegenstand Historischer Sozialwissenschaft. In: *Wehler* (Hg.): Historische Familienforschung (wie in Anm. 1). S. 171–225, bes. 190 ff. Eine kurze ausdrückliche Thematisierung des Forschungsfeldes „Alltag" bei *D. Sabean:* Intensivierung der Arbeit und Alltagserfahrung auf

dem Lande. Ein Beispiel aus Württemberg. In: Sozialwissenschaftliche Informationen 6. 1977. S. 148–152. – Einige exemplarische, vor allem von Volkskundlern verfaßte Arbeiten, die ein breites Quellenmaterial zum Alltagsleben aufarbeiten: *R. Braun:* Industrialisierung und Volksleben. Veränderungen der Lebensformen unter Einwirkung der verlagsindustriellen Heimarbeit in einem ländlichen Industriegebiet vor 1800. ²1979. – *H. Möller:* Die kleinbürgerliche Familie im 18. Jahrhundert. Verhalten und Gruppenkultur. 1969. – *K.-S. Kramer:* Volksleben im Hochstift Bamberg und im Fürstentum Coburg (1500–1800). 1967. Wichtig auch der auf dem Deutschen Volkskundekongreß 1965 entstandene Band: Arbeit und Volksleben. 1967. – Es ist zu beachten, daß der Begriff „Alltag" in dem hier beschriebenen Sinne auch den „Sonntag" umfaßt und damit die jüngst breit sich entfaltende historische (religiöse wie weltliche) Fest- und Brauchtumsforschung. Zwei herausragende jüngere französische Arbeiten: *M. Vovelle:* Les métamorphoses de la fête en Provence de 1750 à 1820. 1976. – *Y.-M. Bercé:* Fête et révolte. Des mentalités populaires du XVIᵉ au XVIIIᵉ siècle. 1976.

13. Vgl. dazu für Deutschland *K.-S. Kramer:* Grundriß einer rechtlichen Volkskunde. 1974. S. 74. – Wie vieles andere aus den Bereichen „Anthropologie" und „Volkskunde" ist auch die „Rüge" jüngst in den Gesichtskreis der Sozialhistoriker getreten. Eine Pilot-Studie: *E. P. Thompson:* „Rough Music": Le charivari anglais. In: Annales E.S.C. 27. 1972. S. 285–312. – Ein interessantes Einzelbeispiel aus Deutschland im 18. Jahrhundert analysiert: *M. Scharfe:* Zum Rügebrauch. In: Hessische Blätter für Volkskunde 61. 1970. S. 45–68. – Zum Rügebrauchtum in sozialgeschichtlicher Perspektive insgesamt demnächst ein Sammelband der „Ecole des Hautes Etudes en Sciences Sociales"/Paris.

14. *E. Shorter:* Die Geburt der modernen Familie. 1977. – Shorter verarbeitet übrigens ein sehr breites deskriptives Material aus verschiedenen europäischen Ländern, insbes. zum 18. und 19. Jahrhundert.

15. Erörterungen zu diesen komplizierten Zusammenhängen bei *E. A. Wrigley:* Bevölkerungsstruktur im Wandel. Methoden und Ergebnisse der Demographie. 1969. S. 93 ff. In Auseinandersetzung damit *P. Chaunu:* Histoire – Science Sociale. La durée, l'espace et l'homme à l'époque moderne. 1974. S. 340 ff. Vgl. auch A. E. Imhof in den beiden in Anm. 1 zitierten Beiträgen: Einführung. S. 87 ff. – Bevölkerungsgeschichte und Historische Demographie. S. 39 ff.

16. Zum aufregenden Thema der Geschichte der Familienplanung vgl. alle in Anm. 1 u. 15 genannten Arbeiten. Die klassische Studie ist im übrigen *E. A. Wrigley:* Familiy Limitation in Pre-Industrial England. In: Economic History Review. 2. Ser. 19. 1966. S. 82–109.

17. Zum folgenden grundlegend: *C. M. Cipolla:* Before the Industrial Revolution. European Society and Economy, 1000–1700. 1976. Wichtig auch der Beitrag von *W. Minchinton:* Patterns and Structure of Demand 1500–1750. in: *C. M. Cipolla* (Hg.): The Fontana Economic History Bd. 2. 1974. Kap. 2. Ungemein anregend *F. Braudel:* Die Geschichte der Zivilisation. 15. bis 18. Jahrhundert. 1971. Vor allem Kap. 2 („tägliches Brot"), 3 („Nahrung und Getränke"), 4 („Wohnung, Kleidung, Mode"), 5 („Energie und Metallurgie"). – *A. J. Tawney* u. *R. H. Tawney:* An Occupational Census of the Seventeenth Century. In: The Economic History Review 1. Ser. 5. 1934/35. S. 25–64. – Zur Geschichte der Ernährung, in Deutschland am Ende des 19. Jh.s von G. Schmoller, gegenwärtig u. a. von W.

Abel betrieben, liegen zwei größere, im wesentlichen auf Frankreich bezogene Dossiers der Annales E.S.C. vor. Vgl. 24. Nr. 6. 1969 und 30. Nr. 3. 1975. – Auch zur Geschichte des Wohnens und der Mieten in vorindustrieller Zeit sind die bisher gründlichsten Studien in der Schule der „Annales" entstanden. Vgl. z.B. *E. Le Roy Ladurie* und *P. Couperie: Le mouvement des loyers parisiens de la fin du moyen âge au XVIIIe siècle*. In: Annales E.S.C. 25. 1970. S. 1002–1023. – Eine stärker beschreibende, aber gründliche Studie ist: *J.-P. Babelon: Demeures parisiennes sous Henri IV et Louis XIII*. 1965.

18. Die ausgebreitete Literatur zum Armenwesen und zur frühneuzeitlichen Caritas kann hier nicht im einzelnen aufgeführt werden. Ein etwas oberflächlicher, zu stark auf Frankreich beschränkter, wegen seines Versuchs zur Synthese aber brauchbarer Überblick bei *J.-P. Gutton:* La société et les pauvres en Europe (XVIe – XVIIIe siècles). 1974.

19. Grundsätzliche, freilich historisch nicht immer befriedigende Erörterungen zum Steuerprivileg und zu den Privilegierten bei *G. Ardant:* Théorie sociologique de l'impôt. Bd. 2. 1965. S. 905ff.

20. *Cipolla:* Before the Industrial Revolution. S. 75.

21. Vgl. unten S. 100ff.

22. Diesen Hinweis verdanke ich einem bislang ungedruckten Manuskript von *P. Kriedte.*

23. Grundlegende Erörterungen über dieses Thema mit einer umfassenden Analyse der wirtschaftstheoretischen, wirtschaftshistorischen und sozial- und familiengeschichtlichen Literatur jetzt bei *P. Kriedte, H. Medick, J. Schlumbohm:* Industrialisierung vor der Industrialisierung. Gewerbliche Warenproduktion auf dem Land in der Formationsperiode des Kapitalismus. 1977. In diesem Band zwei ältere Fallstudien von *F. F. Mendels* zu Flandern im 18. Jh. und von *H. Kisch* zu Schlesien und dem Rheinland.

24. Zum Thema „Agrarkapitalisierung" und zu seinen Protagonisten im 18. Jahrhundert immer noch einschlägig *M. Bloch:* La lutte pour l'individualisme agraire dans la France du XVIIIe siècle. In: Annales d'histoire économique et sociale 2. 1930. S. 329–318; 511–556. – Ein kurzer Problembericht mit wichtigen Literaturangaben zu Preußen: *H. Wunder:* Agrarkapitalisierung (vorwiegend am Beispiel Preußens). In: Sozialwissenschaftliche Informationen für Unterricht und Studium 3. 1974. S. 12–16.

25. Zum folgenden gibt die beste Anschauung die Literatur zum Problem der Wüstung, insbesondere im Verlauf der spätmittelalterlichen Agrarkrise. Vgl. z.B. *W. Abel:* Die Wüstungen des ausgehenden Mittelalters. ²1955. Für Frankreich vgl. *J.-F. Pesez u. E. Le Roy Ladurie:* Les villages désertés en France: vue d'ensemble. In: Annales E.S.C. 20. 1965. S. 257–290.

26. Zum folgenden außer *Cipolla:* Before the Industrial Revolution. S. 115ff. u.a. die auf die Landwirtschaft bezogenen Arbeiten: *B. H. Slicher van Bath:* The Agrarian History of Western Europe, A. D. 500–1850. ²1966. S. 280ff. u. S. 328ff. (Tabellen). – *B. H. Slicher van Bath:* Landwirtschaftliche Produktivität im vorindustriellen Europa. In: *L. Kuchenbuch u. B. Michael* (Hg.): Feudalismus – Materialien zur Theorie und Geschichte. 1977. S. 523–555. – *B. H. Slicher van Bath:* Le développement de la productivité des travaux agricoles. In: A.A.G.-Bijdragen. 14. 1967. S. 72–90. – *W. Abel:* Geschichte der deutschen Landwirtschaft vom frühen

Mittelalter bis zum 19. Jahrhundert. ²1967. S. 225 f., 251 f. (dort auch Hinweis auf weitere deutsche Literatur).

27. *H.-U. Wehler:* Vorüberlegungen zu einer modernen deutschen Gesellschaftsgeschichte. In: Industrielle Gesellschaft und politisches System. 1978. S. 3–20, hier S. 13.

28. Vgl. *P. Chaunu:* Europäische Kultur im Zeitalter des Barock. 1968. S. 464.

29. Die Literatur zum Ständetum und zum „Ständischen Wesen" ist unübersehbar und in keiner befriedigenden Auswahl zitierbar. Daher nur einige repräsentative Sammelwerke und Studien, die Hinweise auf weiterführende Literatur enthalten. Generell sei verwiesen auf die in der Bibliographie unten S. 235 erwähnten „Etudes présentées à la Commission Internationale pour l'Histoire des Assemblées d'Etats". Die Kommission veranstaltet regelmäßig Tagungen, auf denen, grundsätzlich in vergleichender Absicht, die Geschichte des institutionalisierten Ständetums wie des ständischen Wesens überhaupt erörtert wird. Freilich hat die Kommission, die in den 30er Jahren ihre Arbeit unter deutlich institutionengeschichtlichen Gesichtspunkten begonnen hat, bis heute Mühe, zeitgemäße sozial- und wirtschaftsgeschichtliche und allgemein-sozialwissenschaftliche Fragestellungen aufzunehmen. Maßgebliche Sammelbände zur Geschichte des europäischen Ständetums: *R. Mousnier* (Hg.): Problèmes de stratification sociale. Actes du Colloque Internationale (1966). 1968. – *D. Gerhard* (Hg.): Ständische Vertretungen in Europa im 17. und 18. Jahrhundert. 1969. – *D. Roche* (Hg.): Ordres et classes. 1973. – Wichtige Aufsätze finden sich in den in der Bibliographie zitierten Sammlungen von *O. Hintze* (S. 235), *O. Brunner* (S. 235) *D. Gerhard* (S. 237). Vgl. auch *H. G. Koenigsberger:* Estates and Revolutions. Essays in Early Modern European History. 1970. – *R. Mousnier:* La plume, la faucille et le marteau. Institutions et Société en France du Moyen Age à la Révolution, 1970. – Mousnier hat eine ganze Serie von wichtigen Aufsätzen zur sozialen Schichtung Frankreichs im Ancien Régime vorgelegt. Vor allem grundsätzliche Konzepte wie „Stände" (ordres), „Klassen" u. ä. werden bei ihm ausführlich behandelt, freilich immer in stark begriffsgeschichtlich-normativer Absicht. – Eine wichtige Quellensammlung: *G. Griffiths* (Hg.): Representative Government in Western Europe in the Sixteenth Century. 1968.

30. *P. Laslett:* The World We Have Lost. ²1971. S. 23. Dieses Buch grundlegend für die folgenden Bemerkungen, dazu: *L. Stone:* Social Mobility in England, 1500–1700. In: *D. K. Rowney* u. *J. Q. Graham, Jr.* (Hg.): Quantitative History. Selected Readings in the Quantitative Analysis of Historical Data. 1969. S. 238–271. Vgl. auch *L. Stone* u. *A. M. Everett:* Social Mobility in England (1500–1700). In: Past and Present 30. 1966. S. 16–73.

31. *E. Ennen:* Die Europäische Stadt des Mittelalters. ²1975. S. 211 f. – Dieses Buch ist jüngst in 3., überarbeiteter und veränderter Aufl. erschienen (1979).

32. *M. Weber:* Wirtschaft und Gesellschaft. Grundriß der verstehenden Soziologie (zahlreiche Ausgaben). Vgl. u. a. Kapitel 8: Politische Gemeinschaften u. Kapitel 9, Abschnitt 4: Feudalismus, „Ständestaat" und Patrimonialismus.

33. *P. Bourdieu:* Klassenstellung und Klassenlagen. In: *Ders.:* Zur Soziologie der symbolischen Formen. 1970. S. 42–74, hier S. 59 f. Ein in der Nachfolge Webers und in Fortführung seiner Ansätze verfaßter Aufsatz eines modernen französischen Soziologen.

34. Dieses Zitat der Goncourts bei *N. Elias:* Die höfische Gesellschaft. Untersuchungen zur Soziologie des Königtums und der höfischen Aristokratie mit einer Einleitung: Soziologie und Geschichtswissenschaft. ³1977. S. 97f. Vgl. auch *N. Elias:* Über den Prozeß der Zivilisation. Soziogenetische und psychogenetische Untersuchungen. 2 Bde. ⁵1978. Neben der „Encyclopédie" von Diderot u.a. ist die zentrale Quelle für die Struktur und Wandlungen der höfischen Gesellschaft: *Louis de Rouvroy,* Herzog von *Saint-Simon: Mémoires.* Die letzte vollständige Ausgabe dieses gewaltigen Erinnerungsbuches eines Pair de France aus der Zeit Ludwigs XIV. und der ersten Hälfte des 18. Jahrhunderts war: *Boislisle* (Hg.): Mémoires de Saint-Simon. 41 Bde. Text u. 2 Bde. Tafeln. 1879–1928.

35. Vgl. unten S. 170ff.

36. Zum folgenden vgl. die in vielen Einzelaspekten überholte, in der Thematik aber immer noch wichtige Studie von *F. L. Ford:* Robe and Sword. The Regrouping of the French Aristocracy after Louis XIV. ²1965. – Weitere Literatur vgl. unten S. 224f. im Kap. über den Adel. – Zum Problem der Ämterkäuflichkeit ist die Pionierarbeit für Frankreich: *R. Mousnier:* La vénalité des offices sous Henri IV et Louis XIII. ²1971.

37. Vgl. die in Anm. 30 zitierten Arbeiten von *Laslett* und *Stone.* Literatur zur „Gentry" s. unten im Kap. über den Adel S. 225 Anm. 91.

Zu III. Wandel in Europa vom 16. bis 18. Jahrhundert

1. *E. W. Zeeden:* Deutsche Kultur in der Frühen Neuzeit. 1968. S. 369.

2. Über die Reformation wird in der Beck'schen Elementarbuchreihe demnächst ein Einführungsband von *R. Wohlfeil* vorgelegt werden. Der vorliegende Text beschränkt sich auf einen kleinen Ausschnitt im Gefolge des Großereignisses „Reformation": die Erscheinungen des Wandels im politisch-sozialen Leben Europas im 16. und beginnenden 17. Jahrhundert. Die Anmerkungen passen sich in diesen Rahmen ein. Grundlegend für den Prozeß der Konfessionalisierung, wenn auch zu stark auf Deutschland konzentriert: *E. W. Zeeden:* Die Entstehung der Konfessionen. Grundlagen und Formen der Konfessionsbildung im Zeitalter der Glaubenskämpfe. 1965. – Eine knapp gefaßte, sehr präzise Übersicht über die Deutsche Geschichte 1500–1551 mit zahlreichen Literatur- und Quellenangaben auf dem neuesten Stand: *B. Moeller:* Deutschland im Zeitalter der Reformation. 1977. – Das gesamteuropäische Ereignis sehr übersichtlich dargestellt bei *E. Hassinger:* Das Werden des neuzeitlichen Europa, 1300–1600. ²1966, vor allem die Kapitel II u. III. – Auch bei *R. Elton:* Europa im Zeitalter der Reformation. 2 Bde. 1971. – Eine gute Übersicht über gegenwärtige Tendenzen und Kontroversen der Forschung mit dem besonderen Blick auf den Vergleich „bürgerlicher" und „marxistischer" Positionen bei *R. Wohlfeil* (Hg.): Reformation oder frühbürgerliche Revolution? 1972. (Aufsatzsammlung).

3. Eine knapp gefaßte Übersicht bei *Zeeden:* Entstehung (wie in Anm. 2). S. 17ff. – Zum „reformierten" Protestantismus ansonsten: *J. Bohatec:* Calvins Lehre von Staat und Kirche. 1937. – *H. Wendorf:* Calvins Bedeutung für die protestantische Welt. In: Theologische Blätter 19. 1940. – *J. T. McNeill:* The History and Character of Calvinism. 1954. – *R. M. Kingdon:* Geneva and the Coming of the Wars of

Religion in France. 1555–1563. 1956. – *J. Delumeau:* Naissance et affirmation de la réforme. 1965.

4. Zum Anglikanismus und zur englischen Reformation insgesamt vgl. *G. R. Elton:* England under the Tudors. 1955. – *A. G. Dickens:* The English Reformation. 1964. – Zur Enteignung des Kirchenguts vgl. *R. B. Smith:* Land and Politics in the England of Henry VIII. 1970.

5. Auch die Erforschung der mittelalterlichen und frühneuzeitlichen Häresien hat in den letzten Jahren mächtige Impulse bekommen. Vor allem ihr Charakter als „soziale" Bewegungen steht dabei zur Diskussion. Genannt seien hier – ohne jede Bemühung um einen repräsentativen Überblick – die beiden wichtigsten jüngeren Arbeiten zum Täuferreich in Münster. *O. Rammstedt:* Sekte und soziale Bewegung. Soziologische Analyse der Täufer in Münster (1534/35). 1966. – *K. H. Kirchhoff:* Die Täufer in Münster 1534/35. Untersuchungen zum Umfang und zur Sozialstruktur der Bewegung. 1973. – Statt älterer Forschungsberichte vgl. jetzt den sich durch seinen Titel charakterisierenden Problembericht von *R. Landfester:* Frühneuzeitliche Häresien und koloniale Protestkulte: Möglichkeiten eines historisch-komparativen Zugangs. In: Archiv für Reformationsgeschichte 67. 1976. S. 117–153.

6. Zur „katholischen Reform", „Gegenreformation" und zum Trienter Konzil: die klassische Darstellung des Konzils ist *H. Jedin:* Geschichte des Konzils von Trient. 4 Bde. (Bd. 4 in 2 Halbbden.). 1949–1975. Bd. 1. ²1951. – Zentral auch *H. Jedin:* Katholische Reformation oder Gegenreformation? Ein Versuch zur Klärung der Begriffe nebst einer Jubiläumsbetrachtung über das Trienter Konzil. 1946. – Zwei gute Aufsatzsammlungen zum Bereich Gegenreformation: *E. W. Zeeden* (Hg.): Gegenreformation. 1973. – *E. W. Zeeden* u. *H. Molitor* (Hg.): Die Visitation im Dienst der kirchlichen Reform. ²1977.

7. Zum folgenden u. a. *R. Nürnberger:* Die Politisierung des französischen Protestantismus. Calvin und die Anfänge des protestantischen Radikalismus. 1948. – *R. Schnur:* Die französischen Juristen im konfessionellen Bürgerkrieg des 16. Jahrhunderts. Ein Beitrag zur Entstehungsgeschichte des modernen Staates. 1962. – *R. M. Kingdon:* Geneva and the Consolidation of the French Protestant Movement. 1564 – 1572. 1967. – *E. Hinrichs:* Fürstenlehre und politisches Handeln im Frankreich Heinrichs IV. Untersuchungen über die politischen Denk- und Handlungsformen im Späthumanismus. 1969.

8. Ein kurzer, präziser Hinweis auf die Schriften Webers und die sich anschließenden Versuche der Verifikation und Kontroversen bei *E. Hassinger:* Das Werden (wie in Anm. 2). S. 454.

9. *H. Lüthy:* Nochmals: „Calvinismus und Kapitalismus". In: *R. Braun u. a.* (Hg.): Gesellschaft in der industr. Revolution. 1973. S. 18–36, hier S. 32.

10. Zum folgenden einige Hinweise auf besonders leicht zugängliche Darstellungen und Überblicke. Sehr brauchbar immer noch *G. Clark:* The Seventeenth Century. 1929. Kapitel XV u. XVI. – Zur Sachinformation unentbehrlich das von *A. R. Hall* verfaßte Kapitel II in: *E. E. Rich* u. *C. H. Wilson* (Hg.): The Cambridge Economic History of Europe. Bd. 4. 1967. S. 96ff. – Vgl. auch *A. R. Hall:* Die Geburt der naturwissenschaftlichen Methode 1630–1720. ²1965. – Eine anregende Darstellung und anschauliche Dokumentation bei *P. Chaunu:* Europäische Kultur im Zeitalter des Barock. 1968. Kapitel 12: Die große Revolution, mit der möglicher-

weise zu stark herausgehobenen These, daß nicht Kopernikus, sondern die Philosophen und Empiristen des beginnenden 17. Jahrhunderts die „Revolution" bewirkten. Chaunu entnahm diese These dem wichtigen Buch von *A. Koyré:* Von der geschlossenen Welt zum unendlichen Universum. 1969. Das ist eine Darstellung des philosophisch-naturwissenschaftlichen Denkens zwischen Nikolaus von Kues und Leibniz. Vgl. auch *A. Koyré:* Etudes Galiléennes. 1939. – Eine faktenreiche Übersicht aus der Feder eines Wissenschaftshistorikers: *S. F. Mason:* Geschichte der Naturwissenschaft in der Entwicklung ihrer Denkweise. ²1974. Mason spricht von der „naturwissenschaftlichen Revolution des 16. und 17. Jahrhunderts". – Zur Information über die immanenten Entwicklungsprozesse der Physik glänzend: *A. Einstein* u. *L. Infeld:* Die Evolution der Physik. Von Newton bis zur Quantentheorie. 1956. – Zu Kopernikus wichtig: *Th. S. Kuhn:* The Copernic Revolution. 1957. – Mit seiner Theorie der „wissenschaftlichen Revolutionen" und des „Paradigmawechsels" hat Kuhn eine intensive Diskusion über die Methoden der Wissenschaftsgeschichte angeregt. Vgl. *Th. S. Kuhn:* Die Struktur der wissenschaftlichen Revolutionen. ²1973. – Ein aktueller Spiegel dieser Diskussion in Deutschland: *W. Lepenies* (Hg.): Die Wissenschaften und ihre Geschichte. 1978. (Hauptthema des Heftes 4 des 4. Jg.s von ‚Geschichte und Gesellschaft'.) Diese Diskussion verdient große Beachtung in Lehre und Forschung.

11. *Chaunu:* Europäische Kultur (wie in Anm. 10). S. 527.

12. Aus dem Einleitungsschreiben G. Brunos zu ‚De l'infinito universo', zitiert bei *Koyré:* Geschlossene Welt (wie in Anm. 10). S. 49.

13. Dazu jetzt vor allem *R. Mandrou:* Des humanistes aux hommes de science. (XVIᵉ et XVIIᵉ siècles). 1973, als Bd. 3 erschienen in einer französischen Reihe zur ‚Historie de la pensée européenne'. Leider mit unzureichender Bibliographie. – Auf Angaben zu einzelnen Philosophen und Wissenschaftlern muß hier verzichtet werden. – Zur Gelehrtenwelt im 17. Jahrhundert ansonsten: Für Frankreich immer noch zentral *R. Pintard:* Le libertinage érudit dans la première moitié du XVIIᵉ siècle. 2 Bde. 1943. – Für die Niederlande *Ch. Wilson:* Die Früchte der Freiheit. Holland und die europäische Kultur des 17. Jahrhunderts. 1968. Kapitel 6. – Für England noch wichtig *R. K. Merton:* Science, Technology and Society in 17th Century England. In: Osiris 4. 1938. – Für Deutschland scheint eine Sozialgeschichte des gelehrten Lebens im 17. Jahrhundert zu fehlen. Informationsreich ist *H. Schneppen:* Niederländische Universitäten und deutsches Geistesleben. Von der Gründung der Universität Leiden bis ins späte 18. Jahrhundert. 1960. – Es gibt eine breite Literatur zur deutschen Universitäts- und Akademiegeschichte. Vgl. die Bibliographie bei *R. Vierhaus:* Deutschland im Zeitalter des Absolutismus. 1978. S. 200f.

14. *Ch. Wilson:* Die Früchte (wie in Anm. 13). S. 100f.

15. Vgl. die oben (Anm. 13) erwähnten Arbeiten von *Mandrou* und *Pintard.* Wichtig auch *H.-J. Martin:* Livre, pouvoir et société à Paris au XVIIᵉ siècle. 1969.

16. Vgl. u. a. *F. Hartmann* u. *R. Vierhaus* (Hg.): Der Akademiegedanke im 17. und 18. Jahrhundert. 1977. – *A. Harnack:* Geschichte der königlich preußischen Akademie der Wissenschaften. 4 Bde. 1900. – *L. Hammermayer:* Gründungs- und Frühgeschichte der Bayerischen Akademie der Wissenschaften. 1959.

17. Vgl. *H. Lyons:* The Royal Society. 1660–1940. 1944. – *G. N. Clark:* Science and Social Welfare in the Age of Newton. 1937.

18. Dazu *E. Johansson:* The History of Literacy in Sweden in Comparison with some other Countries. In: Education Reports Umea 12. 1977.
19. Dazu *W. Norden:* Die Alphabetisierung in der oldenburgischen Küstenmarsch im 17. und 18. Jahrhundert. In: *E. Hinrichs* u. *W. Norden:* Regionalgeschichte – Probleme und Beispiele (im Druck). – Die erwähnten Angaben zur Lesefähigkeit in Delmenhorst lassen sich erschließen aus Hausvisitationsberichten (Seelenregistern) der Kirchspiele Altenesch, Bardewisch und Stuhr aus den Jahren 1662 und 1675.
20. Einen grundlegenden Überblick über die Problematik unter Einbezug von Ergebnissen aus Asien, Afrika und Europa gibt *J. Goody* (Hg.): Literacy in Traditional Societies. 1968. – Vgl. auch: *Ders.:* The Domestication of the Savage Mind. 1977. – Ein erster Versuch zu einem allgemeinen Überblick: *C. M. Cipolla:* Literacy and Development in the West. 1969. – Für Europa ragen vor allem die Ergebnisse zu Frankreich und England heraus. Die französische Forschung verdankt ihren gegenwärtigen Vorsprung den umfänglichen Recherchen des Akademiedirektors von Nancy, Louis Maggiolo, aus den Jahren nach 1877, der durch Schulumfragen u. ä. zu seinen Ergebnissen kam. Sein Dossier über Unterschriften in französischen Heiratsakten des 17., 18. und 19. Jahrhunderts wird analysiert von *M. Fleury* u. *P. Valmary:* Les progrès de l'instruction élémentaire de Louis XIV à Napoléon III d'après l'enquête de L. Maggiolo (1877/79). In: Population 1957. S. 71–92. – Auf diesen gründlichen und umfassenden Vorarbeiten beruht eine noch weiter ausgreifende Analyse, die vor einigen Jahren unter der Leitung von F. Furet und J. Ozouf im Rahmen der „Ecole des Hautes Etudes en Sciences Sociales" vorgenommen wurde. Bisher wichtigste Publikationen aus diesem mustergültig organisierten Forschungsprojekt: *F. Furet* u. *M. Sachs:* La croissance de l'alphabétisation en France. In: Annales E.S.C. 29. 1974. S. 714–737. – *F. Furet* u. *J. Ozouf:* Lire et écrire. L'alphabétisation des français de Calvin à Jules Ferry. 2 Bde. 1977 (Bd. 2 = Abdruck der von weiteren Mitarbeitern erstellten Regionalstudien). Dies ist ein umfangreicher Forschungsbericht mit glänzenden sozialgeschichtlichen Analysen, breiter Dokumentation und umfassenden Quellen- und Literaturangaben. Die Aussagen des vorliegenden Textes zu Frankreich sowie alle mit Furet/Ozouf gekennzeichneten Zitate sind dem ersten Band entnommen. – Unabhängig von dieser Pariser Forschungsgruppe hat M. Vovelle ausgedehnte Untersuchungen zu Südostfrankreich angeregt und geleitet. Vgl. *M. Vovelle:* Y a-t-il eu une révolution culturelle au XVIIIe siècle? A propos de l'éducation populaire en Provence. In: Revue d'histoire moderne et contemporaine 22. 1975. S. 89–141. – Für England neben einem Beitrag von *R. Schofield* in dem oben zitierten Sammelband hg. v. *J. Goody* (S. 311–325) wichtig: *L. Stone:* The Educational Revolution in England 1560–1640. In: Past and Present 28. 1964. S. 41–80. *Ders.:* Literacy and Education in England 1640–1900. In: Past and Present 42. 1969. S. 69–139. – Vgl. auch *The. W. Laqueur* u. *M. Sanderson:* Debate: Literacy and Social Mobility in the Industrial Revolution. In: Past and Present 64. 1974. – Für Deutschland müssen, wenn möglich, quantitative Untersuchungen noch unternommen werden. Zu einer Mikroregion vgl. *W. Norden* (wie in Anm. 19). – Das anregende Buch von *R. Engelsing:* Analphabetentum und Lektüre. 1973 enthält Schätzungen und Vermutungen, die sich auf Buchproduktion, Lektüre, Bibliotheken etc. stützen. Dort auch ein breites Literaturverzeichnis zur allgemeinen Bildungs- und Schulge-

schichte in Deutschland, worauf hier im Text nicht eingegangen werden konnte. –
Vgl. auch *P. Lundgreen:* Alphabetisierung und Schulbildung im internationalen
Industrialisierungsprozeß. In: Sozialwissenschaftliche Informationen für Unter-
richt und Studium 3. 1975. S. 17–21. – *E. G. West:* Literacy and the Industrial
Revolution. In: The Economic History Review 2. Ser. 31. 1978. S. 369–383.

21. Vgl. dazu *R. Darnton:* The High Enlightenment and the Low-Life of Literature in
Pre-Revolutionary France. In: Past and Present 51. 1971. S. 81–115.

22. In diesem Zusammenhang muß hingewiesen werden auf die zahlreichen For-
schungsprojekte und Studien zum Verhältnis von „Aufklärung" und Lektüre,
Schulbildung, Volksbildung, Lesegesellschaften, Bibliotheken etc. Für Deutsch-
land vermittelt einen guten Überblick der Sammelband von *F. Kopitzsch* (Hg.):
Aufklärung, Absolutismus und Bürgertum in Deutschland. 1976. (Darin bes. der
umfassende Forschungs- und Literaturbericht von F. Kopitzsch S. 11 ff. und
S. 98 ff.). – Aus der breiten Literatur zu Frankreich ragt heraus *F. Furet u. a.* (Hg.):
Livre et société dans la France du XVIIIᵉ siècle. 2 Bde. 1965–1970.

23. Einen vorzüglichen Überblick über den Stand der Kenntnisse, der Forschung und
über aktuelle Forschungsfragen vermitteln die drei Bände der Reihe ‚Nouvelle
Clio': *P. Chaunu:* L'expansion européenne du XIIIᵉ au XVᵉ siècle. 1969. –
P. Chaunu: Conquête et exploitation des nouveaux mondes (XVIᵉ siècle) ²1977. –
F. Mauro: L'expansion européenne (1600–1870). ²1967.

24. *D. K. Fieldhouse:* Die Kolonialreiche seit dem 18. Jahrhundert. 1965. S. 19.

25. Eine Auswahl aus der Fülle der Literatur wäre reine Willkür. Vgl. daher insgesamt
E. H. Rich u. *C. H. Wilson* (Hg.): The Cambridge Economic History of Europe.
Bd. IV. 1967. S. 223 ff. u. 597 ff. (Literatur). Der Überblick in diesem Werk über
die „chartered companies" erscheint gründlicher und ausführlicher als in allen
anderen vergleichbaren Unternehmungen.

26. *J. H. Elliott:* The Old World and the New. 1492–1650. 1972. S. 2. In dem vorzüglichen interpretativen Aufriß Elliotts auch die folgenden Zitate über die „Kolo-
nial"diskussion in Frankreich 1788.

27. Zum folgenden außer den bisher genannten Werken u. a. *F. Braudel:* La méditerranée et le monde méditerranéen à l'époque de Philippe II. Bd. 1. ²1966. 2. Teil
Kapitel I–IV. – *H. u. P. Chaunu:* Séville et l'Atlantique. 8 Bde. (inkl. Teilbänden
= 11 Bde.). 1955–59. Darstellung und Interpretation vor allem in den Teilbänden
8, 1; 8, 2, 1 u. 8, 2, 2. Berücksichtigt man noch die wahrhaft zahllosen anderen
Bücher, die wir P. Chaunu zu nahezu allen Problemen gegenwärtiger Historiogra-
phie verdanken, so erscheint die Produktivität dieses Wissenschaftlers unfaßbar.

28. *E. J. Hamilton:* American Treasure and the Price Revolution in Spain, 1501 –
1650. 1934. S. 42. Zu den Berechnungen der nicht über Sevilla laufenden Edelme-
tallströme inkl. des beachtlichen Schmuggels vgl. *Chaunu:* Conquête (wie in
Anm. 23). S. 298 ff.

29. Ausgangspunkt der Debatte war das in Anm. 28 zitierte Werk Hamiltons. – Außer
Spanien spielt in dieser Debatte, auch unabhängig von den Edelmetallzuflüssen aus
Amerika, England eine hervorragende Rolle. Vgl. den kurzen Forschungsbericht
(mit Hinweis auf die wichtigste Literatur): *R. B. Outhwaite:* Inflation in Tudor
and Early Stuart England. ²1970 und die Aufsatzsammlung: *P. H. Ramsey* (Hg.):
The Price Revolution in Sixteenth-Century England. 1971. Eine sehr abgewogene
Betrachtung des Problems bei *Elliott:* The Old World (wie in Anm. 26). S. 60 ff.

30. *J. de Vries:* The Economy of Europe in an Age of Crisis, 1600–1750. 1976. S. 134.

31. Vgl. *V. Barbour:* Capitalism of Amsterdam in the Seventeenth Century. 1950. –
Zu den vielfältigen Aspekten des von Europa aus aufgebauten „Welt-Systems"
vgl. die umfassende, von vielen Fachwissenschaftlern freilich als überzogen angesehene Arbeit von *I. Wallerstein:* The Modern World-System. Capitalist Agriculture and the Origins of the European World-Economy in the Sixteenth Century.
1974.

32. Das Zitat entstammt einem Manuskript von *P. Kriedte.*

33. Wie Anm. 32.

34. *J. Kulischer:* Allgemeine Wirtschaftsgeschichte des Mittelalters und der Neuzeit.
Bd. 2. ⁵1976.

35. In der Periodisierung der Konjunkturen folge ich *W. Abel:* Agrarkrisen und
Agrarkonjunktur. Eine Geschichte der Land- und Ernährungswirtschaft Mitteleu-
ropas seit dem hohen Mittelalter. ²1966.

36. Zum Pauperismusproblem mit Hinweisen auf die wichtigen Quellen und Studien
vgl. *Abel:* Agrarkrisen (wie in Anm. 35). S. 226 ff.

37. Nicht alle Sparten der wirtschaftlichen Entwicklung des 16. Jh.s können hier do-
kumentiert werden. Zur Landwirtschaft vgl. das eben zitierte Werk von *W. Abel.*
Zu Gewerbe und Industrie vgl. den Überblick von *D. Sella* in *C. M. Cipolla*
(Hg.): The Fontana Economic History of Europe. Bd. 2. 1974. S. 354 ff. Zu Han-
del und Finanzen außer den im vorigen Kap. genannten Arbeiten: *R. Ehrenberg:*
Das Zeitalter der Fugger. Geldkapital und Creditverkehr im 16. Jahrhundert. 2
Bde. 1896.

38. *H. Slicher van Bath:* The Agrarian History of Western Europe. A.D. 500 – 1850.
²1966. S. 193.

39. Ein kurzer Problembericht (viele wichtige Literaturangaben!) mit der Tendenz,
die sozialen Folgen der „enclosures" für weniger gravierend zu halten als vor
allem in der marxistischen Tradition angenommen: *G. E. Mingay:* Enclosure and
the Small Farmer in the Age of the Industrial Revolution. 1968.

40. Vgl. die wichtige Aufsatzsammlung von *B. Pullan* (Hg.): Crisis and Change in the
Venetian Economy in the 16th and 17th Centuries. 1968.

41. *H. van der Wee:* The Growth of the Antwerp Market and the European Economy. 3 Bde. 1963.

42. Der zentrale, in manchen, vor allem auch regionalen Aspekten heute korrigierte
Aufsatz ist: *E. J. Hobsbawm:* The General Crisis of the European Economy in the
Seventeenth Century. In: *Trevor Aston* (Hg.): Crisis in Europe, 1560–1660. ²1967.
S. 5–62. – Eine sehr ausgewogene Übersicht über die Problematik bei *de Vries:*
Economy of Europe. S. 21 ff. – Äußerst wichtig auch *P. Jeannin:* Les comptes du
Sund comme source pour la construction d'indices généraux de l'activité écono-
mique en Europe (XVIᵉ – XVIIIᵉ siècles). In: Revue Historique 231. 1964.
S. 55–102; 307–340.

43. *de Vries:* Economy of Europe (wie in Anm. 30). S. 48.

44. Vgl. *F. Braudel* u. *E. Labrousse* (Hg.).: Histoire économique et sociale de la
France. Bd. 2: 1660–1789. 1970. S. 142 ff.

45. Vgl. *P. Kriedte, H. Medick, J. Schlumbohm:* Industrialisierung vor der Industrialisierung. Gewerbliche Warenproduktion auf dem Land in der Formationsperiode
des Kapitalismus. 1977. Bes. S. 61 ff.

46. *Cipolla:* Before the Industrial Revolution. S. 253 f.
47. Dazu insgesamt *Ch. Wilson:* Die Früchte der Freiheit. Holland und die europäische Kultur des 17. Jahrhunderts. 1968.
48. *E. Le Roy Ladurie:* L'histoire immobile. In: Annales E.S.C. 29. 1974. S. 673–692.
49. Dieses und das vorangehende Zitat von Kraus sowie Bemerkungen über den „abnehmenden Bodenertrag" bei *Abel:* Agrarkrisen (wie in Anm. 35). S. 186 ff.
50. Zur sogen. Bauernbefreiung und zur Auflösung der Feudalität liegt eine Unmenge von Einzelstudien vor. Einen repräsentativen, wenn auch nicht immer ganz befriedigenden Überblick bietet: L'abolition de la „féodalité" dans le monde occidental. 2 Bde. 1971.
51. Aus der umfangreichen Literatur zwei handliche, gut zugängliche Überblicksdarstellungen: *P. Mathias:* The First Industrial Nation. An Economic History of Britain. 1700–1914. 1969. – *E. J. Hobsbawm:* Industrie und Empire I. Britische Wirtschaftsgeschichte seit 1750. 1969.
52. *J. Kulischer:* Allgemeine Wirtschaftsgeschichte. Bd. 2. S. 162 f.
53. Vgl. bei *de Vries:* The Economy of Europe (wie in Anm. 30) die wichtigen Kap. 6 u. 7.
54. *W. Abel:* Agrarkrisen und Agrarkonjunktur (wie in Anm. 35). S. 80.
55. Zu Deutschland vgl. *W. Abel:* Geschichte der deutschen Landwirtschaft vom frühen Mittelalter bis zum 19. Jahrhundert. ³1978. S. 161 ff.
56. *K. H. Blaschke:* Bevölkerungsgeschichte von Sachsen bis zur industriellen Revolution. 1967. S. 145 ff.
57. Einen Überblick über den Zustand des europäischen Bauerntums und der Landwirtschaft vor den Reformen des 18. Jahrhunderts bietet jetzt: *J. Blum:* The End of the Old Order in Rural Europe. 1978. Hier besonders das Kapitel 5. S. 95 ff.
58. Zum bäuerlichen Erbrecht als Faktor, der über die Struktur der neu entstehenden Schichten mitentschied, gibt es inzwischen eine ausgedehnte Forschung, wenn auch keine zusammenfassende Darstellung. Daher nur einige Hinweise auf methodisch wichtige Arbeiten: *L. K. Berkner:* Rural Family Organization in Europe: A Problem in Comparitive History. In: Peasant Studies Newsletters 1. 1972. S. 145–156. – *J. Goody, E. P. Thompson, J. Thirsk* (Hg.): Family and Inheritance. 1976. – *L. Berkner* u. *Fr. Mendels:* Inheritance Systems, Family Structure, and Demographic Patterns in Western Europe 1700–1900. In: *Ch. Tilly* (Hg.): Historical Studies of Changing Fertility. 1978. S. 209–223. – *E. Le Roy Ladurie:* Structures familiales et coutumes d'histoire en France au XVIᵉ siècle: Système de la coutume. In: Annales E.S.C. 27. 1972. S. 825–846.
59. *E. Le Roy Ladurie:* Les paysans de Languedoc. 2 Bde. ²1966, hier Bd. 1 S. 257 ff.
60. Vgl. *A. Wrasmann:* Das Heuerlingswesen im Fürstentum Osnabrück. In: Mitteilungen des Vereins für Geschichte und Landeskunde von Osnabrück 42. 1919. S. 53–71 u. 44. 1921. S. 1–154.
61. Vgl. *F.-W. Henning:* Das vorindustrielle Deutschland. 800–1800. 1974. S. 255. – Gute regionale Einblicke bei *F.-W. Henning:* Bauernwirtschaft und Bauerneinkommen im Fürstentum Paderborn im 18. Jahrhundert. 1970. – *Ders.:* Dienste und Abgaben des Bauern im 18. Jahrhundert. 1969. Ein Versuch der Berechnung bäuerlicher Belastungen im vorrevolutionären Frankreich bei: *A. Soboul:* La Révolution française et la „féodalité". Notes sur le prélèvement féodal. In: Revue historique 240. 1968. S. 33–56.

62. Diese von manchen englischen Historikern als überspitzt angesehene These, die aber zweifellos eine Tendenz richtig beschreibt, bei: *H. J. Habakkuk:* La disparition du paysan anglais. In: Annales E.S.C. 20. 1965. S. 649–663. – Zum französischen Métayage-System, das insgesamt noch nicht gut erforscht ist, vgl. als regionales Beispiel *L. Merle:* La métairie et l'évolution agraire de la Gâtine poitevine de la fin du moyen âge à la révolution. 1958.

63. Vgl. dazu, am Beispiel Frankreichs: *E. Le Roy Ladurie:* Révoltes et contestations rurales en France de 1675 à 1788. In: Annales E.S.C. 29. 1974. S. 6–22.

64. Dazu der aspektereiche und anregende Aufsatz von *H. Medick:* Zur strukturellen Funktion von Haushalt und Familie im Übergang von der traditionellen Agrargesellschaft zum Industriekapitalismus: die proto-industrielle Familienwirtschaft. In: *W. Conze* (Hg.): Sozialgeschichte der Familie in der Neuzeit Europas. 1976. S. 254–282.

65. Die beste aktuelle Information zum Forschungsstand über den deutschen Bauernkrieg bieten die zur Feier des Jubiläums in und nach 1975 entstandenen Sammelbände. Als Beiheft 4 (NF) veröffentlichte die Hist. Zeitschr. *P. Blickle* (Hg.): Revolte und Revolution in Europa. 1975. Die Zeitschrift ,Geschichte und Gesellschaft' widmete ihr erstes Sonderheft dem Thema. *H.-U. Wehler* (Hg.): Der deutsche Bauernkrieg. 1524–1526. 1975. – *R. Wohlfeil* (Hg.): Der Bauernkrieg 1524–26, Bauernkrieg und Reformation. 1975. – *B. Moeller* (Hg.): Bauernkriegs-Studien. 1975. – *H. A. Oberman* (Hg.): Deutscher Bauernkrieg 1525. = Zeitschrift für Kirchengeschichte 85. 1974. Heft 2. Für den Diskussionsstand in der DDR repräsentativ: *G. Heitz* (Hg.): Der Bauer im Klassenkampf. Studien zur Geschichte des deutschen Bauernkrieges und der bäuerlichen Klassenkämpfe im Spätfeudalismus. 1975. – Manche dieser Sammlungen enthalten äußerst detaillierte Forschungsberichte. Solche darüber hinaus auch von *E. Wolgast* in: Blätter für deutsche Landesgeschichte 112. 1976. S. 424–440. – *V. Press* in: Nassauische Annalen 86. 1975. S. 158–177. – *S. Hoyer* in: Zeitschrift für Geschichtswissenschaft 24. 1976. S. 662–680. – Für unseren Zusammenhang wichtige Gesamtdarstellungen bzw. Monographien: *G. Franz:* Der deutsche Bauernkrieg. ¹⁰1975. – *M. Bensing-Hoyer:* Der deutsche Bauernkrieg 1524–1526. ²1970. – *P. Blickle:* Die Revolution von 1525. 1975. – *H. Buszello:* Der deutsche Bauernkrieg von 1525 als politische Bewegung. 1969. – *D. Sabean:* Landbesitz und Gesellschaft am Vorabend des deutschen Bauernkriegs. Eine Studie der sozialen Verhältnisse im südlichen Oberschwaben in den Jahren vor 1525. 1972.

66. Zu diesem Aspekt zentral: *Blickle:* Revolution (wie in Anm. 65). S. 31 ff. Vgl. auch *Saarbrücker Arbeitsgruppe:* Die spätmittelalterliche Leibeigenschaft in Oberschwaben. In: Zeitschrift für Agrargeschichte und Agrarsoziologie 22. 1974. S. 9–33.

67. Dieser Aspekt besonders betont bei *Franz:* Bauernkrieg (wie in Anm. 65). Passim.

68. *D. Sabean:* Probleme der deutschen Agrarverfassung zu Beginn des 16. Jahrhunderts. Oberschwaben als Beispiel. In: *Blickle:* (Hg.): Revolte und Revolution (wie in Anm. 65). S. 132–150, hier S. 139.

69. Vgl. dazu Blickle: Revolution (wie in Anm. 65). S. 241 f.

70. Vgl. dazu *H. Dollinger:* Studien zur Finanzreform Maximilians I. von Bayern in den Jahren 1598–1618. Ein Beitrag zur Geschichte des Frühabsolutismus. 1968. S. 95 f. u. 352 (Literatur!).

71. Das Thema wurde in Frankreich in den 50er und 60er Jahren lebhaft diskutiert, insbesondere mit dem Blick auf „marxistische" und „bürgerliche" Konzepte der Gesellschaftsstruktur im 17. Jh. Genannt werden hier nur einige zentrale, problemorientierte Darstellungen, nicht die zahlreichen regionalen Detailanalysen. Ausgangspunkt der Debatte war das 1953 in deutscher Sprache publizierte Buch des russischen Marxisten *B. Porschnev:* Die Volksaufstände in Frankreich vor der Fronde 1623–1648. 1954. – Die wichtigste „bürgerliche" Antwort darauf war: *R. Mousnier:* Recherches sur les soulèvements populaires en France avant la Fronde. In: *Ders.:* La plume, la faucille et le marteau. Institutions et société en France du Moyen Age à la Révolution. 1970. S. 335–368. – Vgl. ansonsten: *R. Mandrou:* Classes et luttes des classes en France au début du XVIIᵉ siècle. 1965. Wichtig im Hinblick auf die benutzten Begriffe und soziologischen Konzepte! – *R. Mousnier:* Fureurs paysannes. Les paysans dans les révoltes du XVIIᵉ siècle. (France, Russie, Chine). 1967. Ein etwas oberflächlicher Vergleich! – *Y.-M. Bercé:* Histoire des Croquants. Etude des soulèvements populaires au XVIIᵉ siècle dans le Sud-Ouest de la France. 2 Bde. 1974. Die zentrale, in vieler Hinsicht abschließende Studie zum Südwesten, mit umfassenden Quellen- und Literaturangaben! – Vgl. auch *Y.-M. Bercé:* Croquants et Nu-Pieds. Les soulèvements paysans en France du XVIᵉ au XIXᵉ siècle. 1974. Eine kommentierte Quellensammlung! – Vgl. auch den in Anm. 63 zitierten Aufsatz von *Le Roy Ladurie.*

72. Ein ausgezeichneter Überblick jetzt bei *R. Reichardt:* Bevölkerung und Gesellschaft Frankreichs im 18. Jahrhundert: Neue Wege und Ergebnisse der sozialhistorischen Forschung 1950–1976. In: Zeitschrift für Historische Forschung 4. 1977. S. 154–222, hier S. 183ff. – Die marxistische Grundposition am besten in dem in Anm. 61 zitierten Aufsatz von *Soboul.* – Eine der besten jüngeren Regionalstudien: *J. Bastier:* La féodalité au siècle des Lumières dans la région de Toulouse. 1975. – Deutschsprachige Überblicke bei *E. Hinrichs:* Die Ablösung von Eigentumsrechten. Zur Diskussion über die „droits féodaux" in Frankreich am Ende des Ancien Régime und in der Revolution. In: *R. Vierhaus* (Hg.): Eigentum und Verfassung. 1972. S. 112–178. und bei *F. Furet:* Der revolutionäre Katechismus. In: *E. Schmitt* (Hg.): Die Französische Revolution. 1976. S. 46–88.

73. Zur „Sarthe" vgl. das berühmte Buch von *P. Bois:* Les paysans de l'Ouest. Des structures économiques et sociales aux options politiques depuis l'époque révolutionnaire dans la Sarthe. 1960. – Zur „Vendée" *Ch. Tilly:* The Vendée. 1964.

74. Eine zusammenfassende Darstellung fehlt. Wichtige Bemerkungen bei *J. Schlumbohm:* Freiheit – Die Anfänge der bürgerlichen Emanzipationsbewegung in Deutschland im Spiegel ihres Leitwortes. (ca. 1760-ca. 1800). 1975. S. 97ff. – Vgl. auch *H. Aubin* u. *W. Zorn* (Hg.): Handbuch der deutschen Wirtschafts- und Sozialgeschichte Bd. 1. 1971. S. 596f. – Zu Sachsen wichtig: *H. Schmidt:* Die sächsischen Bauernunruhen des Jahres 1790. In: Mitteilungen des Vereins für Geschichte der Stadt Meißen 7. 1907. S. 261–427. – *P. Stulz* u. *A. Opitz:* Volksbewegungen in Kursachsen zur Zeit der Französischen Revolution. 1956.

75. *A. de Tocqueville:* Der alte Staat und die Revolution. 2. Buch, Kapitel 1.

76. Vgl. dazu insgesamt den Sammelband *H. Wunder* (Hg.): Feudalismus. Zehn Aufsätze. 1974.

77. Ein knapper Überblick auf dem neuesten Forschungsstand bei *R. Vierhaus:* Deutschland im Zeitalter des Absolutismus. 1978. S. 59ff. – Vgl. die Deutschland

betreffenden Beiträge in den Sammelbänden: *A. Goodwin* (Hg.): The European Nobility in the Eighteenth Century. Studies of the Major European States in the Pre-Reform Era. 1953. – *R. Vierhaus* (Hg.): Der Adel vor der Revolution. 1971. – Ansonsten: *H. Rössler* u. *G. Franz* (Hg.): Deutscher Adel 1555–1740. 1966. – *J. Meyer:* Noblesses et Pouvoirs dans l'Europe d'Ancien Régime. 1973.

78. *Vierhaus:* Deutschland (wie in Anm. 77). S. 61.

79. Außer den in Anm. 77 zitierten Sammelbänden bzw. Monographien von *Goodwin, Vierhaus* und *Meyer* vgl. noch: *N. Elias:* Die höfische Gesellschaft. Untersuchungen zur Soziologie des Königtums und der höfischen Aristokratie mit einer Einleitung: Soziologie und Geschichtswissenschaft. ³1977. – *F. Redlich:* European Aristocracy and Economic Development in Entrepreneurial History 6. 1953. S. 78–91.

80. *F. Braudel:* La méditerranée (wie in Anm. 27). Bd. 2. S. 50ff.

81. Vgl. dazu die nach wie vor beste Studie von *J. Klein:* The Mesta: A Study in Spanish Economic History, 1273–1836. 1920.

82. *G. Chaussinand-Nogaret:* La noblesse au XVIIIᵉ siècle. De la féodalité aux lumières. 1976.

83. *Braudel:* La méditerranée (wie in Anm. 7). Bd. 2. S. 59.

84. Dazu zwei Arbeiten von R. Villari von 1962 und 1963, zitiert bei *Braudel:* Méditerranée. Bd. 2. S. 61. Anm. 6.

85. Die Situation des Adels in den „preußischen Ländern" ist Anlaß zu vielen, eindringlichen Untersuchungen gewesen. Einige wichtige Studien: *O. Hintze:* Die Hohenzollern und der Adel. In: *Ders.:* Regierung und Verwaltung. Gesammelte Abhandlungen. Bd. 3. ²1967. S. 30–55. – *F. Martiny:* Die Adelsfrage in Preußen vor 1806 als politisches und soziales Problem. 1938. – *F. L. Carsten:* Entstehung des Junkertums. In: *R. Dietrich* (Hg.): Preußen. Epochen und Probleme seiner Geschichte. 1964. S. 57–76. – *H. Rosenberg:* Bureaucracy, Aristocracy and Autocracy. The Prussian Experience 1600–1815. ²1968.

86. *E. W. Zeeden:* Deutsche Kultur in der Frühen Neuzeit. 1968. S. 36.

87. Ebd.

88. Vgl. dazu den grundlegenden Aufsatz von *H. Trevor-Roper:* Die allgemeine Krisis des 17. Jahrhunderts. In: *Ders.:* Religion, Reformation und sozialer Umbruch. Die Krisis des 17. Jahrhunderts. 1970. S. 53–94, hier S. 68ff.

89. Grundlegend für Frankreich: *R. Mousnier:* La vénalité des offices sous Henri IV et Louis XIII. ²1971. Immer noch wichtig auch *M. Göhring:* Die Ämterkäuflichkeit im Ancien Régime. 1938. Ämterhandel als gesamteuropäisches Problem behandelt bei *K. W. Swart:* Sale of Offices in the Seventeenth Century. 1949.

90. Diese These ausführlich und überzeugend entwickelt bei *D. D. Bien:* La réaction aristocratique avant 1789: l'exemple de l'armée. In: Annales E.S.C. 29. 1974. S. 23–48 u. 505–534.

91. Zur intensiven Diskussion über den englischen Adel mögen einige generelle Hinweise genügen. Zur Krise der alten, hohen Aristokratie im 16. und zu Beginn des 17. Jahrhunderts: *L. Stone:* The Crisis of the Aristocracy. 1558–1641. 1965. (Gekürzte Paperback-Ausgabe 1967) – Zur Gentry-Kontroverse, die von einer Schrift *R. H. Tawneys* (1941) ausging, vgl. den kritisch zusammenfassenden Überblick (sowie die ausführlichen Literaturangaben) bei *L. Stone:* The Social Origins of the English Revolution. In: *Ders.:* The Causes of the English Revolution. 1529–1642.

1972. S. 26–43. – Ein Gesamtbild der englischen Landbevölkerung mit wichtigen Analysen des Adels, insbesondere der „Gentry": *G. E. Mingay:* English Landed Society in the 18th Century. 1963. – Besonders wichtig die Kapitel 2, 3, 6, 7 und vor allem 8 von *P. Laslett:* The World We Have Lost. ²1971.

92. Die sozialen Auswirkungen dieses Tatbestands stark hervorgehoben bei *Laslett:* The World. Passim.

93. Vgl. zur „noblesse de robe" Frankreichs jetzt *G. Huppert:* Les Bourgeois Gentilshommes. 1977.

94. Die beste Übersicht über die wesentlichen Etappen der „Geburt des modernen Staates" in kurzgefaßter Form bei *E. Hassinger:* Das Werden des neuzeitlichen Europa. 1300–1600. ²1966. Vgl. insbesondere die Kapitel I, 5 u. III. – Wichtige geistes-, verfassungs- und sozialgeschichtliche Erörterungen bei *O. Brunner:* Land und Herrschaft. Grundfragen der territorialen Verfassungsgeschichte Österreichs im Mittelalter. ⁵1965. – Eine monographische Abhandlung der mittelalterlichen Ursprünge des „modernen Staates" bei *J. R. Strayer:* Die mittelalterlichen Grundlagen des modernen Staates. 1975.

95. Exemplarisch formuliert findet man die These z. B. bei *M. Draht:* Artikel „Staat". In: Evangelisches Staatslexikon. 1966. Sp. 2119f.

96. Für Brandenburg-Preußen wird die Durchsetzung des landesherrlichen Kirchenregiments glänzend analysiert bei *O. Hintze: Die Epochen des evangelischen Kirchenregiments in Preußen.* In: *Ders:* Regierung und Verwaltung. Gesammelte Abhandlungen Bd. 3. ²1967. S. 56–96.

97. Vgl. *L. von Ranke:* Geschichte der romanischen und germanischen Völker von 1494 bis 1514. ²1874 und *Ders.:* Die Osmanen und die spanische Monarchie im 16. und 17. Jahrhundert. ⁴1877.

98. Dieser Gedanke wird stark betont von allen Autoren, die sich mit der Krisenepoche von 1560 bis 1660 und ihren sozialen und wirtschaftlichen Veränderungen befassen. Vgl. u. a. die Beiträge von *E. Hobsbawm* u. *H. Trevor-Roper* in dem Sammelband *T. Aston (Hg.):* Crisis in Europe. 1560 – 1660. ²1967.

99. Die Literatur zum Absolutismus kann auch in einer Auswahl nicht befriedigend zitiert werden. Neben allen in der allgemeinen Bibliographie genannten Darstellungen zur allgemeinen Geschichte Europas verdienen in erster Linie Lexikonartikel, Sammelbände und Forschungsberichte Erwähnung, über die eine Erschließung der weiterführenden Literatur leicht möglich ist. Als Einstieg immer noch wichtig, z. Z. seiner Abfassung grundlegend der Problembericht von *F. Hartung* u. *R. Mousnier:* Quelques problèmes concernant la monarchie absolue. In: X Congresso Internazionale di Scienze Storiche 1955. Relazioni Bd. 4. O. J. (1955). S. 1–55. – Ein umfassender Problem- und Literaturbericht, die marxistische und bürgerliche Absolutismusforschung vergleichend: *R. Vierhaus:* Absolutismus. In: Sowjetsystem und Demokratische Gesellschaft Bd. 1. 1966. Sp. 17–37. – Zwei wichtige, die ältere deutsche Forschungstradition spiegelnde Aufsatzsammlungen: *W. Hubatsch* (Hg.): Absolutismus. 1973. – *H. H. Hofmann* (Hg.): Die Entstehung des modernen souveränen Staates. 1967. – Ein neuer Überblick mit Beiträgen zu England, Frankreich, Rußland und Preußen: *H. Patze* (Hg.): Aspekte des europäischen Absolutismus. 1979. – Bemerkenswerterweise gibt es keine umfassenden Gesamtdeutungen des Absolutismus. Ein neuer Versuch eines englischen Marxisten macht hier eine Ausnahme: *P. Anderson:* Lineages of the Absolutist

State. 1974. (Z.Z. der Redaktion dieses Textes wird eine deutsche Übersetzung vorbereitet, erscheint 1979.)

100. *J. Bodin:* Les six livres de la république. 1576.

101. Aus der unübersehbaren Literatur zum französischen Absolutismus hier nur drei leicht zugängliche Arbeiten mit der Tendenz zur Gesamteinschätzung: *P. Goubert:* Ludwig XIV. und zwanzig Millionen Franzosen. 1973. Weit mehr als eine Biographie – eine Analyse von Staat, Sozial- und Wirtschaftsverfassung, leider äußerst mangelhaft übersetzt! – *D. Richet:* La France moderne: L'Esprit des institutions. 1973. – *E. Hinrichs:* Absolute Monarchie in Frankreich. Strukturprobleme eines politischen Systems. In: *Patze* (Hg.): Aspekte (wie in Anm. 99). S. 23–41.

102. Zu Spanien vgl. vor allem die Arbeiten von J. H. Elliott. Sie beziehen sich in erster Linie auf das Ende des 16. und die erste Hälfte des 17. Jahrhunderts und beleuchten die sozialen und wirtschaftlichen Ursachen für den Niedergang des spanischen Weltreichs. *J. H. Elliott:* The Decline of Spain. In: Past and Present 20. 1961. S. 52–75. – *Ders.:* The Revolt of the Catalans. A Study in the Decline of Spain. (1598–1640). 1963. – Vgl. auch *Ders.:* Imperial Spain 1469–1716. 1965.

103. Zu Österreich vgl. *H. Sturmberger:* Kaiser Ferdinand II. und das Problem des Absolutismus. 1957. – *Ders.:* Aufstand in Böhmen. Der Beginn des Dreißigjährigen Krieges. 1959. – Zu Bayern: *H. Dollinger:* Studien zur Finanzreform Maximilians I. von Bayern in den Jahren 1598–1618. Ein Beitrag zur Geschichte des Frühabsolutismus. 1968. – *R. Bireley:* Maximilian von Bayern, Adam Contzen S.J. und die Gegenreformation in Deutschland 1624–1635. 1975. – *W. Quint:* Souveränitätsbegriff und Souveränitätspolitik in Bayern. Von der Mitte des 17. bis zur ersten Hälfte des 19. Jahrhunderts. 1971.

104. Die Entwicklung Brandenburg-Preußens, neuerdings wieder in den Blickpunkt der Geschichtswissenschaft tretend, ist schon seit dem Ende des 19. Jahrhunderts relativ gut erforscht. Ein Grund dafür liegt in der Konzentration der deutschen Geschichtswissenschaft des 19. und früheren 20. Jahrhunderts auf Fragen der Staats-, Verfassungs- und Verwaltungsgeschichte. Hinsichtlich Preußens hatte diese ihren Ausdruck in der Edition zweier großer Quellensammlungen – der ,Acta Brandenburgica' (ab 1864) und der ,Acta Borussica' (ab 1892) – gefunden. Hinzu kam das andauernde historisch-politische Interesse der deutschen Geschichtswissenschaft am „Preußen-Problem". Hier seien nur einige Überblicksdarstellungen mit dem Schwerpunkt auf dem 17. Jahrhundert genannt. *O. Hintze:* Die Hohenzollern und ihr Werk. 500 Jahre vaterländische Geschichte. ²1915. – *F. L. Carsten:* Die Entstehung Preußens. 1968. – *R. Dietrich* (Hg.): Preußen – Epochen und Probleme seiner Geschichte. 1964. – *H. Rosenberg:* Bureaucracy, Aristocracy and Autocracy. The Prussian Experience 1600–1815. ²1968. – Wesentliche Aufsatzsammlungen preußisch-deutscher Historiker, in denen sich ein großer Teil der Forschungs- und Deutungsaktivitäten der vergangenen 100 Jahre spiegeln: *O. Hintze:* Regierung und Verwaltung. Gesammelte Abhandlungen zur Staats-, Rechts- und Verfassungsgeschichte Preußens (= Gesammelte Abhandlungen Bd. 3). ²1967. – *F. Mehring:* Die Lessinglegende. In: *Ders.:* Gesammelte Schriften Bd. 9. 1975. Die brillant geschriebene, polemische Auseinandersetzung eines preußischen Marxisten mit dem idealistischen und nationalistischen Lessing- und zugleich Preußenbild des 19. Jahrhunderts. – *F. Hartung:* Staatsbildende

Kräfte der Neuzeit. 1961. – *C. Hinrichs:* Preußen als historisches Problem. Gesammelte Abhandlungen. 1964.

105. Dazu grundlegend *O. Hintze:* Kalvinismus und Staatsräson in Brandenburg zu Beginn des 17. Jahrhunderts. In dem in Anm. 104 zitierten Sammelband S. 255–312. – Vgl. ferner *G. Oestreich:* Politischer Neustoizismus und Niederländische Bewegung in Europa und besonders in Brandenburg-Preußen. In: *Ders.:* Geist und Gestalt des frühmodernen Staates. Ausgewählte Aufsätze. 1969. S. 101–156.

106. *J. F. Bosher:* French Finances. From Capitalism to Bureaucracy. 1972. – Vgl. auch *D. D. Bien:* The secrétaires du Roi: Absolutism, Corps and Privilege under the Ancien Régime. In: *E. Hinrichs u. a.* (Hg.): Vom Ancien Régime zur Französischen Revolution. Forschungen und Perspektiven. 1978. S. 153–168.

107. Am deutlichsten in dem schon mehrfach zitierten Aufsatz von *E. J. Hobsbawm:* The Crisis of the Seventeenth Century. In: *T. Aston* (Hg.): Crisis in Europe, 1560–1660. ²1967. S. 5–62.

108. Die klassische Studie zum Merkantilismus als europäischem Problem ist *E. F. Heckscher:* Der Merkantilismus. 2 Bde. 1932. – Eine wichtige Aufsatzsammlung: *D. C. Coleman* (Hg.): Revisions in Mercantilism. 1969. – Vgl. auch *P. Deyon:* Le mercantilisme. 1969. – *F. Blaich:* Die Epoche des Merkantilismus. 1973. – *E. Schulin:* Handelsstaat England. Das politische Interesse der Nation am Außenhandel vom 16. bis ins frühe 18. Jahrhundert. 1969.

109. Vgl. dazu die knappe Übersicht über den Forschungsstand von *E. Dittrich:* Die deutschen und österreichischen Kameralisten. 1974. – Vgl. auch *J. Brückner:* Staatswissenschaften, Kameralismus und Naturrecht. Ein Beitrag zur Geschichte der Politischen Wissenschaft im Deutschland des späten 17. und frühen 18. Jahrhunderts. 1977.

110. Besonders deutlich tritt dieser Aspekt in den zahlreichen Arbeiten Dietrich Gerhards zum Ständewesen und Regionalismus Alteuropas hervor, die stellvertretend für diese in den letzten Jahren lebhafte und ergebnisreiche Forschungtradition stehen mögen. Vgl. die beiden Sammelbände: *D. Gerhard:* Alte und neue Welt in vergleichender Geschichtsbetrachtung. 1962. – *Ders.:* Gesammelte Aufsätze. 1977.

111. Es sei verwiesen auf die oben in Anm. 71 genannte Literatur zu den französischen Volksaufständen im 17. Jahrhundert. Für die gesamteuropäische Situation im 17. Jahrhundert wichtig: *J. H. Elliott:* Revolution and Continuity in Early Modern Europe. In: Past and Present 42. 1969. S. 35–56. Über die geistigen Strömungen gegen den Absolutismus in Frankreich gibt einen kurzen Überblick *Richet:* La France (wie in Anm. 101). S. 142ff.

112. Dazu liegt ein glänzender Aufsatz vor von *O. Brunner:* Vom Gottesgnadentum zum monarchischen Prinzip. Der Weg der europäischen Monarchie seit dem hohen Mittelalter. In: *Ders.:* Neue Wege der Verfassungs- und Sozialgeschichte. ²1968. S. 160–186.

113. Statt einzelner Literaturhinweise mögen zwei Titel genügen, in denen das Kodifikationsproblem vergleichend zur Sprache kommt. *F. Wieacker:* Aufstieg, Blüte und Krisis der Kodifikationsidee. In: Festschrift für G. Boehmer. 1954. S. 34–50 und *M. Raeff:* The Well-Ordered Police-State and the Development of Modernity in Seventeenth- and Eighteenth-Century Europe: An Attempt at a Comparative

Approach. In: The American Historical Review 80. 1975. S. 1221–1243, bes. 1240 ff.

114. Vgl. zum Phänomen des „aufgeklärten" Absolutismus statt zahlreicher Einzelveröffentlichungen den Sammelband von *K. O. v. Aretin* (Hg.): Der Aufgeklärte Absolutismus. 1974. Mit vielen bibliographischen Hinweisen!

115. Die Forschung zu den Niederlanden hat sich verständlicherweise auf den Vorgang der „Revolution" des späten 16. Jahrhunderts konzentriert. Für deutsche Leser wichtig die bis 1648 geführte Darstellung von *J. J. Woltjer*: in dem in der Bibliographie zitierten ‚Handbuch der Europäischen Geschichte', hg. von *T. Schieder*. Bd. 3. 1971. S. 664–690. – Die grundlegende Darstellung zur Revolution immer noch *P. Geyl*: The Revolt of the Netherlands, 1555–1609. ⁴1970. – Ein gedankenreicher Überblick zur neuesten Forschungslage bei *H. Schilling*: Der Aufstand der Niederlande. Bürgerliche Revolution oder Elitenkonflikt? In: *H.-U. Wehler* (Hg.): 200 Jahre amerikanische Revolution und moderne Revolutionsforschung. Sonderheft 2 von ‚Geschichte und Gesellschaft' 1976. S. 177–231. – Für die weitere Entwicklung im 17. Jahrhundert grundlegend: *P. Geyl*: The Netherlands in the Seventeenth Century. 2 Bde. 1961/63. und *C. Wilson*: Die Früchte der Freiheit. Holland und die europäische Kultur des 17. Jahrhunderts. 1968.

116. Im folgenden kann keine befriedigende Literaturübersicht über die Geschichte Englands im 16. und 17. Jahrhundert gegeben werden. Es sei auf die allgemeinen Darstellungen in der Bibliographie verwiesen. Hier nur einige für unseren Text konstitutive Monographien und Aufsätze. Für deutsche Leser als Einführung wichtig: *K. Kluxen*: Geschichte Englands. Von den Anfängen bis zur Gegenwart. ²1979. – Das zentrale Problem der Entstehung des englischen Parlamentarismus ausgezeichnet erörtert bei *K. Loewenstein*: Der britische Parlamentarismus. Entstehung und Gestalt. 1964. – Für die Tudor-Politik grundlegend, wenn auch in ihren auf den Nachweis eines „Tudor-Despotismus" gerichteten Thesen nicht unumstritten die beiden Arbeiten von *G. R. Elton*: The Tudor Revolution in Government. 1953 und *Ders.*: England under the Tudors. 1955. – Die beiden englischen Revolutionen des 17. Jahrhunderts – ein Objekt permanenten geschichtswissenschaftlichen Interesses – kommen in unserem Text nicht zu eingehender Darstellung. Daher nur ein Hinweis auf zwei breite, u. a. auch für das 16. Jahrhundert äußerst wichtige Arbeiten: *L. Stone*: The Causes of the English Revolution. 1529–1642. 1972 u. *Ch. Hill*: Von der Reformation zur Industriellen Revolution. Sozial- und Wirtschaftsgeschichte Englands 1530–1780. 1977. – Zur „Glorious Revolution" von 1688/89 und der folgenden Verfassungsentwicklung vgl. u. a. *J. H. Plumb*: The Growth of Political Stability in England. 1675–1725. 1967. – *J. R. Jones*: The Revolution of 1688 in England. 1973. – Zur besonderen Frage des Absolutismus bzw. der vom Kontinent abgehobenen besonderen Entwicklung Englands vgl. u. a. *J. P. Cooper*: Differences between English and Continental Government in the Early Seventeenth Century. In: *J. S. Bromley* u. *E. H. Kossman* (Hg.): Britain and the Netherlands Bd. 1. 1960. S. 62–90. – *E. Wolgast*: Absolutismus in England. In: *H. Patze* (Hg.): Aspekte des Europäischen Absolutismus. 1979. S. 1–22. – *R. Eccleshall*: Order and Reason in Politics: Theories of Absolute and Limited Monarchy in Early Modern England. 1978. – *J. Daly*: The Idea of Absolute Monarchy in 17ᵗʰ Century England. In: The Historical Journal 21. 1978. S. 227–250.

117. *E. Hassinger:* Das Werden des neuzeitlichen Europa (wie in Anm. 94). S. 75.
118. *E. Wolgast:* Absolutismus in England (wie in Anm. 116). S. 1.
119. Außer dem in Anm. 116 zitierten Buch von *K. Loewenstein* vgl. dazu jetzt *H. Chr. Schröder:* Die amerikanische und die englische Revolution in vergleichender Perspektive. In: *H.-U. Wehler* (Hg.): 200 Jahre amerikanische Revolution (wie in Anm. 115). S. 9–37.

V. Hinweise zur Literatur

Die folgende Bibliographie soll als Ergänzung zu den Anmerkungen dienen. Während diese auf die Literatur zu einzelnen, im Text ausführlich behandelten Sachgebieten und Forschungsproblemen hinweisen, stellt die Bibliographie einige grundlegende Informationsmittel zur Erforschung der Geschichte der Frühen Neuzeit zusammen. Sie erfaßt im ersten Teil einführende Werke, Sach- und Handbücher sowie Überblicksdarstellungen, im zweiten Teil Aufsatzsammlungen allgemeiner Art, die für das Studium der europäischen Geschichte in der Frühen Neuzeit von Bedeutung sind. Wie der Text richtet sie sich auf Mittel- und Westeuropa, es werden daher nur übergreifende, nicht aber nationalgeschichtliche Darstellungen und Sammlungen genannt. Wo deutsche Übersetzungen vorliegen, werden nur diese genannt. Ansonsten berücksichtigt die Bibliographie zentrale deutsch-, englisch- und französischsprachige Werke. Auf Einführungen in die Methode, allgemeine Lexika, Atlanten, personengeschichtliche Nachschlagwerke und Bibliographien wird nicht hingewiesen. Hier sind die Angaben bei *H. Boockmann,* Einführung in die Geschichte des Mittelalters. 1978 auch für diesen Band zu benutzen.

1. Einführungen in den Gegenstand, Sach- und Handbücher, Überblicksdarstellungen

Allgemeine Geschichte

I. Mieck: Europäische Geschichte der Frühen Neuzeit. Eine Einführung. ²1977. – *R. Elze* u. *K. Repgen* (Hg.): Studienbuch Geschichte. 1974 (darin *E. W. Zeeden* u. *H. Hürten:* Dritter Teil. Frühe Neuzeit). – *E. Büssem* u. *M. Neher:* Arbeitsbuch Geschichte. Neuzeit 1. ³1976.

Im folgenden werden die großen nationalen Geschichten Europas genannt, die – z.T. schon älteren Datums – unentbehrliche Hilfsmittel für ein intensives Studium der frühneuzeitlichen Geschichte darstellen. Dort, wo sie als Taschenbücher oder Paperbacks häufig aufgelegt werden, wird nur auf die 1. Aufl. verwiesen.

Deutschland: *G. Ritter* (Hg.): Geschichte der Neuzeit (darin *E. Hassinger,* Das Werden des neuzeitlichen Europa 1300–1600. ²1966; *W. Hubatsch,* Das Zeitalter des Absolutismus. ⁴1975). – *G. Mann* u. *A. Nitschke* (Hg.): Propyläen Weltgeschichte (darin die Bde. 6. 1964 u. 7. 1964, jeweils Sammelwerke ohne besonderen Hg.). – *F. Valjavec* (Hg.): Historia Mundi (darin die Bände 7. 1957, 8. 1959, 9. 1960, jeweils Sammelwerke ohne besonderen Hg.). – Saeculum Weltgeschichte (darin: Bde. V. 1970 u. VI. 1971, Sammelwerke ohne Einzel- u. Reihenhg.). – *Th. Schieder* (Hg.): Handbuch der europäischen Geschichte (darin Bd. 3. 1971, hg. v. *J. Engel* u. 4. 1968, hg. v. *F. Wagner*). – Propyläen Geschichte Europas (darin Bd. 1: *H. Diwald:* Anspruch auf Mündigkeit, um 1400–1555. 1975; Bd. 2: *E. W. Zeeden:* Hegemonialkriege und Glaubenskämpfe, 1556–1648. 1977; Bd. 3: *R. Mandrou:* Staatsräson und Vernunft. 1649–1775. 1976; Bd. 4: *E. Weis:* Der Durchbruch des Bürgertums, 1776–1847. 1978). – Fischer Weltgeschichte. Die geplanten Bände zur Frühen Neuzeit sind noch nicht erschienen. Vgl. jedoch Bd. 12: *R. Romano* u. *A. Tenenti:* Die Grundlegung der modernen Welt. Spätmittelalter, Renaissance, Reformation. 1967. – Bd. 26: *L. Bergeron, F. Furet, R. Koselleck:* Das Zeitalter der europäischen Revolutionen. 1780–1848. 1969.

England und USA: Neben der klassischen ‚New Cambridge Modern History', deren Bde. I–VII hier wichtig sind, steht eine Reihe von preiswerten, z. T. hervorragend gearbeiteten Taschenbuchserien zur Verfügung. *W. L. Langer* (Hg.): The Rise of Modern Europe (darin *M. P. Gilmore:* The World of Humanism. 1453–1517. 1952. *M. R. O'Connell:* The Counter Reformation. 1560–1610. 1974. –*C. J. Friedrich:* The Age of The Baroque. 1610–1660. 1952. – *F. L. Nussbaum:* The Triumpf of Science and Reason. 1660–1685. 1953. – *J. B. Wolf:* The Emergence of the Great Powers. 1685–1715. 1951. – *P. Roberts:* The Quest for Security. 1715–1740. 1947. – *W. L. Dorn:* Competition for Empire. 1740–1763. 1940. – *L. Gershoy:* From Despotism to Revolution. 1763–1789. 1944. – *C. Brinton:* A Decade of Revolution. 1789–1799. 1934.) – *D. Hay* (Hg.): A General History of Europe (darin *H. G. Koenigsberger* u. *G. L. Mosse:* Europe in the Sixteenth Century. 1968. – *D. H. Pennington:* Seventeenth Century Europe. 1970. – *M. S. Anderson:* Europe in the Eighteenth Century 1713/1783. 1961.) – *J. H. Plumb* (Hg.): The Fontana History of Europe (darin *J. R. Hale:* Renaissance Europe 1480–1520. 1971. – *G. R. Elton:* Reformation Europe, deutsch: Europa im Zeitalter der Reformation. 2 Bde. 1971. – *J. H. Elliott:* Europe Divided 1559–1598. ¹1968. – *J. Stoye:* Europe Unfolding 1648–1688. 1969. – *D. Ogg:* Europe of the Ancien Régime 1715–1783. 1965. – *G. Rudé:* Revolutionary Europe 1783–1815. 1964.) – *G. Barraclough* (Hg.): Library of European Civilisation (darin *A. G. Dickens:* Reformation and Society in Sixteenth-Century Europe. 1966. – *R. Hatton:* Europe in the Age of Louis XIV. 1969. – *C.B.A. Behrens:* The Ancien Régime. 1967.) – *F. Gilbert* (Hg.): History of Modern Europe (darin: *E. F. Rice, Jr.:* The Foundations of Early Modern Europe 1460–1559. 1970. – *R. S. Dunn:* The Age of Religious Wars 1559–1689. 1970. – *L. Krieger:* Kings and Philosophers 1689–1789. 1970.)

Frankreich: *M. Crouzet* (Hg.): Histoire Générale des civilisations (darin: Bd. 4: *R. Mousnier:* Les XVIᵉ et XVIIᵉ siècles. ³1961; Bd. 5: *R. Mousnier* u. *E. Labrousse:* Le XVIIIᵉ siècle. ⁴1963). – Wichtig immer noch die von *L. Halphen* u. *Ph. Sagnac* hg. Serie ‚Peuples et Civilisation' (darin die Bde. 8–12. Neu jetzt Bd. 10: *R. Mandrou:* Louis XIV en son temps. 1973). – *J. Delumeau* u. *P. Lemerle* (Hg.): Nouvelle Clio. L'histoire et ses problèmes. Exzellente Arbeitsbücher mit dem Schwerpunkt auf Forschungsstand u. Forschungsfragen, nur leider thematisch ungleichgewichtig verteilt. Für die Frühe Neuzeit relevant die Bände 26–36, die jedoch keine in sich geschlossene Geschichte Europas bilden.

Herausragende neuere Einzeldarstellungen zur Frühen Neuzeit mit gesamteuropäischer oder zumindest übergreifender Blickrichtung: *F. Braudel:* La méditerranée et le monde méditerranéen à l'époque de Philippe II. 2 Bde. ²1966. Ein Standardwerk für die europäische Sozial-, Wirtschafts- und Politikgeschichte, insbesondere im Mittelmeerraum, im 16. Jahrhundert. – *F. Braudel:* Die Geschichte der Zivilisation. 15. bis 18. Jahrhundert. 1971. Die deutsche Übersetzung eines auf 2 Bde. angelegten Werkes zum Problem der „civilisation matérielle". – *H. Trevor-Roper:* Religion, Reformation und sozialer Umbruch. Die Krisis des 17. Jahrhunderts. 1970. Deutsche Übers. einer vielfach aufgelegten Aufsatzsammlung mit Beiträgen u. a. zur religiösen Sozialge-schichte. – *H. Kamen:* The Iron Century. Social Change in Europe 1550–1660. 1972. Gut lesbare Gesamtschau der für ganz Europa wichtigen Krisenepoche. – *P. Chaunu:* Europäische Kultur im Zeitalter des Barock. 1968. Standardwerk eines der führenden französischen Sozialhistoriker, weit mehr als eine „bloße" Kulturgeschichte, gegliedert in Verfassungsgeschichte, Geschichte der materiellen Kultur und Geistesgeschichte. – *G. Rudé:* Europe in the Eighteenth Century. Aristocracy and the Bourgeois Challenge. 1962. – *W. Doyle:* The Old European Order 1660–1800. 1978.

Bevölkerungsgeschichte

G. Mackenroth: Bevölkerungslehre. Theorie, Soziologie und Statistik der Bevölkerung. 1953. – *M. Reinhard, A. Armengaud, J. Dupâquier:* Histoire générale de la population mondiale. ³1968. Eine vierte, stark überarbeitete Auflage dieses klassischen Überblicks-werks ist in Vorbereitung. – *E. A. Wrigley:* Bevölkerungsstruktur im Wandel. Metho-den und Ergebnisse der Demographie. 1969. – *C. M. Cipolla* u. *K. Borchardt:* Bevölke-rungsgeschichte Europas. Mittelalter bis Neuzeit. 1971. – Von größter Bedeutung für die Bevölkerungsgeschichte sind zahlreiche, forschungsbezogene Aufsatzsammlungen, von denen drei hier genannt seien. Historical Population Studies, in: Daedalus, Früh-jahr 1968. – *D. V. Glass* u. *D.E.C. Eversley* (Hg.): Population in History. 1965. – *H.-U. Wehler* (Hg.): Historische Familienforschung und Demographie, Geschichte und Gesellschaft 1. Heft 2/3. 1975. – Ein äußerst nützlicher Überblick über Daten, Kurven, Tabellen u. ä.: *C. McEvedy* u. *R. Jones:* Atlas of World Population History. 1978.

Wirtschaftsgeschichte

Geschlossene Serien zur europäischen bzw. Weltwirtschaftsgeschichte liegen vor allem in englischer Sprache vor. *M. Postan* u. *H. J. Habakkuk* (Hg.): The Cambridge Econo-mic History of Europe (darin Bd. IV: *E. E. Rich* u. *C. H. Wilson* (Hg.): The Economy of Expanding Europe in the Sixteenth and Seventeenth Centuries. 1967; Bd. V: *E. E. Rich u. C. H. Wilson* (Hg.): The Economic Organization of Early Modern Europe. 1977). – *C. M. Cipolla* (Hg.): The Fontana Economic History of Europe (darin, jeweils von mehreren Bearbeitern verfaßt, die Bände 2. 1974 und 3. 1973). Dieses Werk wird z.Z. ins Deutsche übersetzt und zu einem Preis verkauft, der jeden Studenten zum Erlernen der englischen Sprache animieren sollte. Hg. der deutschen Übersetzung: K. Borchardt. Der für die Frühe Neuzeit wichtige Bd. 2 war bei Abgabe dieses Manu-skripts noch nicht erschienen. – Wichtig auch der neueste Überblick von *C. M. Ci-polla:* Before the Industrial Revolution. European Society and Economy 1000–1700. 1976 (freilich mit sehr wenig Information zur „society"). – Ein äußerst geraffter Über-blick in weltwirtschaftlicher Perspektive, auf neuestem, vornehmlich französischem Forschungsstand: *P. Léon* (Hg.): Histoire économique et sociale du monde. Bde. 1–3. 1977/78. – Eine wichtige neuere Aufsatzsammlung, das frühneuzeitliche Europa be-treffend: *P. Earle* (Hg.): Essays in European Economic History. 1500–1800. 1974. Das in Deutschland geplante ‚Handbuch der europäischen Wirtschaftsgeschichte' ist

bisher nicht erschienen. Unentbehrliche deutschsprachige Übersichten daher immer
noch: *J. Kulischer:* Allgemeine Wirtschaftsgeschichte des Mittelalters und der Neuzeit.
2 Bde. ⁵1976 (1. Aufl. 1928). – *H. Hausherr:* Wirtschaftsgeschichte der Neuzeit. ³1960.
– Vgl. auch *H. Kellenbenz:* The Rise of the European Economy. An Economic History
of Continental Europe from the Fifteenth to the Eighteenth Century. 1976. – Hier wie
an vielen anderen Stellen muß natürlich auch erwähnt werden *M. Weber:* Wirtschaft
und Gesellschaft. Grundriß der verstehenden Soziologie. 2 Bde. zahlreiche Auflagen.
   Einzelsektoren der Wirtschaftsgeschichte in gesamteuropäischer Perspektive: *B. A.
Slicher van Bath:* The Agrarian History of Western Europe, A. D. 500–1850. 1963. –
W. Abel: Agrarkrisen und Agrarkonjunktur. Eine Geschichte der Land- und Ernährungswirtschaft seit dem hohen Mittelalter. ³1978. – *R. Ehrenberg:* Das Zeitalter der
Fugger. Geldkapital und Creditverkehr im 16. Jahrhundert. 2 Bde. 1896. – Ähnlich
geschlossene Übersichten über andere Gewerbebereiche liegen nicht vor. Vgl. jedoch
die wichtigen Sammelbände: *H. Kellenbenz* (Hg.): Schwerpunkte der Eisengewinnung
und Eisenverarbeitung in Europa 1500–1650. 1974. – *Ders.* (Hg.): Schwerpunkte der
Kupferproduktion und des Kupferhandels in Europa 1500–1650. 1977. – *Ders.* (Hg.):
Wirtschaftliches Wachstum, Energie und Verkehr vom Mittelalter bis ins 19. Jahrhundert. 1978.
   Besonders interessante wirtschaftsgeschichtliche Monographien, die nicht in erster
Linie auf Fakten, sondern auf die Darstellung spezieller Thesen und Hypothesen gerichtet sind: *M. Dobb:* Die Entwicklung des Kapitalismus. Vom Spätfeudalismus bis
zur Gegenwart. 2. dt. Aufl. 1972, 1. engl. Aufl. 1946. Die klassische Darstellung eines
englischen Marxisten, an der sich die große Feudalismus-Kapitalismus-Diskussion der
5oer und 6oer Jahre entzündete. – Zum gegenwärtigen Stand der Feudalismus-Diskus-
sion zwei Arbeiten mit regionalen Beispielen, aber übergreifenden Hypothesen:
W. Kula: Théorie économique du système féodal: pour un modèle de l'économie polo-
naise, 16ᵉ au 18ᵉ siècles. 1970; *G. Bois:* Crise du féodalisme. Economie rurale et démographie en Normandie orientale du début du 14ᵉ au milieu du 16ᵉ siècle. 1976. – Eine
neo-liberale Deutung der europäischen Wirtschafts- und Verfassungsgeschichte mit
starker Betonung der „property-rights"-Entwicklung bei *D. C. North* u. *R. P. Thomas:* The Rise of the Western World. A New Economic History. 1973. – Vgl. auch
R. Davies: The Rise of the Atlantic Economies. 1973. – Eine glänzende Übersicht über
die Krisensituation des 17. Jahrhunderts bei *J. de Vries:* The Economy of Europe in an
Age of Crisis, 1600–1750. 1976. – Zum Zusammenhang von europäischer Landwirtschaft und außereuropäischer Kolonisation eine grundlegende, wenn auch einseitige
und von Fachkollegen daher kritisierte Darstellung bei *I. Wallerstein:* The Modern
World-System. Capitalist Agriculture and the Origins of the European World-Economy in the Sixteenth Century. 1974. – Zum neuerdings vielbeachteten Problem der
europäischen Proto-Industrialisierung *P. Kriedte, H. Medick, J. Schlumbohm:* Industrialisierung vor der Industrialisierung. Gewerbliche Warenproduktion auf dem Land
in der Formationsperiode des Kapitalismus. 1977.

Sozialgeschichte

Im Gegensatz zur Wirtschaftsgeschichte gibt es kaum auf ganz Europa bezogene Ge-
samtübersichten zur Sozialgeschichte. Vieles wird freilich in den zuvor erwähnten

Darstellungen zur allgemeinen und zur Wirtschaftsgeschichte mitgenannt. Ansonsten überwiegen regionale oder überregionale Monographien und Sammelbände zu einzelnen sozialen Gruppen, Schichten, Ständen oder Klassen. Auf diese Titel wird in den Anmerkungen Bezug genommen. Hier darum nur einige Hinweise auf wenige herausragende Monographien. Von grundlegender Bedeutung auch für die Geschichte der Frühen Neuzeit *M. Bloch:* La société féodale. La formation des liens de dépendance. Les classes et le gouvernement des hommes. 1938 (zahlreiche spätere Auflagen!) – Wegen der Neuartigkeit seiner Betrachtungsweise erwähnenswert das nur auf England bezogene Buch von *P. Laslett:* The World We Have Lost. ²1971. – Ein umfassender Interpretationsversuch der „Sozialgeschichte des Menschen" in der Neuzeit, brillant geschrieben, mit gelegentlich überschäumender Hypothesenbildung: *P. Chaunu:* Histoire – Science Sociale. La durée, l'espace et l'homme à l'époque moderne. 1974. – Ein recht gewaltsamer, aber interessanter und vieldiskutierter ‚Durchmarsch' durch die Sozialgeschichte Europas bei *Barrington Moore, Jr.:* Soziale Ursprünge von Diktatur und Demokratie. Die Rolle der Grundbesitzer und Bauern bei der Entstehung der modernen Welt. 1969. – Ein neuartiger Versuch paralleler Darstellung von Wirtschafts- und Sozialgeschichte vom 16. bis zum 18. Jh. ist demnächst von *P. Kriedte* zu erwarten, dessen erstes Manuskript der Verf. mit Dank und großem Nutzen eingesehen hat.

Verfassungs-, Rechts- und politische Ideengeschichte

Die Literatur ist einerseits unübersehbar, andererseits fehlen Handbücher und zeitgemäße systematische Zusammenfassungen. Daher nur Hinweise auf einige problemorientierte Standardwerke. Für die zentralen Begriffe des politischen und sozialen Lebens und Denkens grundlegend: *O. Brunner, W. Conze, R. Koselleck* (Hg.): Geschichtliche Grundbegriffe. Historisches Lexikon zur politisch-sozialen Sprache in Deutschland. Bisher erschienen die Bde. 1 (A-D). 1972. 2 (E-G). 1975. 4 (Mi.-Pre). 1978. Trotz der Beschränkung auf deutsche Begriffe ist dieses Werk, vor allem hinsichtlich der Begriffsgeschichte, von allgemeiner Bedeutung. – Auch für die Frühe Neuzeit und für nichtösterreichische Territorien grundlegend ist *O. Brunner:* Land und Herrschaft. Grundfragen der territorialen Verfassungsgeschichte Österreichs im Mittelalter. ⁵1965. – Einschlägig für die Frühe Neuzeit auch *O. Brunner:* Neue Wege der Verfassungs- und Sozialgeschichte. ²1968. – Für die europäische Staatsverfassungsgeschichte immer noch unentbehrlich *O. Hintze:* Staat und Verfassung. Gesammelte Abhandlungen Bd. 1. ³1970. – Mit vielen, auch über Deutschland hinausreichenden Einsichten *G. Oestreich:* Geist und Gestalt des frühmodernen Staates. Ausgewählte Aufsätze. 1969. – Für die Sozial- und Verfassungsgeschichte des alteuropäischen Ständewesens äußerst ergiebig die in unregelmäßigen Abständen teils als Sammelbände, teils als Monographien erscheinenden ‚Etudes présentées à la Commission Internationale pour l'Histoire des Assemblées d'Etats', ab 1937, heute 61 Bde. – Ein interessanter, leider zu stark auf Frankreich bezogener Versuch zu einer historisch abgeleiteten Theorie des Steuerwesens: *G. Ardant:* Théorie sociologique de l'impôt. 2 Bde. 1965. – Neue Ansätze zu einer Staat, Wirtschaft und Gesellschaft integrierenden Geschichte der Staatsentwicklung in *Ch. Tilly* (Hg.): The Formation of National States in Western Europe. 1975. – Für die Rechtsgeschichte ragen drei ältere Darstellungen heraus: *P. Koschaker:* Europa und das römische Recht. ³1958. – *F. Wieacker:* Privatrechtsgeschichte der Neuzeit. ²1967. – *M. Villey* La formation de la pensée juridique moderne. 1968.

Die politische Ideengeschichte, früher ein bevorzugtes Arbeitsfeld der Historiker, ist heute in den Hintergrund getreten. Zumindest sind zusammenfassende Darstellungen selten geworden, die den gesamten europäischen Raum, die gesamte Frühe Neuzeit oder einzelne Jahrhunderte bzw. Epochen übergreifen. Eine erfreuliche Ausnahme macht *Q. Skinner:* The Foundations of Modern Political Thought. The Renaissance. 2 Bde. 1978. – Für das 16. Jahrhundert verdienen immer noch zwei klassische Darstellungen Erwähnung. *P. Mesnard:* L'Essor de la philosophie politique au XVIᵉ siècle. ²1951. – *J. W. Allen:* A History of Political Thought in the Sixteenth Century. ²1957. – Für die deutsche Forschung war und ist noch grundlegend das 1924 erschienene Werk von *F. Meinecke:* Die Idee der Staatsräson in der neueren Geschichte, das in der Ausgabe der Werke Meineckes (Bd. I, hg. v. *W. Hofer*) inzwischen in 4. Aufl. 1976 vorliegt. Aus der umfangreichen Literatur zur Auseinandersetzung mit diesem Werk und seinem Thema vgl. u. a. *H. Quaritsch:* Staat und Souveränität. Bd. 1: Die Grundlagen. 1970. – *R. Schnur* (Hg.): Staatsräson. Studien zur Geschichte eines politischen Begriffs. 1975. – Nicht speziell auf das politische Denken konzentriert, es aber in eine umfassende Analyse des europäischen Denkens des 17. und 18. Jahrhunderts einbeziehend, die beiden klassischen, immer noch lesenswerten Darstellungen von: *P. Hazard:* Die Krise des europäischen Geistes. 1680–1715. 1939. – *Ders.:* Die Herrschaft der Vernunft. Das europäische Denken im 18. Jahrhundert. 1949.

2. Themen- und problemorientierte Aufsatzsammlungen zu verschiedenen Aspekten der frühneuzeitlichen europäischen Geschichte

Sammelbände, Aufsatzsammlungen, Festschriften u. ä. haben in den letzten Jahrzehnten einen ganz besonderen Stellenwert in Forschung und Lehre erhalten. In ihnen spiegelt sich häufig besser als in Handbüchern der Stand der Forschung. Auf sie wird hier daher relativ ausführlich hingewiesen. Zunächst ein Gesamthinweis auf vier wichtige deutsche Verlagsreihen, die thematisch ausgerichtete Aufsatzsammlungen mit z. T. ins Deutsche übersetzten ausländischen Beiträgen publizieren.

1. Wissenschaftliche Buchgesellschaft. Reihe ‚Wege der Forschung‘ (leider übersetzungs„faul“!). 2. (Früher) Verlag Kiepenheuer u. Witsch (heute) Verlagsgruppe Athenäum Hain Scriptor Hanstein. Reihe ‚Neue Wissenschaftliche Bibliothek‘. Geschichte, hg. v. *H.-U. Wehler.* (Für den Historiker auch die anderen Unterreihen wie ‚Soziologie‘, ‚Ökonomie‘ wichtig.) 3. Nymphenburger Verlagshandlung. Reihe ‚nymphenburger texte zur wissenschaft‘. 4. Verlag Frommann-Holzboog. Reihe ‚Kultur und Gesellschaft‘, hg. v. *R. van Dülmen.* – Erwähnenswert auch die von der Wissenschaftlichen Buchgesellschaft neu begründete Reihe ‚Erträge der Forschung‘ mit knapp gefaßten Darstellungen zum aktuellen Forschungsstand.

Ein Sammelhinweis erscheint auch angebracht auf die nationalen Zeitschriften, die in regelmäßigen Abständen Themenhefte herausbringen. Deutschland: Geschichte und Gesellschaft, z. B. ‚Historische Familienforschung und Demographie‘ 1. H. 2/3. 1975; ‚Evolution und Geschichte‘ 2. H.3. 1976; ‚Sozialgeschichtliche Aspekte europäischer

Revolutionen' 4. H.3. 1978; ,200 Jahre amerikanische Revolution und moderne Revolutionsforschung'. Sonderh. 2. 1976; ,Theorien in der Praxis des Historikers'. Sonderh. 3. 1976. Ein stärkeres Engagement in der Frühen Neuzeit wäre dieser Zeitschrift zu wünschen. – Frankreich: Besonders wichtig die ,Annales E.S.C.' mit den bisherigen Spezialnummern ,Histoire biologique et société'. 1969; ,Histoire et urbanisation'. 1970; ,Histoire et structure'. 1971; ,Famille et société'. 1972; ,Histoire de la consommation'. 1975. – Die führende englische sozialgeschichtliche Zeitschrift ,Past and Present' bringt keine Themenhefte heraus, druckt aber Kontroversen ab und regt Sammelbände aus ihren Aufsätzen an.

Einige thematisch enge, für die Interpretation der Gesamtgeschichte der Frühen Neuzeit aber zentrale Aufsatzsammlungen: *Trevor Aston* (Hg.): Crisis in Europe, 1560–1660. 1965. Die einschlägige Sammlung zur Krisendebatte mit Aufsätzen aus „Past and Present" von Trevor-Roper, Hobsbawm, Elliott, Goubert u.a. – *R. Forster* u. *J. P. Greene* (Hg.): Preconditions of Revolution in Early Modern Europe. 1970. Vor allem zur Sozial- und Verfassungsgeschichte des 17. Jahrhunderts, mit Aufsätzen von Stone, Elliott, Mousnier u.a. – *D. C. Coleman* (Hg.): Revisions in Mercantilism. 1969. Die wichtigste Sammlung zum Thema. – *W. Conze* (Hg.): Sozialgeschichte der Familie in der Neuzeit Europas. 1976. Aspektereicher Tagungsband mit internationalen Beiträgen. – *H. Wunder* (Hg.): Feudalismus. Zehn Aufsätze. 1974. – *L. Kuchenbuch* (Hg., in Zusammenarbeit mit *B. Michael*): Feudalismus – Materialien zur Theorie und Geschichte. 1977. Die neueste Sammlung zum Thema, mit vielen wichtigen Literaturangaben. – *D. Gerhard* (Hg.): Ständische Vertretungen in Europa im 17. und 18. Jahrhundert. 1969. Die beste deutschsprachige Sammlung zum Thema, mit Beiträgen zu Deutschland, Schweden, Österreich, Ungarn, Polen und England. – *R. Vierhaus* (Hg.): Eigentum und Verfassung. Zur Eigentumsdiskussion im ausgehenden 18. Jahrhundert. 1972. Mit Beiträgen zu Deutschland, Schweden, USA und Frankreich. – *F. Engel-Janosi u.a.* (Hg.): Fürst, Bürger, Mensch. Untersuchungen zu politischen und soziokulturellen Wandlungsprozessen im vorrevolutionären Europa. 1975. – *R. Koselleck* (Hg.): Studien zum Beginn der modernen Welt. 1977. – *G. Parker* u. *L. M. Smith* (Hg.): The General Crisis of the Seventeenth Century. 1978. Eine weitere Sammlung von Aufsätzen zur viel-diskutierten Krise des 17. Jahrhunderts, stärker als der erste, von T. Aston hg. Band auf die Wirtschaftsgeschichte konzentriert.

Aufsatzsammlungen von bzw. Festschriften zu Ehren einzelner Früh-Neuzeit-Historiker mit gesamteuropäischer Ausrichtung, soweit nicht an anderer Stelle schon genannt: *F. Braudel:* Ecrits sur l'histoire. 1969. – Mélanges en l'honneur de Fernand Braudel. 2 Bde. 1973. – *I. Bog* u. *G. Franz* (Hg.): Wirtschaftliche und soziale Strukturen im säkularen Wandel. Festschrift für Wilhelm Abel zum 70. Geburtstag. 3 Bde. 1974. – Alteuropa und die moderne Gesellschaft. Festschrift für *O. Brunner.* 1963. – *D. Gerhard:* Alte und Neue Welt in vergleichender Geschichtsbetrachtung. 1962. – *D. Gerhard:* Gesammelte Aufsätze. 1977. – *H. Lüthy:* In Gegenwart der Geschichte Historische Essays. 1967. – *P. Geyl:* Encounters in History. 1963. – *F. Dickmann:* Friedensrecht und Friedenssicherung. Studien zum Friedensproblem in der Geschichte. 1971. – *H. G. Koenigsberger:* Estates and Revolutions. Essays in Early Modern European History. 1971.

Matrikelbücher?

Urs Bitterli

Die ›Wilden‹ und die ›Zivilisierten‹

Grundzüge einer Geistes- und Kulturgeschichte
der europäisch-überseeischen Begegnung.
1976. 494 Seiten mit 29 Abbildungen.
Leinen (Beck'sche Sonderausgaben)

Hartmut Boockmann

Einführung in die Geschichte des Mittelalters

1978. 164 Seiten mit 25 Abbildungen auf 16 Tafeln.
Paperback (Beck'sche Elementarbücher)

Gordon A. Craig

Geschichte Europas im 19. und 20. Jahrhundert

Aus dem Amerikanischen übersetzt von Marianne Hopmann.
Band I: Vom Wiener Kongreß bis zum Ausbruch des
Ersten Weltkriegs 1815–1914
1978. 392 Seiten mit 39 Abbildungen auf Tafeln.
Leinen (Beck'sche Sonderausgaben)

Band II: Vom Ersten Weltkrieg bis zur Gegenwart 1914–1975
1979. 330 Seiten mit 62 Abbildungen auf 32 Tafeln.
Leinen (Beck'sche Sonderausgaben)

François Furet / Denis Richet

Die Französische Revolution

Aus dem Französischen übersetzt von Ulrich Friedrich Müller.
1980. 664 Seiten mit 125 Abbildungen.
Leinen (Beck'sche Sonderausgaben)

Gerhard A. Ritter

Wahlgeschichtliches Arbeitsbuch

Materialien zur Statistik des Kaiserreichs 1871–1918
Unter Mitarbeit von Merith Niehuss.
(Statistische Arbeitsbücher zur neueren deutschen Geschichte).
1980. Etwa 200 Seiten. Paperback (Beck'sche Elementarbücher)

Verlag C. H. Beck München

Gerd Hohorst | Jürgen Kocka | Gerhard A. Ritter

Sozialgeschichtliches Arbeitsbuch II

Materialien zur Statistik des Kaiserreichs 1870–1914
(Statistische Arbeitsbücher zur neueren deutschen Geschichte.
Herausgegeben von Jürgen Kocka und Gerhard A. Ritter)
2., durchgesehene Auflage. 1978. 187 Seiten
mit zahlreichen Tabellen.
Paperback (Beck'sche Elementarbücher)

Dietmar Petzina | Werner Abelshauser | Anselm Faust

Sozialgeschichtliches Arbeitsbuch III

Materialien zur Statistik des Deutschen Reiches 1914–1945
(Statistische Arbeitsbücher zur neueren deutschen Geschichte.
Herausgegeben von Jürgen Kocka und Gerhard A. Ritter)
1978. 186 Seiten mit zahlreichen Tabellen.
Paperback (Beck'sche Elementarbücher)

Jürgen Voss

Geschichte Frankreichs

Band II: Von der frühneuzeitlichen Monarchie bis
zur Ersten Republik · 1500–1800
1980. 249 Seiten mit 5 Karten im Text.
Paperback (Beck'sche Elementarbücher)

Klaus Zernack

Osteuropa

Eine Einführung in seine Geschichte.
1977. 171 Seiten mit 2 Karten.
Paperback (Beck'sche Elementarbücher)

Wolfgang Zorn

Einführung in die Wirtschafts- und Sozialgeschichte
des Mittelalters und der Neuzeit

Probleme und Methoden. 2., erweiterte Auflage. 1974.
126 Seiten mit 4 Textabbildungen.
Paperback (Beck'sche Elementarbücher)

Verlag C. H. Beck München